ARMANDO LUCAS CORREA

Die Reisenden der Nacht

Weitere Titel des Autors:

Das Erbe der Rosenthals
Die verlorene Tochter der Sternbergs

Über den Autor:

Armando Lucas Correa lebt in Manhattan und arbeitet dort als Herausgeber des wichtigsten Magazins der spanischen Gemeinschaft in den USA, *People en Español.* Zuvor arbeitete er auf Kuba als Herausgeber eines Kulturmagazins. Für seine journalistischen Arbeiten wurde er bereits mehrfach ausgezeichnet, unter anderem von der *National Association of Hispanic Publications* und der *Society of Professional Journalism.*

ARMANDO
LUCAS CORREA

Die REISENDEN DER NACHT

ROMAN

Übersetzung aus dem amerikanischen Englisch
von Angela Koonen

Lübbe

NACHHALTIG PRODUZIERT

Die Bastei Lübbe AG verfolgt eine nachhaltige Buchproduktion. Wir verwenden Papiere aus nachhaltiger Forstwirtschaft und verzichten darauf, Bücher einzeln in Folie zu verpacken. Wir stellen unsere Bücher in Deutschland und Europa (EU) her und arbeiten mit den Druckereien kontinuierlich an einer positiven Ökobilanz.

FSC
www.fsc.org
MIX
Papier | Fördert gute Waldnutzung
FSC® C014496

Hinweis:
In diesem Buch werden an einigen Stellen rassistische Szenen oder rassistische Sprache reproduziert, die sich gegen Schwarze Menschen richten. Dies spiegelt in keiner Weise die persönliche Meinung des Autors oder die Haltung des Verlags wider und dient lediglich dem Zweck der historisch korrekten Darstellung, wenn derlei Begriffe in einem Zitat oder wörtlicher Rede vorkommen.

Vollständige Taschenbuchausgabe
der bei Bastei Lübbe erschienenen Hardcoverausgabe

Titel der englischen Ausgabe: »The Night Travelers«

Umschlaggestaltung: Guter Punkt, München | www.guter-punkt.de
unter Verwendung von Fotos von © shutterstock: Andrey Yurlov, Diego Cervo und © Depositphoto: sensitive. DESIGN BY LAURA KLYNSTRA
Satz: hanseatenSatz-bremen, Bremen
Gesetzt aus der Adobe Caslon Pro
Druck und Verarbeitung: GGP Media GmbH, Pößneck

Printed in Germany
ISBN 978-3-404-19310-3

5 4 3 2 1

Sie finden uns im Internet unter luebbe.de
Bitte beachten Sie auch: lesejury.de

Für Emma, Anna und Lucas

Inhalt

Erster Teil	11
1. Berlin, März 1931	13
2. Berlin, März 1938	19
3. Düsseldorf, Juni 1929	30
4. Berlin, März 1934	42
5. Berlin, August 1936	55
6. Berlin, Oktober 1938	61
7. Berlin, Januar 1939	70
8. Berlin, Februar 1939	88
9. Berlin, März 1939	99
10. Hamburg, Mai 1939	109
Zweiter Teil	115
11. Havanna, November 1942	117
12. Havanna, April 1944	125
13. Havanna, Dezember 1948	144
14. Havanna, Juni 1951	159
15. Havanna, März 1952	173
16. Havanna, Dezember 1956	186
17. Havanna, Juni 1958	199

18. Havanna, Januar 1959 210
19. Santiago de Cuba, März 1959 225
20. Havanna, März 1962 238

Dritter Teil 251
21. New York, Mai 1975 253
22. Düsseldorf, November 1975 264
23. Düsseldorf, August 1981 279
24. Berlin, August 1988 286
25. Berlin, April 1996 296
26. Berlin, Januar 2000 308
27. Berlin, März 2014 318
28. Berlin, Juni 1939 326
29. Oranienburg, Januar 1940 334
30. Berlin, April 2014 344
31. Berlin-Pankow, Mai 2014 359
32. Berlin, Mai 2015 369
33. Havanna, Januar 1988 381
34. Havanna, Mai 2015 389
35. Berlin, November 2015 393

Anmerkungen des Autors 399
Dank 403
Bibliografie 409

Nachtreisende sind voller Licht.
Rumi

ERSTER TEIL

1

Berlin, März 1931

In der Nacht von Liliths Geburt stürmte und schneite es, obwohl es dem Kalender nach bereits Frühling war.

Die Fenster waren geschlossen, die Vorhänge zugezogen. Ally Keller wand sich vor Schmerzen auf dem feuchten Laken. Die Hebamme fasste um ihre Fußgelenke und verkündete: »Diesmal kommt es.«

Nach der Presswehe, der allerletzten, würde sich Allys Leben ändern. *Marcus*, dachte sie. Sie wollte seinen Namen rufen.

Aber Marcus konnte ihr nicht antworten. Er war weit weg. Der einzige Kontakt, den sie noch hatten, waren gelegentliche Briefe. An seinen Geruch konnte sie sich kaum noch erinnern. Sogar sein Gesicht verschwand für einen Moment im Dunkeln. Sie sah sich auf dem Bett liegen wie eine Fremde, als wäre der gebärende Leib nicht ihrer.

»Marcus«, brachte sie leise hervor, während ihre Gedanken rasten.

Nach allem, was sie zusammen durchgemacht hatten, nach allem, was sie miteinander geredet und geteilt hatten, war er für sie zu einem Schatten geworden. Ihr gemeinsames Kind würde ohne Vater aufwachsen. Vielleicht hatte er es eigentlich doch nicht gewollt. Vielleicht war das ihrer Tochter vom Schicksal vorherbestimmt. Welches Recht hatte sie, sich einzumischen?

In der Nacht von Liliths Geburt dachte Ally an ihre Mutter. Sie konnte sich an kein einziges Schlaflied, keine Umarmung, keinen Kuss erinnern. Ihre Kindheit hatte sie umgeben von Lehrern verbracht, sie hatte ihre Handschrift und ihren Sprachgebrauch vervollkommnet, neue Vokabeln und korrekte grammatische Konstruktionen gelernt. Rechnen war ein Albtraum, Naturwissenschaft langweilig, und Erdkunde verwirrte sie. Am liebsten flüchtete sie sich in Fantasiegeschichten, die sie auf Reisen in die Vergangenheit mitnahmen.

»Du kommst besser zu uns in die wirkliche Welt«, sagte ihre Mutter. »Das Leben ist kein Märchen.«

Aber sie ließ Ally ihren eigenen Weg gehen. Sie hatte wohl schon damals geahnt, wie Allys Leben sein würde und dass sie nicht die Macht hatte, das zu ändern. Angesichts der Richtung, in die sich Deutschland entwickelte, wusste sie, dass ihre rebellische, eigensinnige Tochter ein hoffnungsloser Fall war. Im Nachhinein sah Ally ein, dass sie recht gehabt hatte.

»Sie schlafen ein!« Die aufgeregte Stimme der Hebamme, deren Hände von einer gelblichen Flüssigkeit verfärbt waren, unterbrach Allys Gedanken. »Sie müssen sich konzentrieren, wenn Sie das hinter sich bringen wollen.«

Die Hebamme war erfahren. Sie konnte die notwendigen neunhundert Stunden Praxis vorweisen und hatte über hundert Frauen entbunden.

»Kein einziges Kind ist unter meinen Händen gestorben, und auch keine Mutter«, hatte sie erklärt, als Ally sie engagierte.

»Sie ist eine der Besten«, hatte die Frau von der Vermittlung ihr versichert. »Eines Tages wird es ein Gesetz geben, nach dem alle Geburten in unserem Land von einer deutschen Hebamme begleitet werden müssen«, hatte sie mit erhobener Stimme hinzugefügt. »Reinheit für Reinheit.«

Vielleicht hätte ich mir eine Unerfahrene suchen sollen, die überhaupt nicht weiß, wie man ein Kind zur Welt bringt, dachte Ally.

»Schauen Sie mich an!«, schnauzte die Hebamme. »Sie müssen sich anstrengen, sonst kann ich meine Arbeit nicht richtig machen. Sie schaden meinem Ruf.«

Ally fing an zu zittern. Die Hebamme schien es eilig zu haben. *Vermutlich wartet noch eine andere Schwangere auf sie.* Und immer wieder ging ihr durch den Kopf, dass diese Frau ihre Finger in ihr hatte und in ihr herumtastete, um ein Leben zu retten, während sie ein anderes zerstörte.

In der Nacht von Liliths Geburt versuchte Ally, sich vorzustellen, sie wäre wieder mit Marcus in Düsseldorf, in der Wohnung am Flussufer. Verborgen im Mondschein hatten sie heimlich Pläne geschmiedet für ihr Leben als Familie, als wäre so etwas je möglich gewesen. Das Morgenlicht überraschte sie immer. Eins nach dem anderen schlossen sie die Fenster und zogen die Vorhänge zu, damit wieder Dunkelheit herrschte, die zu ihrer Zuflucht geworden war.

»Wir sollten abhauen«, hatte sie einmal zu Marcus gesagt, als sie aneinandergeschmiegt im Bett lagen.

Still wartete sie auf seine Reaktion, obwohl sie wusste, dass es für ihn nur eine Antwort gab. Niemand konnte ihn überzeugen, seine Meinung zu ändern.

»Wenn es hier schon schlecht für uns aussieht, wird es in Amerika nur noch schlimmer«, sagte er immer. »Jeden Tag behandeln uns mehr Menschen, als wären wir ihre Feinde.«

Für Ally war Marcus' Angst abstrakt. Sie speiste sich aus verborgenen Kräften wie bei einer sich aufbauenden Woge, die sie nicht sehen konnten, in der sie aber eines Tages alle ertrinken würden. Deshalb zog Ally es vor, seine Ahnungen und die seiner Künstlerfreunde zu ignorieren. Sie vertraute darauf, dass der Sturm vorbeiziehen würde.

Marcus träumte davon, Schauspieler zu werden. Er hatte schon einmal in einem Film mitgespielt, in einer Nebenrolle als Musiker, und er hatte vorgeschlagen, sie solle mit ihm nach Paris gehen, wo er hoffte, ein neues Engagement zu finden.

Doch dann war sie schwanger geworden, und das hatte alles geändert.

Ihre Eltern waren außer sich gewesen. Sie hatten Ally in ihre leerstehende Wohnung in Berlin-Mitte geschickt, damit sie dort ihr Kind austrug und ihre Schande verbarg. Das sei das Letzte, was sie für sie täten, hatten sie erklärt. Wie sie anschließend leben wolle, sei allein ihr Problem, damit hätten sie nichts mehr zu tun. Als Ally den Brief las, den ihre Mutter ihr geschrieben hatte, hörte sie ihre feste, selbstsichere Stimme mit dem bayerischen Tonfall. Ally hatte seitdem nichts mehr von ihr gehört.

Vom Tod ihres Vaters erfuhr sie aus der Zeitung. Am selben Tag bekam sie auch ein Schreiben, das sie über die kleine Erbschaft informierte, die er ihr hinterlassen hatte. Sie stellte sich vor, dass in ihrem Elternhaus in München gebetet wurde, *Ave Maria* bei zugezogenen Vorhängen und gekünstelten Unterhaltungen, die in Gemurmel endeten. Sie dachte an ihre Mutter, die sich in Trauer hüllte, in eine Trauer, die an dem Tag begonnen hatte, als Ally sie verließ. Ally war überzeugt, dass ihre Mutter verfügen würde, ihren Tod nicht öffentlich bekannt zu geben, damit er unbemerkt bliebe und ihre Tochter keine Gelegenheit bekäme, um sie zu weinen. Ally verdiente nicht einmal das. Die Rache ihrer Mutter war Schweigen.

Ally erinnerte sich an das Gefühl, wie sie plötzlich allein in der großen Wohnung in Berlin gewesen war, sich in den Fluren verlaufen hatte, in den Räumen, die voller Schatten und in einem schlammigen Grün gestrichen waren, das sie zu verschlingen drohte.

Bald darauf war sie in dieses Mietshaus in einer schäbigen Sackgasse umgezogen.

Um diese Zeit kamen die ersten Briefe von Marcus. *Das ist nicht das Land, in dem mein Kind aufwachsen soll. Komm nicht zurück nach Düsseldorf, das Leben hier wird jeden Tag schwieriger.*

In Amerika wollen sie uns auch nicht. Niemand will uns. Manche seiner Briefe waren keine Antwort auf ihre, sondern Tiraden.

Ein Schrei erfüllte den Raum. Er war aus ihrer Brust gekommen, aus ihrer engen Kehle. Es fühlte sich an, als würde sie entzweigerissen. Der stechende Schmerz im Bauch zog in den ganzen Körper, und sie klammerte sich verzweifelt an die Gitterstäbe am Kopfende des Bettes.

»Marcus!«, rief sie heiser.

Die Hebamme fuhr erschrocken zurück. »Wer ist Marcus? Der Vater? Hier ist niemand. Los jetzt, nicht aufhören. Sie haben es fast geschafft. Noch einmal pressen, dann ist es da!«

Allys Körper versteifte sich, und ein Schauder durchlief sie. Ihre trockenen Lippen zitterten. Ihr Bauch spannte sich an und schrumpfte dann, als ob das lebende Wesen darin sich aufgelöst hätte. Sie hatte einen Sturm hervorgerufen. Sie fühlte Windböen und Regen herabpeitschen. Donnerschläge und Hagelkörner prasselten auf sie ein. Sie wurde zerrissen. Ihr Bauch zog sich zusammen. Sie spreizte ihre bleischweren Beine und stieß etwas aus, etwas Molluskenhaftes. Der Winzling hatte alle Wärme aus ihrem Bauch mitgenommen. Sie zitterte am ganzen Körper.

Es war eine Weile ruhig. Ally schloss die Augen. Tränen mischten sich mit Schweißperlen. Die Hebamme hob das reglose Kind an den Füßen hoch und schnitt die Nabelschnur durch. Mit der anderen Hand warf sie den Mutterkuchen in eine Schale mit blutigem Wasser und begann neben dem Bett, das Neugeborene mit lauwarmem Wasser zu waschen.

»Es ist ein Mädchen.« Ihre Stimme hallte durch den Raum, in dem es davon abgesehen auffallend still war.

Was ist passiert? Warum schreit meine Tochter nicht? Sie ist tot, dachte Ally.

Ihre Kehle brannte, in ihrem Bauch pochte es. Sie spürte ihre Beine nicht mehr.

In dem Moment fiepte das Kind wie ein verwundetes Tier. Allmählich wimmerte es lauter, weinte schließlich, und dann schrie es.

In der Zwischenzeit trocknete die Hebamme das Baby ab. Sie wirkte nun schon entspannter, da sie ihre Arbeit getan hatte. Ally sah, wie sie das bläuliche Gesicht betrachtete und wieder nervös wurde. Sauerstoffmangel, schloss sie. Versuchsweise öffnete die Hebamme den Mund des Neugeborenen und inspizierte den Rachenraum. Weil sie offenbar glaubte, etwas blockiere die Luftröhre, griff sie mit dem Zeigefinger in den Rachen. Sie schaute auf das Kind und dann zu Ally.

Das Baby hörte nicht auf zu schreien, während die Hebamme es in ein sauberes Tuch wickelte, sodass nur noch das Gesichtchen hervorguckte. Sie schürzte die Lippen und übergab Ally ihre winzige Tochter wie einen befremdlichen Gegenstand.

»Es ist ein Rheinlandbastard. Sie haben einen Mischling zur Welt gebracht. Das ist kein deutsches Mädchen, es ist eine Schwarze.«

Ally setzte sich auf und nahm ihr Kind auf den Schoß. Es wurde sofort ruhig.

»Lilith«, murmelte Ally. »Das bedeutet Licht.«

2

Sieben Jahre später
Berlin, März 1938

Abenddämmerung.

»Lauf, Lilith! Schau dich nicht um!«, schrie Ally mit zugekniffenen Augen. »Renn immer weiter, werd nicht langsamer.«

Die Gaslaternen im Tiergarten warfen silbrige Streifen auf die Bänke aus Bronze und Holz. Ally drehte sich mit ausgestreckten Armen im Kreis, sodass das tote Laub aufwirbelte. Für einen Moment brachte sie die Welt zum Stehen und erschuf eine schützende Wolke um sich. Als sie die Augen öffnete, war es der Park, der sich drehte, und die Bäume stürzten auf sie. Sie kämpfte ums Gleichgewicht. Es war, als fiele sie gleich in Ohnmacht.

Bei Nacht glich der Tiergarten mitten in Berlin einem Labyrinth.

»Lilith?«, flüsterte Ally.

Ihre Tochter spielte das Spiel hervorragend: Sie war nirgends zu sehen.

Ally seufzte. Vor ihr lag die breite Allee, hinter ihr standen Bäume. Sie glaubte sich allein, außerhalb des Lichtkreises der Laterne, aber als sie sich umwandte, sah sie sich mehreren jungen Männern in grauer Uniform gegenüber. Sie fühlte das Prickeln der Angst. Sie könnte vielleicht die Tränen zurückhalten, die Mundwinkel hochziehen, verbergen, dass ihr die Knie zitterten und die Handflächen schwitzten, doch das Grauen blieb, fand seinen Weg an die Oberfläche und schwächte sie. Der Jäger kann Angst riechen. Aber die uniformierten jungen Männer lächelten sie an, reckten den Arm zum Hitlergruß. Ally war das Idealbild der vitalen, makellosen deutschen Frau.

»Sieg Heil!«

Wenn die wüssten, dachte sie.

Ein Windstoß vertrieb die Wolken. Der Mond schien auf sie herab, auf ihre blonden Haare und porzellanweiße Haut. Ally leuchtete. Einer der jungen Männer betrachtete sie, als wäre sie eine magische Erscheinung, eine Walküre, die ihrer Bestimmung entgegensah. Die jungen Männer zogen weiter. Sie war wieder allein im Dunkeln.

»Mami?« Liliths Stimme riss sie aus ihrer Benommenheit. »Hab ich es gut gemacht?«

Ohne auf sie hinabzublicken, strich Ally ihr über die krausen Haare, während sie neben ihr herging. Nur Ally war in Licht getaucht, Lilith blieb im Schatten.

»Gehen wir nach Hause.«

»Aber habe ich's gut gemacht, Mami?«

»Natürlich, Lilith, wie jeden Abend. Du machst es jedes Mal besser.«

In der Dunkelheit blieben sie unbemerkt. Die Passanten ignorierten sie, niemand sah sie staunend an, verzog angewidert die Lippen oder senkte mitleidig den Blick. Niemand bewarf sie mit Steinen oder beleidigte sie, und die Kinder rannten nicht, geschützt durch ihre Reinheit, hinter ihnen her und grölten Lieder über den Dschungel oder Affen.

Bei Nacht fühlten sie sich frei.

»Nachts haben wir alle dieselbe Farbe«, raunte Ally ihrer Tochter beim Spazierengehen zu, als zitiere sie eines ihrer Gedichte.

Ally schrieb ständig, egal wo sie gerade war. Sie brauchte dazu weder Stift noch Papier. Ihr Verstand sei schneller als ihre Hände, sagte sie oft zu Lilith. Sie trug ihr Gedichte vor, Gedichte mit einer Sprachmelodie, an der Lilith sich erfreute.

»Was meinst du damit, Mami?«

»Dass die Nacht uns gehört, dir und mir. Die Nacht ist unser.«

Um Liliths siebten Geburtstag herum begannen Allys Albträume. *Was für eine Mutter träumt davon, dass ihr Kind stirbt?*, dachte sie. Sie war selbst schuld, dass sie sie in die Welt gesetzt hatte. Dass sie sich ständig verstecken mussten.

In ihrem Mietshaus in einer schäbigen Sackgasse in Berlin benutzten sie nie den Aufzug, sondern immer die Treppe, damit sie keinem Nachbarn begegneten. Sie hatte die Strassers, die im selben Block wohnten, lamentieren und von der ruhmreichen Vergangenheit schwärmen hören. An dem Tag, als Ally einzog, noch bevor Lilith geboren wurde, luden sie sie zum Kaffee ein. Sie besaßen viele Trophäen, die sie aus fernen Ländern mitgebracht hatten: Sphinxe, Fragmente von Steinbüsten, Ton- und Marmorarme. Ruinen waren ihre Leidenschaft. Frau Strasser trug ein Korsett, das ihr die Luft nahm und sie zänkisch machte, sodass sie jeden brüskierte, der sich anders kleidete als sie und ihre prachtvollen Sprösslinge. Schon beim Gehen schnaufte sie, und sogar im Winter plagten sie Schweißtropfen, die die Puderschicht auf ihrem Gesicht zu ruinieren drohten. Die Strassers hatten zwei Töchter, beide makellose Schönheiten gemäß dem weiblichen Ideal, wie es häufig im *Deutschen Mädel* abgebildet wurde, der Zeitschrift des Bundes deutscher Mädel, und das jeder bewunderte.

Seit sie Lilith hatte, wurde Ally von den Strassers gemieden. Einmal, als sie vor dem Haus aneinander vorbeigingen, hatte Herr Strasser sie sogar angespuckt. Ally war die Tüte Äpfel aus der Hand gefallen, und die Früchte waren über den Bürgersteig gerollt, sodass dunkler Straßenstaub an ihnen haften blieb.

»Die Äpfel sind reiner als Sie«, sagte Herr Strasser, nachdem sein Auswurf vor ihren Füßen gelandet war.

Beleidigungen wurden nicht länger verschleiert.

Durch die schwere Haustür betrat Ally das Gebäude, das keine Zuflucht mehr war. Sie sah ihre Nachbarn, Albert und Beatrice Herzog, mit erschrockener Miene in Wohnung 1 B verschwinden. Sie hatten ihre Demütigung mitangesehen und fühlten wahrscheinlich mit ihr. Auch sie waren schon bei mehreren Gelegenheiten beleidigt worden.

Dem Ehepaar Herzog gehörte ein kleines Lampengeschäft vor der S-Bahn-Station am Hackeschen Markt. Einmal hatte Ally überlegt, dort Schutz vor einem eisigen Wolkenbruch zu suchen, sie hatte es dann aber doch nicht getan, als sie den sechszackigen Stern an der Fensterscheibe und darin das beleidigendste Wort sah, mit dem man jemanden bezeichnen konnte: *Jude*. Sie hatte den Kopf gesenkt und war frierend weitergegangen. Als sie zuletzt aus der S-Bahn gestiegen war, hatte sie schon von Weitem gesehen, was von dem Geschäft übrig geblieben war: Die Schaufenster waren zertrümmert und die Lampen zerstört. Überall vor dem Laden lagen Glasscherben. Es war unmöglich, nicht darauf zu treten. Ally schauderte, als sie unter ihren Sohlen knirschten – es gehörte zur Symphonie der Stadt. Jeder Schritt würde die Scherben weiter zermalmen, bis sie zu Glasstaub zerfielen und verschwanden.

Niemand in Berlin braucht noch Licht, dachte sie und wandte sich in die entgegengesetzte Richtung. *Von nun an werden wir wohl alle im Schatten leben.*

Ally hatte die Fähigkeit verloren, schockiert zu sein. Nichts konnte sie mehr verletzen. Worte erschreckten sie nicht, auch nicht Herrn Strassers Speichel, der lediglich ein ermüdendes, geringfügiges Ärgernis war.

Zum Glück war sie an dem Tag allein unterwegs gewesen, wie fast immer nachmittags. Lilith war beim Professor geblieben, ihrem Nachbarn und Lehrer. Er hieß Bruno Bormann, doch sie beide nannten ihn Opa. Das hatte ihm anfangs nicht behagt. »Bin ich denn wirklich so alt?«, hatte er oft gemurrt, doch inzwischen kündigte er sich mit diesem Namen an, wenn er die Wohnung betrat: »Opa ist müde«, »Opa hat Hunger«, »Opa möchte, dass ihm jemand etwas vorsingt« oder »Gibt es hier ein Küsschen und eine Umarmung für Opa?«.

»Weißt du, Lilith«, sagte er einmal, als sie miteinander lasen und sie Fragen über das Schicksal stellte, »du bist älter als Opa. Du hast eine alte Seele.«

Fast jeden Abend setzten sie sich zum Essen zusammen, nur nicht wenn der Professor sich mit seinen alten Kollegen von der Universität traf, wo er über zwanzig Jahre lang Literaturwissenschaft gelehrt hatte. Es waren nicht mehr viele übrig. Einige waren verstorben, andere nach Amerika geflohen, um den Gräueln und der Schande in ihrem Land zu entkommen. Der Professor war einmal verehrt worden, und treue Anhänger unter den Studenten zitierten ihn häufig. Als er seinerzeit den Lehrauftrag erhalten hatte, hatte er sich selbst in ferner Zukunft ergraut und mit einem Gehstock im Hörsaal stehend seine Vorlesung halten sehen und war entschlossen gewesen, bis zu seinem letzten Atemzug zu lehren. Doch die Zeiten hatten sich geändert. Angst wurde verbreitet, Bürger wurden denunziert, und er vertraute den Professoren nicht mehr, die geblieben waren, auch nicht den neuen Studenten. Diese zornigen jungen Leute entschieden jetzt darüber, was an der heiligen Deutschen Akademie gelehrt werden und was für immer aus dem Lehrplan verschwinden sollte. Die Professoren, Dekane und sogar der Rektor der Universität fürchteten sich vor Denunzianten so sehr wie vor Querschlägern. Eines Morgens hatte der Professor die Universität betreten und in der Bibliothek mehrere leere Regalfächer vorgefunden. Jemand hatte lauter Erstausgaben auf den Boden geworfen und war darauf herumgetrampelt.

»In diesem Land werden Bücher nicht mehr als nützlich betrachtet«, sagte er zu Ally. »Wer liest heute noch gern Klassiker?

Wie lange wird es weitergehen, meine liebe Ally? Sie und ich, wir sind Überlebende, wir gehören einer anderen Ära an. Die neue Generation will nur noch den Führer reden hören, nur noch seine Tiraden.«

Der Professor hatte mit seiner sanften Art und geschliffenen Ausdrucksweise eine Stimme, die trug, ohne erhoben zu werden, sodass er in jedem Winkel des Hauses zu hören war. Er war Liliths Lehrer. Dank seiner Hilfe konnte sie schon mit fünf Jahren flüssig lesen und schreiben. Aus seiner umfangreichen Bibliothek nahm sie ohne Erlaubnis Bücher mit, las darin, obwohl sie vieles noch nicht verstand, und unterstrich darin Wörter.

Ally und er wohnten Tür an Tür und gingen beieinander ein und aus.

»Wir sollten die Wand einreißen. Dann braucht Opa nicht mehr zu Besuch zu kommen«, schlug er einmal neckend vor.

Lilith lächelte über den Einfall und dachte, dann könnte sie sich zu jeder Zeit aus seiner Bibliothek etwas zu lesen holen, nicht nur in der Nacht, der einzigen Tageszeit, in der sie die Wohnung verlassen durfte, obwohl sie auch dann noch aufpassen musste, dass die Gespenster – so nannten sie die Nachbarn – sie nicht sahen.

Ally wusste wenig über das frühere Leben des Professors, betrachtete ihn aber als Schlüsselperson in ihrem eigenen. Sie wusste, dass er früher einmal einen Fehler begangen hatte, wie er es ausdrückte. Das hieß, er war verliebt gewesen. Ally drängte ihn nicht, mehr darüber preiszugeben.

»Solche Fehler können den Lauf des Lebens verändern, aber glücklicherweise verlieben wir uns gewöhnlich kein zweites Mal. Einmal ist genug«, hatte der alte Mann gesagt.

Zu dieser Zeit vertiefte sich Lilith in ein ledergebundenes Buch in einer ihr unbegreiflichen Sprache mit dem Titel *Race Hygiene*. Sie grübelte über Illustrationen zu menschlichen Körpern, Krankheiten, Muskelschwund, Vollkommenheit und Unvollkommenheit und verweilte zuletzt bei dem makellosen Gesicht eines kleinen Mädchens.

»Opa, ich will, dass du heute anfängst, mir Englisch beizubringen. Jetzt.«

»Wenn ich dir Englisch beibringe, dann nicht, damit du dieses Buch lesen kannst, sondern damit du den großen Dichter verstehen lernst.«

Sie begannen am selben Abend und lasen laut Shakespeares Sonette, ohne danach zu fragen, was die Zeilen bedeuteten.

»Wenn man eine Sprache lernen will, muss man als Erstes ihren Klang erfassen, seine Zunge lockern, die Gesichtsmuskeln entspannen«, erklärte der Professor. »Der Rest kommt zu gegebener Zeit.«

Lilith strahlte, fasziniert von dieser aufregenden neuen Welt, die sich vor ihr aufgetan hatte. »Lass uns zu Mami gehen, damit sie uns zuhören kann!«

»Wir sollten deine Mutter in Ruhe lassen. Sie muss schreiben, viel schreiben. Das tut ihr gut, besonders wenn sie müde ist.«

»Es ist meine Schuld, dass Mami nicht schläft.«

»Nein, Lilith. Das ist die Schuld des Führers, der sich für den Gott Odin hält. Du hast nichts damit zu tun.«

»Mami mag es nicht, wenn wir ihn erwähnen …«

Sobald Lilith morgens aufgestanden war, verbrachte sie fast ihre ganze Zeit mit dem Professor. Gegen Mittag aßen sie zu dritt miteinander, und das Mädchen ließ sich gefangen nehmen von seinen Geschichten, die von den Errungenschaften des alten Babylon oder von der griechischen Mythologie handelten, endlosen Reden über Götter und Halbgötter oder die dorischen Tempel der Akropolis und schließlich die Perserkriege. Der Professor sprach ebenso gern über Aphrodite, Hephaistos und Ares und ihren Platz unter den zwölf Göttern des Olymps wie über die Schlachten der Nubier und Assyrer.

Eines Nachmittags fand er Lilith vor dem Badezimmerspiegel, dem einzigen Stück Wand in seiner Wohnung, wo keine Bücher standen. Sie näherte sich dem Glas, als suchte sie nach einer Antwort auf ihre Zweifel, und strich sich bedächtig über die Haare und die Brauen. Als sie bemerkte, dass er sie beobachtete, zuckte sie erschrocken zusammen.

»Mami ist so hübsch.«

»Das bist du auch.«

»Aber ich sehe nicht aus wie sie. Ich will genauso aussehen wie sie.«

»Du hast das gleiche Profil, die gleichen Lippen, deine Augen haben die gleiche Form.«

»Aber meine Haut …«

»Deine Haut ist schön. Sieh nur, wie sie neben meiner schimmert.«

Sie standen zusammen vor dem Spiegel. Lilith löste die Schleife aus ihren Haaren. Der Professor strich sich die grauen Haare aus der Stirn und dann über den Bauch. »Ich werde etwas gegen den Bauch tun müssen, er wird immer dicker. Ich mag alt geworden sein, aber wenigstens habe ich noch alle meine Haare!«

Sie lachten. Für Lilith war er wie ein freundlicher Riese, der über sie und ihre Mutter wachte.

An manchen Tagen stieg er in dem kleinen Zimmer neben der Küche neben dem Kleiderschrank die Leiter hoch. Auf der obersten Sprosse hockend reichte er ihr mit rotem Samt gefütterte Schachteln herunter. Darin bewahrte er die Familienfotos auf, die seine Mutter, eine große, kräftige Frau, in ihren letzten Lebensjahren sortiert hatte. Lilith liebte es, sich die Fotos fremder Leute anzusehen, die so alt waren, dass selbst der Professor sich nicht an ihre Namen erinnerte.

»Klein Bruno hatte Angst vor dem Dunkeln«, sagte er einmal über ein Foto, auf dem er als Kleinkind zu sehen war. »Wir aber nicht, nicht wahr, Lilith?«

Sie lachte schallend über den kahlen, pummeligen Säugling, der auf einem Spitzenkissen saß. »Du hattest von Geburt an ein mürrisches Gesicht! Das kann kein anderer sein als du.«

»Wir waren alle mal Säuglinge, und bevor wir sterben, werden wir wieder genauso darauf angewiesen sein, dass jemand alles für uns tut.«

»Mach dir keine Sorgen, Opa, ich werde mich um dich kümmern.«

In der Nacht, wenn Lilith schlafen gegangen war, kochten sich Ally und der Professor eine Kanne Tee, um die Müdigkeit zu vertreiben. Meist saßen sie schweigend nebeneinander auf dem Sofa, sie brauchten keine Worte, um zu kommunizieren. Nach ein paar Minuten legte Ally den Kopf in seinen Schoß, und er streichelte ihr Haar, ein rauchiges Grau in der Dunkelheit.

»Wir werden einen Weg finden, bestimmt«, sagte er oft. »Lilith ist ein kluges Mädchen. Sie ist ein außergewöhnliches Talent, sehr besonders.«

»Opa, die Zeit ist gegen uns. Lilith ist fast sieben Jahre alt«, sagte Ally. Ihr Atem ging stoßweise und unregelmäßig.

»Wir können Franz vertrauen.« Seine Hände zitterten.

Franz Bouhler war einer seiner früheren Studenten. Seine Mutter hatte darauf bestanden, dass er Naturwissenschaften studierte, damit er im Labor seines Vetters Philipp arbeiten konnte. Philipp hatte mit einer Forschung begonnen, die laut Franz ihren Blick auf die Welt verändern würde. Seine wahre Leidenschaft galt jedoch der Literatur. Er schrieb Gedichte und ging zu den Vorlesungen und Seminaren des Professors. Nach seiner Emeritierung besuchte Franz ihn weiter und gab ihm zu lesen, was er geschrieben hatte.

»Franz ist ein Träumer«, sagte Ally.

»Das sind wir alle«, erwiderte der Professor. *»Dass ich beim Erwachen aufs Neu' zu träumen heulte«*, zitierte er ein Gedicht von Franz.

Seit Franz sie besuchte, war er ihre einzige Verbindung zur Außenwelt. Lilith wuchs rasch, und jeden Tag sah man deutlicher, dass sie ein Mischling war, ein »Rheinlandbastard«, der nach dem Gesetz sterilisiert werden musste, um im neuen Deutschland leben zu dürfen. Sie mieden die Radionachrichten und kauften keine Zeitungen. Wenn sie nachts rausgingen, senkten sie den Blick, um die Flut von siegesgewissen, schwarz-weiß-roten Fahnen nicht zu sehen, die die Stadt überschwemmt hatte.

Der Professor redigierte manchmal Franz' hochtrabende Gedichte, die im Gegensatz zu Allys dunklen, pessimistischen Versen voller Hoffnung waren. Es war sein frischer, jugendlicher Geist – er war vier Jahre jünger als Ally –, der sie dazu trieb, bei ihm Schutz zu suchen. Die Mittwochnachmittage waren ihre gemeinsame Zeit. Ally fühlte sich sicher, wenn sie neben dem großen Mann durch die Nebenstraßen spazieren ging. Er hatte bärenstarke Arme und bewegte sich auf eine linkische Art, strahlte aber eine Anmut aus, die ihm fast etwas Kindliches verlieh. Er trug stets grauen Flanell und sie einen Trenchcoat aus Gabardine, der je nach Tageslicht in verschiedenen Rottönen changierte.

Franz las eifrig Allys Gedichte. Er bewunderte die Schlichtheit ihrer Verse. In seiner eigenen Arbeit suchte er hingegen permanent nach immer komplexeren Konstruktionen, um eine Idee zu verdeutlichen, die dann innerhalb von vierundzwanzig Stunden banal erschien. Ally versuchte, seine Texte, seine Rhetorik zu verstehen, wurde aber vom Ansturm seiner Worte überwältigt. Sie schrieb das seiner Unschuld zu.

Lilith sah in Franz einen griechischen Gott und einen großen Bruder. Wenn er kam, rannte sie in seine Arme, sodass er sie hochnahm, und dann barg sie das Gesicht an seinem Hals, oder er hob sie hoch in die Luft.

»Was hast du heute für mich, mein kleines Licht?«, sagte er oft. »Frag mich etwas.«

Sie konnten stundenlang ihre Zeit vertrödeln, indem sie einander von ihrem Tag erzählten: sie, wie sie aufgestanden war, sich das Gesicht gewaschen, ein Glas Wasser getrunken, mit dem Professor gelesen hatte und lächelnd zu Bett gegangen war; er, wie er dicke Bücher über den menschlichen Körper gelesen und das schönste Gedicht geschrieben hatte, das je von einem Deutschen erdacht worden sei und das sie bald mit eigenen Augen lesen könne.

»Für mich ist das ein Zuhause«, sagte Franz zu Ally. »Dafür lasse ich das Abendessen bei meiner Mutter aus. Sie gibt mir ohnehin nur Befehle. Sie hält es für eine Schwäche, Gedichte zu schreiben, die mich nicht weiterbringen, und Bücher zu lesen, die man eines Tages ins Feuer werfen wird. ›Deutschland braucht nicht noch mehr Schriftsteller‹, hat sie gesagt. ›Es braucht Soldaten, die bereit sind zu dienen.‹«

Allys Zuhause war das einzige, in dem kein Porträt von Hitler hing. Lilith sah, dass ihre Mutter mit Franz zusammen glücklich war. Seinetwegen fürchteten sie sich nicht vor den Gespenstern oder vor dem Führer. Niemand konnte ihnen etwas tun. Franz war ein Schutzwall.

Dann bereiteten sie Liliths siebten Geburtstag vor. Die Zahl hielt Ally nachts wach. Sie lächelten nicht mehr, sie sagten im Dunkeln keine Gedichte mehr auf. Das Abendessen war wieder eine stille Angelegenheit.

»Sieben«, wiederholte Lilith, als wäre die Zahl ihre Gefängnisstrafe.

3

Acht Jahre zuvor
Düsseldorf, Juni 1929

»Wenn du dich nicht beeilst, kommen wir zu spät!«, rief Ally, die schon fertig an der Wohnungstür stand.

Als sie Stella aus dem Bad kommen sah, kicherte sie. »Rot? Und dann noch der tiefe Ausschnitt? Was glaubst du denn, was wir vorhaben?«

»Wir wollen doch Spaß haben!«, erwiderte Stella.

»Mit dem roten Kleid machst du nur den Vampir auf dich aufmerksam.«

Die beiden lächelten und eilten die Treppe hinunter.

Es war erst acht Uhr, und in der Innenstadt war noch nichts los. Jetzt im Frühsommer wurden die Tage länger, und die Straßenlampen an den Kreuzungen waren noch nicht eingeschaltet. Sie überquerten unbelebte Hauptstraßen und wichen den Pfützen aus, die ein zaghafter Sommerschauer hinterlassen hatte.

Als sie in die U-Bahn-Station der Altstadtlinie hinunterstiegen, war der Bahnsteig leer. Es kam ihnen vor, als wäre die Seuche der Spanischen Grippe, die die Welt vor zehn Jahren heimgesucht hatte, zurückgekehrt.

»Die Leute geben viel zu viel auf die Schlagzeilen der Zeitungen«, sagte Ally.

»Wie gruselig, der Vampir von Düsseldorf belauert uns schon«, spöttelte Stella. »Aber ich glaube, wir sind für ihn nicht die ideale Beute.«

»Ideal? Der Vampir ist bestimmt nicht wählerisch. Er nimmt sich die Erste, die ihm über den Weg läuft.«

»Na, jedenfalls gehen wir aus, um Spaß zu haben.«

Sie waren die einzigen Passagiere im Waggon. An einer der Türen hing ein Plakat, das für die Ergreifung des Vampirs eine Belohnung versprach: zehntausend Reichsmark. Die beiden sahen sich verblüfft an und verbrachten den Rest der Fahrt schweigend. Vorhin hatten sie keine Angst gehabt, aber nun waren sie aufgeschreckt, was sie sich jedoch nicht zuzugeben trauten. In ein paar Minuten würden sie ihre Haltestelle erreichen, und dort würden sich bei der Brauerei Schumacher viele Leute tummeln. Ein paar Ecken weiter waren sie vor dem Kabarett mit Marcus und Tom verabredet. Warum sollte jemand an einem Samstagabend im Sommer drinnen bleiben wollen? Sie würden sich von keinem Vampir, ob echt oder eingebildet, daran hindern lassen, sich nach Lust und Laune zu vergnügen. Der Verbrecher, der sich im Rheinland an kleinen Mädchen, Frauen, alten Damen und sogar Männern vergangen und sie erstochen hatte, hatte es auf die Titelseiten aller deutschen Zeitungen gebracht. Die Polizei, Geschäftsleute und die Öffentlichkeit waren äußerst wachsam. Und ebenso Ally und Stella.

Das letzte Mordopfer, eine Frau, war in der Nähe des Hauptbahnhofs gefunden worden, nackt auf dem Bett in einem Hotelzimmer. Sie war erwürgt worden, aber ihr Körper wies keine anderen Anzeichen von Gewaltanwendung auf, und es gab keine Blutspuren. Manche bezweifelten, dass es sich um denselben Täter handelte.

Als Ally und Stella zusammen von München nach Düsseldorf gezogen waren, hatten sie einander versprochen, unabhängig zu bleiben. Obwohl ihre Eltern sie finanziell unterstützten, arbeiteten beide nachmittags in der Parfümabteilung eines Kaufhauses in der Innenstadt. »Jeder versteckt sich hinter einem Duft«, behauptete Ally. Sie wollten eigentlich nach Berlin ziehen, aber sie hatten beschlossen, wegen der Musik eine Zeit lang in der Stadt am Rhein zu bleiben. Stella wollte Tänzerin, Ally Schriftstellerin werden.

Jeden Samstagsmorgen schrieb Ally lange Gedichte, während Stella ausschlief. Sie hätten gern näher am Zentrum gewohnt und zwei Zimmer statt nur eines gehabt, aber inzwischen waren sie an die Enge gewöhnt.

Unter der Woche gingen sie mittags in eine Parfümerie, die eher einer Apotheke glich, und versuchten, sich die Bestandteile der einzelnen Parfüms einzuprägen. Man bekam sie in kleinen Flaschen, hergestellt von Flakonmachern, die scheinbar besessen waren von ewiger Leidenschaft. Fachmännisch sprachen sie über Anissamen, orientalische Tees, Kalmus, Granatäpfel, Myrte, Zypressen und getrocknete Blütenblätter der Damaszener-Rose.

An Samstagabenden schlenderten sie durch die Innenstadt bis zum Kabarett, wo sie sich mit Marcus und Tom trafen und an Rhythmen ergötzten, die ihre Eltern verabscheut hätten.

»Wenn unsere Eltern wüssten, dass wir mit schwarzen Musikern ausgehen, würden sie uns enterben«, sagte Stella kichernd.

»Marcus ist Deutscher«, erwiderte Ally.

»Tom ist Amerikaner«, fügte Stella hinzu. »Aber sie sind beide schwarz.«

Sie drängten sich durch die Leute, die wie sie beschlossen hatten, den Vampir zu ignorieren. Die Mauer der beliebten Brauerei war mit Fahndungsplakaten beklebt. *Zehntausend*, hörten sie zwischen Gelächter und Gesprächsfetzen wie eine Litanei. Jeder wollte den Vampir fassen und hielt die Augen offen, um den Schuldigen zu entlarven. Manche boten sich gar als Köder an. Wenn man zu zweit vorginge, hieß es, könne man die am meisten gefürchteten und gesuchten Verbrecher Deutschlands schnappen.

Die Unterhaltungen verschwammen zu Lärm. Leute riefen einander etwas zu, während Stella Ally zur Eile antrieb, die Passanten anrempelte, aus dem Gleichgewicht gebracht von Bemerkungen, die sie wie Schläge trafen.

»Ich wette, er ist ein stinkender Jude. Wir müssen die ein für alle Mal beseitigen.«

»Mir scheint, er ist einer von den Schwarzen, die die Stadt dank der Juden überschwemmen.«

»Wohl eher dank der Franzosen. Die haben ihre Armee mit denen verstärkt.«

»Was würdest du mit zehntausend Reichsmark tun?«, hörte Ally ein junges Mädchen seinen Freund fragen.

»Mit dir nach Berlin gehen«, antwortete er.

Berlin, dachte Ally. *Marcus und ich könnten gemeinsam nach Berlin gehen.*

Im Torweg entdeckte Ally unter dem sanften Licht, das aus der Seitentür des Schall und Rauch drang, Marcus, und ihr Herz schlug höher. Er lächelte, als er sie sah, und winkte ihr, sie solle sich beeilen. Ally lief von Stella weg zu ihm.

»Du hast mich stundenlang warten lassen«, flüsterte er ihr ins Ohr.

»Jetzt übertreib mal nicht«, sagte sie und küsste ihn.

Marcus öffnete die Tür, um Stella durchzulassen. Mit Ally in den Armen blieb er im Licht auf der Schwelle stehen, still und friedvoll.

»Wir sollten reingehen«, sagte sie.

»Du bist jetzt hier. Mir ist egal, ob wir spät dran sind.« Er trat einen Schritt zurück und verschlang sie mit den Augen.

»Du siehst mich an, als könnte ich mich jeden Moment in Luft auflösen.«

Er lächelte, nahm ihre Hand, und sie folgten Stella den dunklen Gang hinunter. Auf der Treppe zur Bühne spürten sie schon, wie voll es auf den Seitenbühnen war. Es roch nach

Zigarettenrauch und Bier. Im Vorbeigehen streifte Ally den schweren Vorhang, sodass eine Wolke von Staubpartikeln aufstieg, die aus eigener Kraft zu leuchten schienen.

Von der Bühne drangen disharmonische Musikfetzen zu ihnen. Die Stimme eines Komikers klang wie empörtes Geheul durch das Gelächter des Publikums.

»Jetzt gehst du raus und beruhigst sie«, sagte Ally zu Marcus, als die drei in der Künstlergarderobe angelangt waren.

In dem kleinen Dachzimmer mit Holzdielen standen Musikinstrumente, und Kleidungsstücke lagen verstreut herum. Dazwischen sah Ally überall leere Bierflaschen, eine Whiskyflasche, Gläser, haufenweise Zeitungen. An den Wänden hingen Fotografien. Auf einer erkannte sie Marcus und hinter ihm den Eiffelturm. Er hatte die Arme zur Seite gestreckt, und sein Saxofon lag vor ihm.

Marcus hob sein Instrument auf, küsste Ally, winkte Stella und ließ die beiden in der Garderobe zurück. Ally ging zu einer Fotografie von ihm, die am Spiegel steckte, und wollte danach greifen.

»Willst du die ganze Nacht hierbleiben oder die Band hören?«, fragte Stella. »Komm, lass uns gehen.«

Sie fanden einen freien Tisch nahe der Bühne, aber an der Seite, von wo aus sie die Musiker und das Publikum sehen konnten. Die Musik kam dort etwas verzerrt an, doch Ally, die erst kürzlich von Marcus an den Jazz herangeführt worden war, schwelgte trotzdem in den Klängen. Im übrigen Publikum hörten nur wenige Leute zu. Für sie war das Hintergrundmusik, die die Pause überbrückte, bevor der nächste Komiker oder die Tänzer mit ihren bauchfreien Kostümen auftraten. Im Saal saßen Frauen auf Tischen. Zwei von ihnen tanzten miteinander in einer Ecke. Eine ausgelassene Gruppe erfand offenbar aus dem Stegreif ein Lied über deutsche Vortrefflichkeit. An einem der Tische in der Mitte entdeckte Ally drei junge Männer mit geschminktem Gesicht, violetten Lippen und pomadisierten, nach hinten gekämmten Haaren. Ihr verwirrter Blick schweifte zu einem Tisch im Hintergrund, wo sechs Männer in Anzug und schwarzer Krawatte saßen. Sie hatten ihre Hüte nicht abgesetzt und starrten mit angespannter Miene auf die Bühne.

»Wer ist das?«, fragte Ally und deutete unauffällig zu den Männern.

»Die da?« Stella zeigte mit dem Finger. »Keine Ahnung, aber ich wette, mit denen kann man keinen Spaß haben.«

Als die Band zu spielen aufhörte, schwenkte der Scheinwerfer von den Musikern ins klatschende Publikum. Der Lichtkegel hielt bei Ally an. Einer der Männer nahm seinen Hut ab und starrte sie an.

Während die Bühne im Dunkeln lag, kam eine Stimme aus den Lautsprechern: »Meine sehr verehrten Damen und Herren, das ist der Augenblick, auf den Sie alle gewartet haben. Unser berühmter Conférencier …«

Ein Trommelwirbel, eine Pause, und die Scheinwerfer beleuchteten einen stark geschminkten Mann mit offenem weißen Oberhemd, der keine Hosen, sondern einen Strumpfgürtel, Strümpfe und hochhackige Pumps trug. Er nahm den Zylinder ab, knickste, und als die Becken zusammenschlugen, machte er einen Purzelbaum nach vorn. Das Publikum brüllte vor Lachen. Aus dem dunklen Bühnenhintergrund rannte ein weißer Hund mit einer großen rosaroten Chiffonschleife zu ihm und schmiegte sich an seine Beine.

»Kannst du nicht ein bisschen diskreter sein?«, fragte der Conférencier laut flüsternd, was ebenfalls schallendes Gelächter auslöste.

Er streichelte den Hund und zog ein makabres Gesicht. Still warteten die beiden auf ein Zeichen des Orchesters. Nach einem schrägen Ton stand der Mann zögernd auf, und es wurde auf einen Schlag stockfinster. Einen Moment später fiel, begleitet von einer übermütigen Melodie, ein Lichtpunkt auf die Bühne, wurde langsam größer und beschien den blanken Hintern des Conférenciers und das Hinterteil des Hundes. Ein plärrender Trompetenstoß, und das Publikum klatschte und jubelte.

Die Show ging weiter, aber Ally achtete kaum mehr darauf, sie war tief in Gedanken versunken. Als sie durch ein lautes Scheppern auf der Bühne hochschreckte, stellte sie fest, dass sie allein am Tisch saß. Sie schaute durch den Saal und fragte sich, wo Stella abgeblieben war. Auch die sechs Männer an dem hinteren Tisch waren nicht mehr da. Ally stand auf und ging hinter die Bühne, drängelte sich an den Tänzern vorbei, um zur Garderobe zu gelangen. Sie erschrak, als sie eintrat und alle schwiegen. Stella saß in Tränen aufgelöst auf Toms Schoß. Marcus packte sein Saxofon ein.

»Sie haben Lonnie zur Polizeiwache Mühlenstraße mitgenommen«, berichtete Stella mit unterdrücktem Schluchzen. »Die Männer an dem Tisch ganz hinten, die so finster aussahen. Das waren Polizisten.«

»Aber warum haben sie Lonnie mitgenommen?«, fragte Ally.

Keiner antwortete.

»Kommt, wir sollten gehen«, sagte Marcus und nahm sie bei der Hand. Sie verließen das Kabarett, ohne sich von jemandem zu verabschieden.

Mit gesenktem Kopf gingen sie eine Zeit lang nebeneinanderher. Ally hoffte, er würde etwas sagen, aber schließlich gab sie das Warten auf. »Was werfen sie Lonnie vor? Kannst du es mir wenigstens erklären? Sollen wir einfach gehen, ohne etwas zu tun?«

»Es gibt nichts, was wir tun könnten, Ally. Die haben die Macht.«

»Ich verstehe nicht«, sagte sie.

»Du musst nichts verbrochen haben, die können dich trotzdem ins Gefängnis stecken. Lonnie ist schwarz. Allein das macht ihn schuldig. Morgen bin vielleicht ich dran. In der nächsten Woche Tom.«

»Sie müssen doch einen Grund gehabt haben«, beharrte Ally.

»Sei nicht naiv. Er hat eine Woche bei der Arbeit gefehlt. Deshalb haben sie ihn mitgenommen.«

»Wieso interessiert das die Polizei?«

»In der Woche wurde eine Frau tot am Flussufer gefunden. Du weißt schon, wenn es den Vampir tatsächlich gibt, muss er schwarz sein. Wir sind immer die Ersten, auf die gezeigt wird. Wir sind immer die Täter. Die Barbaren, die Mörder. Am selben Tag hat auch einer von den weißen Musikern gefehlt. Mit dem haben sie nicht mal gesprochen.«

Ally wusste nicht, was sie sagen sollte. Sie lehnte sich trostsuchend an ihn. Sein Freund war verhaftet worden, und er wusste, es hätte ebenso gut ihn treffen können. Marcus hatte Glück gehabt.

»Wenn keine neue Leiche gefunden wird, werden sie ihn nicht entlassen. Was sie angeht, hat er die Tat begangen.«

Er war nicht der Erste, den man verhaftet hatte. Vorigen Monat hatte der Metzger ihres Viertels Schlagzeilen gemacht. Dass er Jude und Metzger war, genügte, damit man ihn des Mordes verdächtigte. Karikaturen von dem Mann füllten Zeitschriften und Zeitungen. Schließlich nahm er sich im Gefängnis das Leben. Er erhängte sich mit seinem Bettlaken. Ein klares Zeichen seiner Schuld, sagte der Richter. Mädchen, Frauen und alte Damen könnten wieder ruhig schlafen, durch den Park spazieren oder bei Mondschein an der Düssel entlanggehen. In der Stadt, die in Angst und Schrecken versetzt worden sei, herrsche wieder Frieden. In einem Leitartikel äußerte ein Stadtverordneter sogar die Ansicht, dass dies ein Zeichen sei, und man müsse alle Juden loswerden, nicht nur in der von so vielen Morden heimgesuchten Stadt, sondern im ganzen Land. Deutschland müsse seine Größe zurückgewinnen. Schluss mit den Vampiren. Dann druckte die *Volksstimme* einen anonymen Brief ab, der bei der Polizei eingegangen war. Der wahre Vampir wollte sich die öffentliche Aufmerksamkeit offenbar nicht stehlen lassen: *Heute kurz vor Mitternacht wird man das nächste Opfer finden.*

In jener Nacht wurde auf einem öffentlichen Platz eine tote nackte Frau gefunden. Der Vampir hatte sie am Flussufer vergewaltigt. Entdeckt hatte sie ein Betrunkener, der sofort der Tat verdächtigt wurde.

Der Sommer hatte den Zorn des Vampirs entfesselt. Ein paar Stunden nach der ersten Tat wurde ein Mann beim Zeitunglesen auf einer Parkbank erstochen, und eine Frau wurde am helllichten Tag bei einem Spaziergang durch mehrere Stiche in den Brustkorb getötet.

Ally und Marcus wagten nur nachts im Schutz der Dunkelheit, Hand in Hand zu gehen. Tagsüber blieben sie hintereinander: Marcus vorn, Ally hinter ihm. Sie wussten, wenn sie es andersherum machten, könnte er aufgrund des Verdachts festgenommen werden, dass er eine wehrlose Frau verfolgte. Inzwischen waren sie daran gewöhnt – nur so konnten sie zusammen sein. Ally kümmerte es nicht, ob sie bei Tag an seiner Seite gesehen wurde. Sie hätte ihn sogar vor allen Leuten geküsst und umarmt, wenn er sie gelassen hätte, aber er verhielt sich lieber, als wären sie Verschwörer. Er wusste, dass der schwarze Mann für jeden der Schuldige, die Gefahr war. Ally wäre immer das Opfer.

Stella dagegen traf sich mit Tom nur in dem kleinen Raum, in dem sie und Ally wohnten und wo sie oft sagte, zwei seien eine Gruppe. Sie traute sich nicht mit ihm auf die Straße und fand es leichtsinnig, dass Ally sich mit Marcus draußen sehen ließ. Es war eine Sache, sich zusammen einen schönen Abend im Kabarett zu machen, aber eine ganz andere, sich zu verlieben und von einem gemeinsamen Leben zu träumen. Stella hielt ihr ständig vor Augen, dass so etwas nicht akzeptiert würde, weder in Düsseldorf noch anderswo in Deutschland.

Nach einiger Zeit erklärte Ally ihr dennoch klipp und klar, dass sie mit Marcus eine Familie gründen wolle. Seine Respektlosigkeit, sein rebellischer Geist, seine immense Begabung fesselten sie. Bei ihm fühlte sie sich sicher. *Zusammen können wir es mit der Welt aufnehmen*, dachte sie. Da sie immer nur nachts ausgingen und sich im Kabaretttheater trafen, kam ihnen die fröhliche Stimmung dort, die Musik und der Rauch, wie ein schützender Kokon vor. Manche Leute betrachteten Ally als »loses Mädchen«, wie ihre Vermieterin sie einmal bezeichnet hatte, als sie sah, dass sie trotz der polizeilichen Warnungen abends allein ausging. Wenn Frauen sie mit Marcus sahen, erschraken sie. Sie musterten ihr Gesicht, um zu erkennen, ob sie gezwungen wurde oder ob sie aus freien Stücken mit diesem fremdartigen Exemplar zusammen war. Männer zogen sie mit Blicken aus, das spürte sie. Sie aber fürchtete die Braunhemden. Die jagten ihr kalte Schauder über den Rücken, und es gab jeden Tag mehr von ihnen, als wäre eine neue gottvergessene Seuche über das Land gekommen.

Wenn Ally und Marcus nachts in seiner Wohnung in der Ellerstraße ankamen, zog er die Schuhe aus und warf seine Jacke über den Ohrensessel am Fenster. Auch dieses Mal machte er sich nicht die Mühe, sie in den Schrank zu hängen, damit sie nicht knitterte. Er legte sich sofort ins Bett. Ally wollte sich in seinen Arm schmiegen, doch er rückte weg.

»Willst du, dass ich gehe?«, fragte sie vorsichtig.

»Natürlich nicht. Aber wir müssen schlafen. Morgen erfahren wir mehr.«

Ally fragte nicht weiter. Sie schaute sich in dem Zimmer

um, das sie nach und nach heimeliger zu machen versuchte. Sie hängte die gerahmte Fotografie seiner deutschen Großeltern auf, die Marcus nicht mehr kennengelernt hatte, ein Ölgemälde von seinem Elternhaus an der Grenze zum Elsass, das er nie besucht hatte, und das Tourneeplakat der Chocolate Kiddies, als Sam Wooding mit seiner Band in Berlin aufgetreten war. Das einzige Bild seiner Mutter mit ihren blonden Haaren und matten Augen stand auf dem Nachttisch, dem ein Bein fehlte.

In einer Zimmerecke lagen mehrere Ausgaben des *Artist*, auf einer stand in Rot: *Schesbend* – Jazzband. Es gab auch eine Dvorak-Klavierpartitur und ein von Sam Wooding signiertes Programm von der Revue im Admiralspalast in Berlin vor drei Jahren, wo Marcus zum ersten Mal die Musik Duke Ellingtons gehört hatte.

Von Marcus' Vater gab es keine Fotos. Marcus' Mutter hatte ihn in Frankreich kennengelernt. Kurz nachdem sie in Düsseldorf ihr Kind bekommen hatte, fand sie eine Stelle als Hausmädchen, und die Familie, bei der sie auch wohnte, erkannte das musikalische Talent ihres Jungen und bezahlte seine Klavierstunden, als er gerade einmal vier Jahre alt war.

Als Jugendlicher war Marcus nach Paris gegangen, vielleicht weil er den Mann zu finden hoffte, der für ihn nur ein gesichtsloser Schatten war: seinen Vater. Damals hatte er angefangen, Klavier und Saxofon in Cafés zu spielen, in die die Leute gingen, um sich zu unterhalten, nicht um die Musik zu hören, und er lernte andere Jazzmusiker kennen. Er konnte jedes Instrument spielen, das er in die Hand nahm.

In einem Winter bekam er einen Brief von der Familie, bei der er aufgewachsen war und die ihn akzeptiert hatte. Seine Mutter sei gestorben, teilten sie ihm mit, an der Spanischen Grippe, die gerade wütete. Trauernd kehrte er nach Düsseldorf zurück, mit einem Saxofon, das er von einem Kollegen übernommen hatte, der die miesen Abende und die noch miesere

Bezahlung leid geworden war. Bald nachdem er sein nächtliches Leben als Musiker in seiner Geburtsstadt aufgenommen hatte, lernte er im Schall und Rauch Tom und Lonnie kennen, und sie wurden bald unzertrennlich.

Ally erschrak, als Marcus plötzlich aufwachte und sich auf die Bettkante setzte.

»Ich weiß, wo Lonnie die ganze Woche war«, sagte er ernst.

»Na, dann lass uns zur Polizei gehen und ihn rausholen.«

Marcus schüttelte den Kopf und blickte sie düster an. »Das geht nicht.«

»Warum nicht? Nur so können wir ihm helfen!«

»Es ist nicht zu ändern. Wenn sie die Wahrheit wüssten, würde das alles nur verschlimmern.«

4

Vier Jahre später
Berlin, März 1934

In der Nacht von Liliths Geburt hatte Ally geglaubt, mit dem Gedichteschreiben sei es nun vorbei. Welchen Sinn hätte es noch, weiße Blätter mit geistloser Lyrik zu füllen, wenn sie nicht an Marcus' Seite sein und ihre Tochter gemeinsam mit ihm aufziehen konnte? Lilith würde die ganze Aufmerksamkeit ihrer Mutter brauchen. Allys Notizbuch verschwand in einer Nachttischschublade, und sie lag nicht mehr im Bett und dachte sich Verse aus, spielte nicht mehr mit Worten, wie sie es früher getan hatte. Später, als die kleine Lilith zu sprechen anfing, stellte Ally fest, dass ihre eigenen Worte nach und nach zu ihr zurückkehrten.

Sie las Marcus' Brief immer wieder und hoffte, er würde eines Tages kommen und sie überraschen.

Nach den Reichstagswahlen 1933 hatte er aufgehört, ihr zu schreiben. Jener düstere Herbst brachte den Nazis den Sieg, und Marcus wurde zum Staatsfeind. Nachdem Ally anderthalb Monate lang nichts von ihm gehört hatte, beschloss sie, sich an ihre alte Freundin Stella zu wenden, und schrieb ihr nach Düsseldorf. Dann brannte der Berliner Reichstag, und in der Stadt verbreitete sich Angst. Jeder war ein Verdächtiger. Weitere Wahlen folgten, neuntägige Gebete für eine sterbende Republik, doch Ally war zuversichtlich. »Das Land wird wieder vernünftig werden«, sagte sie. »Wir werden wieder wir selbst sein.«

Ally hatte nicht vorgehabt, länger in Berlin zu bleiben. Seit sie dort schwanger angekommen war, hatte sie aus dem Koffer gelebt, ließ alles aufgeräumt, die Bücher in den Kartons, die Schreibmaschine in der Ecke neben dem leeren Geschirrschrank. Die kleine Lilith schlief in einem mit Spitze und Bändern verzierten Bettchen neben Ally, die noch immer kein eigenes Kinderzimmer für sie eingerichtet hatte, so als würde sie sich damit eingestehen, dass sie nicht mehr nach Düsseldorf zurückkehren, niemals mit Marcus als Familie zusammenleben würden.

Als Lilith zwei wurde, hatte Ally ihr erklärt, sie würden zur Feier des Tages eine Zugreise unternehmen. Das kleine Mädchen hatte sie erstaunt angesehen. Sie wünschte sich lediglich eine Buttercremetorte mit brennenden Kerzen zum Auspusten.

»Sei vorsichtig mit deinen Wünschen«, hatte der Professor ihr geraten und dabei gezwinkert, um die Warnung abzumildern. »Wünsche können sehr gefährlich sein …«

Der gepackte Koffer stand seit Monaten im Flur. Ally konnte sich nicht entscheiden. Jeden Abend kündigte sie ihm die Abreise an, nur um sie am nächsten Tag aufzuschieben.

Als Ally an einem Abend kurz vor Liliths drittem Geburtstag mit ihrer Tochter und dem Professor am Kamin saß, in dem das Feuer schon heruntergebrannt war, erklärte sie, sie habe sich endgültig entschieden. Am nächsten Tag würden sie in den Zug steigen.

Am nächsten Morgen sah der Professor, dass sie tatsächlich reisefertig war, und blickte sie bestürzt an.

»Stella weiß schon, dass wir kommen. Sie holt uns am Bahnhof ab«, sagte sie.

»Bist du dir ganz sicher?«, fragte er leise. »Wenn ja, dann bringe ich euch zum Zug.«

Auf dem Bahnsteig zeigte sich Lilith fasziniert von den Lokomotiven und dem Dampf und den Pfiffen, die sie ausstießen.

Der Professor hob sie hoch, um sich zu verabschieden. »Pass auf deine Mami auf«, sagte er. »Sie braucht dich.«

»Der Zug wird noch ohne uns abfahren«, mahnte Ally. »Wir müssen jetzt einsteigen.«

»Keine Sorge, mein Kind, du wirst nur ein paar Tage fort sein«, sagte er zu Lilith.

Ally sah ihm in die Augen. In ihrem Blick lag eine Bitte.

»Ich werde die Pflanzen versorgen und die Post raufholen. Wenn ich etwas Neues höre …«

»Über Papa?«, fragte Lilith.

»Wenn es Neuigkeiten über deinen Papa gibt, erfahrt ihr sie in Düsseldorf, nicht hier. Und nun rein mit euch, der Zug fährt jeden Moment ab.«

Neues über ihn, nicht von ihm, dachte Ally. Sie stiegen in den Waggon, Lilith zuerst, und sie versuchte ihrer Mutter mit dem Koffer zu helfen.

»Der ist zu schwer für dich«, hörte Ally den Professor sagen.

Aber Lilith war entschlossen, ihrer Mutter zu helfen. Sie schürzte die Lippen und spannte bei jedem Versuch, den Koffer zu heben, ihren ganzen Körper an. Bevor sie in den Waggon verschwanden, streckte sie den Kopf nach draußen und schaute nach ihrem Opa. Mit ausgestrecktem rechten Arm und breit lächelnd sagte sie Auf Wiedersehen.

Der Professor hob die Hand und winkte ihr zum Abschied.

Ally schlief während der ganzen Zugfahrt. Als sie wach wurde, sah sie Lilith frierend am halb geöffneten Fenster stehen, die Augen rot vom Fahrtwind. Ally hatte geträumt und versuchte, sich zu erinnern, ob es ein Albtraum gewesen war oder nicht. Marcus hatte am Bahnsteig auf sie gewartet. Er hob Lilith auf den Arm und sagte: *Mein kleiner Sonnenschein*. Er flüsterte Ally ins Ohr: *Was hat die schönste Frau der Welt mir zu erzählen?*, so wie er sie früher nach einer gemeinsamen Nacht morgens geweckt hatte. Er nahm den Koffer und brachte sie in eine lichtdurchflutete Wohnung mit Blick auf die Düssel. Sie aßen zusammen zu Abend, plauderten über Musik, ihre Lyrik,

Freunde. Sie gingen früh zu Bett, und sie schlief in seinen Armen, geschützt vor dem Sturm, der das Land verwüstete. Die Stunden, die Berlin von Düsseldorf trennten, waren Ally wie Minuten vorgekommen.

Ein älteres Ehepaar gaffte Lilith staunend an. Als das kleine Mädchen sah, dass seine Mutter wach war, lief es zu ihr. Die alten Leute konnten ihren Blick nicht abwenden, und Lilith schob sich unbeholfen die Haare unter ihre Mütze. Ally gab ihr einen Kuss und schaute aus dem Fenster. Der Zug fuhr langsamer. Gleich würden sie in den Bahnhof einfahren. Sie schaute suchend über den Bahnsteig, wo Leute unruhig auf ihre Verwandten warteten. Sie musste Stella in der Menge finden und schauderte, als sie Soldaten sah.

Sie gingen in die vertraute Bahnhofshalle, aber plötzlich war ihr, als wären sie wieder in Berlin, als hätte sie die Strecke gar nicht zurückgelegt. Wie in der Hauptstadt hingen überall Fahnen mit Hakenkreuzen, in jeder Ecke des Bahnhofs, als wäre die Wahl gar nicht vorbei, als würde der Wahlkampf ewig weitergeführt, um den fortwährenden Sieg des großen Verführers zu sichern. Eine Blaskapelle spielte einen Marsch. Er klang misstönend und vulgär. Die Instrumente attackierten sie. *Wir wollen dich hier nicht haben!*, schienen sie zu schreien.

Im Bahnhofsgewühl entdeckte sie Stella und lief mit Lilith zu ihr. Die Freundin trug einen langen preußischblauen Mantel, ihre welligen Haare hatte sie zum Pferdeschwanz gebunden, sodass die Stirn frei war, ihre Lippen waren rot geschminkt.

»Stella«, hauchte Ally erleichtert.

Stella beugte sich zu Lilith hinab. »Du musst die berühmte, brillante Lilith sein.«

Lilith sah sie mit großen Augen an und gab ihr ernst die Hand.

»Du kannst Tante Stella ein Küsschen geben. Sie ist eine gute Freundin deiner Mami«, sagte Ally.

Stella wurde rot. »Wir werden ein Taxi nehmen«, erklärte sie. »Es sieht aus, als ob es gleich regnet. Komm, gib mir deinen Koffer.«

»Nicht nötig, das schaffen wir schon. Nicht wahr, Lilith?«

Lilith nickte lächelnd. Sie standen in der Nähe der Kapelle, die die letzten Takte eines mitreißenden Marsches spielte. Hinter den Musikern hing ein vergrößertes, farbiges Bild des Führers. Eine Gruppe Jugendlicher sang ein Lied, das Ally kannte. Der Gesang wurde lauter, und Ally begann zu zittern, als sie eine der Zeilen hörte: *Denn heute gehört uns Deutschland und morgen die ganze Welt.*

Das Taxi entfernte sich von dem Getümmel, den Plakaten, dem einschüchternden Chor.

»Guck mal, Lilith. Hier sind Tante Stella und ich früher spazieren gegangen, bevor du zur Welt kamst«, sagte sie und schaute zur Düssel, dem kleinen Nebenfluss des Rheins. »Manchmal sind wir in der Woche ins Neandertal gegangen. An den Wochenenden nicht, da haben wir immer deinen Vater auf der Bühne im Schall und Rauch spielen hören. Jetzt sieht alles so anders aus.«

»Wir haben uns alle verändert«, sagte Stella. »Wir leben in einem neuen Deutschland, Ally. Es wird Zeit, dass du aufwachst. Du kannst nicht immer weiterschlafen.«

Ally schwieg, bis sie aus dem Taxi stiegen. Sie erkannte ihre Freundin kaum wieder. Als Kinder hatten sie einander geschworen, sie würden zusammen in Berlin studieren, sich eine Wohnung teilen, bis sie heirateten, und dann eine Doppelhochzeit feiern. Sie würden gemeinsam zum Altar schreiten. Sie würden sich nebeneinander ein Haus bauen und ihre Kinder, die genau wie sie ein Leben lang beste Freundinnen wären, am selben Tag zur Welt bringen.

Ally folgte Stella die Treppe hinauf. »Habe ich dir erzählt, dass ich Tom erreichen konnte?«, fragte sie.

»Es überrascht mich, dass er noch nicht weg ist.«

»Er will so bald wie möglich nach New York. Er hat Angst.«

»Das ist das Beste, was er tun kann. Es hat keinen Sinn zurückzublicken, Ally. Das nützt keinem von uns.«

»Er wird sich heute Abend mit mir treffen.«

Stella seufzte kopfschüttelnd. »Du musst wissen, worauf du dich einlässt.«

Die Wohnung lag im vierten Stock. Im Wohnzimmer hingen dunkle Seidenvorhänge. Als sie einen zurückzogen, fiel schwaches Licht herein. Lilith rannte zum Fenster. »Schau, Mami, der Fluss.«

»Ihr beide könnt mein Schlafzimmer nehmen. Ich übernachte im Arbeitszimmer.«

»Das ist eine schöne Wohnung. Lebst du mit jemandem zusammen?«

»Ja, aber er ist für ein paar Wochen verreist.«

»Keine Sorge. In zwei Tagen sind wir wieder weg.«

»Ihr könnt so lange bleiben wie nötig, Ally. Aber im Augenblick glaube ich nicht, dass du viel herausfinden wirst.«

»Ich will nur wissen, wo er ist.«

Stella blickte zu Lilith hinüber. »Sie hört uns zu.«

»Sie weiß, dass wir hier sind, um ihren Vater zu finden.«

»Ally, Marcus ist vor über einem Jahr gegangen. Das hast du mir selbst gesagt.«

»Er ist nicht gegangen, Stella. Sie haben ihn mitgenommen. Genau wie Lonnie. Oder weißt du das nicht mehr? Du hast geweint.«

»Ich mache uns eine Tasse Tee. Der wird euch guttun.«

Sie setzten sich an den Esstisch neben einem Bücherregal. Darin stand das Porträt des Führers in einem Bronzerahmen mit einem roten Band in einer Ecke.

Stella spürte offenbar, dass Ally sich bei dem Anblick unbehaglich fühlte, und schloss kurz die Augen. »Ich weiß nicht, in welcher Welt du lebst«, sagte sie, während sie Tee einschenkte. Sie bot Lilith einen glasierten Keks an. »Die schmecken lecker, Lilith. Deine Mami und ich haben die sehr gemocht, als wir so alt waren wie du.«

Lilith nahm den Keks und ging zurück ans Fenster.

Ally trank langsam ihren Tee. Sie befand sich im Zuhause eines völlig fremden Menschen. Das Licht im Zimmer war trübe, und es kam ihr vor, als wären sie und Stella durch eine Glasscheibe voneinander getrennt. Die Freundin roch sogar anders. Was sie miteinander redeten, löste sich in nichts auf wie der Dampf ihres Tees.

Stella redete weiter. »Ich weiß nicht, wie es bei euch ist, aber hier hat sich alles verändert.«

»Wir sind in Berlin auch nicht mehr dieselben.«

»Du solltest deiner Tochter zuliebe zurückfahren.« Stella verschärfte ihren Ton. »Du wirst hier nichts finden. Denk an Lilith.«

»Sollte ich Angst haben?«, fragte Ally mit leiser Ironie.

»Ja, natürlich.« Stella wurde lauter. »Ich hätte Angst, wenn ich in deiner Lage wäre. Mit einem …«

»Rheinlandbastard?«

»Du weißt, was ich meine. Deine Tochter …«

»Sie ist meine Tochter und genauso deutsch wie du.«

»Sie ist anders. Wir hätten uns mit den Musikern gar nicht einlassen sollen. Das sollte nur zum Vergnügen sein. Aber du –«

Ally fiel ihr wieder ins Wort. »Stella, ich habe Marcus geliebt.« Sie merkte, dass sie in der Vergangenheit gesprochen hatte, und kam ins Stottern. »Er ist … Er ist der Vater meines Kindes.« Ihre Stimme klang jetzt schwach.

»Wenigstens ist sie nicht so dunkelhäutig wie er, und sie hat dein Gesicht. Die Haare allerdings, die sind das Problem.«

»Stella, Lilith ist meine Tochter.«

Ally trank ihren Tee aus und holte Mantel und Handtasche

aus dem Schlafzimmer. Sie ging zu Lilith und kniete sich vor sie. »Gib acht, dass du dich gut benimmst. Du bleibst ein paar Stunden bei Tante Stella. Gib Mami einen Kuss.«

Lilith warf die Arme um ihren Hals und drückte sie fest, und Ally hob sie hoch. »Du bist schon so schwer geworden. In ein paar Monaten werde ich dich nicht mehr hochheben können.«

»Sei vorsichtig, Ally. Ich passe auf Lilith auf, keine Sorge«, sagte Stella.

Ally ging bedächtig die Treppen hinunter und ließ sich Zeit, als widerstrebe es ihr, an ihr Ziel zu gelangen. Vor dem Haus blieb sie stehen und schaute ringsherum auf die Häuser aus rotem und gelbem Backstein. Geblümte Vorhänge in den Fenstern, makellose Türen, Hausnummern aus poliertem Messing. Eine ganz andere Welt als das heruntergekommene Gebäude, in dem sie und Stella sich damals das feuchte, schimmlige Zimmer geteilt hatten.

Sie nahm die U-Bahn ins Zentrum. Abends um diese Uhrzeit waren die Bahnen voll. Es gab keinen Vampir mehr, der auf Frauen wie sie Jagd machte, dafür überall Soldaten. Sie blickte die jungen Männer an, denen die Freude der Entschlossenheit aus dem Gesicht leuchtete. Sie musterte die Abzeichen an der Jacke eines Jugendlichen, und er strahlte sie stolz an. Seine Euphorie jagte ihr Schauder über den Rücken.

Ally verließ den U-Bahnhof und schlug den Weg zum Kabarett ein. Da stand keine lange Schlange mehr, kein Pärchen lehnte rauchend an der Hauswand. Im Schriftzug über dem Eingang waren Glühbirnen ausgefallen. Das letzte *L* und das *R* waren dunkel. Die leuchtenden Buchstaben ergaben keinen Sinn mehr.

Sie ging hinein und sah, dass alle Lampen brannten. Ihr fehlte die Dunkelheit. Ein weißhaariger Mann in verknittertem Anzug trank sein Bier allein an einem Tisch. In der Nähe der Bühne saßen zwei Frauen. Die übrigen Tische waren leer. Als Ally an ihnen vorbeiging, winkte ihr ein Barkeeper zu, als würden sie sich kennen. Er kam ihr nicht bekannt vor. Sie hörte Schritte auf der Bühne, die Absätze knallten wie Pistolenschüsse. Kein Scheinwerfer war eingeschaltet. Ein Mann ging zum Requisitenschrank. Sie hörte das vertraute *Meine sehr verehrten Damen und Herren* ... und betete um ein Wunder.

Doch auf der Bühne stand nicht Marcus.

Sie ging zur linken Seite unter den Baldachin und öffnete die Tür, durch die man zu den Künstlergarderoben gelangte. Die hellen Glühbirnen in den Bühnenecken warfen ein grelles Licht auf den Vorhang. Da warteten keine Tänzer, um gleich auf die Bühne zu laufen. Sie ging hinauf zu der Garderobe, wo Marcus sich immer mit den anderen Musikern getroffen hatte. Tom wartete an der Tür auf sie. Er bedeutete ihr hereinzukommen und umarmte sie kurz. Sie kannte die anderen nicht und sah, dass Tom der einzige Schwarze war. Niemand machte sich die Mühe, sie zu grüßen.

Marcus' Saxofon stand eingestaubt in einer Ecke, offenbar genau so, wie er es zurückgelassen hatte. Sie schaute sich um nach etwas, was sie zu ihm führen könnte, nach einem Hinweis, einem Zeichen.

Ally ging zu dem Instrument und nahm es in die Hand. Sie sah Tom flehend an, und er kam mit dem Saxofonkoffer zu ihr. Außer dem Instrument sah sie nichts, was Marcus gehörte. Tom legte es in den Koffer, auf dem Bilder vom Eiffelturm, der Freiheitsstatue und dem Brandenburger Tor klebten.

Es gibt nichts zu fragen. Was tue ich hier? Ally verlor die Fassung und lehnte sich schluchzend an Tom. Sie wusste, sie würde Marcus nicht mehr finden. Plötzlich dachte sie, die Leute müssten doch schon beim Anblick des Saxofons erkennen, dass er bloß ein Musiker war, einer, der sogar in einem deutschen

Film mitgespielt hatte. Marcus war Deutscher, genau wie sie selbst.

»Marcus braucht sein Saxofon«, sagte sie, während sie sich zusammenriss und beinahe wimmernd ihre Tränen zurückdrängte.

Tom hielt ihr ein Bündel Briefe hin, das mit rotem Band verschnürt war. »Das sind deine. Du solltest sie haben.«

Ally blickte auf die Briefe, die sie Marcus geschrieben hatte. Alle waren geöffnet worden. Sie in der Hand zu halten war verwirrend. Es kam ihr vor, als seien sie von jemand anderem geschrieben worden. Tom hatte sich schon daran gewöhnt, dass Marcus und Lonnie und wer weiß wie viele andere auch nicht mehr da waren. Das wurde ihr gerade klar. Jetzt war es für sie an der Zeit, das auch zu tun.

Tom erzählte, dass die Polizei einige Ausgaben einer geheimen politischen Zeitschrift in Marcus' Besitz gefunden hatte. Einer Zeitschrift, mit der ihr Freund Lonnie angeblich etwas zu tun hatte. Obwohl es keinen Beweis dafür gab, behaupteten sie, Marcus habe einige der anonymen Artikel geschrieben.

Ally wusste, dass Lonnie und Marcus nicht die Ersten und auch nicht die Letzten waren, die die Polizei weggebracht hatte. Tom würde sicher der Nächste sein, wenn er jetzt nicht ausreiste.

Ally und Tom verließen das Kabarett, Tom mit dem Saxofonkoffer in der Hand. Draußen standen sie im Dunkeln unter dem Vordach.

»Marcus hat mir immer gesagt, dass das mit uns nichts werden kann«, sagte Ally. »Er wusste, man würde uns nie akzeptieren, aber ich habe immer gehofft. Es hat mich nicht gekümmert, ob die Leute uns zusammen sehen.«

»Er hat dich geschützt«, erwiderte Tom. »Er war sehr besorgt um dich und das Kind. Ihm war klar, dass ihr von hier wegmüsst, aber er freute sich auch darauf, Vater zu werden.«

Ally riss die Augen auf. »Du meinst, auch er war dafür, als meine Eltern mich nach Berlin schickten?«

»Du durftest nicht bei ihm bleiben. Das war zu gefährlich.«

»Und in Berlin ist es nicht gefährlich?«

»In Berlin hattest du eine Wohnung. Wo hättest du hier wohnen wollen?«

»Mit Marcus zusammen.«

»Niemand hätte einem Paar wie euch eine Wohnung vermietet.«

Ally senkte den Kopf. Sie fühlte sich erschöpft.

»Du bist müde. Du solltest heimgehen.«

»Früher, wenn Stella und ich abends allein ausgegangen sind, hatten wir Angst vor dem Vampir. Inzwischen habe ich den ganzen Tag lang Angst, selbst wenn ich jemanden bei mir habe.«

Ally hielt den Blick auf den Saxofonkoffer gerichtet. Sie fühlte sich verloren, gefangen in ihrer Angst. Ihr war klar, dass sie Tom nicht wiedersehen würde, genau wie Lonnie und Marcus. Wenigstens würde Tom sich retten.

Sie gingen ein kleines Stück zusammen, mit gesenktem Kopf, langsam und schweigend. Ein Polizist näherte sich ihr und fasste sie am Oberarm. »Alles in Ordnung?« Er blickte zu Tom. »Was hat der dreckige Neger hier zu suchen? Bedrängt er Sie?«

»Er nicht, aber Sie!«, erwiderte Ally verärgert. »Lassen Sie mich los.«

Sie schüttelte seine Hand ab und rannte mit Tom zur U-Bahn-Station, ohne einen Blick über die Schulter zu werfen. Weinend umarmte sie ihn und stieg allein in die Bahn. Ein Abschied für immer.

In Stellas Wohnung angekommen, ging sie sofort ins Schlafzimmer und legte sich neben die schlafende Lilith. Kurz vor

Sonnenaufgang stand sie auf und zog sich an. Sie schaute über die Stadt, die leise murmelte, sog den kalten Dunst ein. In ein, zwei Stunden würde das Treiben losgehen, die Horden von Jugendlichen würden das neue Deutschland aufbauen, in dem sie und ihre Tochter keinen Platz hatten.

Sie ging zu dem Tisch, auf dem das Bündel Briefe lag, und breitete sie aus. Sie erkannte ihre Schrift wieder, aber nicht, was sie geschrieben hatte. Einen nach dem anderen ging sie durch, las vereinzelte Sätze, die sich wiederholten.

Warte auf mich, ich komme zurück.

Sie hat deine Augen und mein Lächeln. Lilith wird uns führen.

Ich höre dich, bevor ich die Augen schließe, aber jeden Tag wird deine Stimme schwächer. Verlass mich nicht.

Was ist aus uns geworden, Marcus?

Komm uns besuchen. Lilith braucht dich.

Sie konnte zuerst Papa sagen, dann Mami.

Dunkelheit … Ich warte immer, bis es dunkel ist.

»Mami …« Lilith kam zu ihr. Ihre Haare waren zerzaust.

»Sieh dir nur deine Haare an. Ich muss sie dir kämmen, aber wir müssen leise sein. Tante Stella schläft noch.«

Sie ging ins Schlafzimmer, um einen Kamm zu suchen, öffnete den Schrank und fand einen in der obersten Schublade. Daneben lagen militärische Abzeichen, Metallstempel mit Hakenkreuzen und ein Revolver in einem Lederetui. Auf der Kleiderstange hingen verschiedene Uniformen. Sie schloss die Schranktür und kehrte zu Lilith zurück.

»Es ist Zeit, unsere Sachen zusammenzupacken, wir gehen.« Aufgeregt begann sie Lilith zu kämmen.

»In ein Hotel?«

»Nein, wir fahren nach Berlin zurück.«

Lilith fragte nicht weiter. Sie wusste nicht, wo sie aufgewacht war, worüber ihre Mutter sprach oder ob sie ihren Vater gefunden hatte. Sie wollte weinen, hielt die Tränen aber mit aller Macht zurück. Das war nicht die rechte Zeit, um ein hilfloses kleines Mädchen zu sein.

Mit gerade einmal drei Jahren hatte Lilith akzeptiert, dass sie ihren Vater nie kennenlernen würde. Als sie in diesem Jahr und auch in den folgenden die Kerzen auf ihrem Geburtstagskuchen auspustete, wünschte sie sich nichts für sich selbst, sondern etwas für ihre Mutter. Die war es, die ihn finden musste. Lilith war damit zufrieden, im Verborgenen zu leben. Was könnte sie sich mehr wünschen, als sich in die Bücher des Professors zu vertiefen oder nachts durch den schönen Park zu spazieren, der ihnen dann allein gehörte?

An der einen Hand Lilith, in der anderen den Koffer, reiste Ally nach Berlin zurück, ohne sich von Stella oder von der Stadt zu verabschieden, so als wären sie nie Teil ihres Lebens gewesen, so als hätte es Marcus nie gegeben. Für sie zählte nur noch das Hier und Jetzt. Erinnerung war kein Schutzschild mehr. Sie hatte ihre Zuflucht verloren – Lilith war ihre Gegenwart. Die Fahrt nach Düsseldorf hatte nicht erbracht, was sie gewollt hatte, aber sie hatte es gebraucht. Endlich hatte sie begriffen, dass Marcus für immer aus ihrem Leben verschwunden war.

5

Zwei Jahre später
Berlin, August 1936

»Mami! Da ist Jesse!«, rief Lilith, und Ally und der Professor eilten zum Radio.

Das kleine Mädchen saß mit gekreuzten Beinen auf den Holzdielen, nicht auf dem Teppich, weil der kratzte. Die Erwachsenen gesellten sich zu ihr, um sich an ihrer letzten Verbindung zur Außenwelt zu erfreuen: dem magischen kleinen Holzkasten mit den goldenen Zierleisten.

Für die fünfjährige Lilith war das Gerät ein heiliger Tempel mit dem Gesicht einer Frau. Sie konnte ihre Augen, die Nase und den lächelnden Mund sehen, und oben einen ovalen Kranz. Ab und zu sah ihre Mutter sie mit dem Radio sprechen wie mit einer vertrauten Freundin. Lilith schlief oft bei dem Rauschen ein, nachdem die Sender das Programm beendet hatten. Es war ihr liebstes Schlaflied geworden.

»Zweitausendfünfhundert Tauben im Himmel über Berlin. Nun werden die Kanonen bereit gemacht, um das Symbol deutschen olympischen Ruhms zu empfangen.« Die Stimme Paul Lavens, den das Mädchen verehrte, schallte durch das Stadion. Ganz Deutschland saß wie auf glühenden Kohlen.

Von der Reichs-Rundfunk-Gesellschaft in die ganze Welt übertragen, berichtete der Radiojournalist in begeistertem Ton: *»Millionen hören heute zu, hier im neuen Deutschland. Und nun der Moment, auf den wir alle gewartet haben, der Hundertmeterlauf.«*

Ally und der Professor klatschten, den Blick auf Lilith gerichtet, die wie gebannt auf den magischen Kasten starrte. Sie hielten den Atem an und schlossen die Augen. Sie hofften. Jesse Owens, der schwarze amerikanische Läufer, hatte bei dem größten und berühmtesten Sportereignis der Welt bereits drei Goldmedaillen gewonnen und hatte nun die Chance, den Rekord zu brechen und eine vierte zu gewinnen.

Seit den Nürnberger Gesetzen war ein Jahr vergangen. Die während des Parteitags der NSDAP in Nürnberg verabschiedeten Rassengesetze waren im hetzerischen *Stürmer* abgedruckt worden. Die Botschaft war klar: In Deutschland musste rassische Reinheit herrschen. Das Überleben eines »Halbbluts« – eines Mulatten, eines Mischlings, eines Juden – hing davon ab, wie unrein sein Blut war. Anhand einer Tabelle in der Zeitung konnten die Leute ermitteln, ob es sich um einen Mischling ersten oder zweiten Grades handelte. Berücksichtigt wurden Hautfarbe, Kopfgröße, Proportionen von Stirn, Nase und Augen und die körperlichen und geistigen Fähigkeiten. Seit dem Tag, als das »Gesetz zum Schutz des deutschen Blutes und der deutschen Ehre« unterzeichnet worden war, wurde die Rasse jedes Bürgers bestimmt und das Ergebnis in ein Register eingetragen. Die Unreinen durften nicht heiraten und sich nicht fortpflanzen. Auch durften sie weder Beamte sein noch im Schulwesen arbeiten. Verstöße wurden mit Haftstrafen oder Geldstrafen geahndet. Deutschland zu verlassen war unmöglich. Dafür war ein Reisepass erforderlich, ein Visum, ein Bürge. Seit der Verabschiedung des Blutschutzgesetzes hatte Ally begonnen, Nachtwache zu halten.

»Jesse wird gewinnen, ihr werdet sehen«, sagte Lilith mit geschlossenen Augen. »Glaubt an ihn.«

»Lilith, er hat schon drei Medaillen gewonnen«, erinnerte Ally sie. »Er braucht nichts mehr zu beweisen. Er ist ein großer Athlet.«

»Die vierte! Wir brauchen die vierte!«

Lilith hatte ihrer Mutter kürzlich erklärt, dass sie Leichtathletin werden wolle, Langstreckenläuferin. Sie sei vom selben Blut wie Jesse, sagte sie, und in ein paar Jahren werde sie genauso groß sein wie er. Wenn sie nachts in den Tiergarten gingen, sprintete Lilith hin und her, bis sie außer Atem war. Einmal verrenkte sie sich das Fußgelenk und musste es mehrere Tage mit einem Eisbeutel behandeln. Ally wusste, dass sie nachts wach lag, in Gedanken rannte und sich Taktiken und Tricks ausdachte, mit denen sie den Atem anhalten und genug Sauerstoff im Blut behalten konnte, um über die Ziellinie zu gelangen: zuerst die Nase, dann Stirn, Kopf, Schultern und Leib. »Ich muss mit tiefen Atemzügen beginnen, den Atem anhalten, den Rhythmus beibehalten. Drei Schritte, einatmen, drei Schritte, ausatmen«, hatte Lilith ihr erklärt.

Stundenlang hörte Lilith ihrer Mutter zu, die ihr vorlas, zu der Zeit Emil Ludwigs Abraham-Lincoln-Biografie. Auf diese Weise lernten sie auch Napoleon, Kleopatra und Goethe kennen, alle durch Ludwigs Worte zum Leben erweckt. Für Lilith waren die Geschichten über die historischen Persönlichkeiten großartige Abenteuer. Ally traute sich nicht, Lilith ihre Gedichte vorzulesen, die inzwischen in der Literaturzeitschrift einer Universität erschienen waren. Als der Professor ihr mehrere Ausgaben mit ihren abgedruckten Gedichten mitbrachte, wurde sie blass.

»Das wird uns in Schwierigkeiten bringen. Meine Gedichte sind kein Loblied auf das neue Deutschland.«

»Das wird schon nicht passieren. Ich glaube nicht, dass die Zeitschrift von vielen gelesen wird«, sagte der Professor.

»Aber es entsteht der Eindruck, ich hätte die Gedichte als Reaktion auf die Rassengesetze geschrieben«, wandte Ally ein.

»Die Leute an der Universität wissen, dass die Gedichte lange vorher geschrieben wurden. Nichts wird über Nacht publiziert. Allerdings halte ich es für das Beste, die Zeitschriften vor Lilith zu verstecken, und auch vor Franz.«

»Ich hätte sie nicht veröffentlichen dürfen. Ich kann es mir nicht leisten, Aufmerksamkeit auf mich zu ziehen.«

»Es wird nichts passieren. Weder dir noch Lilith. Wir brauchen uns keine Sorgen zu machen, zumindest nicht heute.«

Ein paar Tage später beschlossen Ally und der Professor, alle möglicherweise belastenden Bücher aus den Regalen zu nehmen. Lilith half ihnen widerwillig.

»Emil Ludwigs Bücher behalten wir«, verkündete der Professor.

»Eines Tages wird Emil über Jesse schreiben, ihr werdet sehen«, sagte Lilith.

Emil und Jesse wurden ihre neuen imaginären Freunde. Sie unterhielt sich mit ihnen, als säßen sie im Wohnzimmer im Sessel oder vom Schreiben erschöpft am Sekretär.

»Ich möchte eine Fotografie von Jesse in meinem Zimmer haben«, erklärte sie ihrer Mutter mit der Napoleon-Biografie im Arm.

»Sei behutsam mit dem Buch«, erwiderte Ally. »Geh, und stell es wieder ins Regal.«

»Jemand könnte uns eine Zeitung mit Jesse darin besorgen. Vielleicht Franz …«, überlegte Lilith.

»Das halte ich nicht für eine gute Idee«, unterbrach Ally sie und drehte sich zu dem Professor, damit er ihr beipflichtete.

»Jesse mag für uns ein Held sein, aber in seinem Land werden sie keine so hohe Meinung von ihm haben. Sie sehen ihn als Leichtathleten, vielleicht als Medaillengewinner, ja, aber als Helden …« Der Professor lächelte Lilith an. Als er sah, wie aufgeregt sie die Läufe verfolgte, erzählte er ihr, dass er in seiner Jugend ein vielversprechender Sportler gewesen sei. Er habe sich für Leichtathletik interessiert, um irgendwann Langstreckenläufer zu werden. Natürlich keiner, der an Jesse Owens heranreichte, aber gut genug, um bei Schulwettbewerben gegen die Schüler aus anderen Städten anzutreten.

»Und bist du mal bei einer Olympiade angetreten?«, fragte Lilith eifrig.

»Meine Liebe zu Büchern war bald größer als meine Neigung zur Leichtathletik. Und wenn ich Owens jetzt sehe, Lilith, wird mir klar, dass das nur ein Kindheitstraum war. Tatsächlich habe ich mich nur für Sport interessiert, um meinem Vater eine Freude zu machen. Weißt du, was mir damals am meisten Spaß gemacht hat? Ferien an der Nordsee. Eines Tages werden wir hinfahren und durch die Dünen stapfen …«

Die tiefe Stimme des Ansagers drang aus dem Radio. Er schilderte die Herrlichkeiten, die er gerade sah: *»Das Olympiastadion, das größte, das sich ein Mensch je vorgestellt hat, ist bis auf den letzten Platz besetzt. Über hunderttausend Zuschauer sind gekommen, um unseren deutschen Sportlern zuzujubeln. Dank dem Führer kann sich unsere Nation nun des besten Sportstadions der Welt rühmen.«*

»Können wir das Olympiastadion nachts einmal besichtigen?«, wollte Lilith wissen.

»Es wird über Nacht geschlossen, aber wir können es uns von außen ansehen«, entgegnete Ally.

Die Zuschauer waren gespannt. Man konnte den Reporter atmen hören. Plötzlich wurde »Sieg Heil! Sieg Heil!« geschrien, was Lilith erschreckte.

»Da ist er«, sagte der Professor. »Sie brauchen nicht einmal durchzusagen, dass er eingetroffen ist.«

»Es gibt nur eine überlegene Rasse, und das wird nun bewiesen«, fuhr der Reporter fort. *»Der olympische Geist ist im Kern deutsch.«*

»Ich denke, da könnten sie heute eine Überraschung erleben«, sagte der Professor grimmig.

Lilith bat mit einer Geste um Ruhe. Sie wollte konzentriert zuhören. Sie wusste, der Lauf war kurz, kaum länger als ein Seufzer. Eine Ablenkung, ein Blinzeln oder Niesen, und sie hätten alles verpasst.

»Drei Schritte, einatmen«, sagte Lilith überraschend. »Drei Schritte, ausatmen.«

»Und da kommen sie. Ein Sportler nach dem anderen betritt die Aschenbahn. Sie stellen sich an ihren Startblock. Das werden die längsten Sekunden in der Geschichte des deutschen Olympiasports. Wir spüren den Wind. Wir hoffen, er kommt für uns von hinten.«

Pause. Wieder viel zu langes Schweigen aus dem Radio.

»Sie sind bereit. Da wird die Startpistole gehoben! Der Schwarze ist als Erster losgerannt!«

Der Stimmenlärm im Stadion übertönte den Reporter, der offenbar so gespannt zusah, dass er vergaß, den Lauf zu schildern. Vielleicht hatte er das nicht erwartet. Und alles passierte vor den Augen des Führers, vor allen Leuten. Die überlegene Rasse durfte nicht verlieren. »Bleib ruhig«, murmelte Lilith. »Noch eine Sekunde.«

»Es sind Owens, Metcalfe und Osendarp.«

Paul Laven war außer Atem und gab das Mikrofon an einen Kollegen weiter.

»*Das ist alles für heute*«, sagte der Reporter.

Lilith, Ally und der Professor reagierten nicht. Lilith schaute zu Ally, dann zum Professor und zurück zum Radio. »Ich will Jesses Namen hören: *O-wens*. Ich will Paul Laven seinen Namen sagen hören. Niemand hat ihn als Sieger bekannt gegeben. Die vierte Medaille. Er braucht nur eine vierte Medaille, um unsterblich zu werden.«

Die drei standen auf, nahmen sich bei den Händen und hüpften vor Freude. Sie hörten Jubel aus dem magischen Kasten: *»O-wens! O-wens!«*

6

Zwei Jahre später
Berlin, Oktober 1938

Mit fünf Jahren konnte Lilith den Satz des Pythagoras mit Genauigkeit anwenden. Sie sprach staunend über rechtwinklige Dreiecke, als entdeckte sie die Formel zum allerersten Mal.

»Wir haben ein Genie in der Familie«, sagte der Professor.

Ally ignorierte die häufigen Vorträge ihrer Tochter, die sie anfangs amüsiert hatten, sie inzwischen aber beunruhigten. Sie war sich unsicher, ob Lilith ihre Begabung nützen oder schaden würde. In den Augen des Professors war das Wissen des Mädchens die passende Antwort an jene, die sie als minderwertiges Wesen sehen wollten.

Lilith war sechs Jahre alt, als sie eines Tages aufwachte und beim Frühstück die Definition von Photosynthese in demselben Rhythmus vortrug wie ein Gedicht von Heine, Allys Lieblingsdichter. Der Stoff- und Energiewechselprozess in Zellen autotropher Organismen, die dem Sonnenlicht ausgesetzt sind, könne umgekehrt auch für das Leben gelten, das sie führten, sagte sie. Laut Lilith war sie selbst der lebende Beweis, dass Mondlicht eine ebenso wertvolle Energie- und Nahrungsquelle sei wie Sonnenlicht.

»Sollten wir kontrollieren, welche Bücher das Mädchen liest?«, fragte der Professor verblüfft.

»Daran bist du schuld – oder eigentlich deine Bibliothek«, erwiderte Ally lächelnd.

»Niemandem sollte ein Buch verweigert werden«, warf Lilith ein. »Es gibt keine ungeeigneten Bücher. Man kann aus jedem Buch etwas lernen.«

Mit solchen geistreichen Bemerkungen konfrontiert, wechselten Ally und der Professor einen Blick und bissen sich auf die Lippe, um nicht zu lachen. Lilith, die noch nie eine Schule betreten hatte, war der Beweis dafür, dass es keine überlegenen oder minderwertigen Rassen gab. Ally sagte sich das, wann immer sie die erschreckenden Artikel in der Zeitung las.

Oft hatte sie ein schlechtes Gewissen. Sie hatte ihrer Tochter die Kindheit genommen, sie gezwungen, schneller zu reifen, während die Kalendertage wie Sekunden verflogen. Sie durften keine Zeit vergeuden. Es hatte Augenblicke gegeben, da sie wünschte, sie könnte in der Zeit zurückreisen und Lilith die verlorene Kindheit zurückgeben. Aber sie wusste, dass sie vorerst aus ihrer Intelligenz Nutzen ziehen musste. Sie würde ihre Trumpfkarte sein.

Mit Franz' Hilfe hatten sie sich bei dessen Vetter, einem Fachmann für die neuen Rassengesetze, einen Termin in der Tiergartenstraße 4 verschafft. Wenn Lilith von der Kommission anerkannt, wenn sie nicht als minderwertig eingestuft würde, müsste sie nicht durch Röntgenstrahlen sterilisiert werden. Es war an der Zeit, zu demonstrieren, dass Lilith etwas Besonderes war, dass ihre Hautfarbe, die Beschaffenheit ihrer Haare, die Proportionen ihres Kopfes und Gesichts nichts mit ihrer Entwicklung zu tun hatten.

Ally hakte sich beim Professor unter, und er klopfte an die Tür der Villa. So viele Male war sie daran vorbeigegangen, nie davor stehen geblieben.

»Freunde meiner Eltern haben früher hier gelebt, und sie haben mich als Kind oft auf Besuche mitgenommen«, sagte der Professor. »Es war, als beträte man ein Museum. Ich durfte nicht rennen und nichts anfassen. Unachtsamkeit konnte zu einer Katastrophe führen. Ich glaube, irgendwann ging das Haus an Antiquitätenhändler, bevor es die Regierung übernommen hat.«

Er hoffte, Ally mit seinem Geplauder die Anspannung zu nehmen, doch sie schien nicht zuzuhören. Eine Frau öffnete ihnen, ohne zu fragen, wie sie hießen oder wen sie sprechen wollten, und bedeutete ihnen mitzukommen. Es schien, als kämen nicht viele Besucher ins Haus.

Die Räume waren so leer, als wäre niemand da. Die Büros mussten wohl in den oberen Etagen liegen. Auf einer Seite sahen sie das Wohnzimmer, in dessen Mitte ein großer tropfenförmiger Kronleuchter hing. Sie folgten dem Hausmädchen zur Bibliothek. Es bedeutete ihnen hineinzugehen und ließ sie allein. Unzählige ledergebundene Bücher von gleicher Größe füllten die Regale oder standen zwischen bronzenen Buchstützen. Ägyptische Figuren, Büsten, Krüge, Sphinxe standen auf einem langen dunkelgrünen Marmortisch. Der Professor betrachtete sie nacheinander, wie um sie sich einzuprägen. Ally heftete ihren Blick auf die Tür und wartete auf Franz. Sie setzten sich und behielten die Mäntel an, als wüssten sie schon, dass der Besuch kurz sein würde.

In diesen Wänden wird sich die Zukunft meiner Tochter entscheiden, dachte Ally.

»Wir haben Glück, dass wir auf Franz zählen können«, sagte der Professor.

Ally drehte den Kopf zu dem Wandteppich mit der pastoralen Landschaft, Arkadien, bewohnt von bezaubernden Putten. Sie hörte Schritte und wurde rot. Sie lächelte. Sie war zuversichtlich. Als Franz hereinkam, war ihr, als hätte jemand das Licht eingeschaltet. Sie stand auf und umarmte ihn. Er klopfte ihr distanziert auf den Rücken.

»Ally, vergiss nicht, dass Franz bei der Arbeit ist«, sagte der Professor.

»Mein Vetter«, korrigierte Franz bestimmt. »Es ist mein Vetter Philipp, der hier arbeitet. Gehen wir.«

Philipp Bouhler hatte Philosophie studiert und Artikel für den *Völkischen Beobachter* geschrieben. »Ein Humanist auf der Suche nach Vollkommenheit«, sagte der Professor ironisch, sobald Franz seinen Vetter pries. Seit der Reichsleiter geworden war, hatte er die Aufgabe, die Gesetze zur Rassenhygiene umzusetzen, die nicht von allen Ärzten streng befolgt wurden. Das Euthanasieprogramm, später nach der Adresse der Villa als Aktion T4 bezeichnet, sollte in jeder Pflegeanstalt des Landes in die Praxis umgesetzt werden. Ursprünglich dazu gedacht, die Weitergabe von Erbkrankheiten zu verhindern, einschließlich körperlicher und geistiger Mängel, wurde in das Gesetz schließlich rassische Unreinheit aufgenommen.

»Ich bedaure, dass ich euch gebeten habe herzukommen, denn leider kann mein Vetter uns jetzt nicht empfangen«, sagte Franz, ohne die beiden anzusehen. »Wir können es nicht umgehen. Lilith muss sich der Prüfung durch die Kommission unterziehen.«

Franz begleitete sie so selbstsicher durch die herrschaftlichen Räume, als gehörten sie ihm. Sichtlich vertraut damit, wie der alte Riegel an der Gartentür zu bedienen war, öffnete er ihn, und sie verließen das Haus. Vor ihnen erstreckte sich der Tiergarten, die Baumwipfel verschwanden in tintenfarbenen Wolken. Regen kündigte sich an, und Ally fand die Luft erfrischend. Sie wollte nur, dass Franz ihr sagte, was sie tun sollte. Sie würde seine Anweisungen genau befolgen. Es gab keinen anderen Ausweg.

Auf den gepflegten Wegen schoben makellose Frauen Säuglinge in ihren Kinderwagen. Fahnen wehten triumphierend im Wind. Weit entfernt rollten Straßenbahnen durch die Stadt wie an jedem anderen friedlichen Dezembertag. Für Ally hatte der Sturm schon eingesetzt.

»Eine Kommission kann sie verurteilen«, sagte Franz leise.

»Lilith wird die Prüfung bestehen«, stellte der Professor klar.

Franz wurde still. Ally hatte gehofft, durch seine enge Verwandtschaft mit Philipp und seine Bewunderung für den Vetter könnte ihr die Quälerei erspart bleiben. Doch Lilith besaß alle nötigen rettenden Eigenschaften. Sie war in Deutschland geboren, hatte eine deutsche Mutter, war mit deutscher Kultur und deutschen Traditionen groß geworden. Sie hatte nie Kontakt zu ihrem Vater oder seiner Familie gehabt. Sie wusste nicht, wer er war oder wie er war. Lilith war das Kind eines Geistes, einer Illusion.

»Sie werden kein Kind finden, das so intelligent ist wie unsere Lilith«, prahlte der Professor enthusiastisch.

»Lilith ist brillant«, bekräftigte Ally lächelnd. »Du weißt, sie hat Zahlen vor sich hin gemalt, bevor sie lesen und schreiben lernte. Es war, als arbeite sie an einer komplizierten Formel. Sie lernt alles, womit sie sich beschäftigt.«

»Sie müssen prüfen, ob Lilith missgebildet ist«, fuhr Franz fort.

»Missgebildet?«, wiederholte Ally atemlos.

»Es geht um die Kopfform. Ob ihre Nase oder ihre Lippen nicht fehlproportioniert sind. Zum Glück hat sie keine rissige oder glänzende Haut. Sie ist nicht allzu dunkel, aber noch dunkel genug, um abgelehnt zu werden. Und ihre Haare ... Die sind auch ein verräterisches Merkmal.«

Der Professor und Ally blieben ruhig. Ally schluckte mühsam mit trockener Kehle. Sie wollte nicht verstehen, was sie hörte. Es kam ihr vor, als sprächen sie über ein verletztes Pferd, das den Gnadenschuss bekommen sollte, um es von seiner Qual zu erlösen. Als wäre ihre Tochter ein Exemplar einer neu entdeckten Tierart, das analysiert werden musste.

»Drei Gremien müssen überzeugt werden«, erklärte Franz. »Sie attestieren, ob jemand ein Rheinlandbastard ist. Sie analysieren, wie viel Prozent an die Nachkommen vererbt würden. Je nachdem, was sie feststellen, entscheiden sie, ob sterilisiert werden muss.«

»Franz, das wissen wir. Meine Tochter wird nicht sterilisiert werden.«

»Ich sage nicht –«

Ally fiel ihm ins Wort. »Wir sind hergekommen, weil wir hofften, dass dein Vetter es meiner Tochter ersparen kann, sich vor die Kommission zu stellen.« Sie sprach mit einer Kälte, die der Professor und Franz bei ihr noch nicht erlebt hatten. »Was macht ihr Blut denn so anders als meins oder deins?«

»Der steigt durch Schuld, der muss durch Tugend fallen«, zitierte der Professor Shakespeare mit niedergeschlagener Stimme.

Entmutigt spürte Ally das Gewicht der Wolken auf sich. Sie wollte Franz noch einmal erklären, dass eine Kommission ihre Tochter nicht anerkennen würde. So brillant das Mädchen war, man würde es als Beschmutzung der deutschen Rasse und der Zukunft des Landes betrachten. Um den Schaden zu verhindern, den Lilith anrichten könnte, würden diese Leute sie sterilisieren lassen, damit ihr unreiner Schoß keine Frucht tragen könnte.

Sie gingen zum Brandenburger Tor. Ally hatte begriffen, dass sie in der Villa an der Tiergartenstraße keine Hilfe bekommen würde. Rettung lag nicht in den Händen Philipp Bouhlers. Diese Leute würden Lilith ablehnen.

Es fing an zu regnen. Die kalten Tropfen holten Ally aus ihrem Gedankenlabyrinth. Sie musste aufhören zu grübeln. Sie wollte mit ihrer Tochter zusammen sein, durch niemanden und nichts von ihr getrennt werden.

Sie überquerten die Straße Unter den Linden und gingen Richtung Spree, als der Professor plötzlich stehen blieb. »Die Herzogs!«, sagte er triumphierend.

»Ich glaube nicht, dass sie helfen können«, sagte Ally.

»Wer sind sie?«, fragte Franz.

»Meine jüdischen Nachbarn«, antwortete Ally. »Im ersten Stock, wenn man reinkommt, links.«

»Die habe ich noch nie gesehen.«

»Seit ihr Lampengeschäft zerstört wurde, schließen sie sich ein«, erklärte der Professor. »Ihr einziger Sohn wurde nach Sachsenhausen gebracht, und sie haben ihn nicht wiedergesehen.«

»Ich kenne sie eigentlich kaum«, sagte Ally beschämt. »Wie schrecklich. Das mit ihrem Sohn wusste ich gar nicht.«

»Sie haben alles verloren, und jetzt wissen sie nicht, wie sie fliehen können«, fuhr der Professor fort. »Sie haben zu lange damit gewartet. Sie wollten ihren Sohn nicht zurücklassen. Sie suchen nach einem Land, das sie aufnimmt und das weit von hier weg ist.«

»Lilith«, sagte Franz.

Ally war verwirrt. »Was hat Lilith mit den Herzogs zu tun?«

»Wir könnten ihnen helfen zu fliehen, und sie könnten Lilith mitnehmen«, erklärte Franz. »Man könnte sie für eine Jüdin halten, meinst du nicht? Sie hat dunkle, aber nicht zu dunkle Haut. Wenn wir ihre Haare verdecken … Ich kann ihnen Fahrkarten für ein Schiff besorgen, das von Hamburg ausläuft.«

»Wohin?«, fragte der Professor hoffnungsvoll. »Ich habe gehört, dass manche nach Palästina gehen. Sogar England hat viele aufgenommen.«

»Was redet ihr da? Ich werde meine Tochter nicht abgeben!«

»Was willst du dann?«, fragte der Professor tonlos. »Dass sie Strahlen ausgesetzt wird, die sie töten können? Wenn wir sicher wüssten, dass sie dadurch nur unfruchtbar wird, gut, aber die Strahlen …«

Er und Franz verstummten, als sie Allys gerötete Augen sahen. Sie wusste selbst nicht, ob ihr Gesicht nur vom Regen nass war oder auch von Tränen.

Nach ein paar Augenblicken hatte sie sich gefasst. »Kommt weiter. Lilith wartet auf uns.« Sie hakte sich bei Franz unter. »Es wird bald Frost geben.«

Sie gingen nicht schneller, sondern schlenderten gemächlich durch den Nieselregen. Sie hatten Lilith allein zu Hause gelassen, und mittlerweile würde sie wartend am Fenster stehen und die Regentropfen an der Scheibe beobachten. »Sieben Jahre«, sagte Ally wieder, »sieben Jahre …« Als sie in die Anklamer Straße einbogen, blickte sie zum Fenster ihrer Wohnung hinauf. Obwohl sie noch weit weg waren, konnte sie das glückliche Gesicht ihrer Tochter ausmachen.

Sie öffneten die Haustür, und alle drei schauten zur Wohnung 1 B. Am rechten Türrahmen war ein zylindrischer Behälter befestigt. Es war das erste Mal, dass Ally die Mesusa bemerkte.

»Sollten wir jetzt mit ihnen sprechen?«, fragte der Professor. »Wir müssen nicht sofort entscheiden. Wir können ihnen sagen, dass wir sie um Hilfe bitten möchten, und es noch offenlassen. Diese Möglichkeit sollten wir nicht von vornherein ausschließen.«

»Später. Lilith hat uns gesehen, sie soll nicht länger warten müssen.«

Franz schloss die Haustür hinter ihnen, und sie standen unter der Lampe beim Aufzug.

»Ich nehme die Treppe«, sagte Ally.

»Ich auch.« Franz fasste sie am Arm.

»Dann bis gleich«, sagte der Professor. »In meinem Alter muss ich meine Beine möglichst schonen.«

Bevor Ally zur Treppe ging, strich sie mit einem Finger über die Mesusa vor der Wohnung der Herzogs, aber so, dass Franz es nicht sah. Der Professor lächelte.

Als sie im dritten Stock ankamen, stand Lilith auf dem Flur und sah ihnen entgegen.

»Komm mit, jetzt können wir Spaß haben«, sagte Ally fröhlich. Lilith und sie sehnten Regentage herbei wie andere Leute den ersten Sonnentag nach einem langen Winter. Während andere ins Trockne eilten, nutzten die beiden die Freiheit. Nur bei Regen gehörte auch der Tag ihnen. Im Kapuzenmantel sprang Lilith über die Pfützen der Kopfsteinpflasterstraßen in Berlin-Mitte, und Ally rannte hinter ihr her, atemlos, aber frei. Bis auf die Haut durchnässt sprangen sie auf die Bänke im Tiergarten, ihr Lachen wurde übertönt vom Prasseln und Rauschen der Bäume, von den knallenden Absätzen der Schutzsuchenden und den langsam fahrenden Autos. Die Polizisten verschwanden von der Straße, weil niemand mehr draußen war, auf den sie aufpassen konnten. Wer konnte sie also noch schelten? Alle begaben sich unter ein Dach – außer ihnen.

Lilith umarmte Franz, und er zog eine kleine Stoffpuppe aus der Innentasche seines Mantels.

»Für mich?«, fragte Lilith überrascht. »Hab ich die verdient?«

Franz umarmte sie. »Sie heißt Nadine«, flüsterte er ihr ins Ohr.

Das Mädchen betrachtete die Puppe. Sie hatte gelbe Wollzöpfe und trug ein blaues Kleid. Ihr Name stand in winzigen roten Buchstaben gestickt auf der weißen Schürze.

Lilith drückte sie an sich, dann gab sie Franz die Puppe zurück, weil sie nach draußen in den Regen gehen würde. Sie lief zur Treppe.

»Ich bleibe beim Professor«, sagte Franz zu Ally. »Wir sehen uns bald.«

Er küsste sie auf die Wange, und sie legte die Arme um ihn. So blieben sie stehen, bis sich die Aufzugtür öffnete.

»Lilith wird unten schon fast auf dem Bürgersteig stehen«, mahnte der Professor. »Sie kann es nicht erwarten, durch den Regen zu laufen.«

7

Drei Monate später
Berlin, Januar 1939

Im ersten Licht des Tages wachte Ally erschöpft auf. Ihr war, als wäre der nächste Tag schon vorbei. *Ein Mensch kann das Zeitgefühl genauso verlieren wie das Sehvermögen, den Geruchs- und Geschmackssinn*, dachte sie. Sie stand auf, zog sich langsam an, legte Lippenstift auf und sah Lilith neben sich. Doch sie schien weit weg zu sein, so weit weg, dass Ally ihr Gesicht nicht erkennen konnte. Sie füllte ihre Lunge mit Luft. An ihrer Tochter war kein einziges Detail auszumachen. Sie hatte ihre Sinne eingebüßt.

Lilith war schon fertig, das war sie immer. Manchmal wünschte Ally sich eine Tochter, die sie tadeln, belehren, nörgelnd an ihre Pflichten erinnern konnte. Eine, die man auffordern musste, ein Buch zu lesen, sich am Tisch zu benehmen, zu anderen Leuten Guten Tag und Auf Wiedersehen zu sagen. Auf Wiedersehen war am wichtigsten.

Sie nahmen den Zug und stiegen am helllichten Tag in der Gartenstadt Brandenburg-Görden aus, wo winzige Graupel vom Himmel fielen und schmolzen. Die feuchte Luft und das helle Tageslicht waren überwältigend. *So nah bei Berlin und doch so anders*, dachte Lilith. Eine Windbö riss sie beinahe um. Lilith rannte zu ihrer Mutter und hielt sich an ihr fest.

»Warum sind wir nicht bei Nacht gefahren?«, fragte sie schaudernd.

»Du siehst, hier sind kaum Leute unterwegs«, antwortete ihre Mutter, die sich zu orientieren versuchte.

Sie überquerten die Hauptstraße. Es war noch früh, und der einzige Mensch, den sie sahen, war eine alte Dame an einer Hausecke. Ein Auto raste vorbei. Die alte Dame hob verärgert eine Faust.

»Wo sind sie denn alle?«, fragte das Mädchen misstrauisch.

»Neuendorfer Straße 90 C«, sagte Ally laut, ohne Lilith anzusehen. »Wir müssen das erste Gebäude finden. Franz hat alles arrangiert. Sie werden dir nur ein paar Fragen stellen und dich untersuchen, wie wenn du beim Arzt bist.«

Ally glaubte das selbst nicht. Sie tat, was sie auf keinen Fall hatte tun wollen: Sie übergab Lilith der Kommission.

Sie ging den Weg, den Franz ihr beschrieben hatte, mit einer Ruhe, die Lilith sichtlich beunruhigte. »Ich finde, wir hätten in Berlin bleiben sollen, wo wir zwar verfolgt werden, aber zwischen den Büchern und geschlossenen Vorhängen sicher sind. Die Dunkelheit ist unsere Verbündete. Was haben wir bei hellem Tageslicht an einem fremden Ort zu suchen?«

»Ich hoffe, diese blöden Ärzte haben keine kalten Hände«, sagte Ally und lächelte, um sie aufzumuntern.

»Kälte macht mir nichts aus.« Lilith beruhigte sich, nahm die Hand der Mutter, und die zwei gingen über die verlassene Straße.

Die Stadt schlief noch. Es waren keine Soldaten zu sehen, keine Fahnen. Es gab keine eingeschlagenen Fensterscheiben. Keine Märsche oder siegesgewisse Lieder. Niemand salutierte und rief »Sieg Heil!«. Die friedliche Stille verunsicherte sie. Nachdem sie aus dem Zug gestiegen waren, hatten sie ein freies Gelände überquert und die sogenannte Gartenstadt betreten wie eine unbekannte Welt. Franz hatte Ally gesagt, er sei überzeugt, dass die Kommission Lilith nach der Begutachtung freisprechen würde, dass sie als Gewinn für die Rassenhygiene erkannt würde. *Rassenhygiene*. Das Wort hielt Ally nachts wach. Ihre Tochter fand sie in letzter Zeit häufig in der Bibliothek, wo sie die Bücher in den Regalen umstellte und den

Staub wegwischte, der durch die Mauern ihres immer fragiler werdenden Königreiches wehte.

Die Kommission, die Liliths Körperbau und Intelligenz beurteilen würde, hatte ihre Räume nicht in dem ehemaligen Gefängnis, das man zu einem Krankenhaus umgebaut hatte, aber einer der Ärzte arbeitete dort, und er würde die Reinheit und mentale Entwicklung Liliths in ihrem siebten Lebensjahr beurteilen. Ally war ein weiterer Beweis ihrer Reinheit. In der Familie Keller gab es keinen Tropfen Blut von Juden, Schwarzen oder anderen Rassen. Keine Alkoholiker oder andere Süchtige. Niemand rauchte. Sie aßen schon lange kein Fleisch mehr, und in keiner Krankengeschichte der Kellers war Schizophrenie, Epilepsie oder Depression verzeichnet. Wahres deutsches Blut über mehrere Generationen. Außerdem waren sie allesamt Katholiken, die im Gegensatz zu vielen anderen dem Protestantismus nicht nachgegeben hatten. Das befreite Lilith von jeglicher Sünde. Sie hatte von Ally eine Reinheit geerbt, der sich sehr wenige Deutsche rühmen konnten, und das zu einer Zeit, da ein Fehler, eine kleine Indiskretion oder eine ungewisse Vergangenheit im neuen Deutschland die Laufbahn in einem achtbaren Beruf überschatten oder gar den Zugang dazu verhindern konnten.

»Wir sollten hier herziehen, Mami.«

»Glaub nicht alles, was du siehst. Zwischen Brandenburg und Berlin ist nicht viel Unterschied. Es ist überall gleich, mein Schatz.«

Auf dem scheinbar unbewohnten Gelände befanden sich vier ähnliche grünlich gelbe Gebäude mit kleinen Fenstern, die alle geschlossen waren. Von einem Schornstein stieg eine weiße Rauchsäule auf. Sie gingen einen ansteigenden Weg hinauf und sahen einen Soldaten mit Helm und Gewehr. Er trat auf sie zu. Ally war wie gebannt von dem geruchlosen weißen Rauch, der sie umgab. Lilith nahm die Augen nicht von dem Gewehr und zupfte am Mantel ihrer Mutter, damit sie sich ihr zuwandte.

Ally grüßte den Soldaten und gab ihm ein gefaltetes Dokument. Er musterte Gesicht und Haare des Mädchens.

»Mitkommen«, befahl er.

Sie ließen das Hauptgebäude hinter sich. Lilith drehte sich zu dem Trakt mit dem aufsteigenden Rauch um, der in einer gewissen Höhe nicht mehr von den Wolken zu unterscheiden war, so als speiste er den Himmel. Der Wachposten brachte sie zu einem zweistöckigen Gebäude mit roter Tür. Er blieb im Eingang stehen, und nach wenigen Augenblicken erschien ein Mann in einem weißen Kittel. Darunter trug er eine schwarze Krawatte, graue Cordhosen und glänzende Lederschuhe.

»Guten Tag.« Er gab Ally die Hand.

Seine weichen Hände jagten ihr einen Schauder über den Rücken. Der Mann hatte eine tiefe, angenehme Stimme, außerdem dunkle, glatt zurückgekämmte Haare und blasse Haut. Ally fielen seine müden Augen auf. Sobald die Tür hinter ihnen geschlossen war, nahm er eine schwarze Brille aus der Tasche, setzte sie auf und betrachtete das Mädchen akribisch, als wäre es eine ausgefallene Spezies, ein besonderes Exemplar, das mit extremer Sorgfalt zu behandeln war.

Sie gingen durch das Foyer, wo eine Vase mit weißen Rosen auf einem zentralen Tisch stand, eine makelloser als die andere, und durch eine zweite Tür, deren Angeln in einen dunklen Raum hineinquietschten, wo der Holzboden unter jedem Schritt knarrte. Am anderen Ende saßen drei Ärzte in weißen Kitteln und mit einem Stethoskop um den Hals. Sie schauten auf, ihre Arme ruhten auf dem blanken schwarzen Tisch. Der Schein der Tischlampe, eine mit goldenem Fuß und grünem Schirm, machte ihre Gesichter undeutlich. Vor ihnen markierte in der Mitte des Raumes ein Lichtkegel den Platz, wo Lilith sitzen sollte, als wäre alles aufeinander abgestimmt. Ally war wegen der Größe des Raumes verwirrt.

»Dr. Heinze«, sagte eine Stimme aus dem Hintergrund.

Der rechts sitzende Arzt kam hinter dem Tisch hervor und deutete zum Lichtkegel.

Die Decke des Raumes schien himmelhoch zu sein, die Bronzelampen verloren sich in der Höhe, sodass das Licht kaum mehr als ein Schatten war, der auf rote Samtvorhänge fiel wie getrocknetes Blut. *Was habe ich mir dabei gedacht? Vor ein Tribunal zu treten, das meine Tochter vernichten wird?*, fragte sich Ally. Und sie war die einzige Zeugin der Verteidigung.

Langsam ging sie hinter Dr. Heinze her, der Lilith zu dem Lichtkegel führte.

»Das wird nicht nötig sein«, hörte sie die Stimme aus dem Hintergrund sagen.

Ally verstand, dass das an sie gerichtet war, konnte den Sprecher aber nirgends sehen. Es hörte sich an, käme die Stimme aus dem Himmel, wie ein Befehl von Gott. »Warten Sie hier«, sagte die heilige Stimme.

Eine Frau bedeutete ihr, sich in der entgegengesetzten Ecke hinzusetzen. Die Geste machte klar, dass das keine Bitte war.

Da stand ein Stuhl im Dunkeln, und Ally ging zu dem einzigen Platz, wo sie warten durfte. Ja, das war eindeutig ein Befehl gewesen. Ihre Tochter musste die Prüfung allein absolvieren. Sie hatten gewusst, dass es so kommen würde, waren vorbereitet.

Eine andere Frau kam herein, ebenfalls in einem weißen Kittel und mit mehreren Bögen Papier in der Hand. Ihre Schritte knallten auf dem Holzboden. Lilith lächelte, um freundlich zu erscheinen. Die Frau sah ihr nicht ins Gesicht. »Dr. Hallervorden«, sagte sie und übergab die Dokumente dem Arzt, der am ältesten und erfahrensten aussah.

Sie verließ den Raum sofort durch die Tür in der Nähe des Tisches.

Mit geschlossenen Augen konnte Lilith in ferne Länder entschweben. Innerhalb eines Augenblicks würde sie in sonnige Gärten oder in einen Wald versetzt. Wenn sie wollte, konnte sie ihren Körper verlassen und sich von oben betrachten, während sie verborgen zwischen den Wolken über die Stadt flog. Opa hatte ihr das beigebracht, als sie lesen lernte.

Wenn wir die Augen schließen, können wir eine undurchdringliche Mauer erschaffen. Wenn wir die Augen schließen, kann keine Macht der Welt uns vernichten.

Lilith war überzeugt, dass sie Hunger und Kälte trotzen könnte, wenn sie sich darauf konzentrierte. Sie würde weder auf die Toilette gehen noch Wasser trinken müssen. Mit geschlossenen Augen in diesem Raum, umgeben von Riesen in weißen Kitteln, bot sie dem Unermesslichen die Stirn.

Sie spürte, dass einer der Männer ihr äußerst behutsam den Mantel auszog. Er ließ sie einen Fuß heben, dann den anderen. Nun war sie barfuß. Ungeschickte Hände machten sich an den Knöpfen ihres Kleides zu schaffen. Sie spürte, wie ein Perlmuttknopf nach dem anderen durch das Knopfloch glitt. Ihr Kleid öffnete sich und fiel herab um ihre Füße. Jemand hob sie an den Armen hoch. Ihr Körper war träge, kraftlos, federleicht. Er ließ sie langsam herunter, und sie fühlte das warme Holz unter den Fußsohlen.

Solange sie die Augen geschlossen hielt, bestand keine Gefahr, eine Träne zu verlieren, zu seufzen. Lilith stand mitten in dem Raum, nackt vor fremden Menschen. Und ihre Mutter? Am besten nicht an sie denken. Sie fühlte sich stärker als die Leute ringsherum. Die Zeit war stehen geblieben. Sie war nicht da.

Ally beobachtete Lilith von Weitem, einen winzigen Fleck in einem Lichtkegel. Sobald sie sie nackt sah, begann sie für sie zu zittern. Mehr konnte sie nicht tun, um Kälte, Angst und Entsetzen zu absorbieren. Lilith blieb stark, so unbeugsam, dass Ally einen Moment lang glaubte, ihre Tochter schwebe über dem Boden.

Während Lilith ausgezogen wurde, las ein anderer Arzt die Dokumente. Ally hörte ein Datum, Pfund, Gramm und eine minutengenaue Uhrzeit. Die Angaben zu ihrer neugeborenen Tochter. Sie hätten sagen sollen, dass sie in der dunkelsten Nacht jenes Frühjahrs in Berlin zur Welt gekommen war. Dass ihr Kind ein Kind der Nacht war. *Ein Rheinlandbastard*, hörte sie aus dem Bericht der Hebamme.

Ein weiterer Arzt näherte sich dem Mädchen mit einem spitzen Instrument aus Holz und vermaß Liliths Kopf. Zunächst die Stirn, dann die Nase. Der dritte Arzt verließ den Tisch und kam mit einer glänzenden Schere. Wie mit einer Waffe ging er auf Lilith zu, musterte ihren Kopf und schnitt im Nacken eine Locke ab. Lilith zuckte bei dem metallischen Schnittgeräusch zusammen.

Dr. Heinze schrieb etwas nieder, verfolgte aufmerksam jeden Moment. *Schon ein Millimeter kann uns von den anderen unterscheiden.* Ally sah Dr. Hallervorden Liliths Kopf in den Nacken drücken, als wollte er ihn abbrechen.

»Augen auf«, befahl er.

Lilith reagierte nicht. Ihr nackter Körper war da, aber sie selbst war in den nächtlichen Tiergarten geflohen.

Der Doktor zog ihr rechtes Lid hoch. Dem Licht ausgesetzt, zog sich die Pupille zusammen. Er hielt eine Karte daneben, auf der lauter Augen verschiedener Größe, Form und Farbe abgebildet waren, und verglich sie mit Liliths.

Das grelle Licht brachte das Auge zum Tränen. Als sie den Kopf hob, lief eine über ihre Wange. Sie sah einen anderen Arzt mit einem spitzen Instrument auf sich zukommen. Sie glaubte, er würde es in sie hineinstechen, um zu analysieren, ob sie menschliche oder tierische Organe hatte, und schloss die Augen. Sie wollte den Schmerz nicht sehen.

Das Instrument bewegte sich an ihrer Wirbelsäule entlang, vom Nacken bis zur Taille, dann quer über die Schulterblätter. Es beschrieb auf ihrer Haut ein Kreuz. Lilith spürte den Doktor neben sich. Sie öffnete die Augen. Er notierte sich etwas.

»Du darfst dich anziehen«, sagte er nach längerem Schweigen.

Sobald sie nicht mehr ins Leere sah, fühlte sie sich zunehmend unbehaglich. Sie hob ihr Kleid auf und bedeckte sich. Sie drehte sich um und sah ihre Mutter drüben auf dem Stuhl kauern, mit den Händen vorm Gesicht. Sie wollte ihr erzählen, dass sie nicht geweint habe, dass die Träne bloß eine unwillkürliche Reaktion auf das Licht gewesen sei.

Ally hörte eine Tür schlagen und riss sich zusammen. Der Lichtkegel war verschwunden und mit ihm ihre Tochter und die vier Ärzte. Sie war allein in dem riesigen Raum. Sollte sie rufen? Sie hatte nicht die Kraft dazu. Schreien? Nach wem? Warum? Hatte sie das nicht selbst gewollt?

Sie ließ sich auf den Boden rutschen, aber ihr Körper hatte kein Gewicht mehr. Sie gab keinen Ton von sich, machte keine verzweifelte Bewegung; es war nicht mehr als ein dumpfer Laut. Dann stieß sie ein langes Geheul aus, ein unbändiges Stöhnen. Zusammengekrümmt blieb sie einige Minuten lang liegen, rechnete mit einem Tritt, einem Hieb, der sie aus ihrer Passivität treiben sollte. Noch einen Moment länger, und sie würde einschlafen. Das wollte sie eigentlich: schlafen, bis der Albtraum vorüber war. Im Wachzustand wäre sie zu endlosem Delirium verdammt.

Als sie die Augen öffnete – wie lange hatte sie auf dem Boden gelegen? –, sah sie die Frau, die den Geburtsbericht der Hebamme gebracht hatte.

»Sie können draußen warten«, sagte sie und kehrte ihr den Rücken zu. Als Ally nicht darauf einging, redete sie weiter: »Das Mädchen wird noch körperlich untersucht, ihre Widerstandskraft wird geprüft. Dann wird sie Fragen beantworten.«

»Wie lange wird das noch dauern?«, fragte Ally und stemmte sich vom Boden hoch.

»Das hängt von ihr ab. Manche Kinder lassen sie nach der ersten Runde gehen. Manche schaffen es in die zweite. Sehr wenige in die dritte und vierte. Sie ist erst sieben Jahre alt und geht nicht zur Schule. Ich glaube nicht, dass sie sehr gut lesen und schreiben kann.«

Ally richtete sich auf und ging lächelnd in das Foyer. Je länger man ihre Tochter dort drinnen behielt, desto mehr Runden hatte sie bestanden. Sie war überzeugt, dass Lilith jeden Arzt mit ihrer Intelligenz verblüffen würde. Vorerst war das ihre einzige Gewissheit. Wenn man sie nach der ersten Prüfung hinausschickte, wie die Frau vermutete, dann hieße das, man hatte sie abgelehnt.

Ally kam sich vor wie ein Insekt, als sie das Gebäude verließ. *Die Rosen sind zu makellos*, dachte sie, als sie die Tür aufdrückte. Das Tageslicht blendete sie im ersten Moment. Sie war froh, tief durchatmen zu können, doch die Luft roch nach verbranntem Öl und drehte ihr den Magen um. Sie ging von dem grünlich gelben Gebäude weg und einen kleinen Hügel hinauf. Dort standen keine Bäume, nichts, was Schutz bot. Ein Stück entfernt neben dem Gebäudekomplex sah sie eine Gruppe Ärzte in weißen Kitteln bei einer Reihe von Männern und Frauen, die keine Mäntel trugen. Sie betrachtete die Ärzte genauer. Keiner von ihnen war in dem Raum bei ihrer Tochter gewesen. Sie lief den Hügel hinunter, und beim Näherkommen sah sie in die Gesichter der Leute ohne Mäntel. Viele von ihnen hatten einen leeren Blick. Einige hinkten, einer Frau fehlte ein Arm, eine alte Frau wackelte ununterbrochen mit dem Kopf, ein junger Mann kratzte sich zwanghaft die Stirn, ein anderer lutschte am Daumen, ein Dritter spuckte. Sie hielten auf das Gebäude zu, von dem der weiße Rauch aufstieg.

Ally setzte sich ins Gras. Das war der beste Platz, um zu warten. Sie zählte die Leute. Eins, zwei, drei, vier … Wie viele Millimeter trennten sie von der Perfektion? Eine Abweichung, ein Schatten, ein Missverhältnis, eine Asymmetrie. Eine Abweichung, und man gehörte zu den anderen.

»Da dürfen Sie nicht bleiben«, sagte der Soldat, der sie am Morgen hineingelassen hatte.

Ally streckte ihm den rechten Arm entgegen, und er half ihr hoch. Zum ersten Mal sah sie ihn lächeln.

»Übernachten Sie in der Stadt?«

Zum ersten Mal wurde sie angesehen. Sie war kein Geist mehr, keine ohne Mantel, die am Fuß eines weiß qualmenden Schornsteins Schutz suchte.

»Wir werden den letzten Zug nehmen, bevor es dunkel wird.«

»Hier sind jeden Tag weniger Leute. Es ist immer erfreulich, eine schöne Frau zu sehen.«

»Danke«, sagte sie errötend. *Ich bin lebendig*, dachte sie.

Der Soldat empfahl ihr das Restaurant neben dem Hotel. Es sei ein langer Fußmarsch bis zum Bahnhof, sagte er. Vielleicht sollte sie mit der Rückfahrt bis morgen warten. »Wer weiß, wie lange die da drinnen noch brauchen.« Er wollte sich offenbar mit jemandem unterhalten. Er musste stundenlang aufgepasst haben, dass die Schwachsinnigen nicht von ihrem zugewiesenen Weg abkamen.

Ally hörte ihm schweigend zu.

»Die Ärzte nehmen sich immer Zeit.« Der Soldat wollte offenbar sie zum Reden bringen, damit sie länger bei ihm blieb.

»Ja, und manchmal ist es gut, dass sie sich die Zeit nehmen ...«

»Woher kommt das schwarze Mädchen? Sie würden nicht glauben, wie viele herkommen, die sich als Afrodeutsche bezeichnen. Was glauben die denn, wem sie was vormachen können?«

Ally machte ein langes Gesicht, sie hatte Mühe, weiter zu lächeln. »Ich sollte jetzt wieder hineingehen, für den Fall, dass sie etwas von mir wollen.«

Sie ließ den Hügel, den Soldaten und das Gebäude mit der weißen Rauchsäule hinter sich. Sie zog die rote Tür auf, als wäre sie hier zu Hause, und setzte sich auf einen Stuhl bei den herrlichen Rosen. Sie sah sich eine nach der anderen an.

Was macht dich besser als die anderen Blumen? Bald wirst du welken und weggeworfen, dachte sie.

Sie betrachtete ihre sommersprossigen Hände, ihre ungepflegten Nägel. Sie drückte sich die kalten Finger ans Gesicht. Wenn sie allein war, ging sie am Ende immer jede mögliche Lösung durch. Die einzige, die sie verweigerte, war die Trennung, obwohl es eine geringe Chance gab, dass sie einander wiederfänden.

Nachdem ihre Tochter sieben geworden war, gab es für sie nur eine Möglichkeit, in Deutschland geduldet zu werden: Lilith musste sich sterilisieren lassen. Dann würde man sie nicht mehr als Gefahr ansehen, als verunreinigenden Parasiten. Aber wie könnte Ally es über sich bringen, ihre Tochter einer so aggressiven Prozedur auszusetzen? Ja, man hatte ihr erklärt, dass die Sterilisation durch Röntgenstrahlen rückgängig zu machen sei, dass sie in Amerika für vorübergehende Sterilisationen eingesetzt werde und die Strahlendosis entscheidend sei. Vielleicht könnten sie einen mitfühlenden Arzt finden, der ihr bescheinigte, dass Lilith eine hohe Strahlendosis bekommen habe und für immer unfruchtbar sei. Männer zu sterilisieren war einfacher. Da mussten nur die Samenleiter durchtrennt werden. Aber Bestrahlung? Würde das ihre Tochter nicht verstümmeln?

Sie hatte Angst, dass sich die Kommission nicht mit einer Sterilisation zufriedengäbe. Sie hatte gehört, dass sie Menschen aussonderten. Sie könnten ihr Lilith wegnehmen und in eine Anstalt für Verrückte und Seelenkranke stecken, »Idioten«, wie die Presse sie nannte, die ihr konstruiertes Weltbild vorantrieb und argumentierte, Deutschland müsse gründlich gesäubert werden.

Die Frau mit dem weißen Kittel trug jetzt ein dunkelblaues Kleid und eine Perlenkette und wirkte freundlicher. Als hätte das Weiß die Härte hervorgerufen. Sie führte eine lächelnde Lilith an der Hand. »Ihre Tochter hat sich sehr gut benommen«, sagte sie.

Lilith hatte die Prüfung bestanden, die Kommissionsärzte hatten erkannt, dass Lilith so deutsch war wie sie selbst, genauso intelligent und redegewandt wie sie. Lilith war reifer als jedes andere Kind in ihrem Alter. Ally wollte die Frau genau das sagen hören. Sie wollte eine Bescheinigung, dass Lilith keine Gefahr für die Gesellschaft war, wie es in den Nürnberger Gesetzen stand.

Lilith und Ally gingen, ohne Auf Wiedersehen zu sagen, ohne sich noch einmal umzudrehen. Lilith sagte, sie wolle das Gebäude, die rote Tür, die Stadt, die Ärzte, die Fragen vergessen. Sie fühle sich, als stünde sie noch immer nackt vor ihnen.

Der Soldat sah sie fortgehen. Als sie an ihm vorbeikamen, legte Ally einen Arm um ihre Tochter und küsste sie auf den Kopf. Lilith hatte die erste, zweite, dritte und Gott weiß wie viele Prüfungen bestanden. Sie war intelligenter als jener makellose, vortreffliche Soldat, der ihr durch sein klassisches Profil und die blauen Augen angeblich überlegen war. Der Soldat, der Ally schön finden konnte, aber nicht ihre Tochter, die er als Fehltritt betrachtete.

Sie eilten über die Straßen, die an den Gebäuden entlangführten.

»Ich bin müde, Mami. Wir brauchen uns nicht mehr zu hetzen.«

Als sie am Bahnhof ankamen, stand der Zug nach Berlin bereits da. Ally konnte die Uhrzeit nicht sehen und hatte keine Ahnung, wann sie in Berlin eintreffen würden. Sobald der Zug anrollte, schlief sie ein.

Lilith ergötzte sich daran, das entspannte Gesicht ihrer Mutter zu betrachten. Der flotte Fußmarsch zum Bahnhof hatte ihr wieder Farbe ins Gesicht gezaubert. Lilith bemerkte das Rosa ihrer Wangen, das noch kräftige Rot der Lippen. Um diese Tageszeit waren die Grautöne ausgelöscht. Lilith stellte sich ihre Mutter vor, wie sie gewesen war, bevor sie sie bekommen hatte. Sie musste noch schöner gewesen sein.

Ally öffnete die Augen und sagte: »Das wird eine lange Fahrt. Schlaf, Lilith, schlaf ein bisschen.«

Das Mädchen wachte auf, als der Schaffner Berlin ankündigte. Es öffnete die Augen und schrie panisch auf. Es war noch Tag.

»Mami?«

Erschrocken zog Ally ihr die Mütze über die Locken, nahm sie an die Hand und stieg mit ihr aus dem Zug. Niemand würde sie bemerken. Sie waren nur zwei transparente Schatten. Wer würde schon auf eine Mutter und ihre Tochter achten?

Sie verließen den Bahnhof und tauchten in das Getriebe der Großstadt ein, als gehörten sie dorthin. *Wir sind hier sicher*, sagte sich Ally immer wieder. *Niemand kann uns bedrohen.* Sie würden nicht mit der S-Bahn fahren, die den Reinen vorbehalten war. Sie würden zu Fuß gehen und Unter den Linden meiden, wo sich die schicken Hotels und die gut besuchten Restaurants befanden. Sollte es nicht längst dunkel sein? Die Tage sollten doch eigentlich schon wieder kürzer sein.

Im Tiergarten war noch viel los. Sie überquerten den Rosenthaler Platz und wurden auf ein paar lärmende junge Männer aufmerksam, die heranschlenderten, um sie zu taxieren. Sie kamen immer näher.

»Betrunkene. Sie müssen den ganzen Tag getrunken haben«, murmelte Ally und hielt die Hand ihrer Tochter fester. Das Mädchen blickte zu ihr hoch. Ally ging schneller, als spürte sie bereits ihren Atem im Nacken.

Sollen wir versuchen, ihnen auszuweichen? In ein Café flüchten? Niemand würde vor Cafégästen, die einen friedlichen Abend genossen, eine Frau und ein Kind angreifen. Aber würde man sie hineinlassen? Niemand würde für sie eintreten. Schwarze und Juden durften keine Schule betreten, keine Zeitung kaufen, kein Telefon benutzen, kein Radio hören. Sie durften sich auf keine Parkbank setzen. Sie durften nur in S-Bahn-Waggons einsteigen, die entsprechend ausgewiesen waren. Auf manchen Linien gab es nicht mal einen Waggon für sie. Ally kannte die Gesetze. Sie lernte sie auswendig, um vielleicht ein Schlupfloch zu finden, Möglichkeiten, sich einzufügen, ohne dass man ihnen etwas vorwerfen konnte.

»Zeig uns, welche Geräusche ein Affe macht!«, verlangte jemand, dessen Stimme ihr durch Mark und Bein ging.

Ally drehte sich um und sah das junge Braunhemd vor sich.

In derselben Sekunde wurde aus einem Jungen mit rosa Wangen und engelhaften Zügen eine ganze Armee.

»Ich glaube nicht, dass die überhaupt sprechen kann!«, rief er mit leiernder Stimme und breitete die Arme aus, als wolle er vor seinen Freunden eine Rede halten.

Ally ging schneller und zog Lilith mit sich, die verstört schaute.

»Wie gesagt, das ist eine unterlegene Rasse. Wenn wir zulassen, dass die uns weiter verunreinigen, ziehen die uns auf ihre Stufe herab!«

In ihrer Hast stolperte Ally und stürzte hart auf den Gehweg. Als sie aufstehen wollte, trat einer der jungen Männer dicht an sie heran und machte es ihr unmöglich. Sie rollte sich auf die andere Seite und kam auf dem Kopfsteinpflaster zu liegen. Ein Pärchen ging an ihr vorbei, ohne auf sie zu achten, ohne sich darum zu kümmern, dass eine Frau so weiß wie sie selbst auf der Straße lag. Ally sah sich hektisch nach Lilith um. Sie konnte sie nirgends entdecken.

»Das ist das erste Mal, dass ich eine Negerin sehe«, hörte sie jemanden ein Stück entfernt sagen.

Lilith stand unerschrocken neben einer Straßenlampe und verfolgte jede Geste, jedes Wort. Ally versuchte erneut aufzustehen.

»Mami!«

»Du stehst also auf Neger?«, sagte das Braunhemd an Allys Ohr, so nah, dass sie seine feuchten Lippen in ihrem Gesicht, am Hals, am ganzen Körper spürte.

Sie schnupperte, ob sie Alkohol in seinem Atem roch. Nein, er hatte nicht getrunken.

»War es schön?«

Es gelang ihr endlich aufzustehen, aber sie hielt den Blick gesenkt. Einer der jungen Männer stoppte sie mit dem Bein, tat, als ob er stolperte, und stieß sie dabei um, sodass sie auf die

Straße fiel. Ally krümmte sich zusammen und schützte ihren Kopf mit den Armen. Der junge Mann trat ihr in den Bauch. Ihr Bauch zog sich vor Schmerzen zusammen. Ihr fiel ein, was sie ihrer Tochter für solch einen Fall geraten hatte: immer den Kopf schützen.

»Oh, entschuldige«, sagte das Braunhemd lächelnd. »Wirst du jetzt weinen? Ich will ein Negerliebchen weinen sehen.«

Ein Tritt an den Hinterkopf oder an die Stirn, und sie wäre bewusstlos, sie würde schlafen, bräuchte den Schrecken nicht zu erleben. Ihre Augen prickelten, ihr verschwamm die Sicht. Sie fühlte sich kraftlos. Wieder hob sie den Kopf, um nach Lilith zu schauen, aber sie sah nur ein anderes Braunhemd, das ihr den Blick verstellte. Rasierter Kopf, dünne Lippen, seine Nase gut proportioniert, perfekt geformt. Sie hatte noch nie ein so symmetrisches Gesicht gesehen. Er lächelte. Seine blauen Augen hätten nicht stechender sein können. Ally merkte, dass ihr von der deutschen Schönheit schlecht wurde.

Endlich entdeckte sie Lilith im Zwielicht unter der Straßenlampe. Auf dem Kopfsteinpflaster spürte sie den feuchten Straßenstaub auf ihren Lippen. *Lauf, Lilith, lauf!*, wollte sie flehen, aber der Straßenstaub war wie ein lähmendes Gift. Vielleicht war der Augenblick ihres Todes gekommen. *Wie viele Male kann ein Mensch in diesem Leben sterben?*, fragte sie sich. Dies war ein solcher Moment, dessen war sie sicher. Es wäre besser, nicht mehr aufzuwachen, es wäre ganz leicht.

Der junge Mann rannte zu dem Mädchen. Er riss Lilith die Mütze vom Kopf und packte sie bei den Haaren.

Lilith schrie, und Ally raffte ihre Kraft zusammen, stand auf und warf sich auf das lächelnde Braunhemd mit dem engelhaften Gesicht. Der Junge verlor beinahe das Gleichgewicht. »Keine Sorge«, sagte er, »du kannst deine Negerin behalten.«

Ein Stück entfernt schrillte eine Trillerpfeife, und die jungen Männer rannten in die andere Richtung davon.

Ally schloss Lilith in die Arme. Sie wünschte sich die Zeit zurück, da sie ihre Tochter sicher in ihrem Leib gehabt hatte. Sie wollte ihr nicht in die Augen sehen. Sie wartete auf neue Prügel, erwartete, verschlungen zu werden. Diesmal jedoch wären sie zusammen. Sie wünschte sich einen letzten scharfen Hieb, einen von denen, die wie eine Welle durch den Körper gehen und ihn von innen zerstören. Sie brannte vor Scham, weil sie ihre Tochter nicht beschützen konnte. Wenn eine Mutter ihr Kind nicht verteidigen konnte, verlor sie ihren Daseinsgrund. *Es ist Zeit zu verschwinden*, sagte Ally sich, nunmehr im Schutz der Dämmerung. Die Sonne ging unter.

»Es wird dunkel, wir sind wieder sicher«, sagte Lilith leise. Nur Ally konnte sie hören.

»Du siehst die Nacht vor allen anderen«, sagte Ally und schaute zum Himmel auf. Da schimmerte noch ein wenig Sonnenlicht. »Gleich, Lilith. Noch ein paar Minuten, und niemand wird uns mehr sehen.«

»Es tut mir leid, Mami.« Lilith fing an zu weinen. »Das ist meine Schuld. Es tut mir leid …«

Sie warteten, bis der letzte Schimmer vom Himmel verschwunden war. Ganz allmählich erholten sie sich. Allys Bauch zog sich zusammen. Es fühlte sich an wie die Kontraktionen in jener dunkelsten Nacht in Berlin, bei denen sie sich für einen Moment gewünscht hatte zu sterben. Diesmal machten die Krämpfe im Bauch sie glücklich. Sie sah sich wieder in ihrem Bett und die Hebamme neben sich, und die Schmerzen vergingen, als brächte sie ihre Tochter ein zweites Mal zur Welt. Wenn sie sie nicht beschützte, wer dann? Ja, es war Zeit.

»Du sollst Albert und Beatrice Herzog kennenlernen«, sagte sie, als wären sie schon zu Hause, nur sie beide. »Sie werden dich retten. Du wirst weit weg von hier groß werden, du wirst zur Schule gehen, eine andere Sprache lernen und weiterhin lesen können. Und eines Tages, vielleicht nicht allzu fern, werden wir wieder zusammen sein, in einer Welt ohne Deutsche. Kannst du dir das vorstellen?«

Lilith hörte ihr entsetzt zu und wagte nicht zu widersprechen. Sie schloss die Augen. Mit diesem Traum fühlte sich ihre Mutter sicher. Als sie die Augen aufschlug, sah sie eine alte Frau vor sich, mit runzligem Gesicht und grauen Haaren, und sie war klein, so klein wie Lilith. Sie schloss sie in die Arme. Jetzt würde sie ihre Mutter beschützen müssen.

»Lass uns gehen«, sagte Lilith.

Sie brauchte kein Licht.

8

Einen Monat später
Berlin, Februar 1939

Der Mittwoch war ihr Tag geworden, der einzige, an dem Ally sich nicht verfolgt fühlte, an dem sie ein paar Stunden von der Pflicht, ihre Tochter zu beschützen, befreit war, an dem ihr trotz der Winterkälte warm war. Mittwochs fand sie Freude in Franz' Armen und Momente, in denen sie sich selbst vergessen konnte. An vielen solcher Mittwoche, wenn ihr Körper mit seinem eins wurde, träumte sie von der gelungenen Flucht, sie drei auf einer Insel im Pazifik, weit weg von den Vampiren und Gespenstern. Sie würden zu anderen Menschen werden, auf ihrer Insel, umgeben von grenzenlosem Wasser, alles andere vergessen.

Jede Woche gab es solch einen Mittwoch, bis es plötzlich keinen mehr gab. Ally kam nach einem Nachmittag in Franz' Armen nach Hause, und als sie die Tür öffnete, fand sie Lilith zitternd neben dem Professor. Beiden stand die nackte Angst in den Augen.

»Sie waren hier«, sagte er.

Seit Liliths Geburt hatte Ally gelernt, mit der ständigen Bedrohung zu leben. Jedes Jahr war die Gefahr näher gerückt. Es war ihre Strafe, das wusste sie, aber sie konnte deren Ausmaß nicht abschätzen. Wie lange würde sie es noch büßen müssen, ein Kind in die Welt gesetzt zu haben, das anders war?

Sie hatte sich beinahe daran gewöhnt, dass die grausame Entscheidung drohte. Was bisher überhaupt nicht infrage gekommen war, erschien ihr jetzt als die einzige Möglichkeit. Der Schrecken war ihr inzwischen vertraut. Sie überraschte sich täglich aufs Neue. Als sie Lilith an dem Mittwoch in die Augen sah, vergingen ihre Zweifel.

Als ihre Mutter die Wohnung betrat, rannte Lilith nicht zu ihr. Aus der Ecke, in der sie stand, schilderte sie, was passiert war. Sie änderte den Ton nicht und suchte kein Mal nach Worten, als wiederhole sie eine oft erzählte Geschichte. Sie war es ebenfalls leid, in Gefahr zu leben.

Zuerst hatte es laut an der Wohnungstür geklopft. Lilith war gerade aus der Wohnung des Professors gekommen. Sie stand wie erstarrt da, horchte, versuchte zu erraten, wer das sein könnte. Wieder lautes Klopfen. Es war von ganz anderer Art, als sie es kannte: Der Professor klopfte gewöhnlich dreimal leicht. Der Postbote klopfte kurz, schob die Briefe unter der Tür durch und ging wieder, wobei seine Schritte lauter klangen als sein Klopfen. Franz behielt die Faust am Holz, als wollte er das unvermeidliche Geräusch unterdrücken.

Das dritte Klopfen hatte diesmal einer Explosion geglichen. Sowie sie es hörte, lief sie ins Schlafzimmer ihrer Mutter. Sie holte tief Luft und vermied es, auf die knarrenden Dielen zu treten, um keinerlei Geräusch zu verursachen.

In Allys Zimmer fühlte sie sich sicher. Vom Flur aus würden sie sie nicht hören können. Also stieß sie die angehaltene Luft aus und atmete flacher. Sie fühlte ihr Herz schlagen, und als sie sich an die Brust fasste, um es zu beruhigen, hörte sie die Wohnungstür in den Angeln quietschen. Der einzige Mensch, der es wagte, die Tür ungebeten zu öffnen, war der Professor. Es waren die *anderen*, dessen war sie sicher. Sie kamen, um sie wegzubringen.

Immer wenn sie Angst hatte, half es ihr, Lieder oder Gedichte ihrer Mutter zu flüstern, die alten, die Ally geschrieben hatte, während sie hinter Liliths Vater an der Düssel entlangspazierte, immer hinter ihm. Sie hatte das ihrer Mutter nie erzählt, denn die wäre verärgert, wenn sie wüsste, dass Lilith in ihrer Schublade mit den vergessenen Papieren gekramt hatte. Lilith hörte Schritte im Wohnzimmer und schätzte, dass sie beim Kamin standen. Es war mehr als einer. Sie waren zu zweit oder zu dritt. Die Schritte klangen, als wären sie auf der Pirsch. Sie wussten, die Beute war in der Nähe, in Reichweite. Furcht konnte man nicht nur sehen, man konnte sie auch spüren und riechen.

Sie durfte keine Zeit verlieren. Ihre Mutter hatte sie darauf vorbereitet. Waren sie im Park, musste sie rennen, wie Jesse Owens es sie gelehrt hatte. Sie hatte sich immer wieder eingeprägt, wie Jesse startete, welche Position er einnahm. Das war entscheidend. Wer sich nicht konzentrierte, verlor.

Waren sie bereits auf der Suche nach ihr, oder kreisten sie sie ein? Sollte sie sich eng zusammenkrümmen und den Kopf mit den Armen schützen? Waren sie ins Haus gelangt, sollte sie ins Schlafzimmer schleichen, ohne das kleinste Geräusch, dort die Schranktür aufziehen und gleichzeitig Luft holen. Hinter den aufgehängten Kleidern sollte sie die kleine Geheimtür öffnen. Sie musste darauf achten, die Kleider nicht beiseitezuschieben, damit das Versteck dahinter verborgen blieb und nur die Ziegelwand zu sehen war. Sobald sie im Versteck war, musste sie sich ganz klein machen und immer den Kopf schützen. Sie durfte nicht vergessen, tief zu atmen, möglichst viel Luft in die Lunge zu bekommen und langsam auszuatmen. Auf diese Weise würde sie ruhig werden, ihre Angst vergessen, und nicht mal die Jagdhunde würden ihre Angst noch riechen.

Ein Mann betrat das Schlafzimmer. Er ging darin herum und dann ans Fenster. Lilith hörte ihn die Vorhänge beiseiteziehen. Sie zählte ein, zwei, drei … mehrere Sekunden, bis er sich dem Schrank näherte. Dort blieb er stehen, als betrachtete er sich in der Glasscheibe. Er war ein Soldat, und Lilith wollte glauben, dass er nur in einen Spiegel schauen wollte, um zu sehen, wie makellos er in seiner untadeligen Uniform aussah. Doch die Schranktür hatte schon lange keinen Spiegel mehr. Es gab in der Wohnung keine Spiegel bis auf einen kleinen auf dem Bord über dem Waschbecken im Bad. Der Mann tat ihr leid. Er öffnete die Schranktür, und durch die Ritzen zwischen den Brettern schien Licht zu ihr herein. Lilith fühlte sich angeleuchtet.

Sie hörte Stimmen. Der Mann ließ den Schrank offen und die Vorhänge ebenso. Es kümmerte ihn nicht, wenn dadurch auffiel, dass jemand eingedrungen war. In diesen Zeiten brauchten Männer wie er das Gesetz nicht auf ihrer Seite. Sie selbst waren die Ordnung, Lilith die Unordnung.

Sie konnte nicht verstehen, was gesprochen wurde. Ihr Herz klopfte so schnell, dass die Schläge zu einem einzigen Echo verschwammen. Sie hätte es gern zum Schweigen gebracht, den Ton gestoppt, ihr Herz ein für alle Mal angehalten. Sie hörte noch jemanden ins Wohnzimmer kommen. War das ihre Mutter? Schritte auf den Dielen vermischten sich mit dem Klang ihrer Herzschläge.

Das war nicht ihre Mutter. Sie hörte einen der Soldaten nach ihr fragen. Erleichtert erkannte sie die Stimme des Professors.

»Fräulein Keller wohnt allein«, versicherte er. Es gebe kein Mädchen. *Mischling?* »Ich habe nie ein Mischlingskind im Haus gesehen. Ally Keller ist eine junge Frau. Sie war meine Studentin«, erklärte er.

Das überzeugte die Männer offenbar. Zum Glück gab es in der Wohnung kein gerahmtes Foto von ihnen. Aber warum zogen die Soldaten nicht ab? Lilith zitterte. Wenn sie weiter so zitterte, würden sie sie doch noch finden.

Wieder wurde geschwiegen. Sie stellte sich einen Kampf mit Blicken und Gesten vor, bei dem jeder dem anderen klarmachen wollte, wer die Macht hatte. Dann wurde es still. Die Klärung war vorbei, gleich würden sie sie holen kommen. Sie wusste, sie musste die Anweisungen ihrer Mutter befolgen. Wozu hätte sie sonst so viel geübt, wozu sonst wäre sie so viel im Tiergarten gerannt? Sie musste ihren Kopf schützen. Mit den Armen einen undurchlässigen Schild formen, die Knie an die Brust ziehen. Sie war unsichtbar, eine winzige Kugel hinter einer unsichtbaren Tür, die nur ihre Mutter und Opa sehen konnten.

»Lilith?«

Die Stimme des Professors wirkte auf sie immer beruhigend. Sie öffnete langsam, noch unsicher, die Geheimtür. Als sie den dunkelroten Hausmantel sah, verließ sie das Versteck, warf sich in seine Arme und hielt ihn fest.

Ally hatte ruhig zugehört, als Lilith die Geschichte erzählte, jetzt ging sie ins Schlafzimmer. Sie war fassungslos. Der Geruch der Soldaten hing noch in der Luft. Ein Fremder hatte ihre Vorhänge angefasst und ihren Schrank geöffnet. Sie schaute zum Bett und stellte sich vor, wie er mit den Fingerspitzen über die Decke strich. Ihr wurde übel. Sie ging zurück ins Wohnzimmer und nahm ihre Tochter in die Arme.

»Das hast du gut gemacht«, sagte sie zu Lilith, die den Tränen nahe war. »Es ist überstanden. Lass uns kochen. Die Herzogs kommen zum Abendessen.«

Albert und Beatrice Herzog erschienen eine halbe Stunde, bevor sie sich zu Tisch setzten. Ally ließ sie herein, zutiefst davon überzeugt, dass sie Liliths einzige Rettung wären. Das Ehepaar blieb zögernd in der Tür stehen und wirkte verschüchtert. Der Professor hatte ihnen den Plan dargelegt, der sie und Lilith retten sollte, aber Ally wusste noch nicht, ob die beiden dazu bereit waren. Als sie in der Tür standen, kamen sie ihr klein vor, wie zwei Schatten. Hinter Alberts dicken Brillengläsern sah Ally die Augen eines Mannes, der alle Hoffnung verloren hatte. Es sei das erste Mal, dass sie zu Nachbarn eingeladen würden, sagte er. Früher hatten sie nicht nur in ihrem Viertel für Helligkeit gesorgt, sondern in der ganzen Stadt, wie Ally vermutete. Die Berliner hatten ihre Lampen, Glühbirnen, Kronleuchter, sogar ihre Kerzen bei den Herzogs gekauft. Einmal hatte Ally den Sohn am Friedrichstadtpalast gesehen, als er unter dem Vordach Glühbirnen einschraubte.

Inzwischen wurden die Herzogs als Ungeziefer betrachtet, als Schande und Gefahr. An dem Tag, als ihr Sohn abgeholt wurde, hörten die Leute auf, sie zu grüßen, und die Eltern hielten sich mit ihren zerbrechlichen Lampen beschäftigt. Wir brauchen alle Licht, hatten sie hoffnungsvoll gedacht. Nachdem ihr Geschäft demoliert worden war, zogen sie sich zurück. Nur gelegentlich gingen sie auf dem Markt einkaufen oder zur Polizeiwache, um sich nach dem Verbleib ihres Sohnes zu erkundigen. Irgendwann erhielten sie einen Brief aus Sachsenhausen: Er sei an einer Lungenentzündung gestorben, hieß es darin. Als sie den Toten sahen, hatte er getrocknetes Blut an den Handgelenken und eine dünne violette Linie um den Hals. Seine Lippen waren geschwollen, seine Zungenspitze vertrocknet. Von da an versanken die Herzogs in Schwermut.

»Wir sind wie Tiere, die ihre Artgenossen fressen«, sagte Albert jetzt und starrte in die dampfende Suppe, die Ally ihm vorgesetzt hatte.

»Und das Schlimmste ist, dass wir uns daran gewöhnen.« Ally merkte, dass ihre Stimme kaum zu hören war.

Sie lebten schon die ganze Zeit unter demselben Dach, begegneten sich oft im Hausflur, und nun teilten sie beim Abendessen im flackernden Kerzenschein dieselbe Angst. Ally wurde bewusst, dass die beiden Nachbarn den Namen ihres Sohnes den ganzen Abend nicht erwähnt hatten, und bestürzt gelobte sie sich, dass Lilith immer bei ihrem Namen genannt werden solle, ganz gleich, wohin man sie brächte. Ihre Tochter würde immer Lilith sein, für sie selbst und jeden anderen.

Das Mädchen war im Zimmer geblieben und zog ihre Puppe Nadine an und aus. Sie löste die Zöpfe und die wollenen Schleifen, als wollte sie ihr ein anderes Aussehen geben, damit sie ihr ähnelte. Sie war noch verstört von dem Eindringen der Soldaten. Sie wies die Puppe an, wie sie sich gegen andere schützen könne, und wiederholte das in einem fort. Die Herzogs hatten Lilith einige Male gesehen und gewusst, dass sie anders war, so anders wie sie selbst in den Augen vieler. Als die Rede auf Lilith kam, betonte der Professor, wie überaus intelligent sie sei, wie leicht sie eine fremde Sprache lernte, wie sehr sie von Zahlen fasziniert, wie groß ihr Wortschatz sei …

»Ein kleines Genie, das ziellos umherschweift. Sie ist über Berlin hinausgewachsen«, erklärte er den Gästen.

Albert und Beatrice Herzog sahen einander schweigend an, als glaubten sie, er übertreibe, wie liebende Väter das nun einmal taten. Wie könnte ein Mädchen in dem Alter so brillant sein?

Sie waren mit dem Essen fertig, als Franz die Wohnung betrat. Bevor sie ihn sahen, hörten sie seine Stimme: kräftig, volltönend, jedes Wort mit einem freundlichen Nachklang.

»Ich hoffe, ihr hattet einen schönen Abend«, sagte er zum Gruß.

Das Licht erfasste nur sein Gesicht und verlieh seinen blauen Augen ein angenehmes Grau. Obwohl er seine Uniform trug, strahlte er Frieden aus. Albert und der Professor standen auf. Beatrice zupfte nervös an der feinen bestickten Leinenserviette und betrachtete jeden Stich. So selbstsicher, als wäre er der Herr im Haus, setzte sich Franz an den Kopf des Tisches. Ihm gegenüber saß Ally, lächelnd und mit einem Hoffnungsschimmer in den Augen. Da sie nichts mehr von der Kommission gehört hatte, war sie überzeugt, dass sie Lilith nur noch retten würde, indem sie sie auf einen anderen Kontinent schickte, sie verließ. Ihre Tochter hatte die Prüfungen nicht bestanden, ihre Intelligenz war kein wirksamer Schild. Ein Tropfen unreines Blut genügte, um sie für vogelfrei zu erklären.

Ally war aufgewühlt. Ihr Magen zog sich zusammen, und sie fürchtete, dass ihr gleich übel würde. Sie entschuldigte sich, lief ins Bad ans Waschbecken und schaute in den kleinen Spiegel. Das Rauchglas und die rissige Silberschicht verwehrten ihr ein getreues Bild. Sie schaltete das Licht ein und blickte in ein verschattetes Gesicht. Sie war gealtert. Sie war zu einer elenden alten Frau geworden. Die Verzweiflung machte sie elend. Die Angst hatte sie korrumpiert. Sie war auch nur eine von den Dummen.

Mit müden Augen kehrte sie an den Tisch zurück. Franz lächelte. Franz war die einzige Hoffnung. Franz war der Retter. Sie würde ihr Leben lang in seiner Schuld stehen, ganz gleich, wie kurz oder lang es sein würde.

»Sie waren hier«, sagte sie. »Franz, sie wollten sie abholen. Sie wollten sie mitnehmen.«

»Es gibt eine Möglichkeit«, sagte Franz. »Es gibt ein Land ...«

»Selbst nachts sind wir draußen nicht mehr sicher«, redete Ally weiter. »Sie würden sie mir aus den Armen reißen.«

»Kuba«, sagte Franz.

»Kuba? Nach Kuba gehen? Was redest du da?«, sagte Ally.

»Ich habe schon die Einreiseerlaubnis für sie besorgt, beim kubanischen Arbeitsministerium. Damit habe ich für Lilith einen Reisepass beantragt. Der wird in ein paar Wochen fertig sein.«

»So mir nichts, dir nichts? So einfach ist das? Ich hatte gedacht, vielleicht England.«

»Auf eine karibische Insel«, sagte Franz und versuchte, sie zu besänftigen. »Da ist es sicher.«

Das Meer wäre die Grenze, die Festungsmauer. Das Meer war unbezwingbar.

»Nach dem, was heute passiert ist und was Sie im Januar erlebt haben …« Der Professor stockte mit dem Gefühl, etwas Unpassendes zu sagen.

Alle waren still. Dann wandte sich Franz an das Ehepaar Herzog. »Sie würden in Hamburg an Bord gehen. Die Überfahrt dauert zwei Wochen. Sie werden es an Bord bequem haben, Erste-Klasse-Kabine …« Seine Stimme verebbte.

»Ein kubanisches Schiff?«, fragte Albert.

Franz ließ sich mit der Antwort ein paar Sekunden Zeit. Er schaute reihum in die Gesichter. »Ein Schiff unter deutscher Flagge, aber das ist kein Grund zur Sorge.«

»Wie kommst du auf die Idee, dass sie auf einem deutschen Schiff sicher sein werden?«, fragte der Professor. »Welches Interesse sollten die haben, sie in Sicherheit zu bringen?«

Keine Antwort, nur Schweigen. Ally überkam das Gefühl der Resignation.

Es stand bereits fest, wann das Schiff auslaufen würde. An einem Samstag in drei Monaten, am Abend des 13. Mai.

»Zwei Monate nach Liliths achtem Geburtstag«, sagte Ally und stand auf.

Ihr zitterten die Hände. Sie nahm die Suppenterrine und trug sie vom Tisch weg. »Sobald ihr auf dem offenen Meer seid, wird es kalt sein. Lilith wird ihren Wintermantel brauchen.«

Beatrice half ihr beim Abräumen. Sie stellte die Teller äußerst behutsam ineinander. Sie wechselten kein Wort. Sie folgte Ally in die Küche, wo sie mechanisch Geschirr, Besteck und Gläser abwusch. Ally hielt inne, um Beatrice zu betrachten, und sah sich selbst in ihr. Würde sie wie Beatrice ohne ihr Kind überleben? Würde sie jeden Tag aufwachen und die Minuten bis zum Abendessen zählen, den Tisch abräumen und zu Bett gehen, um am nächsten Tag wieder aufzustehen? Es gab kein Gestern, Heute oder Morgen. Ihr Königreich begann ihr zu entgleiten.

Als sie Beatrices Skepsis sah, nahm sie ihre Hände. Sie waren kalt und feucht. »Franz hilft uns. Sie können ihm vertrauen. Er ist ein guter Mensch, Beatrice. Es gibt noch ein paar anständige Deutsche.«

Beatrice nickte, sah aber weiter zu Boden.

Ally ging zurück ins Esszimmer. Beatrice folgte ihr mit einem starren Lächeln. Der Professor verabschiedete sich von dem Ehepaar Herzog. Ally begleitete ihn in den Flur. Sie umarmte und küsste den alten Mann, als wäre es das letzte Mal. Er ging mit gesenktem Kopf in seine Wohnung zurück.

Als Ally ins Esszimmer kam, standen die Herzogs auf. Beatrice drehte sich zu ihr und umarmte sie. »Paul. Er hieß Paul«, flüsterte sie ihr ins Ohr. Ihre Augen hellten sich auf, nachdem sie von ihrem Sohn gesprochen hatte, und sie nahm ihren Mann beim Arm.

Sowie die Nachbarn gegangen waren, eilte Ally in Liliths Zimmer wie jemand, der fürchtet, das Kostbarste verloren zu haben, und der alles danach absuchen will. Lilith war da, sie war bei Licht eingeschlafen.

Mit dem tröstenden Wissen, dass ihre Tochter nebenan lag, begab sie sich wieder ins Wohnzimmer, wo Franz sich auf dem Sofa niedergelassen hatte. Nun allein mit ihm, setzte Ally sich ans andere Ende, weit weg von ihm. Sie schloss die Augen, und verloren in den Kissen und der preußischblauen Decke, die einmal ihrer Mutter gehört hatte, versuchte sie, sich zu erinnern, wann der Schmerz über Marcus' Verlust nachgelassen hatte, versuchte abzuschätzen, wann sie darüber hinwegkommen würde, dass sie ihre einzige Tochter weggeschickt hatte. Die kühne junge Frau, die an der Düssel mit einem Mann entlangspaziert war, mit dem sie durchgebrannt wäre, den sie vor allen Leuten umarmt und geküsst hätte, war nun nur noch ein Phantom.

Franz schaltete die Lampe aus und begann behutsam, Ally auszuziehen. *Ich sollte dankbar sein*, schoss es ihr durch den Kopf. *Freundlichkeit mit Freundlichkeit vergelten.*

Der Gedanke, dass er sie attraktiv fand, sie auf seine Weise liebte, verschaffte ihr einen gewissen Genuss. Sie ließ sich von seinen Liebkosungen, seinen Küssen fortreißen. Sobald er sich an sie drückte, floh ihr Verstand zu anderen Orten. Sie sah sich mitten im Ozean ziellos im Dunkeln treiben. Im trüben Wasser konnte sie Marcus und Lilith vergessen. Das war der einzige Augenblick, da sie aufhörte zu existieren, und in diesem flüchtigen Moment war sie glücklich.

9

Einen Monat später
Berlin, März 1939

Ein Kuchen mit acht weißen Kerzen.

Die Herzogs, Franz, der Professor und Ally hatten sich vor dem ovalen Tisch versammelt und sahen Lilith an. Sie stand mit ihrer Stoffpuppe im Arm auf der anderen Seite, den Blick auf die Kerzen gerichtet, und wartete darauf, dass sie angezündet wurden. Im Zimmer war es dunkel.

Ihr Blick fiel auf einen kleinen rosa Briefumschlag ohne Beschriftung.

»Wenn ich die Kerzen ausblase, darf ich mir noch mal etwas wünschen?«, fragte Lilith gedankenversunken.

Bisher hatten sich ihre Wünsche nie erfüllt, aber sie musste es ein letztes Mal versuchen.

Da lag auch eine indigoblaue Schachtel, die in ihre Faust passte.

»Natürlich darfst du«, sagte Beatrice. »Wünsch dir hundertzwanzig glückliche Jahre.«

»Oder diesmal vielleicht etwas Erfüllbares«, riet der Professor. »Wünsch dir nicht den Mond, denn den müsstest du mit allen anderen teilen. Wie könnte man hoffen, dass er nur für einen allein scheint?«

»Wie wär's dann mit einem Hund? Das ist einfach, oder?«, fragte Lilith.

»Welche Rasse? Ein Deutscher Schäferhund?«, schlug der Professor vor.

»Warum sollte sie einen deutschen Hund haben wollen?«, fragte Albert. »Eine Katze wäre besser, irgendeine alte Katze.«

»Oh ja, das ist eine gute Idee.« Der Professor spielte mit. »Katzen machen weniger Lärm und sind nicht so anstrengend. Man kann sie allein lassen. Sie brauchen nicht ständig jemanden um sich.«

»Ich möchte eine Katze sein«, sagte Lilith.

»Keine schlechte Idee. Wir sollten uns alle in Katzen verwandeln! Komm, Ally. Von jetzt an sind wir alle Katzen. Lasst uns die Augen schließen und es uns wünschen.«

Ally hatte den ganzen Abend noch kein Wort gesagt, als versuchte sie bereits, ihre Tochter an das Leben ohne sie zu gewöhnen.

Die sechs standen noch eine Weile im Dunkeln und starrten auf die ausgeblasenen Kerzen und die Rauchfäden. Plötzlich klingelte das Telefon. Seit geraumer Zeit hatte niemand mehr angerufen. Ally reagierte nicht. Beatrice bekam Angst. Alle erstarrten und rührten sich nicht, bis das Klingeln aufhörte, so als hätten sie das Geräusch aus einer anderen Wohnung gehört.

Nachdem Lilith die Kerzen ausgeblasen hatte, nahm sie Franz bei der Hand und zog ihn aus dem Zimmer. Im Flur blickte sie zu ihm hoch und in seine Augen.

»Du brauchst dir keine Sorgen zu machen«, versprach er und strich ihr ein paar widerspenstige Locken aus der Stirn.

»Ich will meinen Reisepass sehen.«

»Deine Mutter hat ihn. Sie wird ihn Albert geben.«

»Zeig ihn mir«, verlangte sie.

»Also gut. Gehen wir wieder rein und fragen deine Mutter.«

»Nein. Geh ihn holen, und zeig ihn mir, bitte.«

Franz schaute sie überrascht an und ging zurück ins Wohnzimmer. Die Lampe tauchte den Flur in aschgraues Licht. Lilith wartete auf Franz, als lebte sie schon in einer anderen Welt. Sie fühlte sich völlig allein.

An ihrem achten Geburtstag hatte sich Lilith wie neugeboren fühlen wollen. Aber das Abschiednehmen hatte begonnen. Nur so würde ihre Mutter wieder ruhig atmen können. Lilith verstand, dass sie sich nicht ewig verstecken konnten. Sie hatte eingewilligt, sich untersuchen und prüfen zu lassen, weil sie sich nicht mit ihrer Mutter und Opa streiten wollte. Schon als sie sieben geworden war, hatte sie gewusst, welches Schicksal auf sie wartete. Ihr erster Tod nahm seinen Anfang. Hatte ihre Mutter nicht ein Gedicht geschrieben, dass man nur geboren wurde, um viele Male zu sterben? Wie eine Katze mit ihren sieben Leben. Lilith wäre gern schlafen gegangen und als Katze aufgewacht.

Sie hatte nie verstanden, warum sie kein Land finden konnten, wo man sie alle aufnehmen würde. Mit ihrer Mutter, Franz und Opa könnte sie ein neues Leben anfangen, weit weg von der deutschen Vorstellung von Perfektion. Sie würden eine neue Sprache erlernen oder so viele wie nötig und könnten sogar ihre eigene vergessen, wenn sie wollten. Wozu bräuchten sie noch die deutsche? Lilith konnte bereits den Namen ihres Helden Owens richtig aussprechen, nämlich ohne W, anders als die Leute, die ihn im Olympiastadion bejubelt hatten.

Lilith sei nun keine Keller mehr, sondern gehöre einem anderen Volksstamm an, hatte der Professor ihr erklärt. Über Nacht war sie eine Herzog geworden. Sie war keine christliche Afrodeutsche mehr, sie war eine Jüdin. Welche der beiden Sünden würde härtere Strafen nach sich ziehen?

Sie würde auf einer Insel leben, mit einer neuen Identität und einer neuen Familie. Sie würde eine neue Sprache erlernen, zu einer anderen Kultur gehören und die Vergangenheit auslöschen. Für Lilith gab es kein Morgen mehr, und in dieser Nacht begann sie damit, einen geheimen Plan zu entwerfen. Sie wollte ihn nicht einmal träumen, damit er nicht zerstört werden konnte. Schon ein achtloses Wort konnte sie verraten.

»Da hast du ihn.« Franz unterbrach ihre Gedanken und reichte ihr den Reisepass mit dem Hakenkreuz unter dem heiligen Adler.

Sie klappte ihn vorsichtig auf, als wäre er ein Scheindokument, dessen Tinte verschwand, wenn sie mit den Fingern darüberstrich. In dem Foto auf dem grünlichen Papier erkannte sie sich nicht. Sie las das Datum, den Namen der Stadt und des Staates, in dem sie zur Welt gekommen war, und schließlich ihren Namen: *Lilith Herzog*. Darunter war ein großer roter Buchstabe eingestempelt: *J*.

Als sie Franz den Pass zurückgab und ihn umarmte, lächelte sie so breit wie das Mädchen auf dem Foto. Das war die Bestätigung: Die drei Kommissionsärzte hatten entschieden, dass sie einer unterlegenen Rasse angehörte.

»Mein kleines Licht«, murmelte Franz.

»Jetzt können wir Kuchen essen«, sagte Lilith und ging zurück ins Wohnzimmer.

Sie nahm einen Teller und legte ein kleines Stück Buttercremetorte darauf, fand aber, es schmecke nach nichts.

Schließlich war es Zeit, die Geschenke auszupacken. Das erwarteten sie von ihr. Lieber hätte sie all das allein getan, damit sie nicht lächeln, keine freudigen Gesten machen, sich nicht mit Umarmungen und Küsschen bedanken musste.

Sie nahm die indigoblaue Schachtel in die Hand und brauchte einen Moment, um sie zu öffnen. Alle Blicke waren auf sie gerichtet. Darin lag eine goldene Kette mit einem Kreuz, das in der Mitte mit einem Rubin besetzt war. Auf der Rückseite war ihr Name eingraviert: *Lilith Keller*. Das war das Geschenk von Opa.

»Damit du nie vergisst, wer du bist.«

»Manchmal ist es besser zu vergessen«, warf Ally ein.

»Das sollte sie am Tag unserer Abreise besser nicht tragen«, sagte Albert. »Oder wenn wir in Kuba sind …«

»Sie kann es im Koffer lassen«, stimmte der Professor zu. »Das wird dein Glücksbringer sein«, sagte er zu Lilith.

Sie legte die Kette zurück in die Schachtel und öffnete den rosa Briefumschlag. Darin lag ein Gedicht. Es hieß: *Die Nachtreisende*. Sie faltete das Blatt Papier wieder zusammen und schob es in den Umschlag. Sie steckte beide Geschenke in die Tasche ihres Kleides.

Dann ging sie zu ihrer Mutter, umarmte sie und gab ihr einen Kuss.

»Ich werde es lesen, wenn ich schlafen gehe«, flüsterte sie ihr ins Ohr.

Ally beschäftigte sich damit, immer wieder in die Küche zu gehen. Dabei wich sie Beatrices Blick aus. Die Frau wirkte verloren.

Ja, Tag und Stunde des Verlustes stehen schon fest, dachte Ally.

Ally und Beatrice räumten den Tisch ab und wuschen in der Küche ab. Lilith setzte sich zum Professor aufs Sofa. Albert verabschiedete sich und kehrte in seine Wohnung zurück.

»Wir sollten noch einen Spaziergang machen«, sagte Ally zu Franz und zog sich den Mantel an.

»Was ist mit Lilith?«

»Sie ist mit Opa beschäftigt. Sie werden über Gott weiß was diskutieren.«

Sie gingen mit Beatrice zusammen die Treppe hinunter, und Ally verabschiedete sich von ihr.

»Ich werde Ihnen ewig dankbar sein«, sagte sie.

»Franz sollten Sie danken. Er hat uns das ermöglicht«, erwiderte Beatrice.

Sie betrat ihre Wohnung, den Blick auf die Mesusa gerichtet, aber Ally sah, dass sie sie diesmal nicht mit dem Finger berührte. Nichts und niemand konnte sie beschützen. Sie verlor gerade ihr Zuhause.

»Ich brauche frische Luft.« Ally zog die Haustür auf.

Eine Rauchwolke hing unter dem Berliner Himmel. Die Luft war geschwängert mit Schießpulver, Asche, Leder und Metall. Die Straßen waren noch von Glasscherben übersät. Ally hängte sich bei Franz ein. Neben ihm fühlte sie sich frei. *Letzten Endes bin ich mein eigener Feind*, sagte sie sich. Es war ihre eigene Entscheidung gewesen, ihre Tochter mit zwei fremden Menschen auf eine Karibikinsel zu schicken und zu hoffen, dass sie sich um sie kümmern würden.

Mit gesenktem Blick überquerten sie die Oranienburger Straße, die sich in dichten Nebel hüllte. Der Rauch war ewig, als ob das Feuer, das ein majestätisches Gebäude an der Straße vernichtet hatte, sich weigerte zu erlöschen. Ally hatte plötzlich den Eindruck, die ganze Stadt läge in Trümmern, würde belagert, stünde im Krieg. Sie plante ihren Abschied, der einer Kapitulation glich. Ihre Tochter war unter dem Himmel Berlins zur Welt gekommen, und sie hatte sie unter den Bäumen des Tiergartens verborgen. Die Nacht hatte immer ihr gehört; nun gehörte sie ihr nicht mehr.

»Meinst du, wir sollten zurückgehen?«, fragte Franz zärtlich.

»Zurückgehen? Wie weit denn?«, antwortete Ally traurig lächelnd.

Plötzlich verspürte sie den Drang, zu seiner Mutter nach Weißensee zu fahren, die standhafte Witwe zu besuchen. Sie würde Frau Bouhler sagen, dass ihr Sohn in Sicherheit sei, dass seine Freundin dabei wäre, sich ihres Fehltritts zu entledigen, dass ihr Sohn nicht mehr zu fürchten brauche, man könnte ihn der Universität verweisen oder ablehnen oder auf die andere Seite verbannen, denn Lilith würde es nicht mehr geben. An dem Abend, als sie Maria Bouhler zum ersten Mal mit Franz besuchte, hatte Ally die Freude in ihrem Gesicht gesehen. Seine Mutter akzeptierte sie, sowie sie deren Wohnzimmer mit den dunklen Möbeln betrat. Ihr Sohn hatte sich in eine Arierin verliebt, die dem Führer heroische Soldaten gebären würde.

Während sie an jenem Abend zusammen aßen, leuchteten ihre Augen, weil ihr Sohn bei ihr war. Sie erzählte davon, dass sie zusammen im Sportpalast gewesen seien und zum ersten Mal den Mann persönlich erlebt hätten, der Deutschland aus dem Elend ziehen, der es retten würde. Ein Moment in seiner Gegenwart, und man sei wie verwandelt, sagte sie. Er habe sie angesprochen, ihr in die Augen geblickt wie ein lieber Freund, der zu Besuch gekommen sei, als ob ihr Gewissen zu ihr spräche, als ob ein anderer ihre ureigenen Gedanken ausspräche. Frau Bouhler konnte sich erinnern, was sie an dem Tag getragen hatte. Ja, es sei kalt gewesen, aber ihr sei sofort warm geworden. Sie hätten stundenlang gewartet bei Jubelrufen und Märschen. Es sei ein bewegender Abend gewesen. Seine erste Rede als Kanzler, ein unvergesslicher Moment der Geschichte. Wahre Deutsche, jene, die ihn gewählt hatten, das Volk, hätten an dem Tag dem Führer zugehört.

Frau Bouhler konnte sogar etwas aus der Rede wiedergeben: *Es gab eine Zeit, als der Deutsche nur auf seine Vergangenheit stolz sein konnte, als die Gegenwart nichts als Scham hervorbrachte.* »Sehen Sie, Fräulein Keller? Hatte er nicht recht? Heute können wir stolz sein auf das neue Deutschland, und mein Sohn trägt dazu bei.«

Ally hob ein Stückchen Brot zum Mund und konzentrierte sich darauf, die Zutaten herauszuschmecken: Mehl, Fett, Hefe. Es war ein bisschen zu viel Hefe verwendet worden. Sie versuchte, sich zu erinnern, wo sie an jenem 10. Februar 1933 gewesen war, welches Kleid sie getragen hatte. Wahrscheinlich hatte sie Lilith etwas vorgelesen, vermutlich ein Märchen, in dem Elfen und Zauberwälder vorkamen. In dem man in die

Lüfte aufsteigen und davonfliegen konnte. Aber sie erinnerte sich nicht. Ihr Gedächtnis lag im Nebel.

Frau Bouhler dagegen konnte sich an jeden Augenblick erinnern. Sie sah sich inmitten der Euphorie mit Tausenden ekstatischer Menschen im Sportpalast, wo sie an seinen Lippen gehangen, jede Geste verfolgt hatte. In jeder seiner Atempausen hätten die Menschen gejubelt. Sobald er innehielt, hätten alle den Arm gereckt und »Heil!« geschrien. Auf der Bühne sei eine blutrote Fahne mit weißem Kreis und schwarzem Hakenkreuz aufgespannt gewesen. Das Volk werde beschützt von den Soldaten, die zum Volk gehörten, und er habe versprochen, dass es nie wieder Teilungen geben werde, dass sie nie wieder etwas zu fürchten hätten. Dass ihnen niemand die Kinder wegnehmen, ihr Geschäft übernehmen, ihnen das Vermögen stehlen werde. Dass der Hunger ein Ende haben werde und jeder sich ein Haus bauen könne. Dass Frauen die Freiheit hätten, aus ihrem reinen, gesunden Schoß die beste Frucht hervorzubringen.

»Vorher habe ich mich nie für Politik interessiert, habe nie an einer Wahlkampfveranstaltung oder einer Demonstration teilgenommen, habe nie die Rede eines Führers zur Gänze gehört. Wenn ich noch jung wäre«, sagte sie, »wenn ich noch mal von vorn anfangen könnte …« Sie ließ den Satz unvollendet, während ihre Augen feucht wurden. Aber wenigstens habe sie ihren Sohn. Das sei eine großartige Chance für eine ganze Generation.

»Ich träume davon, dass mein Sohn in die Fußstapfen seines Vaters treten wird«, sagte Frau Bouhler. »Ich träume davon, dass er ein mutiger Soldat wird, ein ehrenhaftes Mitglied der Partei. Das ist das Mindeste, was wir für den Mann tun können, der Deutschland gerettet hat.« So redete sie, und Franz nahm Allys Hand.

Er hatte wohl bemerkt, dass sie sehr weit weg war. In dem Moment stellte Ally sich vor, sie läge neben Marcus, damals, als sie nicht zu reden brauchten, um sich zu verstehen – nur eine Berührung, ein Lächeln genügten. *Marcus?*, rief sie im Stillen. Wie wäre ihr Leben mit ihm verlaufen? Wenn sie die Erlaubnis bekommen hätten, mit einem Visum auszureisen? Doch es gab für sie beide keine Ausreise. Sie waren verloren. Nur für Juden gab es Flüchtlingsquoten. Nur Juden bekamen die Ausreiseerlaubnis, und es gab nur wenige Länder, die sie aufnahmen.

»Ich liebe dich, Ally.« Franz' Stimme holte sie in die Gegenwart zurück.

Ally sah ihn liebevoll an. Hatte er gerade zum ersten Mal gesagt, dass er sie liebte?

»Ich liebe dich auch. Wie könnte ich nicht?«

Sie bewunderte den jungen Mann, der es wagte, sich mit einer Frau mit einem Mischlingskind zu treffen. Aber sie war überzeugt, dass er mit ihr keine Zukunft hätte, und sie hatte keine Zukunft ohne ihre Tochter.

In zwei Monaten würde sie in Jasminwasser baden, nahm sich Ally vor, damit der Duft ihr in Erinnerung bliebe. Immer wieder stellte sie sich den Tag der Abreise vor. Sie würden mit zwei Autos fahren, die Herzogs und Lilith in einem, sie und der Professor in dem anderen. Sie würden Lilith aus dem Auto aussteigen sehen. Sie würde sich zu ihr umdrehen und ihr zulächeln. So würde sie ihre Tochter zum letzten Mal sehen, an Beatrice Herzogs Hand, und in der anderen würde Lilith den kleinen Koffer tragen, der fast über den Boden schleifte, darin alles, was sie für die Überfahrt brauchte: die Kette mit dem Kreuz, das Gedicht ihrer Mutter und die Stoffpuppe Nadine.

Wenn der Moment gekommen wäre, an Bord zu gehen, würde Ally von Gefühlen überwältigt und vom Auto zu ihrer Tochter rennen, weil sie es doch nicht fertigbrachte, sie zu verlassen. Lilith wäre wieder glücklich und dankbar. Sie würden den Pass, der sie zu einer Herzog machte, zerreißen und ins

Meer werfen. Ja, sie würden Beatrice Lebewohl sagen, sie umarmen und küssen. Albert wäre schon an Deck. Beatrice würde für einen Moment zögern. Sollte sie gehen oder hierbleiben, bei den sterblichen Überresten ihres Sohnes?

Ally und Lilith würden zum Auto zurückkehren. Sie würden sich nach hinten setzen zum Professor. Sie wären wieder eine Familie, wären dem Schrecken entronnen. Sie würden in einen Zug steigen, Flüsse und Gebirge überqueren, fern von dem Land, in dem sie einmal gelebt hatten. Wenn möglich, würden sie den Ärmelkanal überqueren, sich durch das Meer befreien.

Aber das Mädchen in dieser Geschichte hatte nicht Liliths Gesicht. Und der alte Mann war nicht der Professor. Es gab keine Züge. Ally war nur eine Fremde unter vielen.

Man träumt von Freiheit, wie man von Gott träumt, sagte sie sich. Von Gott zu träumen verführt uns zu glauben, wir könnten das Unerträgliche ertragen.

Doch Träume und Gott waren für sie bedeutungslos geworden. Ihre Tochter würde fortreisen. Das Schiff würde vom Kai ablegen. Sie selbst würde in dem Wagen mit dem Professor nach Berlin zurückfahren. Es würde keine Umarmungen und Küsse geben. Niemand würde eine Träne vergießen.

10

Zwei Monate später
Hamburg, Mai 1939

Nacht. Neben der Gangway drei Beamte hinter einem Tisch unter grellen Lampen. Albert Herzog händigte seine Dokumente aus, eines nach dem andern: Pass, kubanische Einreiseerlaubnis, Gepäckschein, Fahrkarten, die dreißig Reichsmark. Im grellen Lampenschein sahen seine Brauen buschig aus, seine Augen fast verloren. Es war unmöglich zu sagen, ob sie feucht von Tränen waren. Lilith hatte die Kette und die Stoffpuppe bei sich. Niemand fragte nach dem Gedicht, das sie sich in die rechte Manteltasche gesteckt hatte. In Kuba würde sie den Mantel nicht brauchen, da war sie sich sicher. Für Lilith steckte Leben in dem Gedicht, ein schlagendes Herz. Sie spürte es durch den Wollstoff.

Niemand achtete auf ihre Hautfarbe. *Nachts haben wir alle dieselbe Farbe*, sagte sie sich, um ruhig zu bleiben. Sie wusste, dass ihre Angst sie verraten könnte. Das Hier und Jetzt könnte sich durch ein kleines Fehlverhalten auflösen. Und dann wäre ihr Schicksal besiegelt. Da ihre Haare hinter dem Kopf zusammengebunden und unter einer schwarzen Wollmütze verschwunden waren, wurde keiner der Beamten argwöhnisch. Lilith hatte sich immer bemüht, nicht aufzufallen. Sie war eine Herzog, in ihren Pass war das »J« hineingestempelt.

Sie sang oder vielmehr summte eine Melodie, die die anderen nicht hören konnten, und nahm Beatrices kalte Hand. Die fühlte sich zerbrochen an, als wären alle Knochen darin zersplittert. Sie schaute an ihr hoch und sah, dass sich Beatrices Hals mit roten Flecken überzog. *Sie wird zusammenbrechen*, dachte sie. *Sie wird weinen. Sie wird in Ohnmacht fallen.*

»Mami.« Es war das erste Mal, dass sie sie so nannte. »Wann dürfen wir in unsere Kabine?«

Lilith wollte klingen wie ein braves kleines Mädchen mit guten Manieren. Ein süßes kleines Mädchen, das gerade lesen gelernt hatte. Sie trug ihre Stoffpuppe – weiß, blond, blaues Kleid – im Arm. Frau Herzog hörte sie nicht. Sie war starr vor Angst.

»Das ist das größte Schiff, das ich je gesehen habe«, plapperte Lilith weiter.

Der Mann mit den transparenten Augen gab Albert die Pässe zurück, ohne die Frau und das Mädchen zu beachten. Die waren sein Schatten. Manchmal machte Angst unsichtbar. Sie war eine Art, sich auszulöschen. Doch ein achtloser Fehler, und die Beamten würden sie anhalten.

Sie mussten vorangehen, sich von den forschenden Augen der drei Männer entfernen. Lilith zählte die Stufen der Gangway, eine nach der anderen. Noch immer waren die Beamten nicht auf sie aufmerksam geworden. Lilith folgte Beatrice. Die Offiziellen hörten ihre Stimme, ihre deutsche Aussprache, ihre verständige Ausdrucksweise. Ein Fehler! Sie sollte einen Grammatikfehler machen, reden wie ein dummes kleines Mädchen, um keinen Verdacht zu erregen. Ja, alle Blicke waren auf sie gerichtet.

»Eine Stufe, zwei Stufen, bis ganz nach oben!«, sang Lilith. *Welchen Vers würde der Professor in solch einem Moment zitieren?*, überlegte sie.

Sie war im Begriff, die Trennlinie zu überschreiten, ewig und veränderlich, und plötzlich hatte sie das Gefühl, verfolgt zu werden. Sie konnte nicht ausmachen, wer hinter ihnen war. Aber zweifellos konnten sie einen Rheinlandbastard erkennen, einen dreckigen Mischling, vielleicht an ihrem Gang oder ihren Eigenarten. Die Beamten würden sie entdecken, die Betrügerin, die Schwarze. Das Licht war noch spärlich. Lilith schirmte sich im Dunkeln ab. Unsichtbar erreichte sie das Ende der Gangway.

Ihr Herz klopfte ohrenbetäubend und schnell. Ringsherum könnte jeder ihre Angst spüren, die Farbe ihrer Haut, ihre verfluchten Haare unter der Wollmütze sehen, die so schwarz war, dass ihre Haut dadurch heller erschien. Auch dieses Detail hatten ihre Retter bedacht, die entschieden hatten, sie hinaus in den Abgrund zu schicken. Letztendlich war die Maskierung nicht genug. Jeder Aufmerksame, der innehielte, um sie anzuschauen, hätte sofort erkannt, dass sie keine Herzog war. Beatrices gequälte Augen, Alberts Widerstreben und die Distanziertheit zwischen Lilith und ihren angeblichen Eltern hätten den Beamten als Beweis genügt.

Wenn die Insel unter einer endlosen Sonne liegt, werde ich meinen wahren Schatten dort finden, dachte Lilith. Sie würde sich einen großen Baum suchen und sich für immer darin einnisten.

Als sie oben ankam und den Fuß an Deck setzte, drehte sie sich um und stieß gegen den Kapitän. Der elegante Mann in Schwarz und Weiß lüftete seine Mütze und verbeugte sich vor ihr. Er war anders als der Captain Hook in ihrer Gutenachtgeschichte über *Peter Pan*, die ihre Mutter und Opa ihr erzählt hatten. Dieser Kapitän entführte keine verirrten Kinder und band keine Prinzessinnen an Felsen in der Lagune oder warf sie über Bord ins Meer.

»Willkommen auf der *St. Louis*«, sagte der Kapitän ohne Hakenhand.

Lilith seufzte und erkannte den Feind. Die Beamten saßen noch an ihrem Kontrolltisch und stempelten das rote »J« in die Pässe wie eine unauslöschliche Narbe. Andere Familien kamen an Bord.

»Mami?«, wollte sie rufen, als sie in den Hafen schaute. Die anderen waren da unten, verloren in ewiger Verlassenheit. Sie beobachtete die Menschen, die auf dem Kai Abschied nahmen und vorsichtig winkten, überzeugt, dass niemand sie sah, überzeugt, dass sie schon gelöscht waren aus dem Gedächtnis derer, die sie retteten, die mit dem Überseedampfer zu der gelobten Insel flüchteten.

Gestern Abend hatte sie zwischen ihrer Mutter und Opa auf dem Sofa gesessen, und sie hatten alle drei in die Asche im Kamin gestarrt.

»Wir werden uns wiedersehen«, hatte Opa mit schwankender Stimme gesagt. »Irgendwo auf der Welt.«

Lilith hatte das Gefühl, dass sie ihn nicht wiedersehen würde, dass dies ihr letzter gemeinsamer Abend war. Sie drückte ihn fest, um ihn zu trösten.

»Meine Kleine«, hatte er gesagt, als Ally zu weinen anfing.

»Mami ...« Lilith war still geworden. Sie hatte nicht die Kraft gehabt, die beiden noch länger zu trösten. Ihre Lippen begannen zu zittern. Sie fror, sie hatte Angst.

In der Nacht hatte sie nicht geschlafen. Sie würde erst wieder schlafen, wenn das Schiff auf hoher See war.

Sie öffnete die Augen und sah, dass sie an der Reling stand. Unten verloren sich Männer und Frauen zwischen winkenden Armen. *Sie sagen mir Lebewohl*, dachte sie. Lilith winkte noch ein letztes Mal mit der rechten Hand, aber nun war sie es, die sich zwischen anderen verlor. Sie ging unter in der Menschenmenge an Deck. Sie winkte heftig und hoffte verzweifelt, ihre Mutter würde sie sehen.

Sie war allein. Die Herzogs hatten sie alleingelassen. Es war Zeit, ihren Plan umzusetzen. Niemand würde ein kleines Mädchen bemerken. Alle waren damit beschäftigt, Abschied zu nehmen von denen, die sie verloren hatten. Sie ging nach Steuerbord, wo sich weniger Passagiere aufhielten. Dort würde sie abseits der Rettungsboote eine Stelle finden. Die Arme hochgestreckt, würde sie im Takt ihres Herzens bis zehn zählen und sich hinaus ins Leere stürzen. Die Kraft des Falls würde sie tief ins Wasser befördern, dorthin, wo es am dunkelsten war. Sie würde nach und nach alle Luft aus ihrer Lunge lassen und mit dem Rhythmus der Luftblasen aufsteigen. Sie würde zum Kai schwimmen, den Kontrollpunkt meiden, wo einige Passagiere noch darauf warteten, registriert zu werden. Sie würde Atem schöpfen und auf den Startschuss warten, mit dem der wichtigste Lauf ihres Lebens begänne. Wie Jesse würde sie an ihren Startblock treten, sich bereit machen und losrennen, zuerst die Stirn vorstoßen, dann die Schultern und Brust, und mit dem Wind im Rücken würde sie rennen und nicht zurückblicken, um nicht zur Salzsäule zu erstarren. Das einzige Problem war, sie konnte nicht schwimmen. Sie müsste sich in die Unendlichkeit sinken lassen, mit dem Rücken zur Wasseroberfläche in die Tiefe, wo nicht einmal das Mondlicht hinreichte.

Ihre Mutter wäre inzwischen ein Punkt in der Ferne, so weit weg wie ihr Leben in Berlin. Für ihre Mutter war der schwarzweiß-rote Überseedampfer eine riesige Totenstadt. Es gab ein Davor und ein Danach. In Grabsteine wurden zwei Daten gemeißelt, die Grenzen, die die Größe des Grabes bestimmten: der Tag der Geburt und der Tag des Todes. Alles passierte in diesem Zeitraum. Die Notwendigkeit, den Schmerz eines anderen zu schultern, um den eigenen abzuwehren, war sehr real. *Es gibt immer jemanden, dem es schlechter geht als einem selbst*, sagte sie sich. *Liebe wächst mit der Entfernung.* Etwas anderes als Plattitüden fiel ihr nicht mehr ein.

Lilith konnte sich an den Abschied nicht erinnern, oder daran, ob es überhaupt einen gegeben hatte. Für sie hatte die letzte Begegnung mit ihrer Mutter im Bett stattgefunden, als sie zusammen Gutenachtgeschichten lasen. Warum sollte sie sich erinnern wollen, wie sie weinend im Hafen stand oder auf der Couch saß? Die Gesichter ihrer Mutter und ihres Opas verblassten bereits.

Anstatt ins Meer zu springen, lief Lilith in eine andere Tiefe: hinunter zu den Kabinen. Sie schob sich an Leuten vorbei, deren Blick noch auf den Hafen geheftet war. Sie sah, dass der Himmel leer war. Die Wolken, Sterne, sogar der Mond hatte sie verlassen.

»Nun sind es nur noch wir beide, ich und die Nacht.«

Ihre Worte versanken langsam im Fluss.

In ihrer Kabine hörten sie das lange Tuten des Schiffshorns, das die Abfahrt zur größten Insel der Karibik anzeigte. Sie stiegen in ihr Bett und hielten sich bei den Händen. Als Lilith aus dem Bullauge schaute, roch sie Jasmin. Ihr wurde schwindlig. Das Schiff entfernte sich langsam vom Kai. Bald würde der Hafen in der Ferne schrumpfen. Eine Weile würden sie einem Fluss folgen, wie sie wusste, dann aufs Meer hinausfahren und schließlich auf den Ozean.

»Von der Elbe in die Nordsee«, sagte sie laut und stellte sich ihren Opa als Kind vor, wie er in den Dünen am Ufer eines endlosen Meeres Ferien machte.

Draußen in der Nordsee schlugen die Wellen gegen den Schiffsrumpf, und die Gischt klatschte aufs Deck. Lilith schaute zum Himmel hoch und konnte einen Stern sehen. Sie kniff die Augen zu wie am Ende eines Bühnenstücks, wenn der Vorhang unter seinem eigenen Gewicht auf die Bühne fiel. Sie war gerettet.

Sie war die Nacht.

ZWEITER TEIL

11

Drei Jahre später
Havanna, November 1942

»Sie sind hier, sie sind überall!«, hörte Lilith Beatrice sagen, als sie die Treppe hinunterging. »Wo sollen wir uns bloß verstecken?«

»Sie haben ihn schon erschossen. Uns wird nichts passieren.« Albert klang unerschütterlich.

Als Lilith in die Küche trat, lächelten beide sie an und schalteten das Radio aus.

»Sie haben den Nazi-Spion erschossen«, sagte Lilith, um ihnen zu zeigen, dass sie wusste, worüber sie gesprochen hatten. »Ich habe es in den Nachrichten gehört. Präsident Batista hat eine Begnadigung abgelehnt.«

»Wir sind von deutschen U-Booten umgeben ...« Beatrice zitterte. »Wie viele Spione lauern noch da draußen?«

»Sie werden sie alle finden«, beharrte Albert.

»Warum hat er sich mit uns abgegeben?«, fragte Beatrice. »Enrique ...«

»Er hieß August«, korrigierte Lilith sie. »Ich fand es immer komisch, dass er sich jedes Mal umgedreht und uns angestarrt hat, wenn wir Deutsch geredet haben. Ein Nazi-Spion ...«

August Luning hatte häufiger bei ihnen im Stoffgeschäft eingekauft. Manchmal war er geblieben und hatte bei einem Kaffee in akzentfreiem Englisch mit ihnen geplaudert. Albert und Beatrice Herzog sprachen nur sehr wenig Spanisch. Luning hatte erzählt, er stamme eigentlich aus Honduras, habe einige Jahre in Spanien verbracht und das Land verlassen, um in Kuba ein Unternehmen zu gründen, das allmählich floriere. Angeblich hatte er auch mal in Deutschland und in England gelebt. Tatsächlich hatte er ein paar Monate nach seiner Ankunft an der Calle Industria eine Schneiderwerkstatt eröffnet, La Estampa. Er wirkte sanftmütig, redete zögerlich. Er war groß, hatte ein rundes Gesicht, dunkle Haare und braune Haut. Das Ehepaar Herzog wäre niemals auf den Gedanken gekommen, dass dieser unorganisierte und stets unpünktliche Geschäftsmann, der seine Ein- und Verkäufe anscheinend nie ganz im Blick hatte und keinen guten Preis aushandeln konnte, eigentlich ein Deutscher war.

Es war ein Jahr her, seit Kuba zuerst Japan und dann Deutschland den Krieg erklärt hatte. Zur Unterstützung der Alliierten hatte es Schiffe geschickt, und laut den Zeitungen, die Albert vor seiner Frau versteckte, waren zwei davon an der kubanischen Ostküste von deutschen U-Booten versenkt worden. Trotz des Krieges blühte das Stoffgeschäft an der Calle Muralla, und sie belieferten auch die Kaufhäuser der Stadt.

Vor einigen Monaten war in Havanna Verdunkelung angeordnet worden. Beatrice und Lilith hatten sich in Alberts Büro eingeschlossen und sich unter Kissen zusammengekauert. Dort schliefen sie in jener Nacht, in der sogar der Leuchtturm am Castillo del Morro im Südwesten der Insel, am Eingang der Bucht von Santiago de Cuba, zum allerersten Mal abgeschaltet wurde. Über *Radio Berlin* hatte Deutschland gedroht, Havanna zu bombardieren, daher musste die gesamte kubanische Küste verdunkelt werden.

Für Beatrice war es, als wären die Tage des Grauens zurückgekehrt. »Sie werden hier nach Havanna kommen«, sagte sie zitternd. »Wir werden niemals vor ihnen sicher sein …«

Seitdem musste Lilith sich mit Beatrice im Büro einschließen und durfte nicht mal in den Hof gehen, bis der Nazi-Spion, der es gewagt hatte, sich ihnen zu nähern, verhaftet worden war.

Albert hatte Luning einmal in dessen Wohnung im zweiten Stock eines Gästehauses in der Calle Teniente Rey besucht. Er lebte dort umgeben von bunten Vögeln, deren Käfige er in beiden Räumen in jedes Fenster gestellt hatte. Gleich beim Eintreten fühlte sich Albert wie in einem kleinen Dschungel, auch wegen der Hitze und der Feuchtigkeit, die die ungestrichenen Wände abgaben. Wegen der Spinnweben unter den hohen Decken und dem vielen Staub wirkte es, als habe Luning die leere Wohnung in letzter Minute vor dem Erscheinen seines Gastes möbliert. Als sie einige Stoffbestellungen abgeschlossen hatten und Luning Albert den Vorschuss übergab, überkam ihn Mitleid mit dem Mann, der allein lebte und sich bemühte, sein Geschäft am Laufen zu halten. Als die Familie Herzog in das Haus in Vedado gezogen war, hatte Albert sogar überlegt, ihn zum Abendessen einzuladen, tat es dann aber doch nicht.

Dank einem von Lunings Angestellten erhielt Beatrice einen Brief aus Berlin, genauer gesagt ein Dokument, das drei Monate lang nach Havanna unterwegs gewesen war. Vor dem Krieg hatte der Angestellte geschäftlich mit einer deutschen Textilfirma zu tun gehabt und hatte dort noch gute Freunde. Als Beatrice im Radio hörte, dass die Deutschen in den europäischen Ländern weiter vorrückten, hatte sie ihn deshalb um Hilfe gebeten. Sie sagte ihm, sie wolle wissen, was aus ihren Geschwistern geworden sei und wo Liliths Mutter und Professor Bormann, die sie als Familie betrachtete, sich aufhielten. Von ihren Brüdern und Schwestern hatte sie nichts mehr gehört. Sie wusste, dass sie deportiert worden waren, aber nicht, wohin. Was Ally betraf, so verstand Beatrice nicht, warum sie auf ihre Briefe nicht antwortete, warum sie ihre Tochter nun ganz verlassen hatte. Obwohl sie sich manchmal sagte, dass das Vergessen auch ein Weg war, um zu überleben.

Seit ihrer Ankunft in Havanna hatte sie Ally jeden Monat geschrieben und ihr berichtet, wie sich ihr kleines Mädchen entwickelte: dass Lilith mühelos Spanisch lernte, dass sie sich das Fachwissen über Taft, Flanell, Tüll, Brokat, Gabardine und natürlich über die verschiedenen Leinensorten angeeignet hatte, die auf der Insel sehr beliebt waren, dass sie an der neuen amerikanischen Schule, wo man sie in die nächste Klasse versetzt hatte, einen Freund gewonnen habe, Martín, und dass dieser sie seinem besten Freund Oscar vorgestellt habe, dass sie in ein neues Haus in der Nähe des Geschäfts gezogen seien, in ein Viertel, wo Lilith behütet aufwachsen könne. *Das Mädchen hat sich an die Sonne und die Hitze gewöhnt*, schrieb sie, *aber für mich selbst und Albert ist das Klima strapaziös. Wir fühlen uns jeden Tag älter, die Tage kommen uns vor wie Monate und die Monate wie Jahre. Lilith dagegen hat auf der Insel eine Zukunft, und eines Tages, wenn der Krieg vorbei ist, kannst Du zu uns kommen und bei uns leben. Lilith hat Deine Eigenarten und Ausdrucksweisen übernommen. Ich sehe sie aufwachsen und zur Frau werden, Dir jeden Tag ähnlicher.*

Als Beatrice im Hinterzimmer des Geschäfts an diesem Brief saß, erschien Lunings Angestellter mit düsterer Miene und reichte ihr einen Umschlag.

»Es tut mir leid!«, sagte er. Es war das erste Mal, dass er Deutsch mit ihr sprach.

Beatrice ging nach vorn zu Albert und überflog das Schreiben in seinem Beisein. Er las ihr die Nachricht vom Gesicht ab. Sie gab ihm das Blatt und kehrte ins Hinterzimmer zurück. Dort griff sie nach dem Brief, an dem sie seit Tagen schrieb, und zerriss ihn, als könnte sie dadurch die Nachricht unwahr machen.

In dem Dokument stand, dass Ally Keller und Bruno Bormann am 17. Juni 1939 ins KZ Sachsenhausen gebracht worden seien. Herr Bormann sei kurz nach der Ankunft einem Herzanfall erlegen. Sieben Monate später sei Ally verblutet.

»Ich meine, wir sollten Lilith nichts davon erzählen«, sagte Albert.

»Was erreichen wir, wenn wir sie belügen?«

»Sie ist hier glücklich, sie hat vergessen, was in Berlin passiert ist.«

»Eines Tages wird sie es erfahren«, erwiderte Beatrice eindringlich und mit zitternden Lippen. »Wenn wir es ihr jetzt verschweigen, wird sie uns das nie verzeihen.«

»Lass uns wenigstens auf den richtigen Moment warten.«

Dann verbreitete sich die Nachricht über den Spion auf der Insel, und sie wussten, es wäre nur eine Frage der Zeit, bis man sie wegen ihrer Bekanntschaft mit ihm befragen würde. Als Luning verhaftet wurde, setzten sich Albert und Beatrice mit Lilith zum Abendessen, und nach längerem Schweigen kam Beatrice ohne Umschweife auf den Punkt. Albert starrte seine Frau an, als könnte er nicht verstehen, wie sie einem kleinen Mädchen sagen konnte, dass es seine Familie verloren hatte. Er sah aus, als wollte er fluchen, mit den Fäusten auf den Tisch hauen, vor Wut schreien. Seine Augen füllten sich mit Tränen.

Lilith fragte nichts, sie wollte nicht einmal wissen, wie ihre Mutter und Opa gestorben waren oder wie die Herzogs davon erfahren hatten. Sie weinte nur, ohne sich zu rühren. Albert und Beatrice standen auf und gingen zu ihr. Zum ersten Mal nahm Beatrice sie in die Arme und küsste sie. Sie zeigte ihre Zuneigung selten auf körperliche Art. Albert ging mit gebeugtem Kopf hinaus.

»Wir werden überleben, mein Schatz, aber der Schmerz wird bleiben«, sagte Beatrice. »Deine Mutter hat dich nicht vergessen. Du warst in ihrem Herzen bis zu ihrem letzten Atemzug. So sind wir Mütter.«

Lilith saß still im Esszimmer. Sie ballte die Fäuste und bohrte die Fingerspitzen in die Handflächen, als wollte sie Schmerzen fühlen. Ihr war eng in der Brust, und sie spürte, dass Beatrice sie ansah. Sie wollte allein sein, konnte es aber nicht. Sie weinte weiter und zitterte, ohne dass sie es verhindern konnte. Sie hatte ihre Mutter schon vor Jahren verloren, als sie in Hamburg an Bord des Schiffes gegangen war, und nun brach es ihr das Herz, weil ihr klar wurde, dass sie sich kaum noch an ihr Gesicht erinnern konnte.

Während der Prozess gegen den Spion lief, der seine Verbrechen angeblich gestanden hatte, erschien ein Kriminalpolizist im Stoffgeschäft und verlangte, das Hauptbuch zu sehen. Darin war der Spion als *Enrique Augusto Luní* eingetragen. Der Ermittler schwitzte stark, und Schweißtropfen fielen auf das Papier. Während er sich Notizen machte, gab Beatrice ihm das Dokument aus Deutschland zu lesen.

»Das hat uns einer von Lunings Angestellten vor einiger Zeit gebracht«, sagte sie. Als sie begriff, dass der Ermittler kein Deutsch konnte, fügte sie hinzu: »Das ist die Bestätigung, dass unsere Verwandten in einem Konzentrationslager gestorben sind.«

Sie wollte damit klarmachen, dass sie keinen Grund hatten, Deutschland zu helfen, und dass sie mit Luning nichts verband. Sie gehörten zu den Opfern.

Tageszeitungen und Zeitschriften widmeten den Taten des Spions hundert Seiten. Seine Hinrichtung durch ein Erschießungskommando in den Gräben des Castillo del Príncipe erschien auf der Titelseite der beliebtesten Zeitung Kubas. Fotografen waren nicht dabei gewesen, aber ein Zeichner hatte die Szene festgehalten. In einem Bild stand der Spion vor den Soldaten, die auf ihn anlegten, und das zweite zeigte den tot daliegenden Nazi.

Beatrice hörte auf, in ihrem Geschäft zu arbeiten. Sie zog sich zurück, saß die meiste Zeit vor dem Radio und hörte die spanischsprachigen Sender. Sie verstand die Sprache immer besser, aber es reichte nicht, damit sie sich unterhalten konnte.

Nachmittags hörte sie sich Seifenopern, Liebes- und Abenteuergeschichten an, abends klassische Musik.

Kuba durchlief eine Woge des Zorns gegen alle Deutschen. Albert änderte den Namen seines Geschäfts, damit seine Familie nicht davon erfasst wurde. Er hatte im Radio gehört, dass in Palma City, einem Dorf nördlich von Camagüey, das nicht mal auf Karten verzeichnet war, eine blühende deutsche Gemeinschaft bestanden hatte und alle deutschen Männer nach Havanna gebracht und im Castillo del Morro inhaftiert worden seien.

»Das neue Geschäft heißt jetzt nicht mehr Mueblería Herzog, sondern Mueblería Luz«, sagte Albert lächelnd. »Wir haben das Luz deinetwegen dazugesetzt, Lilith, unser kleines Licht.«

An dem Tag, als die Mueblería Luz auf der Calle Galiano eröffnet wurde, ging Lilith mit ihren besten Freunden Martín und Oscar und deren Eltern dorthin.

Die drei Jugendlichen rannten durch das Geschäft, warfen sich auf die Polstermöbel, die noch frisch rochen, und versteckten sich in Mahagonischränken, während ihre Eltern mit Sekt anstießen, um die Eröffnung zu feiern. Die Möbel waren aus dunklem, schwerem Holz gefertigt, einige hatten Goldverzierungen, Facettenspiegel, Perlmutt- und Holzintarsien, Blatt- und Rankenmotive, Marmor- und Lederplatten oder ziselierte Bronzedetails.

»Wenn ich die Möbel nur ansehe, fühle ich mich erdrückt«, sagte Lilith. »Wusstet ihr, dass der Nazi-Spion öfter in unseren Laden gekommen ist?«

»Ihr kanntet ihn?«, fragte Oscar.

»Er war ein sonderbarer Mann. Er hat nicht deutsch gewirkt.«

»Ihr auch nicht, aber das macht euch nicht zu Spionen.«

»Ich hatte immer das Gefühl, dass er uns verstand, wenn ich mit meinen Eltern Deutsch geredet habe«, erzählte Lilith. »Und dabei hat er immer ganz merkwürdig geguckt.«

»Wir sollten Spione jagen«, schlug Martín vor. »In der Stadt muss es doch nur so wimmeln von Nazis. Du sprichst Deutsch, also kannst du helfen, sie zu enttarnen.«

»Ja, lasst uns Spione fangen!«, rief Oscar begeistert.

Lilith und Martín hakten sich unter und prusteten vor Lachen.

Als das Einweihungsband gespannt war, ging Lilith zu ihren Eltern und nahm die Schere in die linke Hand. Als sie sich umdrehte, sah sie Martín bei den anderen stehen. Das Blitzlicht des Fotografen blendete sie, als sie das Band durchschnitt.

Es war ein glücklicher Tag.

12

Anderthalb Jahre später
Havanna, April 1944

An dem Tag, als Lilith dreizehn wurde, schlich Martín Bernal sich in der Küche von hinten an sie heran, hielt ihr die Augen zu und forderte sie auf, sich etwas zu wünschen.

»Sag es mir nicht, sonst geht es nicht in Erfüllung.«

Lilith drehte sich um. Martín stand sehr nah vor ihr. Eine Bewegung, und sie könnten sich umarmen. Nervös neigte er sich zu ihr und drückte behutsam die Lippen auf ihre Wange, bis sie das Gesicht hob und ihn küsste.

Seit sie Nachbarn geworden waren, gab es für Lilith und Martín keine Grenze zwischen ihren Häusern. Sie kletterten über den Eisenzaun zwischen den Hinterhöfen, und von der Mauer, die die Gasse neben den Häusern abtrennte, konnte Martín mit Lilith durch ihr Zimmerfenster kommunizieren. Wenn er sie sehen wollte, sprang er herunter und landete anmutig wie ein Luchs. Eines Tages schnitten sie, unbemerkt von Martíns Vater, an dem Holztor die Kette mit dem Vorhängeschloss durch, sodass sie ungehindert von einem Garten in den anderen laufen konnten. Er bestrafte seinen Sohn nicht. Er wusste, dass sich Martín irgendwann beim Sprung über den Zaun verletzt hätte.

»Die beiden werden eines Tages heiraten«, sagte Helena, die Haushaltshilfe der Herzogs, wenn sie sie im Garten verschwörerisch miteinander reden sah.

Lilith und Martín schufen sich ihre eigene Welt in den Mango- und den Flammenbäumen, den Wunderbäumen mit den gelblichen Blüten und der Hecke aus Weihnachtssternen, die zur Unzeit blühte.

»Wir haben sie verwirrt«, erklärte ihr Martín eines Tages. »Für uns ist das ganze Jahr über Weihnachten.«

Als Lilith mit dem Ehepaar Herzog vor fünf Jahren in Havanna von Bord des Dampfers gegangen war, hatten sie zuerst eine Zeit lang im Hotel Nacional gewohnt. Lilith erinnerte sich daran, dass sie ein Zimmer mit Meerblick hatten, und wenn sie morgens das Fenster öffnete, wurde ihr übel. Es hatte sich angefühlt, als würde sich ihr Magen nach außen stülpen, und es ging ihr erst besser, wenn sie sich vorstellte, wie ihre Mutter, Franz und Opa eines Tages überraschend mit einem der Schiffe, die im Hafen festmachten, ankämen. Im Hotelzimmer hatte sie das Gefühl, sie wäre noch in der Kabine auf See.

Während der Überfahrt mit der *St. Louis*, leicht betäubt von den bitteren Tabletten gegen Seekrankheit und mit geschrumpftem Magen vom vielen Erbrechen, reiste Lilith in ihrer Fantasie zu einer Insel voll fleischfressender Pflanzen, die sie erforschen würde, und wilden Tiere, denen sie aus dem Weg gehen müsste. Sie glaubte, dass sie den Appetit der Pflanzen verringern könnte, wenn sie ihnen viel Zuwendung schenkte, und dass sie ein Säugetier bei sich aufnehmen würde, das alles um sie herum fraß, das sie aber dank ihrer Hingabe und unermüdlichen Zähmung schließlich den menschlichen Bedürfnissen anpassen könnte. Das wollte sie unbedingt beweisen, um die Grausamkeit vom Antlitz der Erde zu tilgen.

Doch bei ihrer Ankunft fand sie eine schöne Stadt an einem ruhigen Meer vor, eine saubere Stadt voll elegant gekleideter Leute, die sich von Kopf bis Fuß bedeckten, um sich gegen die Sonne zu schützen. Statt der wilden Insel ihrer Fantasie hatten sie sie in eine europäische Stadt geschickt, die so langweilig war wie die deutsche, aus der sie kam, aber sonniger und bewohnt von Menschen aller Hautfarben.

Damals nannte sie ihre neuen Eltern noch Herr und Frau Herzog. Später wurden sie Albert und Beatrice. Erst als sie das Geschäft auf der Calle Muralla kauften und die Familie beschloss, in die Wohnung darüber zu ziehen, bis sie Erfolg hätten, wurden sie zu Mama und Papa. Als dann der Stoffhandel florierte, kauften sie ein Haus in Vedado, einem ruhigen Viertel nahe am Meer. Sie hatten sich dafür entschieden, weil es dort die bilinguale Schule gab, wo Lilith Englisch lernen und ihren deutschen Akzent beim Spanischsprechen verlieren sollte, um sich in die Gesellschaft Havannas einzufügen.

Zum ersten Mal lebte Lilith in einem Haus mit vielen Spiegeln und gewöhnte sich allmählich an ihr Äußeres. Genau das hatte ihre Mutter Ally in Berlin vermeiden wollen. Aber Lilith stellte fest, dass es nicht mehr gefährlich war, anders auszusehen. Sie ähnelte Albert und Beatrice nicht im Geringsten, und außerhalb der Festung, in der sie vor Sonne und Hitze geschützt wohnten, war sie wie jeder andere. Auf einer Insel, wo jeder unter der blendenden Sonne lebte, fiel ihre Hautfarbe nicht auf.

Hier brauchte Lilith ihre Intelligenz, ihre Sprachbegabung und ihre Leidenschaft für Zahlen niemandem zu beweisen. Es gab keine Kommission, die ihre Auffassungsgabe und Gedächtnisleistung analysierte. Eine Weile versuchte sie sogar, sich von Büchern fernzuhalten, aber am Ende kam sie nicht ohne sie aus, besonders nicht spätabends, wenn die Stunden sich hinzogen. In vielen Nächten wachte sie nach schrecklichen Albträumen auf und versuchte vergeblich, wieder einzuschlafen.

Seit sie nach Vedado gezogen waren, lebte Helena von Montag bis Freitag bei ihnen. Lilith unterhielt sich mehr mit ihr als mit ihren Adoptiveltern. Helena mit H, wie sie immer betonte, wenn sie jemandem vorgestellt wurde, »eine Extravaganz meiner Mutter, die besonders gern Liebesromane aus dem letzten Jahrhundert las«. Nachdem ihre Mutter sie nach

Havanna geschickt hatte, um sie vor dem Elend ihrer Nachbarschaft zu bewahren, war eine zähe Frau aus Helena geworden. Sie hatte ihr Viertel in dem schönen, friedlichen Cienfuegos verlassen, um in dem ständigen Trubel der Großstadt zu leben, und war nie wieder dahin zurückgekehrt. Sie heiratete einen Mann aus Galizien, der ein paar Jahre später ein Schiff bestieg, um in den Vereinigten Staaten sein Glück zu machen, und dann nichts mehr von sich hören ließ. Das Schicksal führte sie zu den Familien anderer Menschen, um die sie sich kümmerte und die sie oft wie ihre eigene Familie empfand. »Es ist schrecklich, ein Einzelkind zu sein, mein Liebes«, sagte sie oft zu Lilith. »Denn man ist allein, wenn die Eltern einmal nicht mehr sind. Sieh mich an: kein Ehemann, keine Kinder, und das in dieser Stadt, die nie meine war und nie meine sein wird.«

Helena schien ständig zu ersticken, als wären ihre Nasenlöcher verstopft und sie bekäme nicht genügend Luft. Sie hatte ein trauriges Gesicht, als wäre sie immer den Tränen nahe. Sie verabscheute Menschenmengen, beklagte sich, sie könne unter so vielen Leuten nicht atmen, weil sie den Sauerstoff aus der Luft saugten, sodass sie trockener sei als in der Wüste.

Mit ihrem typischen Husten, der wie Räuspern klang, ging sie ruhelos durch das Haus und blieb ab und zu stehen, um Atem zu schöpfen. »In meiner Familie wird jeder mit untauglicher Lunge geboren«, erklärte sie oft.

»Meine Mutter und mein Großvater sind beide an einem Emphysem gestorben, das jahrelang an ihnen gezehrt hat. Das wird auch mein Schicksal sein, und ich kann nichts dagegen tun«, hatte sie Beatrice erzählt. »Es sieht aus, als hätte ich die schwache Lunge meiner Mutter und die Arthritis meines Vaters geerbt. Meine Finger sind schon so lange krumm, wie ich zurückdenken kann.«

Anfangs waren die Hustenanfälle so schwer, dass Beatrice erschrocken die Treppe hinunterrannte, weil sie glaubte, Helena würde ersticken, nur um sie dann in einer Rauchwolke vorzufinden, mit einer Zigarette in der einen und einer Tasse schwarzem Kaffee in der anderen Hand. Sie spazierten gemeinsam durchs Haus und erfuhren viel voneinander, tauschten sich über Krankheiten aus und murmelten vor sich hin, denn Worte waren nur Geräusche. Keine verstand wirklich, was die andere sagte, doch beide gingen darauf ein, als ob es so wäre. Sie waren wie Schwestern, die ihre späten Jahre zusammen verbrachten.

Helena brachte Lilith bei, wie man sich mit Schirmen, Hüten und Kleidern, die sie nur widerwillig anzog, vor der Sonne schützte. An den Wochenenden massierte Helena ihr Oliven- und Kokosöl ins Haar und ließ sie es mit einem Metallkamm auskämmen, den sie auf der Herdplatte erhitzte. Anschließend pflegten sie die Haare mit einer hausgemachten Paste aus Avocado, Eigelb und Honig. »Deine Locken müssen gepflegt werden«, sagte sie immer. Am schlimmsten war es, wenn es ein Schulfest gab. Helena bestand darauf, Liliths Haare zu glätten und das Glätteisen zu verwenden, das sie im Garten über glühenden Kohlen erhitzte. Von Liliths Haaren stieg dann ein beißender Rauch auf, von dem ihr die ganze Woche schlecht war.

»Du verwandelst mich in einen Schlot!«, sagte Lilith jedes Mal lachend, und Beatrice schaute fassungslos zu.

Mit der Zeit vergaß Lilith die warmen Berliner Holzböden und lernte die kühlen Fliesenböden schätzen. Um die stillen kubanischen Nachmittage herumzubringen, vertiefte sie sich in einen Stapel Bücher über die Ritterzeit, die sie im Haus gefunden hatten, oder begleitete ihre Mutter auf den jüdischen Friedhof von Guanabacoa, wo sie Steine auf die Gräber längst vergangener Seelen legten und die reservierte Grabstelle für Beatrice und ihren Mann in Schuss hielten. Lilith wollte dort nicht enden. Sie wussten beide, dass sie auf dem katholischen Friedhof von Colón begraben würde, neben sterblichen Überresten, die nicht mit Steinen, sondern mit Kreuzen und Blumen geehrt wurden.

Nachdem sie Lilith in der Schule angemeldet hatten, wo sie Englisch und Spanisch lernen würde, musste sie eine Reihe von Einstufungsprüfungen machen, damit man sie einer Klasse zuweisen konnte. Sie hatte in Deutschland schließlich nie eine Bildungseinrichtung besucht. Als sie in der folgenden Woche wieder vorstellig wurden, kamen die Direktorin und die Amerikanerin mit dem langen Gesicht und dem permanenten Lächeln auf sie zu.

»Sie kommt direkt in die Zwischenklasse«, sagte die Direktorin auf Englisch zu Beatrice, obwohl Lilith bei ihnen stand. »Höher können wir sie nicht einstufen.«

Beatrice wollte nichts weiter, als dass Lilith eine gute Schulbildung erhielt. Daher nickte sie nur. *Englisch wird ihr mehr nützen als Spanisch*, dachte sie, und es war höchste Zeit, dass das Mädchen Kontakt bekam und andere Familien kennenlernte, damit sie eines Tages selbst eine Familie gründen konnte.

»Sie ist reif für die Universität«, fuhr die Direktorin fort, ohne Lilith anzusehen, so als sprächen sie über jemanden, der nicht da war. »Aber das habe nicht ich zu entscheiden. Sie ist groß, also wird niemand den Altersunterschied in der Klasse bemerken. Sie sieht viel älter aus, als sie ist.«

Lange bevor das Schuljahr begann, hatte Lilith beschlossen, nicht mehr zu lernen, als im Unterricht verlangt wurde. Die fixe Idee ihrer Mutter und ihres Opas, dass sie das brillanteste Mädchen überhaupt sei, hatte sie weit hinter sich gelassen. Sie fand, sie habe schon alles gelernt, was man im Leben brauchte.

Eines Nachmittags, als Beatrice sie trübselig vor den fertigen Hausaufgaben sitzen sah, ging sie zu ihr. Sie setzte sich neben sie, nahm ihre Hand und sagte, sie werde ihr jetzt das Stricken beibringen. »Der Schmerz vergeht nie, er wird immer da sein, aber Stricken hat mir immer gutgetan«, sagte sie.

In den Geschäften auf der Calle Muralla kaufte Helena auf Beatrices Anweisung viele Garnknäuel in verschiedenen Farben und Stärken und lange und kurze Metallnadeln. Nach dem Abendessen begannen Beatrice und Lilith Schals zu stricken, die sie nie zu Ende brachten, und mischten die verschiedenen Farben und Garnsorten.

Beatrice erzählte ihr von längst verstorbenen Verwandten und von den Broten, die ihre Mutter früher zum Sabbat gebacken hatte. Es war, als gehörte ihr Leben der Vergangenheit, als existierten für sie weder Gegenwart noch Zukunft. Trotzdem erwähnte sie ihren Sohn kein einziges Mal.

Wenn Lilith Gute Nacht wünschte und zu Bett ging, brachte Helena ihr ein Glas warme Milch. »Beatrice liebt dich, auch wenn sie das nicht so zeigt wie ich«, sagte sie, schloss sie in die Arme und küsste sie auf Stirn und Wangen.

Gleich am ersten Schultag war Martín auf Lilith zugekommen. »Du bist also das polnische Mädchen«, hatte er auf Englisch zu ihr gesagt.

»Ich bin keine Polin, ich bin Deutsche.«

»Für eine Deutsche bist du ziemlich dunkel.«

Er verschränkte die Arme und zeigte ihr mit einem anerkennenden Blick, dass er sie mochte, weil sie anders war. Von da an waren sie unzertrennlich. Nach der Schule gingen sie Umwege über die Alleen von Vedado, um den Moment der Heimkehr und Trennung hinauszuzögern. Sie unterhielten sich auf Englisch, und sie korrigierte ihn und brachte ihm neue Vokabeln bei. Es dauerte nicht lange, bis Lilith manche spanische Redewendungen mit kubanischem Akzent sprach.

»Du sprichst wie eine Amerikanerin«, sagte er kichernd.

Seit er sie mit dieser Bemerkung geneckt hatte, übte sie jeden Tag ihren spanischen Akzent mit ihm, und nach ein paar Monaten sprach sie mit dem Tonfall der Habaneros.

»Nun wirkst du kubanischer als ich!«

Bei Martíns Worten platzte sie vor Stolz.

»Du bist es, der so aussieht, als käme er nicht von hier«, erwiderte sie und verschränkte die Arme wie er sonst.

»Und woher komme ich?«

»Du siehst aus wie ein Deutscher. Ja, ich würde sagen, du kommst weit aus dem Norden.«

Martín schüttelte lächelnd den Kopf. »Nein, Kleine … Du weißt offenbar nicht, wie verschieden die Kubaner sind. Es gibt blonde und welche mit olivfarbener Haut, Schwarze, Mulatten, Chinesen, chinesische Mulatten, also … und unser Präsident hat die gleiche Hautfarbe wie du.«

Martín war größer als sie, hatte einen langen Hals, und wenn er mit ihr sprach, sah er ihr in die Augen, und jeder Millimeter seines Gesichts schien an der Unterhaltung beteiligt zu sein, was hypnotisierend wirkte, sodass sie nicht anders konnte, als ihm zuzuhören. In seiner Gegenwart fühlte sich Lilith sicher. Als hätte sie in ihm einen Verbündeten gefunden, der sie verstand, ohne zu urteilen und ohne sie nach ihrer Vergangenheit zu fragen. Martín war der einzige Mensch auf der Insel, der sich Mühe gab, ihren Namen richtig auszusprechen. Seit sie in Havanna angekommen war, nannten alle sie Lili. Alle, außer ihm.

Martín war wie sie ein Träumer. Schon an ihrem ersten Tag erzählte er ihr von seiner Leidenschaft für Flugzeuge. Er kannte sich auch mit dem Vogelflug aus und erzählte, wie die Flügel gemacht waren, so als würden Tauben und Sperlinge im Labor hergestellt. »Eines Tages zeige ich dir die Insel von oben. In wenigen Stunden können wir sie vom einen bis zum anderen Ende überfliegen. Du wirst sehen, wie schön sie ist.«

Lilith verschwieg ihm, dass sie Angst vor Höhe hatte. Dass ihr, als sie an Deck der *St. Louis* stand, die zum Abschied winkenden Leute auf dem Kai wie Ameisen vorgekommen waren und dass ihr davon schwindlig geworden war. Die kleinste Bewegung oder ein kurzer Blick aus der Höhe nach unten, und ihr wurde übel.

In jenem Frühjahr wurde Martín ihr bester Freund. In der Schule hieß es, er lebe allein mit seinem Vater, einem Kabinettsminister und Freund des Präsidenten Fulgencio Batista, weil seine Mutter mit einem europäischen Adligen in die Schweiz abgehauen sei. Andere meinten, seine Mutter sei bei der Geburt gestorben. Tatsächlich wusste Lilith, dass Martín sie verloren hatte, als er noch klein gewesen war.

»Sie ist an einer Krankheit gestorben«, hatte er gesagt, ohne das näher auszuführen, und Lilith war mit der Erklärung zufrieden. Er selbst war den restlichen Tag über bedrückt gewesen.

Lilith kannte das Gefühl. Um ihn zu trösten, erzählte sie, dass ihr Vater noch vor ihrer Geburt verschwunden war. Aber sie war nicht bereit, von ihrer wirklichen Mutter und von Opa zu erzählen. Die Trauer brachte Lilith und Martín zueinander, als hätten sie gelernt, denselben gewundenen Pfad des Schmerzes zu gehen.

Sie erkundeten gemeinsam die Stadt. Er nahm sie mit an den Almendares und dessen steinige Ufer und auch zur Fliegerschule, wo er hoffte, eines Tages ausgebildet zu werden. An den Wochenenden gingen sie zusammen ins Kino und sahen sich Filme an: Science-Fiction und Western, Filme mit Herren im Smoking und Damen in dünnen Seidenkleidern und Filme, in denen Schlachten gewonnen wurden. Während der Woche zerlegten sie die Radios ihrer Familie, um zu verstehen, wie sie funktionierten, und bauten sie mit der Sorgfalt eines Uhrmachers wieder zusammen.

An ihren Unterhaltungen und Spaziergängen nahm niemand anderes teil. Sie aßen am Vormittag auf dem Schulhof ihr

Pausenbrot weitab von ihren lärmenden Klassenkameraden, bis zu dem Tag, als Oscar Ponce de León, ein lebhafter Junge, den Martín von klein auf kannte, sich zwischen sie setzte. Wie ein Bruder nahm er ihre Hände, führte sie vom Schulhof und ging mit ihnen die Avenida Línea entlang, die mit politischen Plakaten gepflastert war, weil die Wahl bevorstand.

Oscar besuchte die katholische Jungenschule, die gleich um die Ecke von Martíns lag, und manchmal schwänzte er eine Stunde, um mit seinem Freund zusammen zu sein. Wenn er Martín nicht überreden konnte, sich seinen Unternehmungen anzuschließen, kehrte er mit der immer gleichen Ausrede, er habe eine Magenverstimmung, in die Klasse zurück. Die Lehrer hielten ihn für einen hoffnungslosen Fall. Eine Zeit lang hatte er mit seinen Eltern in Paris gelebt. Sie hatten im diplomatischen Dienst der vorigen Regierung gestanden und nach der Wahl, nach der die Insel führerlos gewesen war, für ein paar Monate im New Yorker Exil verbracht, bis Frieden und Ordnung wiederhergestellt waren. Martín erzählte Lilith, dass Oscars Akzent nach seiner Rückkehr aus dem Exil noch stärker gewesen sei als ihrer. Oscar sprach Französisch mit britischem Tonfall, Englisch wie ein Muttersprachler und Spanisch wie ein Irrer.

»Ihr beide seid wie Tag und Nacht«, sagte Oscar oft zu ihnen, nicht wegen ihres unterschiedlichen Temperaments, sondern weil Lilith schwarze Haare und olivfarbene Haut und Martín helle Haut und blonde Locken hatte, die in der Sonne golden schimmerten.

Lilith empfand dagegen Martín und Oscar als gegensätzlich. Martín war ein Tagträumer, während Oscar Reden hielt und feste Ansichten hatte. Zu Anfang hörte sie immer aufmerksam zu, auf halber Strecke gab sie jedoch auf, weil die Welt seiner Meinung nach vor dem Untergang stand und ihr die Geduld oder Kraft fehlte, von vorn anzufangen.

»Diese Insel ist wie eine Gosse, in der alles Nutzlose landet«, sagte Oscar einmal zu ihr. »Hier gibt es jede Menge ungebildeter Spanier, Afrikaner, die nicht lesen und schreiben können, hungernde Chinesen und heimatlose Juden, und –«

»Hör nicht hin, Lilith«, unterbrach ihn Martín. »Er ist bloß verbittert.«

»Ihr könnt noch faule Kommunisten, Justizflüchtlinge, Betrüger und Mörder auf die Liste setzen«, fügte Oscar hinzu. »Werft sie alle in einen Topf und rührt kräftig um: So werden Kubaner gemacht. Die Kubaner erheben sich jeden Tag aus ihrem Elend wie Phönix aus der Asche und brechen durch die Trägheit der Masse wieder zusammen. Aber sie stehen von Neuem auf, ein grausamer Kreislauf ohne Ausweg. Das Beste, was man tun kann, ist abhauen.«

Oscar sprach über Politik wie ein König ohne Thron. Er war Anarchist und glaubte, dass Demokratien nicht reproduziert werden können. Er sagte, niemand könne etwas sein, das er nicht wäre. »Meine Großmutter pflegte zu sagen, dass ein Affe in Samt und Seide immer noch ein Affe ist.«

Oscar zitierte diesen und ähnliche Sätze mit erhobenem Zeigefinger. Er wusste, dass Martín und dessen Vater große Bewunderer Batistas waren, des derzeitigen Präsidenten, der von allen »El Hombre« genannt wurde. Oscar hielt ihn für einen Bauern und Autodidakten, der nur zum Militär gegangen war, um nicht mehr hungern zu müssen, und der sich der Politik zugewandt habe, weil das der Weg zu größerer Macht war. Die Politik sei ein Mittel, um die Massen einer Gehirnwäsche zu unterziehen, behauptete er, und seit die Französische Revolution alle zu freien Menschen erklärt habe, die vor dem Gesetz gleich seien, könne nicht mal die Kirche dies verhindern.

Nach Oscars Meinung war das einzig Gute, das Batista getan hatte, den anderen mehr Raum zu geben: den Kommunisten und den Gewerkschaften. Nicht etwa, weil El Hombre glaubte, sie hätten ein Recht mitzuregieren, sondern um den Eindruck zu erwecken, Kuba sei eine Demokratie.

Martín unterbrach ihn an dieser Stelle und zählte Batistas Errungenschaften auf. Ihm sei es zu verdanken, dass der Mindestlohn der höchste seit der Unabhängigkeit sei und dass die kubanische Währung beneidenswert stark sei, nachdem sein Vater auf Anweisung des Präsidenten für mehrere Millionen Dollar Goldbarren als Absicherung gekauft habe.

Oscar zuckte mit den Schultern. »Zählt nicht eure Hühner«, riet er Martín. »Die guten Zeiten gehen zu Ende. Passt nur auf, euer Mann wird seine Taschen packen, sein Geld nehmen und abhauen. Die Leute werden sich das nicht gefallen lassen.«

Als Lilith Oscar zum ersten Mal begegnet war, hatte sie ihn für viel jünger als Martín gehalten. Wegen seiner Größe schätzte sie ihn auf zehn oder zwölf, aber als sie ihn reden hörte und seine eingeübten Gesten sah, wurde ihr klar, dass er ein oder zwei Jahre älter sein musste als Martín. Oscar war der redegewandteste Junge, den sie kannte. Als er in einem Sommer für drei Monate auf ein Schweizer Internat geschickt wurde, hatte er einen Wachstumsschub, und bei seiner Rückkehr war er größer als sie und Martín, aber noch genauso dünn und skeptisch wie zuvor.

Nach seinem Aufenthalt in der Schweiz verkündete Oscar, er wolle nach dem Krieg an der Sorbonne studieren, um der tropischen Hitze und den eigennützigen Politikern zu entkommen. »Am Ende haut ihr auch ab, ihr werdet sehen«, sagte er.

Die drei Freunde entschlossen sich zu einem Lesewettstreit: Lilith las englische, Martín spanische und Oscar französische Bücher. Sie begannen mit Geschichten über fahrende Ritter. Dann lasen sie Biografien über Feldherren und schließlich sogar klassische Liebesromane, über die Oscar immerzu spottete. »Welcher geistig gesunde Mensch würde Essig trinken, um abgezehrt auszusehen? Nur eine gelangweilte, untreue, bourgeoise Französin.«

Bei Martín zu Hause kostete Lilith alle möglichen kubanischen Gerichte, darunter Desserts wie Reispudding, Vanillepudding und *Torrejas* – eine Art Arme Ritter –, Rezepte, die vor über hundert Jahren den Atlantik überquert hatten. Bei ihr zu Hause kochte Helena nach den Wünschen der Herzogs und mied die traditionelle kubanische Küche, die Lilith reizte. Aber manchmal probierte sie auch etwas Neues aus, sehr zu Beatrices Verdruss, würzte die gekochten Kartoffeln mit Knoblauch, Zwiebeln und Kreuzkümmel, briet das Fleisch und ertränkte das Hähnchenfleisch in einer scharfen Soße mit *Annatto* und Lorbeer.

Lilith hatte keinen großen Appetit, wie Helena oft beklagte. Dafür genoss sie genau wie Martín den Kaffee nach dem Essen. Sie fand die winzigen Tassen bezaubernd und mochte das tiefschwarze, konzentrierte, aromatische Gebräu, das süß und bitter schmeckte. Sie trank es gern mit Martín bei ihm oder bei sich im Garten. In Kuba bekamen selbst Kleinkinder Milchkaffee vor dem Schlafengehen. *Wahrscheinlich sind die Kubaner deshalb immer so munter*, dachte sie.

Laut Oscar idealisierte Martín ein Kuba, das nur eine verschwommene Illusion war. Oscar glaubte, dass die Demokratie auf den Inseln nie Fuß fassen würde. Ebenso gut könne man sich zum Ziel setzen, dass es in den Tropen schneit, meinte er. Die beiden Freunde waren süchtig nach dem Thema Politik, aber Oscar fand, dass Martín mit dem Kopf in den Wolken lebte und sich mitreißen ließ von der Leidenschaft und Sehnsucht seines Vaters, der sich Kuba als entwickeltes, demokratisches Land wünschte.

Seit Lilith in ihr Leben getreten war, war Martíns Welt klein geworden. Die Söhne der Freunde seines Vaters, die Menas, die Menocals und die Zayas-Bazán, besuchte er nicht mehr. Señor Bernal beunruhigte das in gewisser Weise, aber er wusste auch, dass sein Sohn nicht einsam war. Er hatte zwei enge Freunde, lernte mit Hingabe und träumte davon, Pilot zu werden.

Hin und wieder nahm Martín Einladungen von den Lobos' an, einer Familie, die die Zuckerindustrie beherrschte, die größte Wirtschaftslokomotive des Landes. Gelegentlich nahm er Oscar und Lilith mit, die er völlig überraschend als seine Freundin vorgestellt hatte. Doch bei solchen förmlichen Treffen langweilte er sich schnell. Oscar dagegen stand sie spielend durch. Lilith wunderte sich stets, wie der rastlose, rebellische, intelligente Junge Gespräche ertragen konnte, die sich nur darum drehten, ob man Weihnachten in New York verbringen oder welche Zuckerfabriken man kaufen und entwickeln sollte.

»Er hat Diplomatenblut in den Adern«, sagte Martín einmal. »Er ist nur er selbst, wenn er mit uns zusammen ist.«

Lilith mied die Töchter der Lobos', weil diese ständig um die Liebe und Anerkennung ihres Vaters wetteiferten, der als Zuckerkönig von Havanna bekannt war. Es faszinierte sie jedoch, den Geschichten des Magnaten zuzuhören, wenn er für seine Napoleon-Sammlung ein neues Stück erworben hatte, das »dem größten Feldherrn der Geschichte« gehört hatte. Lilith staunte, dass auf einer unbedeutenden Karibikinsel jemand Hunderte persönliche Dinge, Möbelstücke und Waffen des französischen Kaisers besaß. Sogar die Totenmaske war in seinen Besitz gelangt.

»Eines Tages werden Sie mir helfen, das Fernrohr des großen Korsen zu bekommen«, sagte Señor Lobo einmal zu Señor Bernal. »Es sollte sich nicht in den Händen von El Hombre befinden.«

Señor Bernal lächelte schwach, entschuldigte sich und ließ seinen Sohn, Lilith und Oscar weiter mit ihm plaudern. Martíns Vater hatte Lilith einmal erklärt, dass Batista von vielen bedeutenden Familien der Insel abgelehnt wurde, weil sie nicht akzeptieren wollten, dass der mächtigste Mann des Landes ein

Bauernsohn war, der nur den Rang eines Sergeanten erreicht hatte und noch dazu ein Mulatte war.

Lilith begegnete dem Präsidenten zum ersten Mal bei den Bernals. Sie und Martín kamen gerade aus dem Garten ins Haus, wo ihnen im Flur ein Leibwächter in den Weg trat.

»Keine Angst«, flüsterte Martín ihr zu. »Das bedeutet nur, dass El Hombre bei uns ist.«

Als der Leibwächter Martín erkannte, ließ er die beiden passieren.

Señor Bernal und El Hombre waren in der Bibliothek, zusammen mit Martha, dessen Frau, die noch nicht als First Lady betrachtet wurde, weil er sie sofort nach seiner Scheidung von der ersten Ehefrau geheiratet hatte. Lilith wusste nicht, wie sie sich vor einem Präsidenten verhalten sollte, ob sie zum Beispiel den Kopf neigen oder knicksen musste.

»Das ist also deine Freundin«, sagte El Hombre.

Martín lief zu ihm und umarmte ihn.

»Es ist furchtbar, was mit den Juden passiert«, fuhr Batista fort. »Hier stehen ihnen die Türen offen. Was Geschäftstüchtigkeit angeht, kann ihnen niemand das Wasser reichen. Solche Leute brauchen wir in Kuba.«

Sie sei keine Jüdin, wollte Lilith erwidern, traute sich aber nicht. Sie wusste nicht, ob sie ihm danken sollte, weil er mehr Flüchtlinge aufnehmen wollte, oder ob sie erzählen sollte, dass sie mit der *St. Louis* gekommen war, mit der sein Vorgänger über neunhundert Juden nach Europa zurückgeschickt hatte. Sie und das Ehepaar Herzog waren unter den wenigen Glücklichen gewesen, die in Havanna an Land gehen durften.

Sie richtete den Blick auf das Buch, das Batista in der Hand hielt.

»Emil Ludwig. Der beste Biograf der Welt«, sagte er. »Er ist Deutscher wie Sie. Vielleicht können Sie mir helfen, wenn er nach Havanna kommt. Wir werden einen Übersetzer brauchen.«

»Als Kind habe ich seine Napoleon-Biografie gelesen«, sagte sie. Es überraschte sie, wie freundschaftlich der Präsident, der von so vielen Leuten gefürchtet wurde, mit ihr redete.

»Sie sprechen sehr gut Spanisch.«

»Ihr Englisch ist sogar noch besser«, warf Martín ein.

Ihre zweite Begegnung mit dem Präsidenten fand in seinem Landgut am Stadtrand von Havanna statt, einem modernistischen Haus umgeben von Palmen. Martha, nun als First Lady anerkannt, empfing sie mit einem schlafenden Säugling in den Armen.

»Sie werden bei uns immer willkommen sein«, sagte sie zu Lilith.

Lilith sah viele Männer mit weißen Oberhemden und schwarzen Hosenträgern und Militärangehörige, die unbewaffnet zu sein schienen. In der Ferne waren auf einer üppig grünen Weide Rinder zu erkennen. Es sah aus, als würden sie nur zur Freude oder zur Zierde gehalten.

Palmen säumten den Weg zum Haupthaus, spendeten aber kaum Schatten. Im Freien fand man nirgendwo Schutz vor der Sonne. Lilith wunderte sich immer wieder, wie unbekümmert die Kubaner durch die Sonne gingen. Sie dagegen suchte immer den Schatten auf, egal zu welcher Tageszeit. In der Karibik kroch das Sonnenlicht durch alle Ritzen, drang durch die dichtesten Vorhänge und heizte jeden Raum auf. Die Sonne fand immer einen Weg hinein. Plötzlich hatte Lilith Durst.

Martín führte sie direkt in die Bibliothek. Abgesehen von einem Leibwächter war der Präsident dort allein. In einer Ecke entdeckte Lilith ein Fernrohr. *Das muss das sein, das Señor Lobo in die Hand bekommen will*, dachte sie. Auf dem Schreibtisch lagen Baupläne. Ein goldenes Telefon stand daneben, und in den

Zimmerecken sah sie Bronzebüsten von Männern, die sie nicht erkannte. An einer Wand hing eine Reliefkarte von Kuba, auf der die Gebirgszüge plastisch wirkten.

Die Luft war frisch, aber der Raum abgedunkelt. *Die Sonne darf hier nicht herein.* Der Gedanke gab Lilith ein Gefühl von Sicherheit. Jemand öffnete die Türen zum angrenzenden Raum, wo sakrale Musik zu hören war. Spielte da jemand Orgel? Sie hatte gehört, es gebe eine Kapelle auf dem Anwesen. In einer Ecke saß ein Mann in Uniform, reglos, aber sichtlich wachsam. Zwei Frauen mit weißen Schürzen brachten Gläser mit Limonade und Eiswürfeln auf einem Silbertablett herein. Sie boten sie den Jugendlichen an und gingen mit gesenktem Blick hinaus, um möglichst unbemerkt zu bleiben. Überall standen Koffer und leere Kisten. In den Regalen fehlten Bücher, als ob jemand nach und nach die Bibliothek leerte. Lilith wollte näher treten und sehen, was für Bücher noch dort standen, die vielleicht seit Jahren ungelesen waren.

Sie schaute über die Buchrücken, als der Präsident zu ihr trat.

»Wenn Sie an welchen interessiert sind, sagen Sie es mir nur.«

Lilith fiel auf, dass seine Augen müde wirkten. Seine Amtszeit ging zu Ende. Martín hatte ihr erzählt, dass die Batistas nach Florida ziehen würden. Er sagte oft, dass El Hombre redegewandt sei, und sie stellte fest, dass ihr Freund recht hatte. Während sie Limonade tranken, sprach Batista über verlorene Schlachten, alte Militärstrategien und den Fall großer Führer. Er sprach auch über eine Großstadt, die sich aus der Asche erheben müsse. Er ging von der Vergangenheit zur Zukunft über, als ob die Gegenwart nicht existierte. Die Zeit sei der Feind, sagte er, zeigte Lilith die Bauten, die auf der Insel unvollendet bleiben würden, und äußerte seine Befürchtung, dass sein Vermächtnis sich in Luft auflösen würde, wenn ein anderer Politiker die Macht übernommen habe. Er wollte Havanna zur kultiviertesten Stadt der Hemisphäre machen.

Ein Utopia, dachte Lilith, überrascht darüber, wie belesen der Mann war, der keine Schulbildung genossen hatte. Von dem Moment an fühlte sie sich ihm verbunden. *Die Sonne zerstört alles auf dieser Insel*, wollte sie sagen.

Bei ihrer dritten Begegnung mit dem Präsidenten agierte sie als seine Dolmetscherin. Ein paar Tage zuvor waren sie, Martín und Oscar bei einem Vortrag von Emil Ludwig im Institut für Philosophie und Kunst der Universität Havanna gewesen. Ludwigs Ausführungen waren von Gonzalo de Quesada übersetzt worden, einem distinguierten Professor am Seminario Martiano. Der Präsident hatte gewollt, dass sie an der Konferenz ihres Lieblingsbiografen teilnahm, damit sie für ihn bei einem Empfang in der Residenz des Präsidenten des Literaturinstituts übersetzen konnte. Bei seinem Vortrag nahm Ludwig die Kubaner für sich ein, indem er mit andächtiger Bewunderung über ihre Nationalhelden redete. Er sprach über Martí, den Vorkämpfer der Unabhängigkeitsbewegung Ende des vergangenen Jahrhunderts, und sagte, dass Deutschland zwar weltberühmt für seine Disziplin sei, es dem Land aber an Kampfgeist mangele. Er prophezeite sogar, dass es in ein paar Jahren bedeutungslos sein würde.

An diesem Abend hörten Lilith und der deutsche Autor die Sopranistin Esther Borja mit Klavierbegleitung singen. Die kubanische Diva war klein und schloss beim Singen die Augen. Sanft lächelnd neigte sie den Kopf und hob die Hände auf Brusthöhe, ähnlich den weißen Marmorjungfrauen im Haus der Lobos. Zuerst sang sie sanft in tiefer Tonlage, dann höher und kraftvoller und fesselte so ihr Publikum.

Am Ende des Soloauftritts ging Ludwig zu ihr.

»Vor Jahrzehnten habe ich einen Lorbeerbaum im Garten meines Hauses in der Schweiz gepflanzt«, sagte er auf Deutsch, und Lilith übersetzte. »Ich trage immer ein paar seiner Blätter bei mir und schenke sie einem Künstler oder Staatsmann. Für mich sind sie Glücksbringer. Wenn Sie an Glücksbringer glauben, würde ich Ihnen gern ein Blatt von meinem Baum schenken. Sie sind eine wunderbare Künstlerin.«

Die Sängerin war sehr bewegt, und Lilith war es ebenfalls. Der Präsident beobachtete es von Weitem und war sichtlich erfreut.

Lilith schloss die Augen und sah sich als Kind in den Armen ihrer Mutter neben dem Professor, die ihr abwechselnd aus Ludwigs Büchern vorlasen. Es war ein Moment des Friedens gewesen. Sie hätte gern ihre Stimmen gehört, konnte sich aber nicht an sie erinnern. Nach dem Konzert an jenem Aprilabend, als sie vom Chauffeur des Präsidenten nach Hause gefahren wurden, sah Martín, wie sich Liliths Augen mit Tränen füllten. Er wusste nicht, wie er sie anders trösten könnte, nahm ihre Hände und küsste sie.

13

Vier Jahre später
Havanna, Dezember 1948

Liliths Hände waren immer kalt. Martín sagte oft, sie habe den Winter nach Havanna gebracht. Manchmal legten sie sich einen Schal um und klapperten mit den Zähnen, als wäre die Temperatur plötzlich stark gefallen.

Lilith träumte davon, in einer Winternacht mit ihm durchzubrennen.

»In den Tropen kann man nicht denken«, meinte Martín. »In der Hitze hat man nur Lust, sich an den Strand in die Sonne zu legen. Von der Hitze kommt nichts Gutes. Wir werden hier nichts zustande bringen.«

»Und in der Kälte würden wir uns gegenseitig umbringen«, konterte Lilith.

»Hier nicht?«

Seit El Hombre das Land verlassen hatte, war Martín so pessimistisch wie Oscar.

Sie gingen nicht einmal mehr ins Kino, weil Martín das für gefährlich hielt. Angriffe auf Polizisten nahmen zu, und Schießereien und beliebige Gewalttaten waren mittlerweile an der Tagesordnung.

Inmitten chaotischer Szenen von revoltierenden Studenten, die den demokratisch gewählten Präsidenten Ramón Grau San Martín stürzen wollten, hatten Martín und Oscar die Universität verlassen. Martín besuchte Abendkurse in Differenzial-

und Integralrechnung sowie Geografie und studierte Flugzeugtechnik an der Inter American Aviation School, die sich in der Nähe seines Zuhauses befand. Er sammelte Flugstunden, weil er hoffte, in den Vereinigten Staaten bei einer Institution angenommen zu werden und das Land verlassen zu können, das in seinen Augen ohne El Hombres Führung zerfallen würde. Oscar hatte das Jurastudium aufgegeben, las stattdessen viel und reiste mit seinem Vater, der ihm eines Tages hoffentlich erlauben würde, in Europa zu studieren. Doch auf dem alten Kontinent fing man gerade erst an, die Schäden des Zweiten Weltkriegs zu beseitigen, und Oscars Mutter war besorgt, es könnten noch Nazis frei herumlaufen. Lilith dagegen besuchte weiter ihre Literatur- und Philosophiekurse, aber die politischen Demonstrationen hinderten sie oft daran, die Treppe zur Uni hinaufzusteigen. Die Studenten warfen Steine, und die Polizei gab Warnschüsse ab und nahm billigend in Kauf, dass jemand dabei getötet wurde, was tatsächlich einmal passierte. Danach blieb Lilith lieber zu Hause und las, während Martín in alten Doppeldeckern fliegen lernte.

»Eines Tages wird der Junge verschwinden wie Matías Pérez einst in seinem Heißluftballon«, sagte Helena.

An klaren Morgen fuhr Martín zum Chico-Flugplatz am Stadtrand von Havanna, um seine Flugstundenanzahl zu erhöhen. Wenn er zurückkam, erzählte er Lilith und Oscar, wie er in der zweisitzigen Piper der Schwerkraft getrotzt hatte, dass er kaum hineinpasste, aber mit achtzig Meilen pro Stunde über den Golf fliegen und auf den Florida Keys landen könnte.

Martíns Vater beharrte auf der Ansicht, dass es nur einen Weg gebe, um die Stabilität im Land wiederherzustellen, und dazu müsse Batista die Bequemlichkeit seines Hauses in Daytona Beach in Florida verlassen und einen Sitz im Senat anstreben. Die Leute sagten, dass Batista sich über die Probleme seines Landes, die politischen Parteien und die Wahlergebnisse auf dem Laufenden hielte, aber nicht den Wunsch verspüre einzugreifen.

Es waren schreckliche Zeiten, nicht nur wegen der Bandenmorde, sondern auch weil im Mai ein Wirbelsturm durch Havanna gefegt war von Süden nach Norden und Dutzende Tote hinterlassen hatte.

Bei den Wahlen im Juni 1948 wurde El Hombre für viele überraschend in der Region Las Villas in Abwesenheit zum Senator gewählt, als Repräsentant einer Partei, von der Lilith noch nie gehört hatte. Er kehrte ohne Aufhebens nach Kuba zurück, und Lilith hoffte, eines Tages wieder die schöne Bibliothek auf seinem Anwesen besuchen zu können, das nach seiner damaligen Abreise verschlossen gewesen war. Martíns Vater wirkte erschöpft, denn er hatte tagelang nicht geschlafen, weil er zwischen Havanna und Florida hin- und hergereist war. Er war im selben Alter wie El Hombre, aber man hätte Batista für seinen Sohn halten können. Martín hoffte, dass sein Vater zur Ruhe kommen würde, nachdem El Hombre wieder im Land war.

Beide stellten fest, dass sie sich weniger sahen, und versprachen einander zum Ausgleich, aus jeder Gelegenheit das Beste zu machen. Manchmal, wenn sie mit Martín zusammen war, war Lilith so glücklich, dass sie unweigerlich traurig wurde. Sie wollte den einen Menschen auf der Welt, dem sie vertrauen konnte, nicht verlieren, doch die Erfahrung hatte sie gelehrt, sich nicht darauf zu verlassen, dass etwas ewig hielt. Sie liebte auch Oscar, wusste aber, dass er einer anderen Sphäre angehörte. Oscar würde allein fortgehen. Er brauchte Unabhängigkeit. Martín dagegen brauchte Lilith. Sie brauchten einander.

Martín liebte an ihr vor allem ihre Kühnheit. Er konnte mit ihr über Politik und bedeutende historische Persönlichkeiten sprechen oder Flugberechnungen anstellen: Sie redeten über Zahlen und Technik, den Einfluss des Krieges, über Nationalismus und den Kommunismus. Die Mädchen an der Uni, die Töchter der Freunde seines Vaters, dachten nur ans Heiraten. Sie wollten Kinder bekommen, sich nach der neusten Mode kleiden, zu den besten Partys eingeladen werden. Wenn sie bei ihm waren, lachten sie und machten ihm schöne Augen. Aus seiner Freundschaft zu Lilith war mit den Jahren mehr geworden. Sie bedeutete ihm alles.

Das erkannte er eines Nachmittags, als sie sich bei Oscar unterhakte, der für ihn wie ein Bruder war. Seither konnte er den Gedanken, Oscar und Lilith könnten zueinanderfinden, nicht ertragen, und er beschloss, dass Lilith ihm und nur ihm gehören sollte. Eines Morgens revoltierte sein Magen, er bekam Schüttelfrost und weiche Knie und musste sich ins Bett legen. Sein Vater kam überrascht in sein Zimmer, setzte sich auf die Bettkante und fasste ihm an die Stirn.

»Du hast Fieber«, sagte er. »Du kannst heute nicht fliegen.«

Martín wollte Lilith bitten, seine feste Freundin zu sein, hatte aber Angst, sie könnte das missverstehen und sich über seinen kindischen Antrag lustig machen oder so etwas sagen wie: *Warum willst du das, wenn wir doch sowieso den ganzen Tag zusammen sind? Du bist für mich wie ein Bruder.* Er schwieg lieber, als von ihr zurückgewiesen zu werden.

Aber Lilith hatte schon erkannt, dass Martín sich in sie verliebte.

Laut Helena war dieser Winter einer der kältesten des Jahrzehnts. Sie bekam die Grippe, die zu dieser Zeit die Krankenhäuser der Stadt füllte. Seit sie als Kind monatelang nach einer Scharlacherkrankung im Bett gelegen hatte, durch Typhus fast kahl geworden und von den Masern mit Narben übersät war, zog sie sich jede Krankheit zu, die auf der Insel eingeschleppt wurde, erklärte sie. Aber ihr Körper hatte auch gelernt, sie zu überstehen.

»Ich bin eine harte Nuss«, sagte sie zu Lilith, als die Dr. Silva anrief, damit er sie untersuchte. »Wenn meine Lunge nicht wäre und nicht ständig eine Zigarette zwischen meinen Lippen klemmte, würde ich garantiert noch lange leben.«

Lilith verstand nicht, warum sich die Kubaner beim ersten kühlen Wind zu Hause einigelten, allen voran Helena. Die Leute schienen sich vor der Kälte zu fürchten, noch bevor sie da war. Sie staunte immer wieder, wie sehr die Menschen in den Tropen vor Wind, Nebel, Nieselregen und sogar Tau zurückschreckten. Beim kleinsten Lüftchen musste die Brust bedeckt sein, man durfte mit nassen Haaren nicht rausgehen, nach einem warmen Schauer mussten die Fenster geschlossen bleiben. Kubaner liebten die Sonne und fürchteten genauso leidenschaftlich den Mond und Schneestürme. Lilith dagegen fühlte sich nach wie vor mit der Nacht verbunden.

Als Oscar sah, dass es seinem Freund besser ging und das Fieber abgeklungen war, bat er Martín, mit ihm für einige Tage nach Varadero zu gehen. Er hatte seinem Vater versprochen, die Villa Ponce, ihr Sommerhaus, winterfest zu machen.

»Ich werde mitkommen«, sagte Lilith.

Als Lilith das zu Hause ankündigte, kreischte Helena auf und ging sofort zu Beatrice, um sich Unterstützung zu holen. »Lilita, welcher vernünftige Mensch fährt im Dezember nach Varadero?«, sagte sie. »Und noch dazu mit zwei Jungen und ohne Aufsicht? Du bist verrückt. Señora Beatrice, wollen Sie das wirklich zulassen?«

Beatrice antwortete nicht. Sie blickte nicht mal von ihrem Buch auf. Sie wusste, Lilith war erwachsen, und sie vertraute ihr.

Helena schaute entsetzt, sobald Lilith mit Martín und Oscar auf ihr Zimmer ging, wo sie sich in Sprachen unterhielten, die Helena nicht verstand, und es machte ihr Kopfschmerzen, wenn sie trotzdem erfassen wollte, was gesprochen wurde. Bei diesen Gelegenheiten stieß Helena das Fenster auf, damit kein

Missverständnis aufkam, und von draußen wehte der Jasminduft ins Zimmer, den Martín für immer mit seiner Freundin in Verbindung bringen würde. Jede halbe Stunde streckte Helena den Kopf herein und bot Limonade, Obst und Buttertoast an oder erschien unter einem anderen Vorwand, um den jungen Leuten klarzumachen, dass sie jederzeit hereinkommen konnte und sie sich zu benehmen hatten. Wenn Lilith zu Martín ins Nachbarhaus ging, griff Helena zum Rosenkranz.

»In Deutschland mag das üblich und respektabel sein«, sagte sie mit geschürzten Lippen, »aber in Kuba tut das eine anständige Señorita nicht.«

Als sie sah, dass Lilith ihre blaue Reisetasche für Varadero packte, ließ sie den Kopf in die Hände sinken.

»Das ist schon in Ordnung. Sie sind meine Freunde.«

»Bei Männern ist das so: Was sie leicht haben können, daran gewöhnen sie sich, und dann machen sie sich nicht mehr die Mühe, um deine Hand anzuhalten. Wozu auch? Du musst dir gut überlegen, was du tust, wenn du von Martín einen Ring bekommen willst. Nur dann kann ich entspannt sein. Du stehst allein da, mein liebes Mädchen. Du musst heiraten und Kinder bekommen.«

Lilith küsste sie zum Abschied auf die Wange, als Helena wie immer für das Wochenende das Haus verließ. Sie wusste, mitten in der Nacht mit einem Jungen davonzufahren mochte einige Mädchen erschrecken und sie könnte von manchen Kreisen ausgeschlossen werden. Doch zu denen wollte sie ohnehin nicht gehören. Sie behauptete eisern, dass sie keine weiteren Freunde brauche. Martín und Oscar genügten ihr. Und wenn sie zur alten Jungfer würde, dann wäre es eben so.

Vor ihrer Fahrt nach Varadero wollten Oscar und Martín sich in Havannas Chinesenviertel vergnügen, und Lilith ärgerte es, dass die beiden sich ohne sie in ein Abenteuer stürzen wollten.

»Keine Sorge«, sagte Martín zu ihr. »Wir kommen dich später abholen.«

»Auf keinen Fall. Ich komme mit«, sagte sie.

»Keine anständige Kubanerin würde da hingehen, Lilith«, wandte Oscar ein.

»Ich kann mich doch als amerikanische Touristin ausgeben, oder?«

»Du siehst kubanischer aus als wir«, erwiderte Oscar.

»Ich kann auch Englisch sprechen oder Deutsch.«

»Lilith, ich denke, Frauen gehen generell nicht in das Viertel«, sagte Martín. »Nur die, die dort arbeiten, und die erkennt man schon von Weitem.«

»Ich ziehe einen eurer Anzüge an!«

Oscar und Martín wechselten einen verblüfften Blick. Oscar knickte als Erster ein. »Also gut, meinetwegen, tun wir's. Komm, Martín. Das wird ein Riesenspaß.«

Es sollte für die drei ein Abenteuer werden. Lilith wusste über das Chinesenviertel nur, dass es dort rote Laternen, nackte Frauen und betrunkene Männer gab. Laut Helena war es zusammen mit San Isidro und Colón die tropische Variante von Sodom und Gomorra. Wenn es nach ihr ginge, würden diese Orte von der Landkarte gestrichen. Lilith stellte sich einen niedrigen Raum vor, in dem überall Leiber lagen und Zigaretten und Opium geraucht wurden oder was die Leute sonst noch in die Finger bekamen. Eine Ode auf das leichte Leben und fleischliche Genüsse. Geschminkte Gesichter, rote Augen, anstößiges Benehmen. Sie würde einen von Oscars Anzügen tragen, weil er dünner war als Martín. Der würde ihr besser passen.

Um neun Uhr warteten Oscar und Martín hinter der Ecke in dem Buick von Martíns Vater, ein paar Schritte von dem Laden entfernt, den Ramón aus Galicien führte, der Lilith immer mit hungrigen Augen musterte. Der Motor lief, das Licht war ausgeschaltet, die Fenster waren heruntergekurbelt. Um diese

Uhrzeit waren die Straßen ihres Viertels menschenleer. Nur aus Ramóns Laden fiel Licht auf die Straße. Er zählte vermutlich das Geld in der Kasse und schrieb sich auf, bei wem er am nächsten Tag für gelieferte Waren kassieren musste.

»Du kannst bei mir alles umsonst kriegen«, hatte er einmal zu Lilith gesagt.

Oscar und Martín waren nervös. Lilith kam sonst nie zu spät. Sie wussten, sie würde sich wie immer aus dem Haus schleichen müssen. Das war für sie leicht, weil ihre Eltern früh zu Bett gingen und Helena freitags immer vor Sonnenuntergang das Haus verließ, um der abendlichen Feuchte zu entgehen. Aber diesmal musste Lilith sich verkleiden.

»Hier ist Parkverbot.«

Martín schreckte hinter dem Lenkrad zusammen, als er die unwirsche Stimme hörte. Oscars Kichern verriet, was los war. Es war Lilith, die sich ins Fenster beugte. Sie trug einen Männeranzug und hatte ihre Haare unter einen breitkrempigen Hut gesteckt.

»Wollt ihr mich nicht einsteigen lassen?«, fragte sie mit ihrer normalen Stimme.

»Also, wenn das nicht die kleine Deutsche ist«, sagte Oscar und stieg aus.

Lilith stand da, eine Hand in der Jacketttasche, in der anderen die Reisetasche. Sie breitete die Arme aus, damit sie sie betrachten konnten, und lächelte.

»Obwohl du dich mit Rasierwasser überschüttet hast, rieche ich noch den Jasmin an dir«, sagte Martín errötend.

Lilith küsste ihn auf die Wange und stieg hinten ein.

»Aufpassen, ihr zwei«, warnte Oscar, als er sich wieder nach vorn neben Martín setzte. »Denkt daran, dass sie sich als Mann verkleidet hat.«

Alle drei waren nervös. Wenn sie ertappt wurden, würde man ihre Eltern informieren. Aber warum sollte es jemanden kümmern, wenn sich ein Mädchen als Mann verkleidete? Vielleicht würde man das skandalös finden, aber Lilith war sicher, dass nicht nur Matrosen, Touristen und neugierige Jugendliche das Chinesenviertel besuchten. Soweit sie wusste, waren dort auch verheiratete Männer anzutreffen, die sich größte Mühe gaben, nicht entdeckt zu werden.

Sie parkten in der Avenida Zanja und gingen die Calle Manrique entlang. Lilith betrachtete die chinesischen Neonschilder an den kleinen Apotheken und den gut gefüllten Restaurants. An der Ecke machte ein Schild auf das Shanghai Theater aufmerksam, wo zwei Filme und eine Varietévorstellung liefen. Sie kauften sich Eintrittskarten. Oscar ging als Erster an die Kasse, Lilith hinter ihm, während Martín hinter ihr den Leibwächter spielte. Oscar zitterten die Knie. Sie gingen den Seitengang zu den Logen hinunter und kamen an Zeitschriften vorbei, die an einer Schnur aufgehängt waren, mit barbusigen Frauen auf der Titelseite. Sie setzten sich in die letzte Reihe. Oscar und Martín nahmen den Hut ab, Lilith behielt ihren auf.

Im Zuschauerraum war es sehr dunkel. Zigarettenrauch stieg schlängelnd zur Decke hoch. Als es auf der Bühne hell wurde, hörten sie zunächst einen Trommelwirbel, dann Geigen und ein Klavier. Vier barfüßige ernste junge Frauen in scharlachroten Umhängen stolzierten in die Mitte. Sie hatten bleistiftdünne Brauen, dichte Wimpern und schwarz bemalte Lippen. Sie hatten alle das gleiche Gesicht und waren gleich groß, aber jede hatte eine andere Hautfarbe: Eine war weiß wie Porzellan, eine andere schwarz wie Jetperlen, eine dritte rosarot. Sie sahen aus wie Puppen. Bei einem Trompetenstoß ließen sie die Umhänge fallen, und das Scheinwerferlicht ließ sie beinahe flüssig erscheinen. Die Frauen standen mit nackten Brüsten da und bedeckten ihren Unterleib mit Federfächern, die sie ungeschickt bewegten. Lilith sah ihre Freunde verstohlen an, die verlegen und zugleich fasziniert wirkten. Sie wollte eine Bemerkung, einen Scherz machen, aber die Jungen waren wie hypnotisiert. Sie würden sie gar nicht beachten. Die Frauen auf der Bühne bewegten ihre Hüften nicht im Takt mit den Trommelschlägen, sondern als ob ihnen der Rhythmus fremd wäre. Die Zuschauer saßen mit ausdruckslosen Gesichtern wie gebannt da. Als die Frauen ihre Fächer in die Luft warfen, ging das Licht aus. Es war stockfinster. Nach ein paar Sekunden tobte Applaus.

Dann wurde gepfiffen. Ein Mann in ihrer Loge rief obszöne Ausdrücke. Sie hörten ein paar Leute Englisch sprechen. Ein Conférencier sagte die nächste Nummer an: Amores de Varadero.

»Wir sollten jetzt gehen«, flüsterte Lilith. Sie war nicht mehr in der Stimmung, eine männliche Stimme nachzuahmen.

»Es tut mir leid, dass wir dich hierher mitgenommen haben«, sagte Martín. Er konnte ihr nicht in die Augen sehen. Sein Herz klopfte wie wild, und er hatte Angst, dass seine Freunde seine Erregung bemerkten. Nach ein paar Augenblicken nahm er Liliths Hand. Sie gab nach, und er neigte sich langsam zu ihr, bis sich ihre Münder fast berührten. Dabei sah er ihr in die Augen und lächelte nervös.

Oscar unterbrach das, indem er aufstand und ihnen winkte mitzukommen.

Wortlos liefen sie zum Wagen zurück. Martín setzte sich ans Steuer, und sie brausten davon.

»Genau an der Ecke gab es letzte Woche eine Schießerei«, sagte Oscar.

»Gangster«, bestätigte Martín.

Lilith nahm ihren Hut ab und schüttelte ihre Haare.

Sie verließen Havanna mit einem leisen Schamgefühl, an das keiner von ihnen gewöhnt war. Selbst als das Theater schon weit hinter ihnen lag, fühlten sie sich, als säßen sie noch im Publikum. *Vermutlich sind meine Freunde verlegener als ich*, dachte Lilith.

Sie fuhren weiter zur Carretera Central. Es war so ruhig auf den Straßen wie bei einer Ausgangssperre. Sie würden vor Sonnenaufgang bei der Villa Ponce sein. Sie fuhren schweigend mit offenen Fenstern, eingelullt von der kurvigen Strecke und dem Geruch der See.

Als sie in Varadero ankamen, war Lilith von der kleinen Ortschaft überrascht. Sie sah die ordentlichen Häuser, zwischen denen kaum Platz war, so als bräuchten sie einander, um aufrecht zu stehen, um nicht von einem starken Wind umgeweht zu werden. Es sah aus, als hätte man ein Modelldorf an einem einsamen Strand gebaut. Sie fuhren langsam hindurch und weiter auf der linken Seite der Halbinsel an der Küste entlang, bis ein felsiger Abschnitt erkennbar wurde. In der Ferne sahen sie ein hell erleuchtetes Haus auf einem Hügel.

»Seid ihr sicher, dass wir hier richtig sind?«, fragte Lilith, als sie einen breiten steinigen Weg entlangfuhren. »Ich glaube, wir haben uns verirrt.«

»Ich kann mich an die Strecke erinnern«, versicherte Oscar mit müder Stimme. »Ich orientiere mich immer an dem DuPont-Anwesen. Kurz vorher muss man abbiegen. Was ist denn? Unsere kleine Deutsche wird doch wohl keine Angst haben?«

Sie kamen der Küste immer näher. Nachdem sie an den Mangroven vorbei waren, konnten sie Palmen sehen und eine kurze Straße, die zum Wasser führte. Am Ende stand ein massives einstöckiges Haus versteckt zwischen dichten Büschen, gebaut, um dem rauen Wetter des Golfs standzuhalten. Rechter Hand erschien das weiße DuPont-Haus wie ein schlafender Riese.

Ihre Scheinwerfer beleuchteten eine Seite des Strandhauses. Lilith sprang aus dem Auto und rannte zum Meer. Oscar folgte ihr und legte von hinten die Arme um sie. Martín legte die Arme um sie beide, wie um sie zu schützen.

»Wer traut sich rein?«, fragte Lilith.

»Du bist verrückt«, sagte Oscar.

»Um diese Jahreszeit geht niemand baden«, fügte Martín hinzu.

»Wir sind nicht niemand. Na los, ab ins Wasser!«

»Man sieht, du stammst nicht aus Kuba«, sagte Martín. »Selbst wenn wir alle in der Hitze braten, geht im Winter keiner ins Wasser.«

»Winter? Du denkst, das ist Winter?«

Sie drehten sich um und betraten das dunkle Haus. Oscar schaltete eine Tischlampe in der Form eines Blumenstraußes ein und öffnete die Aluminiumtür am anderen Ende des Wohnzimmers, die auf die Terrasse führte. Von dort sah das Meer aus wie eine Metallplatte.

»Eure Zimmer sind auf der rechten Seite«, sagte Oscar. »Wenn ihr wirklich wollt, können wir schwimmen gehen.«

Lilith ging als Erste. Sie ließ ihre Schuhe im Wohnzimmer. Auf der Terrasse zog sie wie bei einem Ritual ihr Jackett, Hose und Bluse aus, legte ihre Verkleidung ab. Sie drehte sich nach den beiden um und zog sich weiter aus, bis sie nackt war. Mondbeschienen stand sie da. Oscar ging nach draußen und fing schüchtern an, sich auszuziehen. Martín folgte ihm, die Augen auf Liliths Anzug geheftet, der jetzt achtlos hingeworfen auf dem Terrassenboden lag. Er wagte nicht, den Blick zu heben. Zum ersten Mal würde er sie nackt sehen.

Martín und Lilith waren sich früher schon nahegekommen, unter den Zelten, die sie sehr zu Helenas Missfallen aus Polsterstoffen in der Herzog'schen Mueblería errichtet hatten. Im Garten hatten sie oft Arm in Arm im Schatten gesessen, um der Sonne zu entkommen. Kurz nachdem sie in das Haus gezogen waren, zu der Zeit als Lilith nicht las und die Zeit stillzustehen schien, hatte sie den Bäumen deutsche Namen gegeben: Ekhard, Georg, Gunther …

»Wir sollten hier überwintern, aber umgekehrt«, sagte sie

einmal zu Martín. »Den ganzen widerlichen Sommer durchschlafen, bis uns der erste Oktobersturm weckt.«

Was Lilith von Berlin vermisste, waren die Nächte und die Winter, in denen sie in dem Park umherrannte, der ihr privater Garten geworden war.

Damals war sie es gewohnt gewesen, dass Leute sie ablehnten, bevor sie sie überhaupt sahen, und dass sie davon bedroht war, von den Menschen, die sie liebte, getrennt zu werden. Als sie in Kuba ankam und feststellte, dass sie größer und dazu noch intelligenter war als die Mädchen und die meisten Jungen in ihrer Klasse, bekam sie zum ersten Mal das Gefühl, die Kontrolle über ihr Leben zu haben. Sich vor ihren Freunden auszuziehen war ein weiterer Schritt in Richtung Selbstvertrauen.

Martín und Oscar standen in der Dunkelheit und schauten Lilith nach, als warteten sie darauf, dass ihnen jemand sagte, was sie tun sollen. Lilith drehte sich nicht nach ihnen um. Sie ging langsam durch den Sand und trat in das stille Wasser. Während sie hineinwatete, erschien sie wie ein silbriger Schatten, der sich in einem Meer aus Zinn auflöste.

»Worauf wartet ihr?«, rief sie über die Schulter.

Oscar stand nackt da, starrte wie hypnotisiert zum Meer und machte keine Anstalten, sich hineinzubegeben, aber dann wagte er sich schließlich doch ins Wasser, allerdings nur bis zu den Knien. Ein paar Minuten später folgte ihm Martín. Scheue Wellen kräuselten sich um ihn. Er hatte das Gefühl, als dränge ihm das Salzwasser in die Poren. Nervös, wie sie waren, vergaßen sie die Kälte.

Lilith sah sie zittern. »Je weiter man reingeht, desto wärmer fühlt es sich an.«

»Es ist eisig!«, rief Oscar.

Martín sah, dass Oscar sich Lilith näherte, und bekam wieder Magenschmerzen. *Das Letzte, was ich jetzt brauche, ist, Fieber zu bekommen und die Zeit im Strandhaus im Bett zu verbrin-*

gen, während Lilith und Oscar sich vergnügen, dachte er. Er folgte Oscars Beispiel und näherte sich langsam Lilith, die auf dem Rücken im Wasser trieb. Der Mond schien auf ihre Brüste.

In der Ferne konnten sie verstreute Häuser sehen, in denen Licht brannte.

Oscar streifte Martín mit dem Arm, doch sein Freund reagierte nicht, er starrte auf Liliths Brüste. Nervös wandte Martín sich Oscar zu und lächelte verlegen. Oscar machte eine schnelle Kopfbewegung und berührte mit den Lippen beinahe Martíns Mund.

»Ich finde, wir sollten wieder rausgehen, außer wir wollen morgen krank im Bett liegen«, brummte Oscar und schwamm zurück zum Strand.

Martín starrte weiter Lilith an und rückte langsam näher. Sie hob den Kopf und versuchte dabei, weiter im Wasser zu treiben. »Ich kann hier nicht mehr stehen.«

»Du kannst dich an mir festhalten«, sagte Martín.

»Lass uns ans Ufer schwimmen, dann wird uns warm.«

Lilith sah, dass Martín noch stehen konnte, als die Wellen kamen und sie umspülten. Sie lehnte sich an ihn, zog sich an seinen Schultern hoch, schloss die Augen und küsste ihn zum ersten Mal auf den Mund. Es dauerte nur eine Sekunde, aber für Martín war es wie die Spanne eines Lebens. Lilith schwamm zum Ufer zurück. Er blieb gedankenverloren an der Stelle stehen.

Oscar hatte sich angezogen und wartete mit einem riesigen Handtuch auf sie. Als sie sich näherte, schloss er die Augen. Dann winkte er Martín.

Martín kam langsam mit gesenktem Kopf auf die Terrasse und blieb verlegen stehen. Oscar hüllte ihn in ein Handtuch. »Du wirst dich erkälten«, sagte er. Sanft begann er, Martín den Rücken abzutrocknen, aber der nahm ihm das Handtuch ab. Oscar wurde rot, und sie gingen hinein.

Der Tag brach an.

Ohne einander in die Augen zu sehen, wünschten sie sich eine gute Nacht und gingen in ihre Zimmer.

Lilith wünschte sich, Martín käme zu ihr, damit sie in der Stille zusammen wach blieben wie früher, wenn sie sich in die Polsterstoffzelte verkrochen hatten. In dieser Hoffnung schloss sie die Augen und träumte, sie würden zusammenleben, eine Familie haben und die Inseln mit einem Boot erkunden.

Am Morgen wachte Lilith als Letzte auf. Sie duschte, zog sich an und machte sich mit nassen Haaren auf die Suche nach ihren Freunden. Die tranken in der Küche Kaffee und hörten gespannt Radio.

»Es geht gleich los«, sagte Oscar.

Lilith verstand sofort. Die ganze Insel war fasziniert von einer Seifenoper, die seit acht Monaten gesendet wurde. Sie drehte sich um eine junge Frau, die ihren Sohn weggegeben hatte, und um ihren Vater, der schließlich davon erfuhr und nach seinem Enkel suchte. Der Star der Telenovela war eine sehr populäre Schwarze namens Mamá Dolores. In der heutigen Episode würde sie ihren Sohn endlich wiedersehen.

Sie hatten zehn Minuten lang zugehört, fasziniert von Mamá Dolores' theatralischem Schluchzen, als das Telefon klingelte. Oscar eilte in den Flur, um den Hörer abzunehmen. Ein paar Augenblicke später kam er wieder in die Küche. Im Hintergrund spielte das Lied *El derecho de nacer*.

»Martín, wir müssen nach Hause«, sagte er. »Dein Vater hatte einen Herzinfarkt.«

14

Zweieinhalb Jahre später
Havanna, Juni 1951

Sieben Jahre waren vergangen, seit El Hombre seine Amtszeit als Präsident beendet hatte. Nachdem er Senator geworden war, hatte er sich auf sein Anwesen zurückgezogen und war anscheinend nicht daran interessiert, wieder Regierungsgewalt auszuüben. Doch seine Rückkehr hatte den Lebensrhythmus der Bernals verändert. Martíns Vater, der seit dem Herzanfall im Rollstuhl saß, verbrachte mehr Zeit zu Hause als im Präsidentenpalast. Er organisierte politische Kampagnen, die Oscar als belanglos bezeichnete, und versuchte, Senator Batista davon zu überzeugen, für die Präsidentschaft zu kandidieren.

Der Zweite Weltkrieg war zwar seit sechs Jahren vorbei, aber in Havanna gab es weiterhin Bombenexplosionen, Überfälle und Schießereien zwischen rivalisierenden Banden. »Ein Krieg führt zum nächsten. Wir verstehen es nicht, in Frieden zu leben«, sagte Lilith kopfschüttelnd zu Oscar.

Für sie bedeutete das Ende des Krieges nichts, denn die, die sie am meisten geliebt hatte, hatte sie längst verloren. Sie sprach mit Beatrice und Albert noch immer Deutsch und mied die Berichte über Massenvernichtung, Konzentrationslager, Leichenberge und Totenschädel, die die Zeitungen von Havanna füllten. Im Mai 1945 hatte es überall Feiern gegeben, doch sie hatte nichts zu feiern. Der Krieg hatte ihre Familie ausgelöscht und ihr einen anderen Namen, ein anderes Land, eine andere Sprache, eine andere Mutter gegeben. Sie hatte kein Zuhause in Deutschland, in das sie hätte zurückkehren können, obwohl Beatrice ständig Briefe an europäische Flüchtlingshilfegruppen und das Rote Kreuz schrieb. Beatrice wollte alle wissen lassen, dass sie, ihr Mann und Lilith noch immer auf der Insel gestrandet waren, die sie nach wie vor als Exil empfanden. *Ihre Briefe sind Rauchsignale, die verwehen*, dachte Lilith. Wie viele Briefe, in denen es um ein unmögliches Wiedersehen ging, waren über den Atlantik gegangen? Zu wissen, dass man sie in Deutschland, wo sie sich damals hatte verstecken müssen, jetzt nicht mehr anspucken würde, war ein schaler Trost.

Nach dem Ende des Krieges hatte ein Mädchen in der Schule sie gefragt, ob sie Kuba nun verlassen würde.

»Was meinst du denn, wo ich hingehen sollte?«, erwiderte sie.

»Lilith wird nirgendwohin gehen«, sagte Martín. »Sie ist genauso kubanisch wie du und ich.«

Nun, fünf Jahre später, boomte die Wirtschaft des Landes. Klapprige Straßenbahnen wichen glänzenden neuen Bussen, und Modernität lag in der Luft. Die Leute waren stolz, weil Kuba zu den Ländern gehörte, die ihre Auslandsschulden pünktlich zahlten. Die Banco Nacional wurde gegründet und brachte Wohlstand ins Land. Was das Leben der Bernals jedoch am meisten veränderte, war das Aufkommen der Klimaanlagen. Martín und sein Vater dichteten das Haus ab und installierten in jedem Raum einen Metallkasten, außer im Bad und in der Küche. Die Motoren brachten das Haus zum Vibrieren, und der Lärm gab ihnen das Gefühl, in einer Fabrik zu leben. Von draußen sah es aus, als ob das Haus weinte, denn von den Geräten an den Fenstern tropften Tränen und rannen, zu Bächen vereint, in den Garten. Helena schimpfte und meinte, wenn alle reichen Familien solche Dinger installieren würden, würde sich Vedado bald in einen Sumpf verwandeln.

Nach Kriegsende veränderte sich auch der Haushalt der Familie Herzog. Albert verbrachte seine ganze Zeit im Büro und las alte Zeitungen aus Übersee, die ihm ein Kunde seines Stoffgeschäfts brachte, und erzählte alles, was er gelesen hatte, was mit Deutschland zu tun hatte. Außerdem begann er, sein Geschäft abzuwickeln.

»Der Krieg ist vorbei. Welchen Zweck hat es weiterzumachen? Wenn wir aus Kuba weggehen, landen wir auch nur auf dem Friedhof. Wir haben mehr als genug, um hier bis zum Ende davon zu leben.«

Albert nannte Lilith noch immer »das kleine Mädchen« und weckte in ihr damit eine Erinnerung an die Zeit an Bord der *St. Louis*. Nachdem sie damals einige Tage unterwegs gewesen waren, hatte er ihr ins Ohr geflüstert: »Du bist ein intelligentes kleines Mädchen. Du wirst einen Weg finden, um weiterzumachen. Nicht nur um deinetwillen, sondern auch für deine Mutter.« Dann küsste er sie auf die Stirn. Er hatte sie immer unterstützt, sogar ihre Partei ergriffen, als Helena der Meinung war, Lilith sei zu unabhängig und eigenwillig. »Lass sie in Ruhe, sie weiß, was sie tut«, sagte er in solchen Momenten.

Da ihr Mann sich in sein Büro verkroch, gewöhnte Beatrice es sich an, nachmittags in die Altstadt zu gehen und im Hotel Raquel Tee zu trinken. Täglich trafen zahllose Flüchtlinge aus Europa ein. Manche sahen schrecklich unterernährt aus, und gewöhnlich weigerten sie sich zu erzählen, was sie erlebt hatten. Die Familien dagegen, die im Hotel an der Ecke Calle Amargura und San Ignacio ankamen, hatten Geld und Besitz retten können. Beatrice hegte noch immer die Hoffnung, einen Nachbarn oder jemanden aus dem Dorf ihrer Familie wiederzusehen. Tag für Tag kam sie bei Sonnenuntergang resigniert nach Hause und zog sich schweigend zurück.

Die Hitze um diese Jahreszeit war erdrückend, und sie verbrachten fast den ganzen Tag in der Küche, wo sie die Fenster zum Garten öffnen konnten, in dem die Bäume, denen Martín und Lilith deutsche Vornamen gegeben hatten, Schatten spendeten. Im Wohnzimmer, wo die Sonne hineinschien und Teppiche und Wandfarben verblassen ließ, war es nachmittags höllisch heiß. Lilith fing an, sich bei Helena und dann auch bei ihrer Mutter über die Hitze zu beklagen, weil sie sie zu überzeugen hoffte, dass Klimageräte ihnen das Leben sehr viel angenehmer machen würde.

Oscar reiste mit seinen Eltern nach Europa, und als er nach einigen Monaten zurückkehrte, überraschte er Martín und Lilith, indem er ihnen eine Freundin vorstellte, die er bei der Rückfahrt von Barcelona auf dem Überseedampfer kennengelernt hatte. Ofelia Loynaz war achtzehn Jahre alt und stammte aus einer der ältesten und vornehmsten Familien des Landes. Unter ihren Vorfahren befanden sich Helden des Unabhängigkeitskrieges und Präsidenten der Republik, ein Erbe, mit dem Oscars Vater gern angab. Immer häufiger schloss sich Ofelia den drei Freunden bei ihren Unternehmungen an.

Eines Tages nahm Martín Oscar zu einer Flugstunde mit und schlug vor, die beiden jungen Frauen sollten den Tag zusammen verbringen. Oscar wollte, dass sie sich besser kennenlernten und miteinander warm wurden. Lilith ging nie mit Martín fliegen, zum einen wegen ihrer Höhenangst und zum anderen, weil ihr bei plötzlichen Bewegungen schlecht wurde. Der bloße Gedanke, sich in eins dieser lauten Flugzeuge zu setzen, brachte ihr wieder vor Augen, wie schwindlig und übel ihr auf der Schiffsreise von Hamburg nach Havanna gewesen war. Ofelia fragten sie erst gar nicht, ob sie mitfliegen wolle, weil sie so zierlich und zerbrechlich wirkte, dass sie dachten, sie würde schon beim Abheben kollabieren.

Anfangs verstand Lilith nicht, was Oscar mit dem stillen, zarten Mädchen verband. Ofelia sprach so leise, dass Lilith oft Mühe hatte, sie zu verstehen. Das verschärfte sich durch ihren spanischen Akzent und ihre Art, die Wörter beim Sprechen zu trennen, Lücken zu lassen und das S zu verschlucken. Oscar nannte sie nicht beim Namen, sondern sprach lediglich von »ihr«, wenn er sie erwähnte. Tatsächlich vermutete Lilith seit Langem, dass Oscar in Martín verliebt war. Er hörte immer wie gebannt zu, wenn Martín von seinen waghalsigen Flügen erzählte, und manchmal sah sie, wie Oscar die Adern auf Martíns starken Hände betrachtete. Ihr fiel ein, was Helena einmal gesagt hatte: *Niemand weiß, wohin das Herz uns führt.*

Während Oscar und Martín in der Luft waren, gingen Lilith und Ofelia in ein Café, und nachdem sie über eine Stunde Kaffee getrunken hatten, erzählte Ofelia ihr, dass sie niemals heiraten wolle, weil sie keine Lust auf Partys habe und auch keinen Mann brauche. Ihr Lebenszweck sei es, zu Jesus zu beten, sagte sie. Von Jesus sprach sie mit solcher Vertrautheit – sie vertraue nur Ihm und sei Ihm völlig ergeben –, dass Lilith überzeugt war, die junge Frau werde keinesfalls eine romantische Beziehung mit Oscar eingehen, der weiterhin darauf beharrte, dass seine Zukunft außerhalb Kubas läge.

Nach dem Kaffee begleitete Lilith Ofelia zu einer Kirche, wo sie eine Spende abgeben wollte. In der Mitte der Avenida Paseo schlenderten sie im Schatten der Bäume die Fußgängerpromenade entlang bis zu einer großen neugotischen Kirche mit zwei Türmen, die einen ganzen Block einnahm. An einer Ecke wirkte sie eher klassisch, als ob der Architekt sich bei der Erbauung irgendwann gelangweilt hätte. Ofelia sagte, zu der Kirche gehöre das Frauenkloster Santa Catalina de Siena. Sie stiegen die schlichten Stufen hinauf, und als sie eintraten, tauchte Ofelia die Fingerspitzen in ein Becken, bekreuzigte sich und knickste.

»Schon als kleines Mädchen wollte ich Nonne werden«, erzählte sie Lilith. »Nicht irgendeine Nonne«, fügte sie hinzu, als sie weitergingen. Ab und zu blieb sie stehen und tupfte sich mit einem rosa Spitzentaschentuch den Schweiß von der Stirn. »Von Geburt an war ich dazu bestimmt, nachzudenken und zu beten. Eines Abends vor dem Schlafengehen habe ich still gelobt, ins Kloster zu gehen, und das ist so bindend wie die ewigen Gelübde vor dem Herrn.«

Sie erzählte davon, dass ihre Eltern das für eine kindische Laune hielten, bis sie erkannten, dass Ofelia Schwester Irene sehr nahestand, einer der Nonnen des Klosters, die sich um Leprakranke kümmerten und für verlassene Kinder ein Zuhause suchten. Ofelia fand die wohlhabenden Familien, die ins Haus der Loynaz' kamen, egoistisch und frivol, solange sie nicht der Kirche spendeten. Als ihr Vater beobachtete, wie sie den Frauen seiner Freunde deshalb ständig in den Ohren lag, wurde ihm klar, dass Ofelia trotz ihrer unterwürfigen Erscheinung eine Rebellin war. Sie führe an allen Fronten einen Kampf für ein allmächtiges Wesen, sagte er zur übrigen Familie über seine Tochter.

»Irgendwann wirst du mit Lepra nach Hause kommen und deine Brüder und deine Mutter anstecken«, war es eines Tages aus ihm hervorgebrochen.

»Vater, vergib ihm«, hatte Ofelia gesagt, die Augen zum Himmel gehoben und ein Gebet gemurmelt.

Während sie in der Kirche auf Schwester Irene warteten, schaute Lilith wie gebannt in die Gesichter, die sie im Zwielicht hinter dem Gitterwerk nahe dem Altar neben den bunten Glasfenstern erkennen konnte. *Das müssen die Nonnen des Klosters sein*, dachte sie.

Schwester Irene war eine große, korpulente Frau. Lilith hatte sich alle Nonnen so vorgestellt wie ihre Freundin: klein, zerbrechlich und sanftmütig. Doch hier stand sie vor einer starken Frau, die freundlich und gütig auftrat und Ofelias Hände beim Plaudern mehrere Minuten lang festhielt. Ofelia gab ihr einen Umschlag mit einer Bargeldspende, und die Nonne zeichnete ein Kreuzzeichen in die Luft.

Als Lilith das schwere schwarze Gewand von Schwester Irene betrachtete, fragte sie sich, wie sie in der tropischen Hitze solch eine Rüstung ertrug. Sie stellte sich Nonnen immer in dunklen Räumen vor, in die nur durch die bunten Fenster Licht von draußen drang, und schlafend in einer Zelle, in der es nur ein hartes Holzbett und ein Kreuz gab. Das war ein Bild aus den Romanen, in denen Frauen ins Kloster gingen und ihre weltlichen Güter abgaben, um dafür zu büßen, dass der Geliebte sie sitzen gelassen hatte.

Ofelia und Schwester Irene sprachen über ein Neugeborenes, das kein Zuhause hatte. Die Mutter war bei der Geburt gestorben, und Ofelia versprach, alles zu tun, um eine gute Familie für das Kind zu finden. Schwester Irene verhielt sich Ofelia gegenüber mütterlich, und Lilith bekam einen Einblick in die Welt, die ihre neue Freundin lockte. Den ganzen Tag zu lesen, zu beten und zu meditieren, empfand Lilith nicht als sonderbar. Sie dachte, es müsse eine Herausforderung sein, die Bibel auswendig zu lernen, sich Latein anzueignen und die verschlungenen Denkweisen einer Religion zu erkunden, die ihr selbst gänzlich fremd war, obwohl sie in gewisser Weise zu ihr gehörte. Zumindest vonseiten ihrer Mutter.

Nachdem sie der Nonne begegnet war, beschloss Lilith, sich enger mit Ofelia anzufreunden. Sie ließ sie reden und versuchte nicht, jedes Wort zu verstehen. Es war nur wichtig, das Wesentliche zu erfassen, nicht jeden einzelnen Satz, wenn die junge Frau etwas vor sich hin murmelte und die Konsonanten verschluckte, als könnten sie ihre Kraft mitnehmen, wenn sie ihrem Mund entkämen.

An Wochentagen gingen sie zur Calle Obispo und verbrachten Stunden in der Buchhandlung La Moderna Poesía, wo sie ab und zu die neusten Werke kubanischer Schriftsteller kauften. Sie unternahmen lange Spaziergänge ohne ein bestimmtes Ziel, und jeden Monat besuchten sie gemeinsam

Schwester Irene, damit Ofelia ihre Spende überreichen konnte. Lilith fing auch an zu spenden und drückte der Nonne einen zugeklebten Umschlag in die Hand, ohne zu wissen, ob das eine angemessene Summe war oder an Ofelias Spende heranreichte. Lilith war noch nie einer jungen Frau begegnet, die so fromm war, und sie selbst hatte solch eine Berufung nie empfunden. *Wenn es Gott tatsächlich gibt*, dachte sie, *dann hat er mich und meine Familie wohl vergessen.*

Im Lauf der Monate wurde Ofelia mehr und mehr zu einem Teil der Gruppe. Lilith fühlte sich ihr verbunden. Ofelias Eltern erlaubten ihr Freiheiten, von denen andere Töchter der Gesellschaft nur träumen konnten. Sie bestanden nicht darauf, dass jemand sie bei ihren Treffen mit Oscar beaufsichtigte, und ließen sie sogar mit ihm, Lilith und Martín in Varadero übernachten. Sie wussten, dass für ihre Tochter Gott immer präsent und ihre Jungfräulichkeit darum nicht gefährdet war. Ihre Hingabe an den Herrn wirkte wie ein Keuschheitsgürtel. Sie dachten außerdem, die Fahrt mit den drei Freunden könnte sie von der Idee, ins Kloster zu gehen, abbringen, denn damit würden sie ihre einzige Tochter verlieren. Wenn Söhne heirateten, verließen sie das Haus und kamen nicht zurück. Wenn Ofelia die ewigen Gelübde ablegte, wer würde sich dann im Alter um die Eltern kümmern?

Oscar und Martín freuten sich, dass Lilith, die nicht leicht Freundschaften schloss, sich mit Ofelia gut verstand. Und Martín freute sich, Oscar mit einer Freundin zu sehen. Er brauchte sich nicht mehr unbehaglich zu fühlen, wenn sein Freund ihn lange umarmte. *Wir sind wie Brüder*, dachte er, *und werden unser Leben lang unzertrennlich sein*. Falls Oscar für ihn Gefühle hegte, so wusste er sicherlich, dass Martín Lilith liebte und sie bald heiraten und mit ihr Kinder haben würde.

Eines Nachmittags war Lilith mit ihren drei Freunden in der Küche, als Oscar ankündigte, dass er mit seinen Eltern eine lange Reise in die Vereinigten Staaten unternehmen würde. Ofelia wurde blass – es war klar, dass sie zum ersten Mal davon hörte. Lilith nahm ihre Hand. Ohne Ofelia auch nur anzusehen, erzählte Oscar weiter. Sie würden zuerst nach San Francisco reisen und dann New York, wo Kuba als Gründungsmitglied der Vereinten Nationen ein Konsulat eröffnet hatte. Er hatte seinen Vater schon auf zwei Reisen nach Manhattan begleitet, das er die »wahre Insel« nannte, und war begeistert mit einem neuen Tanz zurückgekehrt, den ein Kubaner erfunden hatte und der sich auf der ganzen Welt verbreitete. Helena bereitete Limonade zu, als im Radio die Nachrichten endeten und Musik gespielt wurde.

»Mambo!«, rief Oscar und fing wild an zu tanzen.

Er nahm Helenas Hand und zeigte ihr die Bewegungen, die sie fast perfekt nachahmte. Sie machten zwei Schritte, hoben die Zehen an und streckten einen Arm nach vorn und dann nach hinten, zusammen mit einem kurzen Hüftstoß. Lilith versuchte es auch und brachte Martín damit zum Lachen. Jeder, sogar Ofelia, konnte dem Rhythmus folgen, nur Lilith nicht. Sie konnte kaum die Bewegungen nachvollziehen.

»Ich kriege keine Luft mehr!«, japste Helena strahlend und wandte sich wieder der Zubereitung der Limonade zu.

Oscar nahm Ofelia als nächste Partnerin. Sie stellten sich zu viert nebeneinander auf. Er führte sie durch die Schritte, und Lilith ließ sich mitreißen. Sie war wirklich davon überzeugt, dass jedem, der auf der Insel geboren wurde, das Tanzen im Blut lag. Wie die Kubaner gestikulierten, wie sie gingen, sich hinsetzten, mit den Schultern zuckten: Immer schwang in ihren Augen Musik mit. Martín nahm gerade Lilith bei den Händen, damit er ihr den Rhythmus zeigen konnte, als es an der Haustür klopfte.

Helena entschuldigte sich und ging nachsehen, wer da draußen stand. Kurz darauf rief sie nach Beatrice. Einzelne Wörter des Gesprächs waren in der Küche zu verstehen. Es war eine männliche Stimme, die Deutsch sprach. Lilith ging ins Wohnzimmer, wo sie sah, dass Beatrice mit einem alten Mann sprach. Er hatte ein verhärmtes Gesicht und trug Kleidung und Schuhe, die ihm zu groß waren. In der Hand hatte er einen schmalen schwarzen Lederkoffer mit Bronzerand.

»Sie müssen Lilith sein«, sagte er heiser. »Ich war einer von Professor Bormanns Studenten.«

Lilith erkannte, dass er gar nicht alt war. Helena kam aus der Küche mit einem Glas Wasser und einer Tasse Kaffee, die sie dem Besucher unaufgefordert brachte. Er trank das Wasser und den Kaffee in einem Zug aus. Allmählich bekam er Farbe im Gesicht, aber seine Stimme klang noch immer heiser.

»Das ist für Sie.« Er gab Lilith einen verschlossenen gelben Umschlag.

Sie öffnete ihn und fand darin ein schmutziges, zerfleddertes Notizbuch mit abgegriffenen Ecken, das in starkem Kontrast zu dem makellosen Umschlag stand, in dem es befördert worden war.

»Das gehört Ihnen«, erklärte der Mann, ohne den Blick von ihr zu wenden.

Beatrice schwieg und fürchtete offensichtlich, der Mann würde Lilith mehr darüber sagen, wie ihre Mutter gestorben war.

Martín, Oscar und Ofelia kamen ins Wohnzimmer, und der Mann stellte sich vor. »Señor Abramson«, sagte er. »Ein alter Freund von Liliths Familie.«

»Alles in Ordnung?«, fragte Martín an Lilith gewandt.

Sie antwortete nicht. Ihr Blick war auf das Notizbuch geheftet.

Mit den Fingerspitzen strich sie über die Zeile auf dem Deckel: *Für Lilith, meine Reisende der Nacht.* Behutsam schlug sie es auf und sah ein Meer von Wörtern und Gedanken, viele davon durchgestrichen oder ausgeblichen, sodass es schwierig war, sie zu entziffern.

Lilith blickte zu dem Mann auf. Sie wollte ihn nach ihrer Mutter fragen, nach Opa und Franz. Dann wandte sie sich wieder den Seiten zu, den Zeilen in verblasster Tinte. Sie hob das Notizbuch vors Gesicht und roch daran. Dabei wurde sie rot, weil alle sie beobachteten. Das Notizbuch ihrer Mutter hatte Grenzen, Flüsse und Gebirge überquert und schließlich über den Atlantik zu ihr gefunden. Welche Spuren von Ally konnte es noch tragen?

»Meine Mutter hatte eine schöne Handschrift«, sagte sie und fand die Aussage selbst erschütternd.

Es war lange her, seit sie ihre wahre Mutter anders als Ally genannt hatte, besonders im Beisein von Beatrice. Sie wagte es nicht, sie anzublicken. Aus dem Augenwinkel sah sie ihr erstarrtes Lächeln. Sie versuchte, dem zu folgen, was Abramson stockend hervorbrachte, eine Geschichte, die keinen Anfang und kein Ende hatte.

»… nun habe ich Ihnen das Notizbuch gebracht und meine Schuld beglichen«, sagte er auf Spanisch mit kastilischem Akzent. »Nun kann ich in Frieden sterben.«

Soweit sie verstanden hatte, war der Professor sein Mentor gewesen. Als Abramson während der ersten rassistischen Säuberung der Universität verwiesen wurde, hatte der Professor weiterhin seine Gedichte und Essays gelesen, und als er hörte, dass man seinen Verwandten die Geschäfte weggenommen hatte, half der Professor ihm mit Geld aus, damit er aus Berlin fliehen konnte. Er floh nach Süden und gelangte schließlich nach Spanien. Während seine Eltern in ein Konzentrationslager gebracht wurden, fuhr er im Zug über die Pyrenäen. Er erreichte Spanien in den letzten Kämpfen des Bürgerkriegs, und als der vorbei war, begann der nächste Krieg, der ganz Europa erfasste, und schließlich strandete er in einem Dorf ohne offizielle Grenze. Als er endlich einen Platz zum Leben gefunden hatte, schrieb er an seinen Professor. Die Briefe, die sie austauschten, kamen immer spät und in der falschen Reihenfolge an.

»Bevor der Professor nach Sachsenhausen verschleppt wurde, konnte er mir das Notizbuch noch schicken«, erzählte Abramson. »*Das Einzige, was ich vor dem Feuer gerettet habe*, hat er geschrieben, und er hat mich gebeten, es zu hüten wie meinen Augapfel. *Es ist alles, was von einer Schriftstellerin, die ich sehr bewundert habe, geblieben ist. Das Notizbuch und ein Gedicht, das bei ihrer Tochter in Kuba sein muss*«, fügte er hinzu.

Bei diesen Worten schauderte Lilith und wurde von einem ungewohnten Schuldgefühl übermannt. Seit sie mit dem Ehepaar, das sie nun ihre Eltern nannte, in Kuba angekommen war, hatte sie sich geweigert zurückzublicken. Das Gedicht, das mit ihr hergereist war, lag in ihrer Nachttischschublade zusammen mit der Kette mit dem Kreuzanhänger, die sie aus Respekt vor ihren neuen Eltern nicht getragen hatte. Sie hatte es nicht noch einmal gelesen und wusste nicht, ob die Schrift verblasst war wie in dem Notizbuch. Der Professor hatte Abramson Allys und Liliths Namen und den Namen des Ehepaars genannt, mit dem sie nach Havanna gereist war.

Abramson hatte die Familie Herzog dank der vielen Briefe gefunden, die Beatrice auf der Suche nach überlebenden Verwandten in die Welt geschickt hatte.

»Die Wege des Schicksals …«, sagte er verwundert.

Lilith wartete ängstlich darauf, dass der Mann Franz erwähnte. Bis sie Martín kennenlernte, hatte sie sich bei niemandem so sicher und beschützt gefühlt wie bei Franz. Als hätte sie eine Armee hinter sich. Anfangs hatte sie sich ihn neben unmenschlichen Soldaten vorgestellt, wie er Kugeln auswich, in

Schützengräben überlebte, für eine Sache kämpfte, an die er nie geglaubt hatte. Einmal hatte sie geträumt, er schliefe in einem Wald, und hatte das als Zeichen gesehen, dass er friedlich gestorben war, mit unversehrtem Gesicht, nicht entstellt durch eine Handgranate, wie sie auch einmal geträumt hatte. Das Bild von Franz, wie er ihr die Stoffpuppe schenkte, war ihr ins Gedächtnis eingebrannt. Für sie war das sein Abschied gewesen.

»Einer meiner Onkel ist in Panama gelandet«, erzählte Abramson. »Er hat ein Geschäft gegründet und mit Kuba Handel getrieben und ist dann nach dem Krieg nach Havanna gezogen, weil Kuba seiner Ansicht nach das blühendste Land des amerikanischen Kontinents ist. Mein Onkel hat die Einladung eines alten Freundes angenommen, der ihm half, mittels einer Glühbirne in einem Holzkasten, der Bilder zeigte, einen Sender für Liveübertragungen zu gründen. Kuba sollte das zweite Land der Welt werden, das Fernsehen hatte.«

Heimatlos, ohne Familie und Geld auf einem in Schutt und Asche liegenden Kontinent, hatte Abramson beschlossen, zu seinem Onkel nach Havanna zu reisen und das Versprechen an seinen Mentor zu erfüllen. Nun könne er in Frieden sterben, wiederholte er. Abramson verabschiedete sich und erschien noch ausgemergelter als bei seiner Ankunft, als hätte es ihn Lebenskraft gekostet, seine Geschichte zu erzählen.

Lilith rannte in ihr Zimmer, damit niemand ihre Tränen sah. Mit dem Notizbuch in der Hand setzte sie sich aufs Bett. Sie traute sich nicht, die Schublade zu öffnen und nachzusehen, ob das Gedicht, mit dem sie vor über zehn Jahren Deutschland verlassen hatte, noch lesbar war.

Sie las ein paar Passagen in dem Notizbuch, versuchte, den wahllosen Wörtern einen Sinn zu entnehmen. Sie änderte die Reihenfolge, fing von hinten an, dann von vorn, gab schließlich auf und öffnete die Schublade. Das Erste, was sie sah, war die kleine Schachtel. Sie nahm sie heraus. Darunter lag das Blatt

Papier mit dem Gedicht, in der Mitte gefaltet, in seinem rosa Briefumschlag. Sie nahm den Deckel der Schachtel ab, und der Anblick des Kreuzes erinnerte sie an einzelne Sätze und den Klang von Glasscherben unter Schuhsohlen. Sie las die Gravur auf der Rückseite: *Lilith Keller*. Darunter die Zahl sieben. Behutsam klappte sie das Blatt Papier auf und las eine Zeile: *In der Nacht deiner Geburt war Berlin dunkler denn je …* Am Ende des Gedichts begann sie von vorn und verweilte bei jeder Zeile. Sie prägte sich jedes Wort ein, jede Lücke, jeden Abstand, den Strich der Buchstaben, die Farbe der Tinte. Nichts sollte vergessen werden – die Vergangenheit war zu ihr zurückgekehrt.

Mit dem Gedicht, dem Kreuz, der Puppe Nadine und dem Notizbuch auf der Brust legte sie sich ins Bett und schlief irgendwann ein.

15

Neun Monate später
Havanna, März 1952

Sonnenaufgang.

»Bleib im Haus, geh nicht nach draußen«, hörte Lilith Martíns Stimme. »Mehr kann ich jetzt nicht sagen.«

Das Telefon hatte sie geweckt. Erschrocken, aber noch vom Schlaf benommen, hatte sie den Hörer abgehoben, ohne sich zu melden. Sie hätte ihn gern gefragt, ob sie sich später sehen würden, ob er kommen und sie abholen werde, doch da hatte er schon aufgelegt. Angsterfüllt blieb sie auf der Bettkante sitzen.

Eine der Eigenschaften, die sie an Martín besonders liebte, war seine Beständigkeit. Warum hatte er sie mit diesem hektischen Tonfall anrufen? In schwierigen Momenten sah er ihr sonst immer in die Augen, nahm ihre Hände und erklärte mit der Überzeugung eines weisen alten Mannes: *Wir werden immer einen Weg finden*. Aber an jenem 10. März 1952 hatte er sie ängstlich und verwirrt zurückgelassen.

Als er sie das letzte Mal überrascht hatte, war es ein sehr viel glücklicherer Moment gewesen. Vor zwei Monaten hatte er ihr einen Heiratsantrag gemacht. Weihnachten und Neujahr waren vorbei, und Lilith saß auf der Terrasse, die ihre beiden Häuser verband, als Martín sich von hinten an sie herangeschlichen und ihr die Augen zugehalten hatte. Sie hörte ihn aufgeregt atmen wie früher, wenn sie unter den Bäumen Nachlaufen gespielt und sich freche Namen zugerufen hatten.

»Es wird Zeit, allen zu zeigen, dass ich dich liebe.« Er seufzte.

Sie drehte sich um und küsste ihn. Ein paar Minuten lang hielten sie sich umschlungen. Lilith bemerkte, dass Beatrice und Helena sie vom Küchenfenster aus beobachteten. Martín nahm Liliths Hand und steckte ihr einen Ring an den Finger.

Nur ein paar Stunden später saßen die beiden Familien im Wohnzimmer der Herzogs zusammen und feierten die Verlobung. Albert öffnete eine Flasche Sekt, und sie stießen auf das glückliche Paar an. Oscar war seltsam still gewesen.

Für Lilith war ihre Hochzeit etwas in weiter Ferne. Sie hatten noch kein Datum festgesetzt, und Martín hatte darauf beharrt, dass sie erst nach seinem Examen heirateten. Noch am Tag zuvor hatten sie darüber gesprochen, als sie in Río Mar im Restaurant zu Abend aßen, nur sie beide. Sie hatten sich über Martíns bevorstehende Reise in die Vereinigten Staaten unterhalten, über die Zeit, die sie getrennt sein würden, und die Tage, an denen sie ihn besuchen würde. Seine Ausbildung in Tulsa, Oklahoma, würde zwei bis drei Monate dauern.

Beim Essen hatte Lilith zwei Gläser Champagner bestellt. Martín war die meiste Zeit des Abends einsilbig gewesen, aber sie hatte sich nichts dabei gedacht. Dass er nervös war, weil er einen Platz an der Spartan School of Aeronautics bekommen hatte, war verständlich.

Sie hatte sich inzwischen an seine regelmäßigen Flüge nach Daytona Beach in Florida gewöhnt. Sie wusste, dass er Flugstunden sammeln musste. Seinem Vater wäre es lieber gewesen, er hätte sein Jurastudium zu Ende gebracht und sich einen Posten in der Finanzwelt gesucht, aber Martín hatte immer etwas anderes gewollt. »Meine Welt ist da oben in den Wolken«, sagte er immer, und sein Vater verdrehte die Augen. Doch am Ende war Señor Bernal stolz auf seinen Sohn, der in Mathematik glänzte und fließend Englisch sprach, während er selbst es noch immer unmöglich fand, die Konsonanten am Wortende auszusprechen, obwohl er an einer amerikanischen Universität studiert hatte. Letzten Endes wusste er, dass es keine Schande für seinen Sohn war, Pilot zu werden.

Drei Jahre war es her, seit Señor Bernal den Herzinfarkt erlitten hatte, der ihn an den Rollstuhl fesselte. Er nahm noch an Abendgesellschaften bei Senatoren und Geschäftsleuten teil, immer in Begleitung seines Sohnes. Dabei hatte Martín gelernt, dass Schweigen eine mächtige Waffe sein konnte, wie er Lilith mehr als einmal erklärt hatte.

Mit wild klopfendem Herzen versuchte Lilith, Martín zurückzurufen. Zuerst wählte sie die Nummer vom Büro seines Vaters, aber dort nahm niemand ab. Dann versuchte sie Ofelia zu erreichen, und die meldete sich auch nicht. *Sie ist bestimmt im Kloster*, dachte Lilith. Sie duschte, zog sich an und eilte hinunter in die Küche. Es war Montag, und ihre Eltern schliefen noch. Sie öffnete die Vorhänge im Wohnzimmer und sah, dass die Straßen verlassen waren, als hätte es in Havanna einen Hurrikanalarm gegeben, einen von denen, die jedes Jahr mit der Präzision eines Maschinengewehrs Dächer von Häusern rissen.

Bevor sie Kaffee kochte, stieg sie die Treppe hoch zum Schlafzimmer ihrer Eltern. Als sie an das Marmorgeländer fasste, lief es ihr kalt den Rücken hinunter. Ihr war, als lebe sie in einer anderen Dimension, in ihrem wiederkehrenden Albtraum, bei dem sie auf einem sinkenden Schiff gefangen war.

Sie zählte die Stufen, betrachtete die Fotos, die in goldverzierten Mahagonirahmen an der Wand hingen. Sie sah sich als Kind im Hamburger Hafen, wie sie am Tag ihrer Flucht aus Deutschland an der Hand von Albert und Beatrice die Gangway hinaufging. Das Foto war in einer New Yorker Zeitung erschienen und hing jetzt ausgeschnitten und gerahmt neben der Treppe. Ein Stoffhändler war damit eines Tages in das Geschäft auf der Calle Muralla gekommen, und bevor er ihnen den Taft und die Seide zeigte, hatte er den Zeitungsausschnitt auf den Ladentisch gelegt.

»Das sind doch Sie?«, hatte er gesagt und auf das Gesicht des Mannes mit Hut und Brille und auf die Frau neben ihm gezeigt. Dann wandte er sich an den Teenager hinter der Kasse: »Und du hast noch dieselben angsterfüllten Augen wie als kleines Mädchen.«

Lilith erkannte sich auf dem Bild nicht wieder und konnte sich überhaupt an wenig erinnern, was in den zwei Wochen auf See passiert war, außer dass sie nachts an Deck gegangen war.

Albert hatte den Ausschnitt rahmen lassen und das Bild im Büro aufgehängt. Seitdem er sein Geschäft verkauft und sich zur Ruhe gesetzt hatte, hing es an der Treppenwand.

Als Lilith die Stufen hinaufstieg, blieb sie vor dem Hochzeitsfoto von Albert und Beatrice stehen. Es schien ihr, als wäre das junge Paar auf dem Foto vor Jahren gestorben und die beiden alten Leute, bei denen sie lebte, wären entfernte Verwandte.

»Wir waren jung und glücklich«, hatte Beatrice einmal zu ihr gesagt, als sie sie fasziniert vor dem Foto stehen sah.

Auf einem anderen war die ganze Familie Herzog um einen Tisch mit einer Spitzendecke versammelt: Die Großeltern, die Eltern, Brüder und Schwestern und deren Kinder, alle lächelten in die Kamera. Für Lilith waren sie Fremde. Beatrice hatte jahrelang an Organisationen geschrieben, die auseinandergerissene Familien zusammenführten, hatte aber am Ende akzeptieren müssen, dass niemand von ihnen den Krieg überlebt hatte und sie selbst ihre lebenslange Strafe, sich zu erinnern und schuldig zu fühlen, ertragen musste.

Ein Foto, das Lilith besonders gern mochte, war das von der Eröffnung des Möbelgeschäfts Mueblería Luz. Sie schnitt darauf das Band durch, und Martín stand begeistert hinter ihr.

»Von da an wusste ich, dass er in dich verliebt ist«, gestand Beatrice ihr an dem Tag, als sie sich mit Martín verlobt hatte.

Zwar hatten die Herzogs nach ihrer Ankunft in Havanna ihre Traditionen aufgegeben, doch Beatrice zündete noch immer jeden Freitag zwei Kerzen an, wie es jüdischer Brauch war, und nach dem Krieg traf sie sich ab und zu mit Freundinnen, Kundinnen aus dem Möbelgeschäft, in einer hebräischen Gemeinde im Zentrum von Vedado. Sie hoffte immer noch, auf einen Flüchtling aus ihrem Heimatdorf zu treffen, das in den letzten Kriegstagen dem Erdboden gleichgemacht worden war. Jahrelang ging sie abends in dem festen Glauben zu Bett, dass sie eines Tages in nicht allzu ferner Zukunft erfahren würde, was aus ihren Brüdern und Schwestern, Neffen und Nichten geworden war.

Auch ein Foto von Paul hatte da gehangen, Beatrices einzigem Kind, aber eines Tages hatte sie es abgehängt, und Lilith sah es nie wieder.

»Der Schmerz, nicht zu wissen, wie sein Gesicht gealtert wäre, ist mir unerträglich«, hatte Beatrice gesagt. »Früher hat es in unserem Lampengeschäft in Berlin gehangen.«

»Wir haben die ganze Stadt erleuchtet«, fügte Albert hinzu, »aber am Ende haben sie sich für die Dunkelheit entschieden.«

Lange Zeit waren an der Stelle des Fotos nur Staubränder zu sehen.

»Wir werden euer Hochzeitsfoto dort hinhängen«, erklärte Beatrice und legte die Hand um Liliths Taille, nachdem sie ihre Verlobung bekannt gegeben hatten.

Und schließlich hing da ein Foto von Lilith und Martín in ihren weißen Uniformen und den schwarzen Krawatten der St.-Georgs-Schule, wo sie an dem Nachmittag ihrer Abschlussprüfung auf dem inneren Schulhof standen.

Oben an der Treppe wandte Lilith den Kopf zum Flur, der zu dem Schlafzimmer und dem Arbeitszimmer ihres Vaters führte. Vor dem höhlenartigen Raum mit dunklen Bücherregalen und Vorhängen, die keinen Sonnenstrahl durchließen, blieb sie stehen.

Von einer schrecklichen Vorahnung erfasst, öffnete sie die Tür und trat hinein. Sie sah, dass der Ledersessel, in dem ihr Vater oft stundenlang im grünlichen Schein der Bronzelampe saß, leer war. Sie ließ den Kopf hängen, stieß einen tiefen Seufzer aus und ging zum Schlafzimmer ihrer Eltern. *Sie können unmöglich noch schlafen*, dachte sie. *Vielleicht sind sie früh aus dem Haus gegangen. Vielleicht …*

Sie gab es auf, Vermutungen anzustellen, und klopfte zweimal. Als keine Antwort kam, trat sie hinein. Ein kalter Luftzug schlug ihr entgegen und ein starker Geruch nach Mottenkugeln. Ihre Mutter war extrem darauf bedacht, die Wollkleidung zu erhalten, die sie nach Kuba mitgebracht hatten. Es roch auch leicht nach Kamille. Ihr Vater trank immer gern Tee von den getrockneten Blüten, weil er hoffte, dann tiefer zu schlafen, aber das gelang ihm nie, wie er jeden Morgen klagte. Die Unterhaltung ihrer Eltern drehte sich dann um die Tatsache, dass sie zwar der uralten Angewohnheit folgten, die Augen zu schließen und zu schlafen, jedoch seit der Flucht aus Deutschland nicht mehr träumen konnten. Und welchen Zweck hätte es zu schlafen, wenn man nicht mehr träumte?

Wären ihre Eltern im Schlafzimmer, hätten sie auf Liliths Klopfen reagiert oder spätestens, als sie die Tür öffnete. Doch es war so still, dass ihr das Blut gefror.

Das Licht aus dem Flur warf einen zarten Schein auf das dunkle Himmelbett und dessen mit grauer Seide umwickelte Pfosten. Die transparenten Vorhänge waren zurückgezogen. Albert und Beatrice lagen im Halbdunkel auf dem Bett. Lilith trat einen Schritt zur Seite, sodass das Licht auf ihre Eltern fiel. Nebeneinander lagen sie da, das Gesicht zur Decke gerichtet, und hielten sich an den Händen. Lilith erkannte das dunkelblaue Kleid und den breiten schwarzen Ledergürtel, den Beatrice angehabt hatte, als sie von Bord der *St. Louis* gegangen waren. Albert trug seinen grauen Flanell-Dreiteiler, und die Krawatte saß sehr eng. Seine Schultern waren fast bis zu den Ohren hochgezogen. Lilith konnte ihre Gesichter kaum erkennen, wusste nicht, ob ihre Augen offen oder geschlossen waren.

Vielleicht sind sie in ihren Kleidern eingeschlafen, obwohl sie ausgehen wollten, dachte sie. Dann sah sie, dass beide ihre abgenutzten Lederschuhe an den Füßen hatten. So hatte sie die beiden schon einmal gesehen: auf der *St. Louis*, an jenem Maiabend vor fast zwölf Jahren, als sie ihre Kabine bezogen hatten. An diesem Tag war die Zeit für sie stehen geblieben.

Lilith wollte ihnen über die Stirn streichen, sie ein letztes Mal umarmen, doch sie wagte es nicht. Sie sank auf den kalten Fliesen auf die Knie.

Als sie endlich die Kraft hatte aufzustehen, verließ sie das Zimmer und achtete darauf, keinen Laut zu machen, als dürfe sie die Eltern nicht aus dem tiefen Schlaf wecken, nach dem sie sich all die Jahre gesehnt hatten. Sie ließ die Tür offen, damit die Luft zirkulieren konnte. Sie war unsicher, wen sie anrufen sollte, Dr. Silva, den Arzt der Familie, oder die Polizei, um ihren Tod zu melden? *Wie sind sie gestorben?* Erst jetzt stellte sie sich diese Frage. Es konnte kein natürlicher Tod gewesen sein. Ihre Eltern hatte beschlossen, sich das Leben zu nehmen, an diesem Morgen oder am vergangenen Abend, als sie nicht zu Hause gewesen war. Dr. Silva würde feststellen, wie lange sie schon so auf dem Bett lagen. *Eine Autopsie. Sie werden die beiden obduzieren wollen*, dachte Lilith.

»Das kann ich nicht zulassen«, sagte sie laut.

Beatrice hatte ihr einmal erzählt, dass sie nicht obduziert werden dürften, weil das gegen ihren Glauben verstieße. Lilith hatte nie nach dem Grund gefragt.

Als sie Dr. Silva endlich erreichte, wirkte er nicht im Mindesten überrascht, sondern vielmehr, als hätte er seit Wochen auf den Anruf gewartet. »Es wird mindestens zwei Stunden dauern, bis ich da bin. Die Straßen sind völlig verstopft«, sagte er.

»Ich werde warten.«

Dr. Silva war aus Portugal nach Kuba eingewandert und hatte sich nie an die Übel der Karibik, wie er es nannte, gewöhnen können. Außer seiner Muttersprache beherrschte der schlaksige Arzt fließend Spanisch, Englisch, Deutsch und Französisch, und deshalb war sein Wartezimmer immer von heimatlosen Seelen überfüllt.

Benommen verließ Lilith das Haus. Sie wusste nicht, wohin sie wollte, aber es drängte sie hinaus. Sie stand draußen auf dem Bürgersteig. Das Haus erschien ihr nun so entfernt, als hätte sie nie darin gewohnt. Es gehörte den Herzogs, nicht ihr, der Fremden, die sie bei sich aufgenommen hatten.

In zwei Stunden würde Dr. Silva kommen, und was dann? Man würde die Toten wegschaffen und auf dem Friedhof von Guanabacoa begraben, wie Albert und Beatrice es von Anfang an vorgesehen hatten, und Lilith würde sie an jedem Jahrestag besuchen und einen Stein auf das Grab legen. Wenigstens würde sie einen Platz haben, wo sie ihrer gedenken und Steine für sie hinlegen konnte. Von ihrer Mutter, Franz und Opa hatte sie nur vage Erinnerungen, ein Gedicht, ein Notizbuch, eine Stoffpuppe und ein kleines Kreuz in einer blauen Schachtel, die inzwischen grau geworden war.

Was sollte sie behalten? Nur die Familienfotos, entschied sie. Sie würde die Schränke ausräumen und Helena die Stoffballen schenken, die Beatrice nach dem Verkauf des Geschäfts verwahrt hatte.

Helena! Wo ist Helena?, dachte sie. *Montags kommt sie immer früh und macht Frühstück* … Sie sollte sie anrufen, aber zuerst wollte sie Martín erreichen. Warum ging er nicht ans Telefon?

Wenn sie Martín besuchte, trat sie normalerweise durch die Hintertür, aber heute ging sie zum Vordereingang, als sei sie eine Fremde. Sie klopfte, aber niemand kam und öffnete.

Als sie zum Haus zurückkehrte, traf sie Helena an, die mit zwei Einkaufstüten vor der Tür stand. »*¡Ay Dios mío!* Ich dachte, ich komme nie hier an.« Sie wischte sich mit dem Handrücken den Schweiß von der Stirn, zwischen den Fingern eine Zigarette. »Alles dicht heute, es ist verrückt …«

»Sie sind nicht mehr, Helena …« Lilith schaute zu Boden.

Helena verstand nicht. Sie sah Liliths verzweifelten Blick, ihre starre Miene. »Wer ist nicht mehr? Was redest du, Lilita?«

»Meine Eltern sind tot.«

Helena riss die Augen auf und ließ die Taschen fallen, öffnete die Tür und eilte ins Haus. Zuerst schaute sie ins Wohnzimmer, wandte sich dann der Treppe zu. Die brennende Zigarette legte sie in den Aschenbecher und rannte nach oben. Augenblicke später hörte Lilith einen Schrei. Sie wagte nicht, Helena zu folgen. Sie würde warten, bis sie herunterkam, und ihr sagen, dass sie schon mit Dr. Silva telefoniert hatte und sie zunächst nichts weiter tun konnten.

Während Lilith auf die noch stille Straße schaute, hörte sie, wie Helena in die Küche kam.

Kreidebleich und stumm nahm sie sie fest in die Arme. »Arme Beatrice …«, sagte sie schließlich und wiegte sie beide hin und her. »Es gibt keine größere Qual, als sein Kind zu verlieren. Niemand kommt darüber hinweg. Sosehr man auch versucht, ein neues Leben zu beginnen. Der Schmerz bleibt. Wenigstens können sie beide jetzt in Frieden ruhen.«

Lilith ließ sich im Arm halten und schaute durch einen Tränenschleier ins Leere. »Haben sie etwas zu dir gesagt? Es sieht aus, als hätten sie das geplant …«

»Sie haben gewartet, bis du zur Frau geworden bist, bis du dich verlobt hast … Wofür haben sie sonst noch gelebt? All die

Jahre hier, und sie konnten kaum Spanisch. Sie haben genug ertragen mit ihrem gebrochenen Herzen. Aber *mi Dios*, was für einen Tag sie gewählt haben …«

»Was meinst du? Was ist passiert?« Lilith fiel plötzlich Martíns Anruf wieder ein.

»Hast du die Nachrichten noch nicht gehört? Sie haben … Oh, schau, da kommt der Doktor.«

Dr. Silva stieg aus dem grün-weißen Wagen und nahm seine Tasche vom Rücksitz. Seine Haare waren zerzaust, und er war außer Atem, als wäre er gerannt anstatt gefahren. »Es tut mir leid«, sagte er, setzte seine Brille ab und reinigte sie mit einem Taschentuch. »Oben?«

Ohne auf die Antwort zu warten, betrat er das Haus. Helena folgte ihm. Lilith stand wie erstarrt auf dem Bürgersteig und wartete auf Nachricht von Martín.

Zum ersten Mal, seit sie in Kuba war, fühlte sie sich schutzlos. Wie sollte sie das ohne Martín schaffen? Jemand musste ihr helfen, die notwendigen Formalitäten zu erledigen, dafür sorgen, dass Albert und Beatrice nicht obduziert würden, die nötigen Polizeiunterlagen einreichen, mit ihr die Beerdigung vorbereiten. Ihre Eltern hatten beschlossen, erst zu sterben, nachdem sie die Wünsche ihrer Mutter Ally erfüllt hatten, erst nachdem sie sicher sein konnten, dass ihre Adoptivtochter ein gutes Leben führen würde. Dann erst hatten sie ihr Leben beendet, in der Hoffnung, mit ihrem Sohn, den die Nazis ihnen geraubt hatten, wieder vereint zu werden.

Lilith hörte Schritte auf der Treppe und ging ins Haus, um mit dem Arzt zu sprechen.

»Zyanid«, sagte er und füllte auf seiner Ledertasche einige Formulare aus.

Lilith schaute überrascht. Sie sah ihn und Helena fragend an, doch der Arzt schien in Eile zu sein.

»Woher hatten sie das?«, fragte Helena verwundert.

»Das bekommt man überall auf der Insel.« Dr. Silva gab Lilith die Hand und verabschiedete sich. Die unterschriebenen Dokumente reichte er Helena. »Ich habe das Leichenschauhaus schon informiert, aber heute ist es schwierig, etwas zu arrangieren. Wir werden abwarten müssen und sehen, was wir tun können.« Damit ging er.

Helena nahm Lilith an der Hand und führte sie in die Küche. »Wie wär's mit einer Tasse Kräutertee? Der wird uns beiden guttun.«

Lilith setzte sich an den Tisch, legte die Hände um die dampfende Tasse, in der Lindenblüten auf dem Wasser schwammen, und wollte einen Schluck trinken. Unmöglich. Sie fing an zu weinen. Sie zitterte am ganzen Leib. Aber als sie sah, dass auch Helena von Tränen halb erstickt war, beruhigte sie sich und versuchte, sich stark zu zeigen, der Frau zuliebe, die als Einzige von ihrer Familie übrig war.

Eine Stunde später klingelte es an der Tür, und Lilith hoffte, es wäre Martín, aber es waren die Männer vom Leichenschauhaus. Helena führte sie die Treppe hinauf.

Kurz danach kamen sie mit Bahren herunter, die Toten darauf waren mit weißen Tüchern bedeckt. Sie mieden den Blickkontakt mit Lilith, und sie konnte sich nicht überwinden zu fragen, wohin ihre Eltern gebracht würden.

Helena hielt ihre Hand, als die Männer zur Tür hinausgingen. »Es ist, als ob sie schlafen«, sagte sie. »Ich habe ihre Gesichter gesehen. Nicht das kleinste Anzeichen von Schmerzen, Lilith. Sie sind friedlich von uns gegangen.«

Als der Leichenwagen wegfuhr, sah Lilith Martíns schwarzen Buick vorfahren. Sie rannte zu ihm und barg das Gesicht an seiner Brust. Sie konnte die Tränen nicht zurückhalten.

»Sie haben sie mitgenommen«, sagte sie, als sie sich fasste. »Ich bin heute Morgen aufgewacht, als du anriefst, und habe meine Eltern gefunden ...«

Sie schwankte. Helena ging zu Martín und flüsterte ihm etwas ins Ohr.

Im Haus fehlte Martín die Kraft, um mit Lilith zu reden, aber er hielt sie in den Armen, um sie zu trösten. Seine Augen waren gerötet, er sah erschöpft aus. Lilith lehnte sich weiter an ihn.

»Wir müssen ruhig bleiben«, sagte er. »Batista hat die Kontrolle über das Militär übernommen. El Hombre ist schon in Havanna, im Camp Columbia. Mein Vater ist bei ihm. Es ist kein einziger Schuss gefallen.«

Lilith sah ihn verständnislos an. Sie wusste nicht, was los war. Er redete von Militärangelegenheiten, und sie hatte gerade ihre Eltern verloren. *Albert und Beatrice sind tot*, wollte sie entgegnen. *Meine Eltern sind tot!*

»Kein einziger Schuss gefallen«, wiederholte Martín. »Niemand wurde getötet, kein Blut wurde vergossen.«

»Was wird jetzt aus uns?«, brachte Lilith ängstlich und fassungslos hervor.

»Alles wird gut, mein Liebling. Wir haben einen neuen Präsidenten. El Hombre ist zurückgekehrt, um die Dinge wieder in Ordnung zu bringen.«

An dem Nachmittag, als Albert und Beatrice beerdigt wurden, packte Helena ihre Sachen und zog in das Haus in Vedado ein, in das Zimmer im Parterre, das dem von Lilith gegenüberlag.

»Meine ganze Habe passt in diese Holzkiste«, sagte sie. »Man soll ja im Leben keine materiellen Güter anhäufen. Die belasten nur, und man stolpert darüber.«

Da die Herzogs nicht mehr da waren, brachte Helena Gott, die Jungfrau Maria und alle Heiligen unter der Sonne in die Küche. »Aus Respekt habe ich die bisher weggeschlossen. Nun können sie in Frieden da stehen und uns beschützen, mein liebes Mädchen, denn ich weiß, dass du keine Jüdin bist«, sagte Helena zu ihr. »Glaubst du, ich bin von gestern? Eine Ungläubige würde kein Kreuz mit ihrem richtigen Namen aufbewahren.«

Lilith wollte sie tadeln, weil sie in ihrer Nachttischschublade geschnüffelt hatte, erkannte aber, dass sie nichts mehr zu verheimlichen hatte. Sie fühlte sich befreit.

Helenas Trauer ging bald in Tatendrang über. Sie war von dem Wunsch beseelt, das Haus von jeglichen Spuren der Tragödie zu reinigen. Verbissen arbeitete sie sich von oben nach unten. Sie leerte Schubladen, entfernte Gardinen, klopfte Teppiche und rückte Möbel, damit man Albert und Beatrice in den Räumen nicht mehr spürte. Nachdem sie alles geputzt hatte, zündete sie Kerzen an, damit ihre Seelen oder ihre Geister verschwänden. Die Toten hatten ihren Platz, aber der sollte nicht in diesem Haus sein, das sollte allein den Lebenden gehören.

»*Ave María santísima*«, sagte Helena zur Heiligen Jungfrau.

Lilith erfüllte es mit Frieden, wenn sie Helenas resolutes *Vaterunser* hörte, ihre Gebete zu Dimas, dem Heiligen der verlorenen Dinge, und zur Barmherzigen Jungfrau von Cobre, der Schutzheiligen Kubas, vor der drei abgezehrte Fischer knieten und sie anflehten, sie vor den Wellen zu schützen.

16

Vier Jahre später
Havanna, Dezember 1956

Nach dem Tod ihrer Eltern schob Lilith alle Gespräche über ihre Hochzeit auf. Die Trauer erdrückte sie. Seit sie ein Kind war, hatte sie alle verloren, die ihr nahestanden – in Berlin ihre Mutter, den Professor, Franz und jetzt in Havanna Albert und Beatrice. Martín wartete geduldig darauf, dass sie sich davon erholte, und mit der Zeit erkannte sie, dass er sie nicht verlassen würde und dass ihre Zukunft bei ihm lag. Dennoch wollte sie keine große Hochzeitsfeier. Sie einigten sich auf eine ruhige Veranstaltung auf dem Landgut des Präsidenten.

Zwei Monate bevor die Hochzeit stattfinden sollte, lud Oscar Lilith, Martín und Ofelia in das Strandhaus nach Varedo ein, um zusammen ein unbeschwertes Wochenende zu verbringen, wie damals, als sie noch unzertrennliche Teenager gewesen waren. Lilith war für diese Freundschaftsgeste dankbar und hoffte, dass sich Martín und Oscar bei dieser Gelegenheit wieder näherkämen.

Am Abend vor der Fahrt dorthin gingen Martín und Lilith mit Ofelia zur Kirche Santa Catalina de Siena, flüchteten aber schließlich vor den Orakelweibern, wie Oscar die alten Frauen nannte, die dort herumlungerten. Sie kleideten sich in Weiß, hängten sich bunte Ketten um, steckten sich einen Basilikumzweig hinters Ohr und rauchten Zigarre. Lilith bemühte sich immer, freundlich zu bleiben und zu lächeln, obwohl die

Frauen sie verunsicherten, und meistens wollte sie nur möglichst schnell von ihnen weg.

An dem Abend jedoch nahm eine von ihnen Liliths Hand und fing sofort an zu zittern. Ofelia war entsetzt und schlug das Kreuzzeichen.

»Oh, kleines Mädchen«, sagte das Orakelweib zu Lilith. »Was tust du auf dieser Insel? Du hättest auf dem Schiff bleiben müssen.«

»Hör nicht auf sie«, sagte Martín und versuchte, Lilith wegzuziehen.

»Denk nur mal nach. Warum du und nicht die anderen?«, fragte die Frau ernst, und ihre Augen füllten sich mit Tränen. »Du weißt, was ich meine.«

Lilith hatte versucht, ihre Ankunft in Havanna zu vergessen – die gnadenlose Mittagssonne, die auf die Verzweifelten herabschien, die zu ihren Verwandten an Deck der *St. Louis* hinaufriefen. Nur achtundzwanzig Passagiere hatte man von Bord gelassen. Lilith und das Ehepaar Herzog waren unter den Glücklichen gewesen. Die anderen wurden nach Europa zurückgeschickt, wo bald darauf der Krieg ausbrach.

Lilith wurde blass. Sie hatte vergessen wollen. Ja, es war wahr, dass sie nachts gesichtslose Leichen sah, das sinkende Schiff auf dem Ozean, auf dem kein Mensch schrie oder reagierte. Sie hatte niemandem von dem wiederkehrenden Albtraum erzählt.

»Geh, verschwinde von hier!«, fuhr Martín die alte Frau an.

Sie zog einen Basilikumzweig aus ihrer Schürze und schwenkte ihn über Liliths Kopf, dann entfernte sie sich. Lilith schlug die Hände vors Gesicht, und Martín nahm sie in die Arme.

»Mach dir keine Gedanken. Du wirst doch nicht auf eine verrückte alte Frau hören, oder?«

Ofelia schaute sie mitfühlend an. Nun war es an ihr, sich um Lilith zu kümmern, und das brachte sie einander noch näher.

Am nächsten Tag fuhren sie nach Varadero. Da das Haus nur drei Schlafzimmer hatte, schlug Oscar vor, die Mädchen sollten das mit dem Doppelbett nehmen, er und Martín die beiden anderen, die an entgegengesetzten Enden des Hauses lagen. Aber Lilith überraschte alle und sagte, Ofelia könne das große Zimmer haben, damit sie es bequemer hätte. Lilith stellte sich vor, dass sie am Fuß des Bettes kniete und stundenlang betete, bevor sie sich schlafen legte. Nach kurzem Zögern berührte sie Martín am Arm. Sie hatte sich entschieden. Heute Nacht würden sie zum ersten Mal mit ihm schlafen.

In ihrem abgeschiedenen Zimmer zog Lilith sich aus und stand selbstbewusst vor Martín, bereit, sich zu ihrem geliebten Freund zu legen und zu erleben, was sie sich in ihren Träumen schon vorgestellt hatte.

Am nächsten Morgen sahen sie zu ihrer Überraschung Ofelia aus Oscars Zimmer kommen.

Ofelia und Lilith sprachen niemals über diese Nacht in Varadero. Ofelia schien sich dem Wunsch ihrer Eltern zu fügen und das Leben anzustreben, das diese für sie wollten, und angespornt von ihren neuen Freunden, ließ sie sich mitreißen. Ihre Eltern wollten, dass sie das Kloster verließ und heiratete. In ihren Augen war Oscar der ideale Mann für ihre Tochter.

Ofelia wurde mit jedem Tag blasser und erregte Aufmerksamkeit, wenn sie zusammen ausgingen, nicht nur wegen ihrer hellen Gesichtsfarbe, sondern auch mit dem geblümten Schirm, den sie sogar nachts aufspannte, als müsste sie sich gegen das Mondlicht schützen. Eines Abends, als sie ein Theater am Paseo del Prado verließen, entdeckten sie an der Fassade Worte, hingeschmiert in riesigen Buchstaben: *Abajo Batista.* Nieder mit Batista. Die rote Farbe war noch nass, und es roch stark nach verbranntem Öl. Martín schlug vor, schleunigst zum Auto zu laufen und zu verschwinden, bevor die Polizei eintraf.

Alle, die aus dem Theater kamen und die rote Parole sahen, bekamen Angst und rannten davon.

Erst vor Kurzem hatte eine Gruppe Terroristen, wie Helena sie nannte, eine Kaserne in Santiago de Cuba angegriffen, und es hatte auf beiden Seiten Tote gegeben. Die überlebenden Angreifer hatte man auf der Isla de Pinos südlich von Havanna ins Gefängnis geworfen, aber El Hombre hatte ihre Strafen schließlich reduziert. Bei dem Prozess hatte ihr Anführer eine Rede gehalten, die zum Manifest der neuen politischen Bewegung wurde, die sich zum Ziel gesetzt hatte, Batista zu stürzen.

»Mag sein, dass er bei einem Staatsstreich die Macht ergriffen hat«, erklärte Señor Bernal, »aber danach hat er Wahlen abgehalten und ist als Präsident wiedergewählt worden.«

Oscar behauptete jedoch wie viele andere, die Abstimmung sei manipuliert worden. Er hatte Lilith eine Abschrift der Rede des Oppositionsführers gegeben: *Die Geschichte wird mich freisprechen.* Während sie die Seiten las, die ein fanatischer junger Mann im Gefängnis geschrieben hatte, fielen ihr die Albträume ihrer Kindheit in Berlin wieder ein. Sie hörte ihre Mutter und Opa über Hitlers Schrift *Mein Kampf* diskutieren, das ebenfalls im Gefängnis geschrieben worden war, von einem Mann, dem später eine ganze Nation hörig wurde.

Um diese Zeit ging Ofelia häufig ins Kloster zur Messe und half Schwester Irene im Sanatorium El Hombre Rincón außerhalb der Stadt, wo sie die Leprakranken pflegten. Der Chauffeur ihrer Familie fuhr sie dorthin.

Oscar verbrachte einen Tag mit Lilith und Martín, und erst am Abend verkündete er, dass er für längere Zeit nach New York ziehen werde, um sein Jurastudium abzuschließen und sich um die Börsengeschäfte seines Vaters zu kümmern. Es war ein Abschied, und Martín stellte keine Fragen. Er wusste, Oscar lief davon, nicht nur vor dem politischen Sturm, der durch das Land ging, sondern auch vor Ofelia, die seinen Plänen in die Quere kam. Oscar wollte nicht sein Leben lang an eine Frau gefesselt sein, die seine Eltern für ihn ausgesucht hatten.

Als Oscar nach New York aufbrach, verspürte Lilith Mitleid mit Ofelia. Deshalb ging sie am Tag seiner Abreise zum Kloster, wo die Freundin immer mehr Zeit verbrachte. Schwester Irene empfing Lilith am Tor und brachte sie zu ihr. Sie saß betend in einer Weihrauchwolke. Es war nur zwei Wochen her, seit sie sich zuletzt gesehen hatten, aber Ofelia war viel dünner, und ihre Augen lagen tief in den Höhlen. Ihre Haut wirkte so transparent, dass die Adern an Hals und Schläfen sichtbar waren. Als sie Lilith sah, rannte sie zu ihr und umarmte sie, aber kurz darauf schien alle Kraft aus ihr gewichen zu sein. Sie schlenderten im Innenhof des Klosters umher, und Lilith kam es vor, als hätte Ofelia den Gang der Nonnen übernommen. Beim Abschied lächelte Ofelia und gestand ihr den Grund ihrer Zurückgezogenheit.

»Ich bin schwanger«, sagte sie mutlos.

In dem Moment dachte Lilith an ihre Mutter damals in Berlin, schwanger mit ihr. »Ofelia, hör mir zu. Alles wird gut. Du kannst bei mir wohnen, du musst dich nicht zurückziehen oder bei deinen Eltern bleiben.«

»Ich muss hier sein, im Kloster. Hier gehöre ich hin.«

»Ich kann an Oscar schreiben. Wenn er das erfährt, wird er sicher –«, sagte Lilith.

»Er kann nichts dafür«, fiel ihr Ofelia ins Wort. »Niemand ist schuld.« Lilith erkannte den tiefen Frieden, der auf ihrem Gesicht lag.

Sie hakten sich unter und gingen zu einer Bank unter einem Flammenbaum. Schweigend saßen sie da, bis Ofelia sich nach einem tiefen Seufzer an die Schulter ihrer einzigen Freundin lehnte. Leise erklärte sie Lilith, dass ihr Gelübde näher rücke und sie einmal hatte Sex haben wollen, bevor sie auf diesen Teil des irdischen Lebens verzichtete. So würde sie genau wissen, was sie aufgab, wenn sie ihr Leben Gott widmete. »Es wird ein schönes, gesundes Kind werden, du wirst sehen. Aber du musst mir versprechen, dass das unser Geheimnis bleibt. Weder Martín noch Oscar dürfen davon erfahren und erst recht nicht meine Eltern. Du bist die Einzige, die mich wirklich versteht.«

Kirchengesang holte sie aus ihren Gedanken. Eine Gruppe Nonnen schritt den Gang über ihnen entlang. Ein Hund fing an zu bellen, ein dürres, räudiges Tier, das hinter dem Brunnen im Kreis rannte, als ob ihn der Gesang quälte.

»Wir werden für das Kind ein Zuhause finden.« Ofelia keuchte. »Es wird nicht das erste und nicht das letzte Neugeborene sein, dem wir helfen.«

Lilith fand, dass Ofelia über ihr Kind sprach, als wäre es nicht ihr eigenes, als wäre es eines von denen, die Mütter in einem Korb vor die Klostertür legten oder vor das Krankenhaus, in dem sie entbunden hatten, ohne es beim Standesamt anzumelden. Zu Hause schrieb sie an Oscar nach New York, aber der Brief kam bald darauf zurück, ebenso alle folgenden Briefe, ungeöffnet und mit dem Stempel: *Zurück an den Absender*. Jeden Freitagnachmittag besuchte sie Ofelia im Kloster.

Lilith fühlte sich zu Menschen mit starkem Glauben hingezogen, weil sie selbst keinen hatte. Es faszinierte sie, wenn jemand mit der Furcht vor Gott aufgewachsen war. Sie dagegen hatte einen Menschen gefürchtet, Adolf Hitler. Was sie an einem religiösen Leben aber am meisten anzog, war die mystische Stille und die Idee, das Leben fern von jedem Lärm betend vor einem leeren Altar zu verbringen.

Ofelia blieb im Kloster, und eines Tages, drei Monate später, traf Lilith auf Ofelias Eltern, die gerade mit bekümmerter Miene aus dem Portal traten. Als sie zu Ofelia kam, sah sie, dass sich die Schwangerschaft nun nicht mehr verbergen ließ.

Ihre Eltern gaben sich die Schuld daran und glaubten, sie hätten ihre Tochter der Sünde überlassen. Sie sahen keine andere Möglichkeit, als das Baby zur Adoption freizugeben und zu akzeptieren, dass ihre Tochter das ewige Gelübde ablegen würde, wie es Ofelia anscheinend von Anfang an bestimmt gewesen war.

Doch Ofelia konnte der Macht ihrer Namensschwester, der unglücklichen Ophelia aus Shakespeares *Hamlet*, nicht widerstehen. Eines Tages lächelte sie Schwester Irene an und verließ das Kloster, um spazieren zu gehen. Nachdem sie stundenlang gelaufen war und dabei immerzu mit Gott gesprochen hatte, der ihr als Einziger wirklich zuhörte, warf sie sich in den Almendares, eingewickelt in eine lange Blumengirlande, die sie unterwegs gewunden hatte.

Das ist Rosmarin, das ist zum Andenken. Ich bitte Euch, gedenkt meiner! Und dies sind Stiefmütterchen für die *Erinnerung und liebevolle Gedanken*, las Lilith und dachte an ihren Opa, als sie die Traueranzeige im *Diario de la Marina* sah. Darin stand nicht, dass Ofelia sich mit ihrem ungeborenen Kind im trüben Wasser des Flusses ertränkt hatte.

Lilith weinte in jener Nacht mehr, als sie um ihre anderen Toten geweint hatte. Wieder war es Martíns beständige Art und seine zuverlässige Hingabe, die sie durch die Dunkelheit brachten.

Eine Woche vor ihrer Hochzeit ging Lilith zum Kloster, um in Ofelias Namen eine Spende abzugeben. Schwester Irene kam nicht zu ihr, sondern eine ältere Frau, die statt eines Habits ein langes, eng geknöpftes graues Kleid trug. Sie nahm den Umschlag entgegen, öffnete ihn und zählte in Liliths Beisein das Geld. Vermutlich hatte Schwester Irene sich zurückgezogen, war nach Ofelias Tod zutiefst niedergeschlagen und betete nun Tag und Nacht, um ihren Schmerz zu lindern. Lilith fand beten nicht tröstlich, aber sie würde bei ihrer Hochzeit eine Blumengirlande im Haar tragen, zum Andenken an ihre Freundin.

Helena platzte fast vor Glück, weil ihr kleines Mädchen in einer Kapelle heiraten würde, wie Gott es befahl. Martha, die Gattin des Präsidenten, übernahm die Planung, als wäre die Braut ihre Tochter. Martíns Vater war ihrem Mann immer ein loyaler Freund gewesen, und Lilith hatte im Krieg ihre Eltern, ihre Heimat und ihre wahre Identität verloren. Zudem teilte sie mit El Hombre ein leidenschaftliches Interesse an Biografien von Emil Ludwig. Die Vermählung würde dennoch schlicht und auf die Formalitäten beschränkt sein. Es würde keinen Priester und keinen Gottesdienst geben. Aber wenigstens fand sie in der Hauskapelle des Präsidenten statt, und Helena konnte zufrieden sein.

Lilith hatte für sich ein Kleid aus einem alten Katalog ausgewählt, den sie in Martíns Haus gefunden hatte. Es war hellblau, tailliert, hatte Dreiviertelärmel und einen geraden Ausschnitt in Schulterhöhe. Die Schneiderin kopierte es sehr gut. Lilith hatte Helena gesagt, sie wolle keinen Schleier. Sie trug einen weißen, mondsichelförmigen Kopfschmuck mit drei Perlen und einem zarten Blumenkranz. Helena bat lediglich darum, ihr die Haare glätten zu dürfen.

Sobald Lilith angezogen war, fühlte sie sich verkleidet. Die blasse Farbe des Kleides brachte ihre braune Haut zum Leuchten. Als Martín sie aus dem Auto steigen sah, kam er auf sie zugerannt und küsste sie.

»Du bist schöner denn je«, flüsterte er ihr ins Ohr und brachte sie damit zum Erröten. »Heute machst du mich zum glücklichsten Mann der Welt. Was wäre ich ohne dich?«

Die Trauung dauerte nur eine halbe Stunde. Sie standen

vorn in der Kapelle und unterzeichneten die Heiratsurkunde in Gegenwart von El Hombres Sekretär, der als Notar fungierte. Dann knieten sie sich hin und beteten vor dem Kruzifix, während Helena sich bekreuzigte.

»Jetzt seid ihr in den Augen Gottes verheiratet«, sagte sie laut.

Am Ende der Zeremonie wechselten sie die Ringe, und als sie die Kapelle verließen, warfen Batistas Kinder Reis und ließen zwei weiße Tauben frei. Helena tupfte sich andauernd die Augen ab, und als sie die Tauben sah, warf sie die Arme hoch und bat den Himmel, ihr kleines Mädchen bis an ihr Lebensende zu beschützen.

Anschließend gab es eine kleine Feier in Batistas Bibliothek, in der sich Lilith so gern aufhielt. Sie hatte einen Daiquiri in der Hand und unterhielt sich mit Martha, als Martíns Vater sie zu sich winkte. »Meine liebe Tochter, du musst mich möglichst bald mit einem Enkelkind überraschen. Ich glaube, ich werde nicht mehr lange auf dieser Welt sein.«

El Hombre, der bei Martha stand, hörte das und unterbrach ihn. »Red keinen Unsinn, Bernal. Du wirst noch eine ganze Weile leben.«

Lilith entschuldigte sich und ging Helena suchen. Sie fand sie in der Kapelle. Diesmal kniete sie vor der Barmherzigen Jungfrau von Cobre und betete.

»Ich brauche eine Zigarette, die mich gesund macht«, sagte Helena röchelnd zu Lilith. »Du weißt, deine Mutter wäre ungeheuer glücklich gewesen, dich so zu sehen.«

Lilith schürzte die Lippen. In dem Moment dachte sie nicht an Beatrice, von der Helena sprach, sondern an Ally, ihre wirkliche Mutter. Bald würde sie wohl selbst Mutter werden. Sie spürte tief in ihrem Inneren, dass darin der Grund lag, weshalb Ally sie gerettet hatte.

Lilith beobachtete, wie Martín mit gerunzelter Stirn aus der

Bibliothek kam. Sie wusste, was ihn bedrückte: dass Oscar nicht da war. Sein bester Freund war nicht zum wichtigsten Ereignis in Martíns Leben erschienen. Jahrelang hatten sie brieflich Kontakt gehalten. Aber nachdem sein Name ein paar Wochen lang nicht gefallen war, hatte Martín ihr am Vorabend der Hochzeit erzählt, dass ihre Freundschaft, die in der Kindheit begonnen hatte, von einem Augenblick auf den anderen erloschen war.

Als sie am Abend ihrer Hochzeit im Buick vom Landgut Kuquine wegfuhren und die kleine Party, die El Hombre und Martha organisiert hatten, hinter sich ließen, spürten sie beide, dass sich zwischen ihnen etwas änderte.

»Nichts kann uns trennen«, sagte Martín nach längerem Schweigen. »Ich werde immer an deiner Seite sein.«

Lilith kurbelte das Seitenfenster herunter, und die kühle Brise brachte ein Gefühl der Ruhe mit sich. Sie würden bis an ihr Ende zusammenleben. Sie würden Kinder haben, und ihre Abenteuer mit Oscar und Ofelia würden der Vergangenheit angehören, ihrer Jugend, die nun vorbei war. Plötzlich waren sie erwachsen.

Bei Sonnenuntergang kamen sie im Hotel Capri an, und Lilith entdeckte in der Nähe das Hotel Nacional, wo sie nach ihrer Ankunft mit der *St. Louis* ihre ersten Monate in Havanna verbracht hatte, als ein anderes ihrer vielen Leben begann.

Um Mitternacht wurde ihnen bewusst, dass sie schon seit einer geschlagenen Stunde Zärtlichkeiten ausgetauscht hatten. Sie küssten sich, als würden sie ein stummes Zwiegespräch halten. Martín fühlte sich in Liliths Armen so sicher, wie wenn er, vor Blicken verborgen, durch Wolken flog. Sie wollten die Zeit anhalten, und einen Moment lang taten sie das.

Am nächsten Morgen, als die Sonnenstrahlen sie weckten, drehte Lilith sich zu ihm und flüsterte: »Unser erstes Kind wird ein Mädchen, warte nur ab.«

Kurz vor dem Aufwachen hatte sie das geträumt, hatte das freundliche Gesicht ihrer Mutter Ally gesehen und ihren lieben Opa ihr Lebewohl sagen hören.

»Und sie wird aussehen wie du«, sagte er und zog sie an sich.

Während sie im Bett der Hochzeitssuite des Hotels lagen, »sein Körper an den Boden gekettet«, wie Martín es nannte, wenn er nicht flog, kam es Lilith vor, als hätte ihr Mann Angst.

»Denkst du manchmal, dass wir zu schnell erwachsen geworden sind?«, fragte er.

»Nein, Martín, es ist lange her, dass wir Kinder waren.«

»Oscar ist gegangen, weil –«

»Du weißt, dass Oscar für sich ein anderes Leben geplant hat. Nun ist es an der Zeit, dass wir unseres leben. Er wird wieder auftauchen. Eines Tages kommt er nach Hause.«

Nackt und eng umschlungen schliefen sie wieder ein.

Am Silvesterabend sollte ein Wagen sie bei Sonnenuntergang zum Tropicana Cabaret Club bringen, wo sie den Anbruch des Jahres 1957 erleben wollten. Das gehörte zu ihren Flitterwochen, die Martha und El Hombre ihnen zur Hochzeit geschenkt hatten. Martín hoffte, im neuen Jahr würde auf der Insel Ruhe einkehren. Sie gingen hinunter ins Hotelfoyer, und während sie auf den Chauffeur warteten, sahen sie einen nagelneuen cremefarbenen Cadillac Eldorado mit abnehmbarem Verdeck in die Auffahrt biegen. Martín sah, wer darinsaß: das Ehepaar Fox, die Besitzer des Tropicana. Als sie die Stufen vor dem Hotel heraufkamen, ging Martín ihnen entgegen und wünschte ihnen einen schönen Silvesterabend. »Sie werden hier sein, aber meine Frau und ich gehen ins Tropicana.«

Martín und Lilith hatten die beiden kennengelernt, als sie

den Präsidenten und seine Frau einmal zu einer Wohltätigkeitsgala ins Tropicana begleiteten.

»Nun, Martín«, sagte Señor Fox, »wir sind im Capri, um die neue Show zu sehen, die gerade Premiere hatte …«

»Mein Mann mag zwar hier sein«, warf seine Frau ein, »aber mit den Gedanken ist er immer bei unserem Club.«

»Nichts auf der Welt wird jemals unser Varieté in den Schatten stellen«, fuhr er mit seiner rauen Stimme fort. »Shows wie die hier sind gerade der letzte Schrei, aber Sie wissen ja, Martín, Moden kommen auf, machen ein wenig von sich reden und sind bald wieder vergessen.«

Gegen acht Uhr betraten Lilith und Martín das Tropicana und fanden ihre Plätze an dem reservierten Tisch in der Nähe der Bar. Sie wollten zusammen zu Abend essen, bevor die Vorstellung anfing. In einer Ecke der Bühne baute jemand ein Feuerwerk auf, das um Mitternacht gezündet werden sollte. Martín bemerkte überrascht, dass an mehreren Tischen um sie herum noch niemand saß. Lilith war fasziniert von den üppigen Grünpflanzen. Eine Varietéaufführung unter Bäumen! An der Bar schaute ein Mann ungeduldig zu ihnen herüber.

Gerade als Martín einem Kellner winken wollte, um etwas zu bestellen, blendete ihn eine Explosion ein paar Meter entfernt. Der Tisch und der Boden erzitterten. Zuerst glaubte er an ein Versehen, daran, dass einer der Feuerwerkskörper zu früh gezündet hatte, doch dann brüllte jemand: »Nieder mit Batista!«, und Martín zog Lilith unter den Tisch.

»Halt dich ruhig«, flüsterte er mit halb erstickter Stimme an ihrem Ohr.

Sie hörten eine Frau wimmern. Zusammengekrümmt in Martíns Armen öffnete Lilith die Augen und sah ein junges Mädchen mit einem zerfetzten Arm vor der Bar liegen. Zwei Kellner hoben sie auf.

»Lasst uns durch!«, schrie jemand.

Nah bei ihnen hatte sich ein Paar auf den Fliesenboden geworfen. Martín fragte, ob sie unverletzt seien, und der Mann nickte. Die Frau zitterte.

Lilith hustete von dem Staub und dem Rauch. Mitten in dem Stimmenlärm der Verletzten und Verängstigten brüllte jemand: »Nieder mit Batista! Es lebe die Bewegung des 26. Juli!«

Im Gedränge am Ausgang erblickte Martín ihren Chauffeur, der verzweifelt nach ihnen Ausschau hielt. Martín winkte mit beiden Armen, und der Mann kam zu ihren gerannt.

Lilith verhielt sich still, bis Martín ihr auf die Beine half. Ihr rosa Taftkleid war zerknittert und beschmutzt, und sie klopfte es hektisch ab. Sie wollte nicht, dass Martín sah, wie sie zitterte, doch das tat sie.

»Wir verschwinden besser«, brachte der Chauffeur atemlos hervor. »Der Wagen steht direkt vor der Tür. Ein Kellner hat mir erzählt, dass er schon dachte, das junge Mädchen würde die Bombe in die Bar werfen, aber sie ist in ihrer Hand explodiert. Manche Leute haben den Verstand verloren!«

Als sie sich einen Weg durch das Chaos bahnten, sah Martín Lilith in die Augen und sagte mit der Überzeugung eines besiegten Mannes: »Dieses Land wird in Flammen untergehen.«

17

Anderthalb Jahre später
Havanna, Juni 1958

»Señora Helena ist verstorben«, sagte eine Frau am Telefon.

Lilith wusste nichts darauf zu erwidern. Sie war traurig und hatte ein schlechtes Gewissen. Sie hätte jetzt herumtelefonieren sollen, die Nachricht verbreiten, ihre Trauer mit anderen teilen. Aber Helena hatte keine Familie gehabt. Lilith wusste nur von einem früheren Ehemann, der eines Tages ein Schiff bestiegen hatte, um woanders sein Glück zu suchen, und der in einem anderen Land lebte, vielleicht sogar mit einer anderen Frau. Es gab niemanden, den sie hätte verständigen können. Die Nachricht würde bei ihr und Martín enden. Sollte sie zum Sanatorium fahren? In ihrem gegenwärtigen Zustand konnte sie die lange Fahrt hinunter nach Trinidad nicht auf sich nehmen. Ihr war übel, sie erbrach sich oft und hatte Schweißausbrüche, sodass sie das Haus gar nicht verließ. Die Reise wäre für sie zu riskant.

»Es tut mir sehr leid, Señora Bernal«, sagte die gutmütige Schwester namens Rosa, die sich in den letzten vier Monaten um Helena gekümmert hatte. »In Gottes Reich gibt es kein Leid.«

Anstatt zu trösten, machte die banale Phrase Lilith ratlos. Helena würde nicht mehr zurückkommen. Sie hatte Lilith einmal erzählt, dass ihre Mutter sie von klein auf dazu erzogen habe, sich um andere zu kümmern. Zuerst um die Großeltern zu Hause, dann um ihren kranken Vater. Um ihre Mutter habe sie sich nicht kümmern müssen, weil die durch einen Blitzschlag gestorben sei, als sie bei einem Gewitter die Wäsche von der Leine nahm, die aus einem gespannten Draht bestand. Später kümmerte sich Helena um ihren Mann, und nachdem der sie sitzen gelassen hatte, um fremde Leute. Und nun gab es Helena nicht mehr.

Während Schwester Rosa weiterredete, vergoss Lilith keine Träne. Sie stellte sich eine lächelnde Helena vor, die endlich zur Ruhe gekommen war, nachdem sie ihr Leben lang für andere gesorgt hatte, und die von dem Husten befreit war, der sie langsam aufgezehrt und ihr die Stimme geraubt hatte.

Schwester Rosa besann sich auf das Wesentliche. »Señora Helena hat alles geordnet hinterlassen.«

Lilith hörte nur halb zu. Helena hatte keine Trauerfeier haben wollen, da sie von Lilith bereits Abschied genommen und keine anderen Angehörigen hatte. Man solle sie mit spanischer Seife waschen, in ein weißes Tuch hüllen, es mit Veilchenwasser besprengen und sie in ihre letzte Ruhestätte betten, die Familiengruft auf dem Friedhof von Cienfuegos. Das war ihr Wunsch gewesen, und ihre Ersparnisse waren für ein bescheidenes Begräbnis bestimmt. Helena hatte Lilith im Tod keine Last sein wollen.

Lilith rief sich die Anzeichen für Helenas schlechte Gesundheit, die den Aufenthalt im Sanatorium erfordert hatten, ins Gedächtnis.

Eines Nachts war Helena im Schlaf hochgeschreckt. Sie hatte Liliths Schlafzimmertür geöffnet, ohne anzuklopfen, und stand da wie ein Gespenst, während ihr die Situation langsam bewusst wurde.

»Ist etwas passiert? Geht es dir nicht gut?«, hatte Lilith gefragt, war aufgestanden und zu ihr gegangen.

»Ich habe nicht mehr lange zu leben.«

»Sei nicht albern. Du musst nur aufhören zu rauchen.«

Helena ertrug den Husten schon so lange, dass sie ihn nicht mehr fürchtete. »Lassen wir Gott entscheiden«, sagte sie immer wieder. Sie hatte sich an die Schmerzen gewöhnt.

Als der Husten derart überhandnahm, dass er ihre Art zu atmen bestimmte, begann Helena, den Haushalt zu vernachlässigen. Sie ging im Garten im Kreis herum, mied die Treppen, stellte Wasser auf den Herd, vergaß es, und wenn es verdampft war, füllte sie den Topf von Neuem, sodass der Dampf die Wände wie mit Tränen überzog.

Eines Morgens, als Lilith nach unten gegangen war, um ihr Kaffee zu kochen, fand sie Helena in der Küche zusammen mit einer molligen Frau mit erschrockenem Blick und wirren roten Haaren. Helena schrie und gestikulierte ungestüm.

Als sie Lilith bemerkte, die verwirrt in der Tür stand, wurde sie verlegen. Sie hatte die neue Haushälterin einweisen wollen, bevor Lilith zum Frühstück herunterkam. »Keine Sorge, sie ist weder taub noch blöd. Sie versteht bloß kein Spanisch. Jemand hat sie empfohlen, weil sie Polin ist wie du.«

»Du weißt, dass ich keine Polin bin, Helena.«

Lilith ging zu der fremden Frau, die ihre Tasche noch unter den Arm gepresst hielt, gab ihr die Hand und sprach sie auf Deutsch an.

»Hört mal, solange ich dabei bin, dürft ihr nur Spanisch sprechen«, sagte Helena zu den beiden. »Ich weiß, wie wir uns einander verständlich machen können. Wenn ich tot bin, könnt ihr euch in jeder beliebigen Sprache unterhalten.«

Augenblicke später flüsterte Helena Lilith ins Ohr: »Sie hat gesagt, sie versteht kein Spanisch, aber in diesem Leben traue ich niemandem mehr. Vertrauen will verdient sein. Schau, wie sie ihre Tasche festhält. Als wollten wir sie berauben.«

Wie sich herausstellte, war die Frau weder Polin noch Deutsche, sondern stammte aus einem ungarischen Dorf, wo die Häuser aus verschiedenfarbigen Lehmziegeln bestanden hatten. Eine Zeit lang hatte es zu Deutschland gehört, nach dem Krieg war es von der Landkarte verschwunden. Die Frau zog es vor, nicht über das zu sprechen, was während des Krieges passiert war, und hatte ohnehin das meiste vergessen oder in ihrem Gedächtnis vergraben wie einen schrecklichen Albtraum, so erzählte sie Lilith in rudimentärem Deutsch, gemischt mit Jiddisch und Ungarisch. Nachdem sie die Bombardierung überlebt und das Rote Kreuz sie gerettet hatte, heuerte sie auf einem Schiff an, ohne ein bestimmtes Ziel zu haben. Sie hatte niemanden mehr auf der Welt, kein Zuhause, und ihre Papiere wiesen sie zwar als Deutsche aus, doch sie war keine. Das Schiff, das sie von Europa weggebracht hatte, war ein Fischkutter. Sie fuhr damit von Hafen zu Hafen, kochte und reinigte den Laderaum. Nach vielen Monaten hatte sie genug von der ständigen Seekrankheit und ging im nächsten Hafen an Land, nicht aus Interesse an Kuba, sondern weil sie die alten verwitterten Felsen schön fand, die den Hafen schützten und sie an das alte Konstantinopel erinnerten. Sobald sie in Havanna an Land ging, begegnete sie freundlichen Menschen, aber sie hätte nie geglaubt, dass ihr ausgerechnet ihr Deutsch, die Sprache, die sie verabscheute, die Türen öffnen würde.

Eine Frau aus der neuen hebräischen Gemeinde in der Calle Línea, die Flüchtlingen Unterkunft bot, war in Ramóns Laden an Helena herangetreten und hatte sie gefragt, ob es wahr sei, dass sie für eine Deutsche arbeite. Sie habe eine Köchin mit starken Armen, die für jede Hausarbeit tauge, aber leider nur Deutsch spreche. Sie kenne zwar das eine oder andere spanische Wort, könne auch Ungarisch, Tschechisch und Jiddisch, aber das würde ihr nicht weiterhelfen.

Die Frau hieß Hilde.

»Dass ihr Name mit H anfängt, ist ein gutes Zeichen«, meinte Helena und nahm die Fremde bei der Hand.

Sie nahm sie mit nach Hause, ohne eine einzige Frage zu

stellen, und die Frau von der hebräischen Gemeinde seufzte erleichtert, als sie die beiden weggehen sah.

Seit jenem Morgen widmete sich Hilde dem Haushalt mit einer Inbrunst, die Helena aus der Fassung brachte. Eine Aufgabe, für die Helena einen ganzen Tag gebraucht hatte, erledigte Hilde in einer Stunde. Sie fragten sich, wo diese Frau, die nie eine Pause machte, all ihre Energie hernahm. Bei Ramón hatte sie gehört, dass Hilde Folter, Zwangsarbeit und den Hunger im Konzentrationslager überlebt hatte. Das Einzige, was Helena an Hilde störte, war, dass sie ein Zimmer mit ihr teilen musste, aber irgendwann gewöhnte sie sich auch daran. Abends ließ sich die Frau erschöpft aufs Bett fallen, morgens stand sie wieder auf, bevor Helena wach wurde. Lilith hatte Helena ihr altes Zimmer angeboten, doch die hatte abgelehnt, weil es bald als Kinderzimmer gebraucht würde.

Helena konnte sich nicht überwinden, von dem Essen, das Hilde zubereitete, auch nur zu kosten. Aber da Martín und Lilith es klaglos verzehrten, ließ sie Hilde ihre Rezepte kochen und nahm an, dass ihre Gewürze dem europäischen Geschmack mehr entsprachen. Nach Helenas Ansicht stammte auch Martín – obwohl gebürtiger Kubaner – aus einem anderen Land, da er immerzu irgendwohin flog. Hilde würzte das Fleisch und schnitt es in große Stücke, die sie entweder schmorte oder briet, bis sie einem Haufen Kohlen ähnelten. Helena konnte nicht verstehen, wie jemand Hildes Speisen, ohne mit der Wimper zu zucken, essen konnte.

»Wir müssen das neue Hausmädchen im Auge behalten«, sagte sie anfangs immer wieder zu Lilith. »Ist es zu glauben, dass sie ihre Handtasche sogar im Schlaf an sich drückt? Und weißt du, warum sie immer lange Ärmel trägt? Damit man die Zahlen nicht sieht, die ihr eintätowiert wurden. Ich hab sie mal gesehen, als sie aus dem Bad kam.«

Seit Hilde bei ihnen wohnte, lief der Fernseher ununterbrochen. Sie hatten ihn angeschafft, als die Serie *El derecho de nacer* populär wurde, und Helena hörte sich das Programm an, sah aber nie hin und behauptete beharrlich, dass man vom grünlichen Licht des Röhrenfernsehers blind würde. Helena hatte nichts dagegen, dass Hilde während der Arbeit einen Blick auf die Seifenopern warf, denn dadurch würde »die Polin«, wie sie sie immer noch nannte, Spanisch lernen.

Seit Hilde den Haushalt übernommen hatte, folgte ihr Helena wie ein Schatten, beobachtete sie, bis die Kraft sie verließ und sie sich auf der Terrasse in den Korbstuhl setzen musste. So kam es, dass Helena nach und nach verfiel, bis sie nur noch Haut und Knochen war. Ihr Gesicht behielt seinen friedlichen Ausdruck und vermittelte den Eindruck, ihr Körper sei eine aufgezwungene Bürde und gehöre nicht zu ihr. Sie hatte noch immer einen durchdringenden Blick, obwohl ihre Augenhöhlen gelblich geworden waren. Ihre Lippen erschienen dunkelviolett.

Bei Liliths und Martíns Hochzeit fiel sogar El Hombre auf, dass Helena permanent hustete, und er empfahl ihr das Tuberkulosesanatorium. Er wies seinen Sekretär an, dort anzurufen und für »die gute Helena«, wie er sie nannte – vielleicht weil sie wie er aus einer bäuerlichen Familie kam –, ein Bett mit der schönsten Aussicht zu sichern.

Als Helena im Topes-de-Collantes-Sanatorium ankam, hatte sie das Gefühl, nach Hause zu kommen. Das Krankenhaus war der Stolz der Gegend, und Helena war El Hombre zutiefst dankbar, weil er nicht nur ihr, sondern jedem lungenkranken Kubaner die Behandlung ermöglicht hatte.

Helena hatte El Hombre unterstützt, seit er Anfang der Dreißigerjahre den Aufstand der Unteroffiziere angeführt hatte. Zu der Zeit hatte er begonnen, an seinem Image zu arbeiten, und gewann ebenso viele Unterstützer wie Gegner. Für Helena blieb er immer »der hübsche Mulatte«, egal wie alt er gerade war. Ihre Ergebenheit und Treue faszinierten Lilith, die in Batista nicht nur Martíns Ersatzvater, sondern auch einen scharfsinnigen, belesenen Politiker sah.

»Wenn der hübsche Mulatte sagt, wir gehen in die richtige Richtung, dann müssen wir ihm glauben«, sagte Helena einmal. »Die dreckigen Reichen sind neidisch auf ihn, weil er aus dem Volk stammt, vom einfachen Soldaten zum Sergeanten aufgestiegen ist und vom Sergeanten zum Oberst. Alle sagen, es ging schnell, aber es hat Jahre harter Arbeit und Einsatz gekostet. Wir Landbewohner unterstützen und lieben ihn, weil er vom Dorf stammt. Er ist wie wir. Und er hat es allein geschafft, ohne Beziehungen und geerbtes Geld.«

»Lass meinen Präsidenten in Ruhe«, sagte sie immer, wenn jemand vorzubringen wagte, dass er ebenfalls zu Reichtum gekommen sei und seine Macht missbrauche, dass er ein blutrünstiger Diktator sei, dass seine Polizisten Mitglieder des Revolutionären Studentendirektoriums folterten, dass es seine Schuld sei, dass die jüdischen Flüchtlinge damals nicht von Bord der *St. Louis* gelassen worden seien.

»Glaub mir, mein Mädchen, dass jene Leute, die mit dir auf dem verfluchten Schiff hierherkamen, wieder zurückgeschickt wurden, hat nichts mit ihm zu tun«, sagte Helena energisch. »Nein, das lasse ich nicht unwidersprochen. Der diese Schande zu verantworten hat, mit der wir alle leben müssen, ist, war und wird stets der schamlose Kretin Laredo Brú sein, und natürlich die Amerikaner. Glaubst du, Roosevelt wollte mehr Juden in Kuba und den Vereinigten Staaten haben? Bestimmt nicht. Er hat seine Hände in Unschuld gewaschen wie Pontius Pilatus, und wir müssen jetzt mit dem Vorwurf leben. Schau, wie viele Juden hier willkommen waren. Wenn man genauer darüber nachdenkt, war Batista derjenige, der die Sache in die Hand genommen hat und den gottverdammten Nazi-Spion verhaften ließ, der in Havanna seine Landsleute hereingelegt hatte. Und er hat ihn hinrichten lassen, wie er es verdiente.«

An faulen Sonntagen, wenn Martín für präsidiale Aufträge, die ihr Unbehagen bereiteten, über die ganze Insel flog, konnte Lilith mehr Zeit mit Helena verbringen. Die alte Haushälterin unterhielt sie mit Geschichten aus Kubas Vergangenheit, und die Angriffe und Gegenangriffe, Märtyrer und Heiligen, die darin vorkamen, schienen Lilith der Stoff für Legenden zu sein. Bei Sonnenuntergang gingen sie erschöpft zu Bett. Bei Sonnenaufgang waren sie wieder auf, mit einem Kaffee in der Hand, und zählten die Stunden, bis Martín wohlbehalten nach Hause kam, und Helena bekreuzigte sich vor der Jungfrau Maria und den Heiligen in der Küche.

Es war leicht gewesen, Helena zu überzeugen, ins Sanatorium zu gehen. Sie hatte eine Ansichtskarte davon aus der Zeit behalten, als es eröffnet wurde, so als hätte sie geahnt, dass sie eines Tages dort landen würde. Es sei das Meisterwerk des Mannes, den sie am meisten bewunderte, erklärte sie, und wenn sie schließlich sterben müsse, dann gebe es dafür keinen besseren Platz als in der Nähe des Dorfes, wo sie zur Welt gekommen war und wo ihre Eltern beerdigt waren.

Als Helena ihre Habseligkeiten in einen Lederkoffer packte, sah Lilith zum ersten Mal ein Foto von Helenas Eltern und von ihrem Ehemann, dem sie immer treu geblieben war.

»Eine Ehe ist fürs Leben. Es spielt keine Rolle, was im Lauf der Zeit passiert«, erklärte sie Lilith, als sie durch die Haustür trat und sich zum Abschied noch einmal umwandte. »Gib auf das Baby acht, das unterwegs ist.«

Lilith lief es kalt den Rücken hinunter, und sie fasste sich an den Bauch. Es war möglich, dass sie schwanger war, aber bevor Dr. Silva das nicht bestätigte, wollte sie es keinem sagen, nicht einmal Martín.

»Es wird ein schönes, kräftiges Mädchen«, sagte Helena noch und ging mit Lilith zu dem Buick, wo der Chauffeur neben der geöffneten Tür wartete.

Sie umarmten sich. Helena ließ sich auf den Rücksitz sinken. Der Wagen fuhr vom Bordstein weg, ohne dass sich die alte Frau einmal umdrehte, und Lilith schaute ihm nach, bis er aus dem Blickfeld verschwand.

Ohne Helena kam Lilith das Haus viel zu groß vor, und seine Ecken füllten sich mit Gespenstern, die sie zu ignorieren versuchte. Es regnete viel, und Hilde hielt, wie von Helena befohlen, Türen und Fenster geschlossen. Lilith fühlte sich mit einem Mal verwirrt. Wenn sie Hilde in dem halb dunklen Haus Deutsch reden hörte, war sie nicht sicher, ob sie noch immer in Havanna oder wieder in Berlin war. Die Tage vergingen, und die Übelkeit ließ nach, wie Dr. Silva bei der Untersuchung versprochen hatte. Er hatte auch errechnet, dass das Kind am Jahresende zur Welt kommen würde.

»Der kleine Frechdachs hat sich einen ziemlich besonderen Tag dafür ausgesucht«, sagte er lächelnd. »Er wird Partys lieben.«

Etwa um die Zeit erhielten Lilith und Martín einen Brief von Oscar, als hätte es in ihrer Freundschaft keinen Bruch gegeben. Er schrieb aus New York und teilte ihnen mit, dass er Rechtsanwalt geworden sei. Seine Eltern hätten Havanna verlassen, weil sie die ständigen Explosionen und Überfälle leid geworden seien und sich vor dem Blutbad fürchteten, das dem Land bevorstehe, schrieb er, als wären seine alten Freunde ebenfalls weggezogen und in Sicherheit.

Oscar meinte, es sei zu spät für die Wahlen, die Batista für November angekündigt hatte. Man dürfe an der Demokratie nicht herumpfuschen, meinte er und behauptete, der »militärische Aufruhr« würde kein Jahr mehr dauern. Die Amerikaner wollten nichts mehr mit ihm zu tun haben. Es gebe einen neuen El Hombre: Fidel Castro.

In weiteren Briefen, die er nur noch an Lilith schrieb – weil er wisse, dass Martín zu starrsinnig sei –, erklärte Oscar ihr, dass die Zukunft jetzt in den Händen der Bewegung des 26. Juli liege. Batistas Tage seien gezählt, und wie viele kubanische Familien in New York unterstützten Oscars Eltern Castros Sierra-Maestra-Rebellen. Nicht nur die Kubaner, sondern auch viele Amerikaner hätten ihr Scheckbuch für die Rebellen geöffnet.

Lilith traute sich nicht, Martín davon zu erzählen. Aber sie schlug vor zu überlegen, ob sie ebenfalls nach New York ziehen wollten, und fragte ihn, ob er den ewigen Sommer nicht auch leid sei. »Es gibt nichts Schöneres als den Wechsel der Jahreszeiten …«

Martín sah sie aufgebracht an. »Wie kann ich meine Familie und unseren Präsidenten im Stich lassen? Sie brauchen uns hier. Aber ich denke, du solltest den hier bei dir tragen, nur für alle Fälle.«

Er gab ihr einen kleinen Revolver mit Holzgriff und silbernem Lauf. Sie nahm ihn, wusste aber nicht, wie sie ihn handhaben sollte. Martín erklärte ihr, wie man ihn entsicherte und lud, und schärfte ihr ein, ihn ungeladen aufzubewahren. Dann gingen sie hinauf ins Schlafzimmer, und Martín legte die Waffe in die oberste Schublade des Nachttischs, neben die graue Schachtel mit der Kette und dem Kreuzanhänger.

In dem Moment erkannte Lilith, dass Oscar recht hatte: Das Leben würde nie wieder so sein wie vorher. Eines Tages in nicht allzu ferner Zukunft würde sie aufwachen, und die Insel würde ihr wieder so fremd sein wie zu Anfang. Oscars letzter Brief, der zum Sommeranfang kam, erschreckte sie. *Ich denke, ich werde nach Havanna zurückkommen. Ich möchte an der Revolution teilnehmen*, schrieb er.

Auch das hielt Lilith vor Martín geheim, der seit ihrer Hochzeit mehr Zeit in den Wolken als auf der Erde verbracht hatte. Er brauchte nicht zu wissen, dass er und sein ehemals bester Freund im Kampf um die Zukunft Kubas auf verschiedenen Seiten standen. Aber sie eröffnete ihm schließlich ohne Umschweife, dass sie schwanger war. »Das Baby wird an Neujahr zur Welt kommen.«

Sie klammerten sich mit fest geschlossenen Augen aneinander und versuchten, sich ihre Zukunft vorzustellen.

18

Sieben Monate später
Havanna, Januar 1959

Wie Dr. Silva vorhergesagt hatte, wurde Nadine am letzten Tag des Jahres geboren. Am 31. Dezember 1958 wachte Lilith auf einem nassen Bettlaken auf. Ihre Fruchtblase war geplatzt, und sie war bestürzt, weil sie keine Schmerzen gespürt hatte. Sie rief den Arzt an, der sie anwies, heiß zu baden, dann herumzulaufen, auf den Beinen zu bleiben und nichts Festes zu essen. Er werde am Abend zu ihnen kommen, sagte er. Lilith hatte keine Ahnung, wie sie ruhig bleiben sollte, wenn Martín ein Nervenbündel war, Ausdrücke vor sich hin murmelte, die sie nicht verstand, und Berechnungen anstellte, als ob die Geburt im Flugzeug stattfinden würde. Doch Hilde bat ihn, sie allein zu lassen, und übernahm es, mit Lilith die Treppe hinauf- und hinunterzusteigen, langsam, immer eine Stufe nach der anderen.

»Das hilft, den Muttermund zu erweitern«, sagte sie.

Lilith wagte nicht zu fragen, ob sie auch Mutter sei. Denn wenn ja, dann musste sie ihr Kind verloren haben, und an diese Wunde wollte sie nicht rühren. So oder so, Hilde schien sich auszukennen, als hätte sie schon mehrere Geburten erlebt.

Der Arzt kam gegen sieben Uhr, untersuchte Lilith und erklärte, dass es noch mehrere Stunden dauern würde.

»Soweit ich sehe, will das Kind dieses Jahr nicht mehr geboren werden«, sagte er und ging in die Küche, um mit Martín zu Abend zu essen.

Martín senkte den Blick, als hüte er ein Geheimnis.

»Wie geht es El Hombre?«, fragte der Arzt, bekam aber keine Antwort.

Ein paar Augenblicke später stand Martín auf und fragte: »Was hat Ihre Familie geplant?«

Der Arzt begriff wohl, dass Martín ihn das fragte, weil er für sich noch keine Entscheidung getroffen hatte.

»Sehen Sie, Martín, wir müssen von hier weg. An diesem Jahreswechsel haben wir nichts zu feiern. Sie werden wenigstens Vater. Meine Frau und ich haben beschlossen, nach Norden zu gehen.«

Als die Uhrzeiger auf Mitternacht zugingen, stand Lilith die Austreibungswehen durch und presste mit letzter Kraft und blutunterlaufenen Augen, biss sich auf die Lippe, um nicht mehr zu schreien. Plötzlich erzitterte das Dach. Ein Flugzeug flog so tief über das Haus hinweg, dass Martín fürchtete, es würde in der Nachbarschaft abstürzen.

Er schlug sich mit bösen Vorahnungen herum. Alle waren auf die Geburt konzentriert, da Lilith Blut verlor. Der Arzt kümmerte sich um sie, und Hilde wechselte das Laken, damit das Neugeborene nicht vor dem vielen Rot erschrak. Vom Schlafzimmerfenster schaute Martín in den Himmel.

»Eine klare Nacht«, sagte er leise und fühlte einen überwältigenden Drang zu weinen.

Er ging ins Arbeitszimmer, wo er das Telefon klingeln hörte. Die folgenden Anrufe machten ihn noch unruhiger, er rang mit seinen Zweifeln. Endlich wurde ihm klar, dass sie längst in ein Flugzeug hätten steigen sollen. Sie hätten das Kind in einem Krankenhaus in Daytona Beach zur Welt bringen können. Selbst ein Flugzeug wäre ein besserer Ort dafür gewesen als eine Insel ohne Zukunft. Dann hätte sein Kind zu den Wolken gehört wie er selbst. Aber er hatte El Hombre, dem er seine Karriere verdankte, nicht verraten wollen. Er wollte ihn nicht feige im Stich lassen. El Hombre hatte angewiesen, dass zwei

Flugzeuge in der Garnisonskaserne Camp Columbia außerhalb von Havanna bereit gemacht wurden, und nahm an, dass Martín eines davon fliegen würde. Doch Martín musste Nein sagen. Daraufhin entstand eine Pause, und El Hombre wünschte ihm Glück. Martín weinte. Er fürchtete, dass es nun zu spät wäre. Er würde allein auf der Insel sein, umgeben von Barbaren.

Sein Vater war bei Batista. Er war bereit zu gehen, das Chaos hinter sich zu lassen. Er sagte am Telefon, sie würden sich in Florida wiedersehen. Martín meinte, eine gewisse Unsicherheit herauszuhören.

Die Schreie des Neugeborenen brachten ihn zu den unmittelbaren Tatsachen zurück, und er rannte zurück zum Schlafzimmer. Er wusste, wenn er die Tür öffnete, würde er in einer anderen Welt sein, einer anderen Atmosphäre, wie wenn ein Flugzeug durch die Wolken aufsteigt und an Höhe gewinnt, sich im Horizontalflug stabilisiert, sodass der Wind es nicht zum Absturz bringen kann. Erst dann würde er wieder ruhig atmen können. Mit der Hand an der Klinke stand er zitternd da und konzentrierte sich auf seinen Gesichtsausdruck, damit das Kind ihn beim ersten Anblick lächeln sah. Es sollte seine Angst nicht sehen. An der Tür, die ihn von seinem Kind trennte, stand ein erschrockener Mann.

»Frohes neues Jahr«, sagte der Arzt, als er die Tür aufzog. Er hielt seine Tasche in der Hand und war im Begriff zu gehen.

Er klopfte Martín auf den Rücken. »Vergeuden Sie keine Zeit. Machen Sie, dass Sie von hier wegkommen«, sagte er leise.

Das Bett war frisch bezogen. Der weiche Schein der Stehlampe in der Zimmerecke fiel auf Liliths Gesicht. Sie lächelte. Ihre Haare waren gebürstet, und sie hatte einen Hauch Lippenstift aufgelegt. Das Kind war in eine weiche gelbe Strickdecke gewickelt.

»Willst du Nadine keinen Kuss geben?«, fragte Lilith mit fester Stimme.

Wie sie und Helena gesagt hatten, war es ein Mädchen. Hilde wirkte erschöpfter als Lilith. Sie stand am Fuß des Bettes und beobachtete, wie Martín reagierte. Still hob sie die blutigen Laken auf, die sie in eine Ecke geworfen hatte, und ging hinaus.

Martín setzte sich auf die Bettkante und war einen Moment lang glücklich. Die, die er am meisten liebte, waren bei ihm. Hingerissen streichelte er das Gesicht seiner Tochter, küsste Lilith und legte sich zu ihnen. Als er im Dunkeln an die Decke starrte, kam ihm der Raum immens groß vor. Es war, als könnte er seine kleine Familie von oben betrachten, als wären sie ein Altarbild.

»Wir drei werden immer zusammen sein«, sagte er zu dem neugeborenen Mädchen. »Nichts und niemand kann uns trennen.«

In der Nachbarschaft war von traditionellen Silvesterfeiern nichts zu hören. Vielmehr herrschte eine unheimliche Stille. Ein neues Jahr brach an in einem untergehenden Land, und sie würden wahrscheinlich mit untergehen.

Lilith hielt ihr Kind fest, als wollten höhere Mächte es ihr wegnehmen. Sie schützte ihre Tochter mit ihren Armen und ihrem Körper, aber auch mit ihrem Blick. Wenn sie sie stillte, fand sie den Schmerz lustvoll. *Mein Körper ist deformiert*, dachte sie, aber das Kind zu beschützen gab ihr Frieden. Sie fragte sich, wer wen beschützte, und dachte, dass das winzige, rosige, haarlose Wesen mit den strahlenden Augen gekommen war, um sie zu retten. Sie hatte ein Kind bekommen. War das nicht der Grund, weshalb ihre richtige Mutter, Ally, sie gerettet hatte?

Ihre Augenlider wurden schwer. Sie hatte Martín an ihrer Seite, und zwischen ihnen schlief der Säugling, der sie vereinte. Mit dem Gefühl, dass sie nun unzertrennlich waren, überließ sie sich dem Schlaf und fiel in eine Dunkelheit ohne Träume oder Albträume.

Später hörte sie Martíns Stimme. Er saß mit Nadine im Ohrensessel und betrachtete sie ehrfürchtig. Sie hielt einen seiner Finger fest, als wolle sie ihn nicht mehr loslassen.

»Eines Tages werden wir zusammen fliegen, nur du und ich, weil deine Mami Höhenangst hat. Aber die wirst du nicht haben, weil ich dir von klein auf die Wolken zeigen werde. Da oben gehört alles uns, und alles ist winzig. Und wir fliegen zu fernen Orten, weit weg von dem Lärm und dem Schmutz. Nur du und ich.«

Martín sah, dass Lilith wach war, und lächelte sie an.

»Sie ist so schön«, sagte er.

Lilith flehte im Stillen, die Zeit möge stillstehen, die Fenster und Türen geschlossen bleiben. Sie wollte nichts wissen über die Außenwelt oder über das neue Jahr, das gerade erst angefangen hatte. Sie hatte das sonderbare Gefühl, für einen Moment glücklich zu sein.

Während sie über dem schlafenden Säugling wachten, kamen ihnen die Tage wie Wochen vor. Nadine lag an Liliths Brust, wann immer sie in der Nähe war, und sie mussten warten, bis sie schlief, bevor sie sie ablegten. Martín zählte die Finger der Kleinen immer und immer wieder, bestaunte jeden Zoll an ihr und prägte sich alles ein: die Runzeln und Falten, jede rosige Schattierung, jeden Schatten, jede Bewegung.

In ihrem Haus in Vedado lebten sie im Halbdunkel bei geschlossenen Fenstern und zugezogenen Vorhängen. Draußen brannte eine gnadenlose Sonne, und sogar bei Nacht war es stickig. Im Haus war es still, ein Zufluchtsort vor dem Chaos der Außenwelt.

»Revolutionen sind wie Tornados, sie bringen nichts als Zerstörung«, sagte Hilde auf Deutsch und spähte durch den Vorhangschlitz nach draußen. »Nur das Unkraut wird stehen gelassen.«

Martín und Lilith hörten Hildes Worte wie ein fernes Gemurmel. Sie wollten jeden Moment mit Nadine genießen.

»Draußen geht es chaotisch zu«, erzählte Hilde, »die Straßen sind voller Krater von den Panzern, mit denen die Rebellen nach Havanna gefahren sind. Sie haben die Ampeln und Parkuhren zerstört, die Hotels besetzt. Unsere Nachbarn haben mit einem der wenigen Flugzeuge, die noch starten durften, das Land verlassen. Andere sind auf ihren Jachten geflohen und haben die Haustiere zurückgelassen.« Aber das Beängstigendste sei, dass ihre Häuser, um die sich das Hauspersonal kümmern sollte, von Kriminellen geplündert wurden, die Fenster und Türen einwarfen. Wenn das so weiterginge, würde in ein paar Tagen oder Wochen, wenn die Ordnung wiederhergestellt wäre und die Leute zurückkämen, nichts mehr da sein.

»Ich meine, wir sollten zeigen, dass hier jemand wohnt, damit sie nicht denken, das Haus wäre verlassen«, sagte Hilde.

Als sie die Haustür öffnete, um zu Ramóns Laden zu gehen, konnte Lilith feiernde Leute johlen und singen hören. Sie stellte sich ein großes Freudenfeuer in der Innenstadt vor, wo sie Bücher verbrannten, und Aufmärsche von Jugendlichen mit rot-schwarzen Flaggen mit einer 26 in der Mitte wie ein Hakenkreuz, die Parolen von einer neuen Welt riefen, in der das Volk die Macht hatte. Der Pöbel regierte wieder einmal und blieb im Takt mit den Soldaten, die zu einer neuen Hymne marschierten.

Lilith konzentrierte sich darauf, ihr Kind zu stillen, und versuchte, Hildes Warnungen zu ignorieren. Trotzdem flößten sie ihr Furcht ein. Martín erzählte sie nichts davon. Er hatte bei ihrem Töchterchen Zuflucht gefunden, und sie ließ ihn dort, bis es eines Tages an der Haustür klopfte. Es war ein lautes Klopfen.

Martín öffnete. Draußen stand ein Mann mit Señor Bernals Rollstuhl. Martín blickte auf den Rollstuhl, sah den Mann an, dann zu dem schwarzen Buick, der gegenüber dem Haus parkte, und wieder auf den Rollstuhl.

»Ich dachte, den sollte ich Ihnen bringen«, sagte der Mann leise.

Lilith kam mit dem Baby im Arm in den Flur. Martín verstellte ihr den Blick auf den Mann. Der Rollstuhl war unbrauchbar. Ein Rad war verbogen, die Bremse fehlte, und der Stoff der Rückenlehne war zerrissen. Sie schaltete das Licht ein und stellte sich neben Martín, um ihn vor dem Grauen zu schützen.

Es ist so weit. Liliths Gedanken rasten, ohne dass sie zu einer Lösung kam. Sie blickte auf und erkannte den Mann. Sie hatte ihn auf dem Landgut Kuquine gesehen, er war einer von Batistas Leibwächtern, dessen war sie sicher. Er war nicht gekommen, um ihren Mann mitzunehmen. Vielleicht hatte El Hombre, der Wahre, der Mächtige, ihn geschickt, damit er sie außer Landes brachte. Sie lächelte, um Martín Hoffnung zu geben, doch der hatte die Botschaft schon verstanden. Sein Vater war in Schwierigkeiten. Er war nicht mit Batista zusammen abgeflogen.

»Er hat es sich in letzter Minute anders überlegt. Niemand konnte ihn mehr umstimmen.«

Martín und Lilith standen schweigend da. Nadine fing an zu zappeln, als spüre sie die Anspannung ihrer Eltern.

»Ich konnte auch nicht weg«, sagte der Bote. »Wie hätte ich meine Familie im Stich lassen können? Wir sind viele, und sie hängen alle von mir ab. Señor Bernal konnte mich noch bitten, Sie zu warnen, aber ich hatte Angst, dass sie auch mich holen kommen. Darum habe ich gewartet, bis sich die Lage ein bisschen beruhigt hatte, und habe mich jetzt erst getraut, Ihnen den Rollstuhl zu bringen. Das alles hier wird übel ausgehen. Sie haben schon angefangen, Leute hinzurichten.«

Der Mann drehte sich um und ging grußlos davon. Martín

konnte ihn nichts mehr fragen und ihm auch nicht mehr danken.

Am folgenden Morgen wurde Martín abgeholt.

Er und Lilith waren die ganze Nacht wach gewesen. Der Rollstuhl stand zur Mahnung im Flur unter dem Fenster zur Straße. Martín dachte stundenlang über Auswege nach – solche, die sie hätten nehmen können, solche, die er ignoriert hatte, solche, die er jetzt finden musste. Er hatte sich von seinem Vater nicht verabschiedet. Sie hatten sich keinen Plan zurechtgelegt, wie sie einen möglichen Sturz Batistas überleben könnten. Zusammenbruch und Flucht waren Möglichkeiten, über die sie nie nachgedacht hatten. Batista war nicht nur der Diktator gewesen, sondern auch der Freund seines Vaters, solange Martín zurückdenken konnte. Wie konnte jemand, der so viel Macht besaß, über Nacht wehrlos werden? Sie wussten, die Rebellen rückten weiter vor, aber die Armee hatte die Insel noch weitgehend unter Kontrolle. Batista hatte bei einer Reise nach Daytona gesagt, dass die Amerikaner die Rebellen unterstützten, ihnen Geld und Waffen schickten, um damit amerikanische Bürger freizukaufen, die die Rebellen gefangen genommen hatten. Aber fliehen? Die Option war Martín nicht in den Sinn gekommen.

Nachdem der Bote gegangen war, hatte Martín geahnt, dass er seinen Vater nicht mehr wiedersehen würde, und hatte daran gedacht, dass er ihn bei ihrem letzten Abschied nicht umarmt hatte. Mit seiner Tochter im Arm war er ziellos durchs Haus gewandert. Er stieg die Treppe hinauf und hinunter, stand im Arbeitszimmer, ging in die Küche und brachte die Zeit rum, bis Nadine wieder gestillt werden musste. Dann legte er sie Lilith an die Brust und streckte sich neben ihr aus, um mit offenen Augen den Verlust zu begreifen. Sobald Nadine eingeschlafen war, nahm er sie wieder in die Arme und patrouillierte durch seine Festung. Diese Runde absolvierte er viele Male. Wenn er die Kleine ablegte, gab er ihr immer einen Kuss – bis es schließlich an der Haustür klopfte. Diesmal war Martín darauf vorbereitet, dass sie kamen.

Hilde öffnete vier bärtigen, langhaarigen Männern in Olivgrün, die jeder eine schwarz-rote Binde der Bewegung des 26. Juli am rechten Oberarm trugen. Sie begannen zu reden, und Hilde lächelte, als verstünde sie alles.

Martín kam frisch rasiert die Treppe herunter. Er trug ein blau kariertes Hemd, locker sitzende dunkle Hosen und polierte schwarze Schuhe. Er klopfte Hilde leicht auf den Rücken, um sie zu beruhigen.

»Wir dachten, Sie wären davongelaufen wie ein Feigling, genau wie Ihr Boss«, sagte einer der Soldaten, offenbar der Anführer.

Martín spürte Lilith und das Kind hinter sich. Er drehte sich um und umarmte sie. »Ihr müsst verschwinden. Geh mit Hilde irgendwohin«, flüsterte er ihr ins Ohr.

Lilith sah die vier Soldaten vorwurfsvoll an und wartete auf eine Erklärung.

»Der Prozess wird in Santiago de Cuba stattfinden, Señora«, sagte der Soldat. »Die Piloten müssen dafür bezahlen, dass sie uns in der Sierra bombardiert haben.«

Nachdem sie gegangen waren und Martín mitgenommen hatten, schloss Lilith die Haustür. Nadine schlief noch. Hilde fing an zu weinen.

Lilith dachte konzentriert nach und wandte sich dann an Hilde. »Du musst von jetzt an auf das Kind aufpassen. Ich werde irgendwann nach Santiago fahren müssen und weiß nicht, wie lange ich wegbleibe.«

Nachdem sie mehrere Tage lang vom Chaos der Revolution abgeschnitten gewesen war, schaute Lilith sich wieder die

Nachrichten im Fernsehen an. Es wurden leidenschaftliche Leute gezeigt, die sangen und Parolen skandierten, und natürlich der neue El Hombre, ein bärtiger Mann, der noch dieselbe olivgrüne Uniform trug wie an dem Tag, als er am Kopf einer Panzerkolonne aus der Sierra Maestra in der Hauptstadt angekommen war. Er schien immerfort Ansprachen vor den Massen zu halten und zwischen verschiedenen Gruppen Hass zu säen.

Lilith war wieder einmal zu einer der »anderen« geworden. Wer nicht zu den Menschen da draußen auf der Straße gehörte, nicht zu Fidel Castro, nicht zu der neuen, der einzigen Klasse, galt als Feind. Während einer seiner endlosen Reden vor einer schwitzenden, unterwürfigen Menge ließ sich eine weiße Taube auf der Schulter des neuen El Hombre nieder, den viele allmählich mit fast religiöser Verehrung bewunderten.

Kirchen wurden verdächtig. Priester und Nonnen wurden vertrieben und beschuldigt, Feinde des Vaterlandes zu sein. Auch die Synagogen wurden besetzt. Religion sei das Opium des Volkes, verkündete Castro in seinen täglichen Reden immer wieder. Nur ein Gott herrschte auf der Insel, und dieser Gott trug Olivgrün.

Am Tag, nachdem sie Martín mitgenommen hatten, erhielt Lilith die Nachricht von Señor Bernals Tod. Sie musste ihre Reise nach Santiago aufschieben, um das Begräbnis auszurichten. In der Zeit rief Oscar an. Er versprach ihr, sie nach Santiago de Cuba zu begleiten.

Oscar war mit seinen Eltern am 2. Januar nach Havanna gekommen. Sein Vater bekleide in den Vereinigten Staaten einen diplomatischen Posten und bereite mit Fidel die Reise vor, hatte er erzählt, als er ein paar Tage nach Nadines Geburt anrief. Er war nicht daran interessiert, mit Martín zu sprechen.

»Ich dachte, ihr wärt alle mit Batista nach Santo Domingo gegangen«, sagte er kalt.

»Wir konnten nicht weg, weil ich in den Wehen lag«, stammelte Lilith.

»Und das Kind?«

»Ist bei mir. Sie heißt Nadine.«

Die Unterhaltung war steif, so als würden sie sich kaum kennen. Die Distanz war real.

»Martín wurde verhaftet, und sein Vater ist tot«, sagte Lilith und versuchte, nicht zu weinen. »Sie haben ihn ermordet.«

Nun standen sie zusammen auf dem Friedhof in Colón vor der Gruft der Bernals. Mit Nadine im Arm lehnte sich Lilith erschüttert an Oscars Schulter.

Die Sonne schien gleißend auf den Marmor der Gruft und blendete sie. Lilith legte einen Strauß gelber Rosen auf das Familiengrab. Das waren die einzigen Blumen, die man am Eingang des Friedhofs kaufen konnte, Rosen, die kein anderer gewollt hatte. Als Castros Rebellen in Havanna eingezogen waren, verschwanden sogar die Straßenverkäufer und mit ihnen die Blumen.

Es gab viele Hinrichtungen durch Erschießungskommandos. Im Fort La Cabaña wurden angeblich Hunderte von Kugeln durchsiebt. Die neue Regierung, die, unterstützt von der Bevölkerung, die Macht mit Gewalt übernommen hatte, ließ die Prozesse und sogar die Hinrichtungen im Fernsehen übertragen.

Martíns Vater war nach solch einem Prozess erschossen worden. Man hatte ihn am Silvesterabend noch in der Garnisonskaserne verhaftet. Er hätte in demselben Flugzeug wie Batista das Land verlassen können, in dem Vertrauen darauf, dass sein Sohn mit seiner Frau und dem Enkelkind in einem anderen folgen würde. Aber Señor Bernal war am Fuß der Treppe vor dem Flugzeug umgekehrt. Nachdem es abgehoben hatte, fragte er, wer ihn nach Hause bringen würde. Es war der erste Januar eines Jahres, das für ihn nicht mehr richtig beginnen sollte.

»Wo ist Ihr Sohn?«, fragte ihn ein Oberst, der im Gefängnis Isla de Pinos gesessen hatte, weil er mit den Rebellen kollaboriert hatte.

Señor Bernal gab keine Antwort. Der Mann dachte offenbar, Martín, El Hombres Pilot, steuere eines der Flugzeuge, mit denen der Präsident und seine engsten Verbündeten geflohen waren.

Der alte Mann hörte ihn telefonieren und mit seinen Vorgesetzten sprechen. Er wusste, sie hatten die Gefängnisse geöffnet und Häftlinge entlassen, sodass es auf den Straßen von Verurteilten wimmelte. Die Garnisonskaserne wurde jetzt von Rebellen in Olivgrün kontrolliert und von einigen, die noch die Uniform der alten Macht trugen, der sie den Rücken gekehrt hatten.

»Also hat Ihr Sohn Sie im Stich gelassen«, sagte einer der neuen Soldaten.

Sie hoben Señor Bernal aus dem Rollstuhl und warfen ihn hinten in den Jeep. Er beschwerte sich nicht, fasste aber an das goldene Kreuz, das er um den Hals trug, und betete laut.

»Zu wem beten Sie? Zum Gott der Reichen?«, blaffte ein Rebell, dem der staubige Geruch der Sierra anhaftete.

Señor Bernal wurde in eine Festung am Rand von Havanna gebracht. Dort steckten sie ihn in eine fensterlose Zelle mit einem gemauerten Bett. *Ein trostloser Weg zum bitteren Ende*, dachte er.

Oscar hatte dafür gesorgt, dass der Leichnam von Martíns Vater abgeholt wurde, und organisierte die Beisetzung. Er und Lilith waren die einzigen Trauernden. Der Sarg war geschlossen, sodass sie ihn nicht noch ein letztes Mal sehen konnten. *Wieder jemand, von dem ich mich nicht verabschieden konnte*, dachte Lilith. Wieder jemand, den sie geliebt hatte und der allein gestorben war.

Oscar schüttelte sie sanft, um sie aus ihrer Benommenheit zu holen. »Ich kann dir helfen, das Land zu verlassen.«

»Ich gehe nicht ohne Martín. Er hat nur noch mich.«

»Mal sehen, was ich tun kann.«

Auf dem Heimweg konnte sich Oscar nicht überwinden, Nadine anzusehen, die Lilith alle halbe Stunde stillte, damit sie ruhig blieb. Sie war erst sechs Wochen alt, aber ein kräftiges, pummeliges, haarloses Baby mit großen leuchtend hellblauen Augen.

»Sie sieht ihrer Großmutter jeden Tag ähnlicher«, sagte Lilith. »Durch sie entdecke ich das Gesicht meiner Mutter wieder.«

Oscar lächelte nur. »Vielleicht wird sie später auch eine Dichterin wie sie.«

Als sie von der Beisetzung nach Hause kam, wartete ein Brief von Martín auf sie.

Santiago de Cuba
15. Februar 1959

Liebste Lilith,

ich habe nichts mehr von meinem Vater gehört und bin nicht allzu hoffnungsvoll, obwohl ich das gern wäre. Jeder, der auf Batistas Seite stand, wird verurteilt. Zu wie vielen Jahren? Ich weiß es nicht. Ich möchte Dich nicht beunruhigen und will auch nicht, dass meine Tochter in Angst aufwächst und sich für ihren Vater schämen muss, der als Verräter eingesperrt wurde. Ich wollte nie etwas anderes als fliegen. Nun muss ich dafür bezahlen.

Bevor ich mich schlafen lege, sehe ich Nadine groß werden. Gestern Abend sah ich sie laufen und die ersten Worte sprechen. Heute werde ich sie vielleicht als junges Mädchen sehen. Bald an der Universität, verheiratet, mit Kindern, glücklich. Siehst Du? Es ist leicht, glücklich zu sein. Wir waren es einmal.
Seit Du auf die Insel gekommen bist, hatte mein Leben Sinn. Was wäre ich ohne Dich gewesen, meine Lilith? Hilf mir jetzt, und sorge dafür, dass Nadine zu einem glücklichen Mädchen heranwächst. Ich kann diesen Traum nicht mehr wahr machen. Aber Du. Versprich mir, dass unsere Tochter weit weg von diesem Inferno groß wird. Versprich mir, dass Du sie bald in Sicherheit bringst. Nur so werde ich die Jahre im Gefängnis ertragen können.
Euch gehört meine ganze Liebe. Mit euch beiden im Arm schlafe ich abends ein.

Martín

Die Handschrift wirkte zittrig. Das Papier war zerknittert. Es hatte dunkle Flecke. Lilith las den Brief, bis sie ihn auswendig konnte. Sie würde ihm antworten und ihm vom Tod seines Vaters berichten, dachte aber, es sei besser abzuwarten, bis der Richter das Strafmaß verkündete. Vielleicht hatten sie Glück und bekamen einen barmherzigen Staatsanwalt, der begriff, dass Martín nur ein einfacher Pilot, kein Kampfpilot oder Soldat gewesen war.

An dem Tag, als sie nach Santiago flog, verabschiedete sie sich nicht von ihrer Tochter, sondern ließ sie in der Wiege weiterschlafen. Wenn Nadine aufwachte, würden es Hildes Arme sein, die sie hochnahmen. Als das Flugzeug abhob, begann Lilith zu schwitzen. Sie schloss die Augen und sah die Welt unter sich zerbrechen – wieder einmal. Sie reiste nun bei Sonnenuntergang, sie, die immer eine Nachtreisende gewesen war. *Nachts haben wir alle dieselbe Farbe*, sagte sie sich.

19

Zwei Monate später
Santiago de Cuba, März 1959

Als Lilith die Klappläden am Balkon des Hotels Casa Granda öffnete, schallten Rufe von der Straße zu ihr herauf: »Lakeien! Mörder! Stellt sie alle an die Wand!« Im Park gegenüber der Kathedrale hatten sich Jugendliche versammelt und skandierten Revolutionsparolen, die Lilith nur halb verstand. Es kam ihr vor, als hätte sie ihr Spanisch vergessen. Sie ließ den Kopf hängen und schloss die Augen. Die Dunkelheit brachte sie zum Würgen, die Luft war schwer und feucht. Als sie die Augen öffnete, schien der Bürgersteig weit weg zu sein, unendlich weit weg, und ihr kam der Gedanke, sich in den Abgrund zu stürzen. Er war bodenlos, sie würde bis in alle Ewigkeit fallen.

Von dem Moment an, da sie Martín abgeholt hatten, waren die Tage kürzer geworden. Während sie ihre Tochter stillte, umhertrug und wickelte, verstrichen die Stunden.

Nach ihrer Ankunft im Hotel zog Lilith sich um und ging sofort nach unten, um zu dem Gerichtsgebäude zu gehen, in dem der Prozess gegen Martín und andere Piloten stattfinden würde. Im Foyer des Casa Granda bewegte sie sich nur zurückhaltend, sodass sich ihr Auftreten von dem der anderen Menschen auf der Insel unterschied. Jemand von der Rezeption sprach sie auf Englisch an: »Kann ich Ihnen helfen, Señorita?«

»Ich möchte zum Gericht«, antwortete sie auf Englisch.

Über Nacht war sie wieder zur Ausländerin geworden. Der

Hotelangestellte beschrieb ihr den Weg, und währenddessen bemerkte sie einige Frauen in Schwarz. *Mütter und Ehefrauen der Piloten*, dachte sie. Sie selbst trug einen roten Gabardinemantel. Sie wandte sich von dem Mann ab und schloss sich den Frauen an. Zusammen gingen sie auf eine Menschenmenge mit rot-schwarzen Flaggen zu. Als sie näher kamen, wurde es still auf dem Platz, und die Demonstranten traten zur Seite, um sie durchzulassen. Ein Windstoß enthüllte das himmelblaue Kleid, das Lilith unter dem Mantel trug, ein starker Kontrast zu der schwarzen Garderobe der anderen Frauen.

Feierlich stiegen sie die Treppe vor dem grauen Gebäude hinauf, über dessen Eingang das Wappen Kubas prangte. Lilith ließ sich vom Schmerz der Frauen anstecken. Einige weinten, als wüssten sie schon, welche Strafe die Piloten bekommen würden. Eine alte Frau hakte sich bei Lilith unter und bremste damit ihre Schritte.

»In meinem Alter bin ich solchen Turbulenzen nicht mehr gewachsen«, sagte sie und schaute geradeaus. »Ich bin gerade fünfundsiebzig geworden, und diese Revolutionäre glauben nun, sie könnten mir befehlen, was ich denken und wie ich leben soll. Und was bringt Sie hierher? Ihr Ehemann?«

»Ich bin Señora Bernal.«

»Ah, Ihrem Mann steht wirklich eine harte Zeit bevor.«

Lilith versteifte sich gekränkt, und die alte Frau bemerkte es.

»Ich meine, allen, nicht nur Ihrem Mann. Das Problem ist, dass Martín Bernal auch El Hombres Freund war. Sie sind nicht von hier. Sind Sie Amerikanerin? Sie kehren am besten in Ihre Heimat zurück.«

»Ohne Martín werde ich nicht gehen.«

»Ich verstehe. Das gilt auch für mich. Meine drei Töchter sind mit ihren Männern abgereist und haben meine Enkel mitgenommen. Ich bin allein mit meinem einzigen Sohn und warte darauf, dass seine Strafe verkündet wird. Mein Mann und meine Eltern liegen auf dem Friedhof in Colón, also kann ich nicht weg. Wenn jemand das Land verlassen sollte, dann er und seine Kumpane.«

Das »Er« spie sie verächtlich und angewidert aus. Die alte Frau setzte ihre Schritte so vorsichtig, als hätte sie Angst, zu stolpern und die Stufen hinunterzufallen.

Im Gerichtssaal, einem behelfsmäßigen Sitzungssaal, in dem alle Fenster geschlossen waren, saßen die Richter an einem langen Tisch, vor dem ein Mikrofon aufgebaut war. Die vordersten fünf Bänke waren für die Angeklagten reserviert. Ein Gerichtsdiener wies den Frauen Plätze an der Seite zu, gegenüber der Presse. Das allgemeine Publikum würde hinter den Angeklagten sitzen, erklärte er mit einem Akzent, den Lilith nicht zuordnen konnte.

»Glauben Sie, sie lassen uns mit ihnen sprechen?«, fragte die alte Frau. »*Ay, Dios mío!* Warum musste dieser Junge auch Pilot werden? Stellen Sie sich vor, er wäre Arzt wie sein Vater. Dann wären wir jetzt in Miami, weit weg von diesen Barbaren.«

Als sie sich hinsetzten, zog sie sich das Netz an ihrem Hut, den sie schräg aufgesetzt und mit Clips befestigt hatte, vors Gesicht. »Es ist gut, dass Sie ein bisschen Farbe tragen«, sagte sie dann. »Sie sind keine Witwe, und so wird ihr Mann Sie sofort entdecken. Wir anderen sehen mit unseren schwarzen Kleidern aus wie Geier. Aber ich bin Witwe, also kann ich mich nicht anders anziehen. Sie dürfen mich Carmen nennen. Wer sich als Señor oder Señora bezeichnet, kann heutzutage ins Gefängnis kommen. Wir sind über Nacht zu Genossen geworden.«

Sie murmelte noch etwas und bekreuzigte sich.

Lilith versuchte, sie aufzumuntern, obwohl ihr selbst die Hände zitterten. »Ich heiße Lilith.«

Der Saal füllte sich allmählich. Nur die vordersten Bänke blieben frei. Dann standen alle auf, um zu sehen, was an der Tür passierte.

»Sie bringen sie rein!«, schrie jemand.

In dem lauten Stimmengewirr hörte Lilith noch andere Rufe: »Mörder!«

Um vier Uhr wurden zwanzig Piloten, fünfzehn Bordschützen und acht Flugzeugmechaniker hereingebracht. Sie setzten sich in die Bänke, während das Publikum laut forderte, man solle sie erschießen. Lilith wurde seltsam ruhig und hörte Carmen nicht mehr zu, die unaufhörlich schimpfte. Sie verschloss die Ohren vor dem politischen Jähzorn und dem Weinen der Frauen.

Als Martín hereinkam und sich in die erste Reihe setzte – noch in dem karierten Hemd, das er am Tag seiner Verhaftung getragen hatte –, stand Lilith auf und öffnete ihren Mantel. Martín erkannte das Himmelblau und sah zu ihr.

Schließlich eröffnete der Ankläger den Fall 127/1959. Nach einigen einführenden juristischen Formeln verlas der Gerichtsdiener die Namen der Angeklagten. Stehend starrte Martín den Ankläger an, und Lilith setzte sich. Als sie hörte, dass die Anklage auf Völkermord lautete und der Name Martín Bernal immer wieder fiel, zitterten ihre Hände noch heftiger. Es gab nichts, was sie tun konnte. Die Männer waren bereits verurteilt, noch bevor man sie angehört hatte, genau wie Carmen sagte. Die alte Frau hatte zwei lange Nadeln hervorgeholt und begann zu stricken. Das rote Garn glitt langsam aus ihrer schwarzen Kunstledertasche.

Lilith hatte Angst. Sie lächelte Martín an, und er lächelte zurück. Er senkte den Blick auf ihre Arme, als frage er nach Nadine. Sie schlossen beide die Augen. Für einen Moment fühlte sie sich mit ihm allein, als wären sie zusammen geflohen. Lilith ließ sich an den Ort ihrer Rettung tragen.

»Dreh dich um, meine Liebste«, hörte sie ihren Mann sagen.

»Martín.« Sie lächelte. Sie musste nicht den Kopf wenden, sie wusste, er war an ihrer Seite wie immer. Der Lärm des

Motors und der Propeller vibrierte in ihr. Noch nie hatte ihr die Vorstellung, in einem Flugzeug zu sitzen, solche Freude bereitet. Sie waren mitten in den Wolken. *Wie um alles in der Welt hat Martín mich überredet, in diesen kleinen Blechvogel zu steigen?*

»Siehst du? Das war gar nicht so schlimm, nicht wahr? Hier bewegt sich nichts. Wir sind in Sicherheit. Wir könnten hier oben leben und …« Martín ließ den Satz in der Schwebe, während das Flugzeug in den Sinkflug ging.

Lilith konnte ihn nicht mehr hören. Das ohrenbetäubende Getöse verhinderte es. Die Propeller stoppten, und das Flugzeug stürzte auf das ruhige Wasser eines Ozeans zu. Vor den Fenstern wurde es Nacht, und sie fühlte Martíns Umarmung. Mit ihm zusammen konnte sie sich von dem dunklen Wasser schlucken lassen. Kein Mond und kein Stern waren zu sehen. Wolkenfetzen zogen langsam vorbei. Kein Horizont. Der Himmel und das Meer waren eins. Ein Gefühl des Friedens überkam sie, wie sie ihn seit Nadines Geburt nicht mehr empfunden hatte.

Wieder wurde der Name Martín Bernal im Publikum gebrüllt. Lilith wollte nicht aufwachen, sie wollte an seiner Seite bleiben. Wenn sie die Augen öffnete, wäre sie wieder in jener Hölle.

Das Schluchzen einer Zeugin rüttelte sie auf. Die junge Frau zeigte dem Gericht ihre Brandwunden an den Armen und erzählte wie auswendig gelernt ihre Geschichte. Lilith schloss die Augen, um Martín zu finden. Sie wollte wieder träumen, konnte aber die schmerzerfüllte Stimme der Zeugin nicht ausblenden.

Man warf Batistas Piloten vor, sie hätten wahllos Bomben über den Bergen abgeworfen, wo die Guerillakämpfer operierten, und im Ostteil der Insel hätten sie ganze Dörfer vernichtet. Der Ankläger forderte die Piloten auf zu gestehen, doch das taten sie nicht. Um zwei Uhr früh wurde die erste Sitzung geschlossen. Die Angeklagten mussten den Saal als Erste verlassen. Dann die Journalisten. Als die schwarz gekleideten Frauen hinausgingen, wurden sie vom Publikum verhöhnt und beschimpft.

Zurück im Hotelzimmer zog Lilith sich aus und rollte sich im Bett zusammen, wie ihre Mutter in Berlin es ihr beigebracht hatte. Sie lag die ganze Nacht wach, oder vielleicht schlief sie auch mit offenen Augen und nahm jede Minute wahr. Am nächsten Morgen duschte sie kalt und zog sich das himmelblaue Kleid und den roten Gabardinemantel an. Oscar wartete im Foyer auf sie.

»Ich habe erst heute einen Flug bekommen«, sagte er nervös.

Seine Aktentasche stand auf und war vollgestopft mit Unterlagen. Sie gingen zusammen zum Gericht. Er erklärte, dass es ihm gelungen war, eine Liste von Martíns Flügen der letzten Monate zusammenzustellen, doch sie hörte nicht zu.

Im Verhandlungsraum begab sich Oscar zu den Verteidigern hinüber. Als Martín ihn sah, blickte er zu Lilith. Das würde ein weiterer langer Tag werden. Lilith sah, wie Martín und Oscar sich umarmten. Sie war weit weg, so weit, dass sie seine Gegenwart nicht mehr spürte. Sie sah Martín seinen Freund anlächeln wie früher, als sie noch Kinder waren.

Die Verteidiger waren die Einzigen, die weiße Hemden, Anzüge und Krawatten trugen. Der Vorsitzende Richter war ein Rebellenführer, gepanzert mit der olivgrünen Uniform. Einmal legte der Ankläger eine Pause ein, dann begann er zum allgemeinen Erstaunen die Enzykliken von Papst Pius XII. vorzulesen, in denen dieser sich zu Gewissen, Schuld und Strafe äußerte. Anschließend forderte der Ankläger, die Piloten zum Tod durch Erschießen zu verurteilen.

Eine der Frauen in Schwarz fing an zu schreien. »Zum Teufel mit euch allen. Zum Teufel mit den Anklägern und den Anwälten. Zum Teufel mit dem ganzen Gericht, und zum Teufel mit Fidel Castro!«

Die Angehörigen der Frau ergriffen sie und zogen sie aus dem Saal. Ein Mann brüllte: »Ja zu Kuba, nein zu den Yankees!«

Von draußen konnte man das verzweifelte Schluchzen der Frau hören. »Ihr dürft meinen Mann nicht töten! Ihr macht meine Kinder zu Waisen! Ihr Hurensöhne!«

Am Sonntag hatte das Gericht Pause. Ebenso am Montag. Ein weiterer Prozess in Havanna gegen einen von Batistas Gefolgsleuten hielt das ganze Land in Atem. Oscar verbrachte die zwei Tage damit, an seiner Verteidigungsstrategie zu arbeiten, die nach Liliths Vermutung nichts nützen würde.

Sie suchte Zuflucht in der Kathedrale und betete zu einem Gott, der nicht ihrer war. Sie hörte Gebeten und Messen zu, die sie nicht verstand, und wanderte durch die Stadt, geplagt von der Sonne, die sie mit ihrem roten Gabardinemantel abhielt. Die Luft in den Falten war eisig.

Lilith verirrte sich in Santiagos lauten Straßen, und als sie müde war, betrat sie ein sechsstöckiges Gebäude. Das Gittertor stand offen, und zögernd ging sie hindurch. Sie gelangte in einen Innenhof, in dem rot-schwarze Fahnen mit der 26 in der Mitte aus den Fenstern hingen. Sie hob das Gesicht zur Sonne, schloss die Augen und atmete tief durch. Plötzlich erlangte sie ihre Ruhe zurück. Sie war dem Getöse, den Menschenmassen entkommen. Eine Gruppe Soldaten marschierte an ihr vorbei, ohne sie zu beachten. Sie fühlte sich unsichtbar. Einige Minuten lang stand sie da, überwältigt vom Anblick der Marschierenden. Sie war schweißgebadet. Sie hatte das Zeitgefühl verloren. Sie war die Insel geworden. Als sie die Augen öffnete, wurde ihr klar, dass sie in einer Kaserne gelandet war, die jetzt von der neuen Armee besetzt war.

Bei der Verhandlung am folgenden Tag gab es eine Spur Hoffnung. Die Verteidiger hatten einen Zeugen der Anklage, einen Piloten, der auf die Seite der Sieger gewechselt war, überzeugen können, zugunsten der Angeklagten auszusagen.

»Wenn jemand schuldig ist, dann die neunundzwanzig Piloten, die mit Batista geflohen sind«, sagte er und starrte zu Boden. »Deshalb sind sie geflohen. Weil sie die Schuldigen sind.«

Jeden Morgen, bevor Lilith zum Gericht ging, rief sie in Havanna an. Hilde wartete um neun Uhr am Telefon. Beim ersten Klingeln nahm sie ab und rasselte ihren Tagesbericht herunter, der gespickt war mit Fakten und Zahlen. Wie oft sie das Mädchen gefüttert, wie oft sie die Windel gewechselt, wie oft sie sie in die Sonne und wie oft sie sie in ein lauwarmes Kamillenbad gesetzt habe, um das Fieber zu senken, wie viele Tropfen Sternanis sie ihr verabreicht habe, um die Bauchschmerzen zu lindern, wie oft die Kleine geschlafen habe. Sie fragte kein einziges Mal nach Martín oder wann Lilith zurückkäme, und das fand Lilith beunruhigend.

Abends am Telefon sang Lilith Nadine deutsche Schlaflieder vor, damit sie selbst gut einschlief. Manchmal glaubte sie, sie würde eindösen, wenn sie die weiche Haut ihrer Tochter spürte und den Druck in ihren Brüsten, die noch voller Milch waren. Sie wusste, sie würde nach ihrer Rückkehr nicht mehr stillen können, die Milch würde versiegt sein. Sie hatte Angst, Hilde könnte mit dem Mädchen ein Schiff besteigen und nach Europa verschwinden.

Am neunten Prozesstag erging sich der Ankläger in einer fünfstündigen Tirade. Jeden Tag brachten sie neue Zeugen der Anklage vor: einen Bäcker, einen Feldarbeiter, eine Mutter, eine verkrüppelte junge Frau, einen Mann, der den rechten Arm verloren hatte, einen Bergarbeiter, einen Ladenbesitzer, einen Soldaten, einen Sergeanten, einen Kapuzinermönch, einen Bauingenieur, den Komponisten der Hymne der Bewegung des 26. Juli. Sie alle berichteten übereinstimmend, dass Batistas Flugzeuge Siedlungen bombardiert hätten, in denen es gar keine Rebellen gab. Es wurden immer mehr Anklagen erhoben, und die Beschuldigten waren alle gleichermaßen schuldig. Individuelle Verantwortlichkeit wurde ersetzt durch kollektive Schuld.

Einmal stand Oscar auf und sprach zu dem Tribunal. Aus seiner Stimme klang Frieden. Seine Rede war wie ein Gebet. »Wer könnte beweisen, dass diese Piloten die Angreifer waren und nicht die neunundzwanzig, die mit Batista geflohen sind?«, fragte er. »Wenn sie ein Verbrechen begangen hätten, wenn sie etwas auf dem Gewissen hätten, dann hätte jeder von denen, die hier vor uns stehen, fliehen können. Keiner von ihnen hat es getan. Es gibt keine Beweise gegen sie. Sie müssen allesamt für unschuldig erklärt werden.«

Er erntete Applaus und lauten Widerspruch. Als es wieder ruhig war, rief jemand: »Stellt sie vor das Erschießungskommando!«

»Es ist schwer, seinen Mann zu verlieren, den Vater Ihrer Tochter«, sagte Carmen zu Lilith mit Tränen in den Augen. »Sie werden Witwe und Ihre Tochter eine Waise … und ich werde meinen Sohn verlieren.«

Lilith weinte nicht.

Es war nur wenige Monate her, seit Martín Vater geworden war, und kaum zwei Jahre waren seit ihrer Hochzeit vergangen. Aber er war immer auch ein Freund gewesen, ihr bester Freund. *Meinen Freund zu verlieren schmerzt mehr, als meinen Mann zu verlieren*, wollte sie Carmen sagen.

Es war der letzte Tag der Verhandlung, und Lilith wollte kein einziges Wort verpassen. Sie wollte sich auf jedes Argument des Anklägers konzentrieren, während sie die Verkündung der Strafe vorbereiteten. Doch Carmen lenkte sie ab, und den juristischen Ausdrücken konnte sie nicht gut folgen. Auf Deutsch oder Englisch hätte sie sie besser verstanden. Das zeigte ihr wieder einmal, dass sie auf dieser Insel nur eine Besucherin war, obwohl sie sie einmal als ihre neue Heimat betrachtet hatte.

Nach zwei Wochen Gerichtsverhandlung erging das Urteil des Revolutionstribunals: *nicht schuldig*. Die zwanzig Piloten, fünfzehn Bordschützen und acht Flugzeugmechaniker wurden für unschuldig erklärt.

Das Urteil wurde so wortreich verkündet, dass Lilith mehrere Augenblicke brauchte, um es zu begreifen. Oscar trat nervös zu ihr. Er bezweifelte offenbar, dass die neue Regierung das Urteil akzeptieren würde. Er hatte seine Unterlagen wieder in die Aktentasche gepackt und legte eine Hand auf Liliths Schulter. Er wollte ihre volle Aufmerksamkeit.

»Ich nehme den nächsten Flug nach Havanna«, sagte er.

»Werden sie Martín jetzt freilassen?«

»Nein, die Männer werden an einen anderen Ort gebracht.«

»Wohin?«

»In ein Hochsicherheitsgefängnis.«

Während sie mit Oscar sprach, wurden die Freigesprochenen aus dem Gerichtsraum gedrängt.

»Ich kann nicht in Santiago bleiben. Meine Tochter –«

»Warte in Havanna auf meinen Anruf«, unterbrach Oscar sie hastig und ging mit den Verteidigern hinaus.

Auf den Straßen Santiagos herrschte Empörung. Lilith, wieder einmal an Carmens Arm, konnte kaum den Céspedes Park durchqueren, um zum Hotel zurückgelangen. Sie ging in dem Tempo der alten Dame, die immer wieder fluchte. Als sie an einigen Jugendlichen vorbeigingen, die lautstark den Tod der Piloten forderten, spuckte Carmen auf den Boden.

Ein Junge mit nacktem Oberkörper, der eine rot-schwarze Flagge trug, schob sich zwischen Lilith und Carmen. »Verdammte bourgeoise Schlampe«, schrie er der alten Frau ins Gesicht und betonte jede Silbe. Sie fing an zu zittern.

Am nächsten Tag verließ Lilith am Nachmittag ihr Hotelzimmer. Zum ersten Mal seit ihrer Ankunft in Santiago trug sie nicht das himmelblaue Kleid. Es lag bereits im Koffer. Sie würde es nicht mehr brauchen. Dies war die Zeit für Schwarz. Sie hatte begonnen zu trauern.

Das Warten zog sich tagelang hin. Die Zeitungen stachelten die Leute auf, sich gegen die Freilassung der Piloten zu stellen. Fidel Castro bezeichnete sie im nationalen Fernsehen als Verbrecher Batistas und die Richter des Prozesses als Verräter. Der Rebellenführer, der als Vorsitzender Richter fungiert hatte, wurde vom Helden zum Ausgestoßenen. Er floh aus Havanna und wurde später im Camp Columbia mit einer Kugel im Kopf gefunden. Die Frauen in Schwarz waren überzeugt, dass er sich nicht selbst erschossen hatte.

»Sie werden sich gegenseitig zerfleischen wie die Tiere«, sagte eine von ihnen.

Nur drei Tage nach dem Freispruch erhielten sie die Nachricht, dass der Prozess am Donnerstagabend wieder aufgenommen würde. Die Schlagzeilen waren erschreckend. Lilith hörte die Frauen in den angrenzenden Zimmern weinen. Ihr Schmerz drang durch die Mauern des Casa Granda Hotels, durch die kalten, gefliesten Flure, er wisperte durch die Fenster und erreichte den Céspedes Park. Dort wurde weiter skandiert: »Keine Freiheit für die Piloten der Batista-Diktatur!« Die Macht lag beim Volk, nicht beim Gericht. Das Volk war das Gericht. Fidel war das Volk.

Die Piloten weigerten sich, am Scheinprozess mitzuwirken, und Lilith entschied sich, im Park zu bleiben. Sie könnte in die Kathedrale gehen und dort niederknien, für ihre Tochter, für sich selbst, für sie alle beten. Ihr Mann war bei dem Prozess nicht anwesend, ihr himmelblaues Kleid lag im Koffer, ihre Anwesenheit war nicht nötig. Es war ein Prozess ohne Verteidigung. Was sollte sie sich da noch anhören? Bei einem summarischen Verfahren, bei dem Ankläger und Richter ein und dieselbe Person waren? Sie würden alle verurteilen, zu Kriegsverbrechern erklären und die Hinrichtung durch ein Erschießungskommando oder lebenslange Haft und Zwangsarbeit auf einer kleinen Insel vor der Südküste anordnen. In einem Gefängnis aus runden Gebäuden mit einer Hierarchie des Bösen, ähnlich Dantes Kreisen der Hölle, ohne Licht und Vernunft. Sie sollten sie beide verurteilen, sie und Martín. Lilith betete, sie mögen beide in den letzten Kreis fallen, den der Nacht. Mit geschlossenen Augen betete sie zu den tauben Ohren der Heiligen Jungfrau innerhalb jener undurchdringlichen Mauern, weit weg von den Qualen der Außenwelt, wo die Familien der Sünder sich versammelten und vergeblich um Gnade flehten.

Bei der Urteilsverkündung wurden mehrere der schwarz gekleideten Frauen ohnmächtig. Mit ungezügeltem Hass hob Lilith den Blick zu der wundertätigen Jungfrau. Sie zitterte am ganzen Leib, ihre Hände waren feucht. Die Kathedrale war der Wartesaal zur Hölle, das Gericht der Rand des Abgrunds. Sie hatte die Hölle als Kind gekannt, und ihre Mutter, ihre wirkliche Mutter, hatte sie gerettet, indem sie sie auf eine Reise durch die Nacht schickte. Sie war die Kreise hinabgestiegen, bis sie in den neunten und letzten fiel. Und in diesem Moment fühlte sie sich schuldig, weil sie die Hölle zu Martín gebracht hatte.

Sie wollte in ihre Träume fliehen und richtete eine letzte Bitte an jeden der leblosen Heiligen und die Jungfrauen der Kathedrale. Niemand sonst konnte ihre Träume beherrschen, und sie flehte, dass sie und Martín auf ewig wieder die Kinder sein dürften, die sich an der St. George's School in Havanna begegnet waren. Zusammen waren sie durch die Straßen von Vedado gewandert, das ihr Nimmerland geworden war. *Das Nimmerland Peter Pans ist immer mehr oder weniger eine Insel. Alle Kinder werden groß außer einem. Warum kann man nicht immer so bleiben!* Als sie ihren Opa das sagen hörte, fing sie an zu weinen, wie man um die Toten weint.

Bei Sonnenuntergang fuhr Lilith mit dem Zug nach Havanna zurück, geschützt durch ihren roten Gabardinemantel, ihrer Strafe sicher und bereit, zu den vier Runden in dem neunten Kreis der Hölle hinabzusteigen. Ihr war, als wäre ihr alles entglitten. Sie würde am nächsten Tag nach Mitternacht ankommen. Oscar würde bereits in Havanna sein und Martín auf dem Weg ins Castillo del Príncipe, auf der Ladefläche eines Lastwagens mit den anderen Verurteilten zusammengepfercht. Von dort würde er mit der Fähre auf die Insel mit den runden Gebäuden gebracht, wo die Menschen vergessen wurden.

20

Drei Jahre später
Havanna, März 1962

Einzig das Grün der Uniformen war auf der Insel erlaubt, und sogar der alte Flammenbaum im Innenhof des Klosters war verdorrt. An jenem Nachmittag war es dort besonders still. Zuvor konnte man manchmal jemanden beten oder den Wind in den Zweigen säuseln hören. Die Hitze hing über der Stadt, salzig und zäh. Lilith wehrte die drückende Luft mit ihrem Gabardinemantel ab. Nadine schwitzte, ihre Wangen waren gerötet.

Eine Tür schlug zu, und Nadine rannte zu ihrer Mutter, die im Schatten eines Säulengangs stand. Das kleine Mädchen sah sich um, ob sie allein waren, dann hüpfte es und schlug Räder im Innenhof, der verlassen wirkte, als ob alle, selbst die Nonnen des Konvents, geflohen wären.

»Alle verlassen Kuba.« Hilde wurde nicht müde, das zu wiederholen.

Es wurde jeden Tag schwieriger, ein Visum zu bekommen. Flüge wurden vorübergehend eingestellt. Laut Hilde konnte man nur noch mithilfe der katholischen Kirche von der Insel fliehen, aber die neue Regierung schwebte über ihr wie ein Damoklesschwert. Hilde war zu dem Schluss gekommen, dass es ihr Schicksal sei, an keinem Ort zu bleiben, und sie erinnerte Lilith jeden Tag daran, dass ihr die Zeit davonlief.

Du musst unsere Tochter retten, hörte Lilith Martín sagen, als wüsste sie das nicht selbst.

Wenn ich nur Oscar noch hätte, dachte Lilith oft in der Nacht und wünschte, ihr Freund – nicht der Anwalt, der Martín in Santiago verteidigt hatte, sondern der Junge, mit dem sie beide in der Villa Ponce, dem Sommerhaus von Oscars Familie, in Varadero Erwachsene gespielt hatten – würde zurückkommen und ihr eine helfende Hand reichen. Aber Oscar hatte erreicht, was Martín nicht gelungen war: Er hatte sich in den Wolken verloren.

Das Kleinflugzeug, das mit ihm und den beiden anderen Anwälten an Bord, die Batistas Piloten verteidigt hatten, von Santiago de Cuba nach Havanna gestartet war, hatte sein Ziel nicht erreicht. Angeblich war es von den Rebellen, die die Macht ergriffen hatten und nach Rache dürsteten, abgeschossen worden, als es die Insel in Richtung Norden überflog.

Aus Angst, dass man ihnen ebenfalls den Prozess machen könnte, hätten Anwälte den Fall 127/1959 aufgegeben und die Angeklagten in der Luft hängen lassen, sagte eine Mutter der Verurteilten im nationalen Fernsehen. Manche feierten den Tod der Anwälte, nannten sie Verräter und Konterrevolutionäre, die Vorsichtigeren sprachen von einem Flugzeugunglück. Das Wetter sei schlecht gewesen, erklärte ein Rundfunksprecher nervös. Ein paar Monate später verschwand ein Kleinflugzeug über dem Meer, diesmal mit Camilo Cienfuegos an Bord, einem Anführer in Olivgrün, den das Volk verehrte. Aus Angst, die Wände könnten mithören, erzählte Hilde flüsternd, dass sich in Ramóns altem Laden alle einige waren, der neue El Hombre habe den Anschlag aus Eifersucht befohlen. Von den Flugzeugen wurden keine Überreste gefunden. Die Passagiere des einen wurden Verräter genannt, der Passagier des anderen ein Held. Die Regierung ordnete an, dass die Kinder jeweils am Jahrestag Blumen ins Meer werfen sollten, als Akt der Erinnerung. Vielleicht glaubte man, die Blumen würden mit der Zeit die Schuld überdecken.

Lilith hatte Nadine auf dem Arm, als sie von Martíns Hinrichtung erfuhren, sechs Monate, nachdem man ihn im März von Havanna nach Pinar del Río, von dort zur Isla de Pinos und von dort in die Hölle gebracht hatte, in die fünf runden Gebäude des »Presidio Modelo«, des Modellgefängnisses. Hilde las Lilith die Neuigkeit von den Augen ab. Sie brauchte nicht von ihr zu hören, was passiert war. Danach begann Hilde zu packen und versuchte, Plätze auf einem Schiff zu bekommen, um sie vor weiteren Qualen zu schützen.

Man hatte Martín nackt und barfuß aus seiner Einzelzelle geholt und vor das Erschießungskommando geführt, hinter ihm eine verwitterte Mauer voll dunkler feuchter Flecken, die dick genug war, dass Kugeln darin stecken blieben. Er stand vor seinen Henkern und schaute in die Gesichter derer, die ihm das Leben nehmen würden. Dann verband man ihm die Augen mit einer schmutzigen Binde, die noch nass war von den Tränen des vorigen Mannes. Er fühlte das kühle Gras unter den Fußsohlen. Eine Wolke schob sich vor die Sonne. *Wenn es nur regnen würde*, dachte er. Er vergaß die auf ihn gerichteten Gewehre und die beklommenen Soldaten, deren Pflicht das Töten war und die auf den Häftling anlegten, ohne zu wissen, warum er eine Kugel in die Brust verdient hatte. Der Befehl lautete, dass jeder mit dem Leben bezahlen musste, der El Hombre nahegestanden, ihm geholfen hatte, mit Koffern voller Geld, dem Geld des Volkes, und Gold aus der Staatskasse zu fliehen. Es war unnötig, dass ein Gericht die Strafe verhängte. Das Volk hatte das letzte Wort. Die Menschen waren zu Henkern geworden.

Es fing an zu regnen, und Martín hob das Gesicht. Mit geschlossenen Augen konnte er ein letztes Mal in die Wolken aufsteigen, wo er sich allein sah, abgeschirmt gegen das Dröhnen der Flugzeugmotoren. Er hatte sich noch nie so sicher gefühlt. Als er an Höhe gewann, stürmte es stärker. Die Herausforderung bestand darin, das Flugzeug stabil zu halten, bis er die Grenzenlosigkeit erreichte. Höher, ein bisschen höher noch, und er wäre oberhalb der Atmosphäre, wo nicht einmal der Wind wehte. Er hörte die Schüsse. Es brauchte nur eine Kugel, damit er fiel. Er spürte ein starkes Brennen in der Brust, und seine Beine gaben nach. Er hob die Arme, füllte seine Lunge mit kühler Luft und ließ sich fallen.

Nach Martíns Tod begann Lilith, das Haus auszuräumen. Kuba war nie ihr Leben, sondern immer nur eine vorübergehende Station, ein weiterer Tod gewesen.

Eines Morgens klopfte Hilde an Liliths Schlafzimmertür. Sie hielt eine Tasche in der Hand mit dem wenigen, das sie in Ramóns Laden hatte kaufen können. »Es ist Zeit, Lilith. Wir wissen beide, dass es nur den einen Weg gibt.«

Hildes Ton klang jetzt dringend: Die neue Regierung werde die Kinder indoktrinieren, die Männer in Olivgrün würden ihnen das Sorgerecht nehmen, alle auf der Insel geborenen Kinder würden der Regierung des Volkes gehören.

»Kinder, die nicht gehorchen, werden zu russischen Fleischkonserven verarbeitet«, sagte Hilde und zog eine Dose mit russischer Schrift und einem schwarzen Kuhkopf auf der Banderole aus der Einkaufstasche. Lilith verstand nicht. Sie dachte, Hilde müsse mit ihrem spärlichen Spanisch etwas missverstanden haben, das sie bei Ramón gehört hatte.

Laut Hilde konnte man das Land nicht mehr verlassen. Die einzige Hoffnung sei die katholische Kirche. Die wenigen Priester und Nonnen, die geblieben waren, konnten für verzweifelte Familien und von Verfolgung Bedrohte die dazu notwendigen Dokumente beschaffen.

»Dein Mann wurde erschossen. Sie werden dir helfen«, sagte sie zuversichtlich.

Lilith verstand noch immer nicht, was sie ihr nahelegte. Sie ließ ihre kleine Tochter im Bett und öffnete das Fenster. Der

Himmel war bewölkt, was ihr ein Gefühl des Friedens gab. Doch dann hatte sie plötzlich ein Déjà-vu. Ihr Bauch zog sich zusammen, sie bekam Angst, ihr wurde übel, sie fühlte sich allein. Das Zimmer wurde zur Kabine des Überseedampfers, der auf hoher See trieb, und Lilith schien es, als hätte sie die *St. Louis* nie verlassen, nicht zu den achtundzwanzig Passagieren gehört, die damals in Havanna an Land gelassen wurden. Was unterschied die, die man zurückschickte, von denen, die aufgenommen wurden? Die neunhundertsiebenunddreißig Passagiere hatten schon beim Verlassen des Hamburger Hafens keine Zukunft gehabt.

»Deine Freundin, die Nonne, ist der einzige Mensch, der uns helfen kann.« Hilde sprach lauter, um Lilith zu überzeugen. »Du musst Schwester Irene beweisen, dass Nadine katholisch ist wie ihr Vater, wie ihre Großeltern … wie du.«

Sie erzählte ihr von etlichen hundert Kindern, die in holländischen Flugzeugen ohne ihre Eltern aus Havanna entkommen, in Miami von Priestern in Empfang genommen und von barmherzigen Familien aufgenommen worden waren.

Wie so oft erkannte Lilith sich in diesem Moment in Ally wieder. Es war an der Zeit, dasselbe zu tun wie ihre Mutter: sich für das Unmögliche zu entscheiden. Ihr Schicksal war vorgezeichnet gewesen.

»Wir haben nicht mehr viel Zeit. Diese Ungeheuer erlauben nur den Kindern auszureisen, weil die Mütter dadurch herzlos erscheinen, aber in Kürze werden sie auch diese Möglichkeit versperren und die letzten Priester und Nonnen aus dem Land weisen. Die Geschichte wiederholt sich. Siehst du das nicht, Lilith?«

Lilith nickte. Sie würde Hildes Rat befolgen. Ihre Tochter war im Spiel der olivgrünen Armee nur eine Schachfigur. Martín war dieser zum Opfer gefallen, nun war sie an der Reihe.

An dem Abend, als Hilde ihr Lebewohl sagte und mit demselben abgenutzten Koffer das Haus verließ, mit dem sie zu ihnen gekommen war, standen Lilith und Nadine mit der schwachen Hoffnung in der Tür, dass sie es sich anders überlegen und bei ihnen bleiben würde, in dem baufälligen Haus in Vedado.

Als Lilith sie zum Abschied umarmte, schärfte sie ihr flüsternd ein, bald zu handeln und ihre Tochter aus dem Land zu schaffen. »Sieh mich an. Ich bin allein, habe keine Familie und versuche zu vergessen. Ich habe es damals nicht gewagt, meine Kinder aufzugeben, sie allein in die Ferne zu schicken. Dabei hätte ich das tun können, so wie viele andere aus meiner Familie und meine Nachbarn. Ich dachte, wenn wir leiden müssen, dann am besten gemeinsam. Was hat es genützt? Ich habe sie verloren. Wer weiß, ob wir nicht heute zusammen wären, hier oder anderswo. Aber nein. Wir wurden in einen Zug verfrachtet, und nach dem Aussteigen haben sie uns getrennt und die Kinder getötet. Willst du das für Nadine?«

Der erste Brief von Hilde kam drei Monate später, nachdem Lilith sich mit Schwester Irene getroffen hatte. *Ich koche nun jeden Tag fettige Eintöpfe*, stand in dem mehrseitigen Brief, unter den sie etwas gezeichnet hatte: ein Schiff unter einer Sonne und Wolken. *Ich bin durch den Panamakanal gefahren und habe den Brief unterwegs abgeschickt. Wer hätte das gedacht von einer Frau, die fern vom Meer aufgewachsen ist?*

Lilith begann, eine Antwort an Hilde zu verfassen, und verbrachte damit die ganze Nacht.

Das goldene Kreuz mit ihrem Namen auf der Rückseite genügte, um Schwester Irene zu überzeugen, dass Nadine katholisch war. Nun galt es, eine Familie zu finden, die sie aufnahm. Die meisten Kinder, denen die Nonne half, waren schon im Teenageralter oder zumindest im Schulalter. Sie konnten sprechen und für sich eintreten. Nadine konnte laufen und einzelne

Wörter sagen, aber sie würde das jüngste Kind sein, das Kuba mithilfe der Kirche verließ.

Eines Tages rief Schwester Irene Lilith an und bat sie, schnellstens zu ihr zu kommen: Sie habe über das New Yorker Erzbistum eine Familie im Stadtteil Queens gefunden. Irma Taylor, eine aus Deutschland stammende Hausfrau, und ihr Mann Jordan, ein Elektriker aus New York, waren bereit, die Dreijährige bei sich aufzunehmen. Sie waren beide katholisch, seit mehreren Jahren verheiratet und konnten keine eigenen Kinder bekommen. Da Nadine Tochter und Enkelin deutscher Katholiken war, hatten die Taylors beschlossen, die Reise des Kindes von Miami nach New York zu bezahlen.

Lilith schrieb an Hilde, dass sie mit Nadine jetzt Deutsch sprechen und ihr deutsche Schlaflieder vorsingen würde. Jeden Abend vor dem Schlafengehen las sie ihr das Gedicht vor, das ihre Mutter ihr zum siebten Geburtstag geschrieben hatte. Seit Hilde fort war, fand Lilith Trost in der Lyrik ihrer Mutter. Nachdem sie den Umschlag mit dem Gedicht jahrelang nicht geöffnet hatte, las sie nun immer wieder jede Zeile und hörte dabei Allys Stimme.

»Nachts haben wir alle dieselbe Farbe«, sagte sie laut beim Schreiben.

Das kleine Mädchen hatte angefangen, mit Wörtern zu spielen, kombinierte deutsche und spanische Ausdrücke und erzeugte eine Art zu sprechen, die Lilith faszinierte. Als sie den Brief an Hilde fertig geschrieben hatte, faltete sie ihn zusammen und legte ihn in die Küchenschublade neben die Leinenservietten. Sie hatte keine Adresse, an den sie ihn schicken konnte.

Zuerst ohne Albert und Beatrice und Helena, dann ohne Martín und schließlich ohne Hilde war das Haus in Vedado für Lilith und Nadine viel zu groß geworden. Es kam ihr vor, als liefen sie umher wie Ameisen und fänden keinen Platz, um zur Ruhe zu kommen. Sie hatte sich angewöhnt, jeden Tag zu Ramóns Laden zu gehen, der noch immer so hieß, obwohl der Galizier, der ihn zu Anfang des Jahrhunderts mit mitgebrachten Ersparnissen aufgebaut hatte, mit seiner Familie nach Miami ausgewandert war. Jetzt verkaufte ein anderer Brot, Reis, Bohnen und das Fleisch, das es nur an einem Tag in der Woche gab. Eier verschwanden vom Markt, und Lilith verbrauchte nach und nach alles, was Hilde an Vorräten in der Küche angehäuft hatte. »Mehr brauche ich nicht«, sagte sie laut zu sich selbst, weil ihre Tochter bald ausreisen und ihr Schicksal selbst in die Hand nehmen würde.

Abends bei Sonnenuntergang ging Nadine in den Garten, und Lilith folgte ihr. Sie hörte die Geräusche der Familie, die jetzt das Haus bewohnte, in dem Martín zur Welt gekommen und aufgewachsen war. Sie wagte es nicht, durch den Zaun zu spähen. Das Holztor zwischen den beiden Gärten hing wieder in den Angeln und war mit einem Vorhängeschloss gesichert. Die Hecke aus Weihnachtssternen war zu einer undurchdringlichen Barriere geworden.

Von den Nachbarn in der Straße kannte Lilith niemanden mehr. Die Leute, die sie im Laden sah, hatten einen anderen Akzent, andere Eigenarten und waren sogar anders gekleidet. Sie sprachen einander mit »Genosse« an. Die Anrede »Señor« und »Señora« war ein Relikt des Bürgertums, das aus dem Vokabular des Volkes getilgt werden musste. Anscheinend waren sie alle in einem wunderwirkenden Fluss getauft worden, waren als Señor und Señora hineingegangen und als Genosse und Genossin herausgekommen, dank der Revolution, wie ein alter Mann, der sich auf einen Stock mit silbernem Griff stützte, zu Lilith sagte. Früher hatte er einen Bart getragen, doch nun ging er glattrasiert. »Der Bart ist für mich zu einem Symbol der Schande geworden«, schloss er mit heiserer Stimme und unbekümmerter Geste.

Die Tage verstrichen, und Lilith wohnte praktisch nur noch in der Küche. Sie und Nadine schliefen nicht mehr in dem Zimmer, das sie mit Martín geteilt hatten, sondern in dem kleinen Raum im Parterre, den einmal Helena bewohnt hatte. Lilith verhängte die Spiegel mit seidenen Taschentüchern und die Möbel im Wohnzimmer mit Bettlaken. Da niemand mehr fegte, wuchsen in den Ecken und an den Lampenschirmen Schleier von Spinnweben.

Jeden Abend nach Sonnenuntergang besuchten Lilith und Nadine Schwester Irene im Kloster. Lilith sah einen frischen Riss in der Mauer des einstmals stabilen Gebäudes. Seit Martíns Tod und Hildes Abreise kam sich Lilith immer mehr wie eine Nonne vor. Sie dachte oft an Ofelia. Der Innenhof des Klosters wurde zu Nadines Spielplatz. Sie sammelte weiße, graue und schwarze Steine und rieb sie an ihrem Kleid ab. Bei jedem Besuch sah Schwester Irene abgezehrter aus, als würde ihre Ordenstracht immer schwerer.

»Alle sind gegangen, nur ich bin noch hier«, sagte sie eines Tages zu Lilith. »Selbst wenn ich jetzt noch fortwollte, wäre es unmöglich. Es gibt keine Flüge mehr. Niemand will uns, und nach und nach wird man uns vergessen.«

Die beiden Frauen standen nebeneinander und schauten zum Himmel, warteten auf ein Zeichen, eine ziehende Wolke, einen Sturm.

Am Mittwochabend, dem Tag, bevor Nadine ausreisen sollte, bat die Nonne Lilith, an der Messe teilzunehmen. Die Kirche war so gut wie leer. Eine alte Frau betete auf Knien zu einer Marienstatue, ihr Gesicht war nass von Tränen und ihr Kopf gebeugt, als wollte sie nicht, dass jemand ihr Gebet belauschte. Ein einbeiniger Mann auf Krücken humpelte zu einer Seite des Altars auf die Statue eines betagten Heiligen im purpurnen Gewand zu, der von Hunden umgeben war. Als der Priester mit der Messe begann, kam Irene zu Lilith, die die schlafende Nadine in den Armen hielt. »Kommen Sie, gehen wir nach vorn. Das wird uns guttun. Darf ich sie halten?«

Lilith reichte ihr Nadine, als gehörte sie nicht mehr zu ihr.

Am Ende der Messe gingen sie zum Altar. Der Nonne wurde die Kleine schwer, und die Anstrengung brachte sie außer Atem.

»Nadine wird morgen die Insel verlassen«, sagte Schwester Irene zu dem Priester.

»In dem zarten Alter?«, fragte der Priester verwundert.

»Sie ist drei«, sagte Lilith beunruhigt, als könnte seine Frage die Ausreise ihrer Tochter doch noch zunichtemachen.

Der Mann malte ihnen mit Asche ein Kreuz auf die Stirn.

»Manchmal tut weinen gut«, sagte die Nonne, als sie das kleine Mädchen zurückgab. Aber Liliths Augen waren trocken.

Am nächsten Tag zog Lilith Nadine ein weißes Kleid mit besticktem Saum an, hängte ihr die Kette mit dem Kreuz um den Hals und steckte zwei weiße Umschläge ohne Absender und Adresse in ihren Koffer. In einem war ein Bogen mit Martín Bernals geprägten Initialen im Briefkopf, darauf hatte Lilith in ihrer saubersten Handschrift die Namen ihrer Familie notiert, ihrer Mutter, der Dichterin Ally Keller, ihres Opas, des emeritierten Universitätsprofessors Bruno Bormann, und ihres Engels Franz Bouhler, der ihrer Ansicht nach den Krieg überlebt haben könnte. Sie hatte noch Nadines Geburtsdatum dazugeschrieben und die Adresse der Wohnung in Berlin, in der sie früher gewohnt hatten.

»Nur ein wahrer Engel kann unversehrt aus der Hölle wegfliegen«, sagte sie laut.

Sie umarmte ihre kleine Tochter und fügte leise hinzu:

»Deine Großmutter war eine große Dichterin. Sie hat alles getan, um mich zu retten. Manchmal muss man die verlassen, die man am meisten liebt. Kannst du dir das vorstellen? Meine Mutter war eine sehr tapfere Frau. Dank ihrer bin ich am Leben, meine liebe Nadine. Und wenn du den Professor kennengelernt hättest. Was für ein weiser Mann er war! Er hat mich alles gelehrt, was ich weiß. Franz … Wir nannten Franz unseren Engel, und dank seiner Hilfe konnte ich Berlin verlassen. Sie alle waren meine wirkliche Familie, Nadine, und deine Familie.«

In dem anderen Umschlag lag zweimal gefaltet das vergilbte Papier mit dem Gedicht ihrer Mutter, das sie nach Kuba mitgebracht hatte. Nun würde ihre Tochter es mitnehmen.

Sie brachte das kleine Mädchen zum Kloster, und als sie im Innenhof vor dem verdorrten Flammenbaum angekommen waren, hob sie es auf den Arm.

»Eines Tages wirst du verstehen, warum du von hier fortmusstest«, sagte Lilith auf Deutsch. »Eines Tages werden wir uns wiedersehen.«

Lilith zitterte, Nadine lächelte. Als sie Schwester Irene aus dem Gang von der Kapelle kommen sah, zappelte sie, um ihrer Mutter zu zeigen, dass sie zu ihr rennen wollte. Schwester Irene schloss sie in die Arme, und als sie aufblickte, war Lilith gegangen.

Zurück in dem alten Haus in Vedado schloss Lilith die Augen und atmete tief durch. Sie hatte getan, wovor ihr am meisten gegraut hatte. Was könnte sie jetzt noch schrecken? Sie schlief auf dem Bett ein, in dem sie die letzte Nacht mit ihrer Tochter verbracht hatte. Dann bekam sie wieder Albträume. Sie sah Tausende verzweifelte Kinder in Flugzeugen und mit Schiffen flüchten. Ganze Familien warfen sich auf morsche Flöße, um der Hölle zu entkommen. Sie wusste, sie war bereits verurteilt und konnte nichts mehr für sich tun. Sie sah das Gesicht ihrer Mutter vor sich, das ihrer wirklichen Mutter, die sie fortgeschickt hatte, um sie zu retten, und sie, die nicht an Götter, Jungfrauen oder Heilige oder Gebete glaubte, bat ihren Geist, er möge ihr die Kraft geben, nie wieder aufzuwachen. Sie hatte ihre Tochter verlassen, um sie zu retten. Wir geben auf, was wir lieben. Wir vergessen, weil es das einzige Mittel zur Erlösung ist. Nun war es an ihrer Tochter, zur Nachtreisenden zu werden, wie sie einmal eine gewesen war.

Bei Tagesanbruch, als es in den Räumen noch dunkel war, ging Lilith in ihr altes Schlafzimmer, setzte sich ans Kopfende des Bettes und gab auf. Sie kniff die Augen zu und schaute in sich hinein. Ihre Lider waren nun die Wände, der Raum dahinter ein Labyrinth aus Venen und Arterien. Sie öffnete die Nachttischschublade und nahm Martíns Revolver heraus. Als sie noch eine Familie gewesen waren, hatte er der Verteidigung dienen sollen. Ihre Hände waren eiskalt. Sie hielt ihn am Griff. Der Geruch von Metall, Öl und Schießpulver stieg ihr in die Nase. Wie Martín es ihr gezeigt hatte, steckte sie die Patronen in die Kammer.

»Lebe wohl, Lilith.«

Sie sagte sich selbst Lebewohl mit der Gelassenheit eines Menschen, der schon tot war. Sie legte den geladenen Revolver entsichert unter das Kopfkissen.

Sie war bereit, noch einmal bei Nacht zu reisen.

DRITTER TEIL

21

Dreizehn Jahre später
New York, Mai 1975

Als kleines Mädchen hatte Nadine gern Mutter gespielt und ihre Puppen mit einer Zärtlichkeit behandelt, die sie selbst nicht bekommen hatte. In Irma und Jordan Taylors Zuhause herrschten Disziplin, Respekt und Ordnung. Davon abgesehen hatte es Nadine an nichts gefehlt. Ihre Eltern schickten sie auf die beste Schule des Viertels. Zu Weihnachten bekam sie das Spielzeug, das sie sich gewünscht hatte, und sogar Schlittschuhe und ein Fahrrad. Sie durfte sich ihre Lieblingssendungen im Fernsehen ansehen, und sonntags gingen sie mit ihr ins Kino. Trotzdem fühlte sich Nadine immer wie ein Gast, wie jemand, der nur vorübergehend dort sein würde, ein Nutznießer der Wohltätigkeit der Taylors. Wenn sie nachts weinend aus einem Albtraum aufwachte, kam Irma herein, schaltete das Licht ein und tröstete sie von der Tür aus. Wenn sie Fieber hatte, holte Irma das Thermometer und legte ihr feuchte Tücher auf die Stirn und in die Achselhöhlen. Sie hatte keinen Grund, sich zu beklagen. Nadine hatte eine glückliche Kindheit gehabt. Sie war nie geschlagen worden, sie war eine gute Schülerin, sie erledigte ihre Hausaufgaben, und ihre einzige Haushaltspflicht war es, ihr Zimmer sauber und ordentlich zu halten und den Müll hinauszubringen. Irma nahm sich nicht die Zeit, ihr Kochen, Sticken oder Stricken beizubringen, da sie überzeugt war, dass Nadine später Ärztin und nicht Hausfrau und Mutter sein würde. Vielleicht wollte sie, dass Nadine erreichte, was ihr selbst verwehrt geblieben war, denn auch Irma war ein Opfer des Krieges. »Wären die Nazis nicht gewesen«, erklärte sie, »dann hätte ich in einem Krankenhaus gearbeitet und Menschen geholfen.«

»Deine Mutter hat ein gutes Herz«, sagte Jordan einmal zu ihr, nachdem Irma ihr auf Deutsch eine barsche Anweisung erteilt hatte. »Sie will nur, dass du dich anstrengst.«

Nadine hatte beide gern, obwohl sie immer Angst gehabt hatte, etwas falsch zu machen und dann in das Kloster in Havanna zurückgeschickt zu werden.

Wenn sie schlief, wurde sie immer wieder von dem gleichen Albtraum heimgesucht, in dem sie sich in den Wolken oder auf dem Meer verirrte. Ab und zu hatte Irma ihr das eine oder andere über ihre deutsche Großmutter erzählt, eine Dichterin, die sich gegen ein Land aufgelehnt hatte, in dem jeder sein Leben verlieren konnte, weil er anders war; über das jüdische Ehepaar, das Nadines Mutter Lilith von Berlin nach Havanna mitgenommen und dadurch gerettet hatte; über ihre eigene plötzliche Ausreise aus Kuba ohne ihre Mutter, die sie fortgeschickt hatte, um sie zu retten.

Sie war eine Waise, so viel wusste sie. Sie war zufällig in Kuba zur Welt gekommen. Ihre kubanischen Eltern waren tot, und der einzige Mensch, der aus ihrer Kindheit noch leben könnte, war die Nonne, die ihre Ausreise organisiert hatte. Wenn sie tiefer in der Vergangenheit ihrer leiblichen Mutter forschte, verlor sich die Spur bald in einem unbegreiflichen Krieg. Der Nationalsozialismus hatte Liliths Familie vernichtet. Dann hatte der Kommunismus ihr das Einzige geraubt, was sie ihr Eigen nennen konnte – ihre Tochter. *Nun habe ich nur noch die Taylors, die für mich sorgen*, dachte Nadine.

Eines Tages, als sie allein in der Wohnung war und ihre Eltern nach Manhattan gefahren waren, fand sie im Schrank ihrer Mutter einen Schuhkarton mit Briefen, die nach Datum geordnet und mit einem gelben Band verschnürt waren. Die Umschläge hatten mit der Zeit Eselsohren bekommen. Nadine hätte sie gern gelesen, da sie ahnte, dass sie ihr gehörten, obwohl sie nicht der Adressat war, doch es verging noch einige Zeit, bis sie es wagte, sie sich näher anzusehen.

In der Küche, wo Irma das Abendessen kochte, fragte Nadine sie, was mit ihrer Mutter Lilith passiert sei. Irma antwortete ausweichend. Jordan verfolgte nervös das Gespräch, ohne sich zu beteiligen.

Nadine wollte nicht aufgeben. »Ich würde gern sehen, wo ich geboren wurde …«

»Das geht nicht«, unterbrach Irma sie sofort. »Du kannst nicht nach Kuba, da herrscht noch immer Revolution. Du musst das alles hinter dir lassen. Deine Mutter ist tot. Du bist jetzt ein gutes amerikanisches Mädchen.«

An dem Abend spürte Nadine, dass ihre Eltern gereizt waren. Sie glaubte, das hätte mit ihrem Wunsch zu tun, nach Kuba zu reisen. Was die beiden jedoch in Wirklichkeit erschüttert hatte, war ein Telefonanruf von jemandem, den sie nicht kannten. Am folgenden Tag stand der Anrufer unerwartet vor ihrer Tür, kurz bevor sie sich zum Abendessen setzen wollten. Er sagte, er sei Journalist und recherchiere Kriegsverbrechen.

»Sind Sie Irma Brauns?«, fragte der Mann, in der Hand eine schwere Aktentasche.

Ohne Aufforderung kam er herein und setzte sich ins Wohnzimmer. Irma und Jordan blickten einander an und blieben ihm gegenüber stehen.

Nadine fing an zu zittern, ohne zu wissen, warum. Ihre Mutter seufzte resigniert und setzte sich in einen der Ohrensessel. Sie sah aus, als hätte sie ihr Leben lang mit dieser Situation gerechnet.

»Du gehst besser in dein Zimmer«, sagte Jordan zu Nadine.

Nachdem der Journalist sie aufgesucht hatte, fuhren ihre Eltern regelmäßig mit der U-Bahn nach Manhattan, berieten sich mit Anwälten und schickten ihnen Dokumente, die bewiesen, dass sie unbescholtene amerikanische Bürger waren. Als die Taylors wieder einmal in dieser Sache unterwegs waren, holten Nadine und ihre beste Freundin Miranda den Schuhkarton mit den Briefen aus Irmas Schrank.

Es handelte sich um einen Briefwechsel zwischen ihrer Adoptivmutter und der Nonne in Havanna, die Nadine und Tausende andere Kinder vor der kommunistischen Indoktrination bewahrt hatte, und zwar mithilfe eines Programms, das einige Bürokraten später ironisch als »Operation Peter Pan« bezeichneten.

Nadine hielt Miranda davon ab, den Karton auf dem Esstisch auszukippen.

»Alles muss hinterher genauso aussehen wie zuvor«, sagte sie und prägte sich ein, wie die Briefe geordnet und verschnürt waren.

Miranda las wahllos Abschnitte vor, die ihnen jedoch unverständlich blieben, während Nadine in andere Umschläge schaute und Dokumente las, die sie nicht begriff. Sie hatten mit Nadines deutscher Abstammung zu tun, mit der Nähe ihrer Eltern zur kubanischen Regierung, die gestürzt worden war, und mit Angst und Verfolgung.

Zuerst vermutete Miranda, die Schreiben bezögen sich auf die Nazis. Für sie und ihre Familie hatte Verfolgung immer mit den Nationalsozialisten zu tun. Aber Nadine erklärte, dass sie Schwester Irene über Ereignisse in Kuba schrieb, woher sie stammte.

In der Kopie eines Briefes, den Irma an Schwester Irene geschickt hatte, um sich und ihren Mann als geeignete Adoptiveltern darzustellen, erwähnte sie ihren katholischen Glauben, ihre eigene Kindheit in Wien, ihren Wunsch, Krankenschwester zu werden, die Veränderung durch den Krieg. Sie schrieb über die Jahre, die sie in Berlin verbracht hatte, und dass sie dort ihren Mann, einen Elektriker aus Cleveland, kennengelernt hatte, der für die Alliierten kämpfte. Sie selbst habe damals in einem Berliner Krankenhaus gearbeitet. Kurz danach hätten sie geheiratet, und sie sei mit ihm nach New York gegangen. Seitdem wohnten sie in einem komfortablen Haus, wo das kleine Mädchen ein eigenes Zimmer haben würde. Dem Brief lag ein Schreiben des Erzbistums New York bei, das die Taylors empfahl und sie als gutherzige, treue Katholiken bezeichnete.

Nadine hoffte, ein Geheimnis zu entdecken, doch der Brief enthielt nur Einzelheiten einer Geschichte, die sie bereits in groben Zügen kannte. In einem anderen schrieb Schwester Irene, dass der Kontakt mit Lilith Bernal abgerissen sei: *Was aus ihr geworden ist, das weiß Gott allein, denn Lilith war durch die vielen Verluste zermürbt. So viel man auch betet, der Schmerz drückt einen nieder.*

Während sie alle Briefe durchgingen, fand Nadine einen, der von den anderen gesondert und ohne Umschlag in dem Karton lag. Die Handschrift der Nonne zeichnete sich auf der Rückseite des Papiers ab, und Nadine faltete es äußerst behutsam auseinander. Es war stärker gealtert als das der übrigen Briefe. Es war vergilbt, rissig, die Tinte verblasst, als hätte es einen Schiffbruch überstanden. Ein bräunliches Foto auf Pappe mit gezähnten Kanten fiel ihr daraus entgegen, darauf eine Frau mit einem Baby im Arm. Nadine zeigte es Miranda, die die Augen aufriss und sich die Hand vor den Mund schlug. Sie saßen da und betrachteten die Gesichter.

»Du siehst genauso aus wie sie«, sagte Miranda staunend.

Nadines Name stand in einer anderen Handschrift auf der Rückseite.

»Das ist die Handschrift meiner leiblichen Mutter.« *Leibli-*

che Mutter. Das hatte sie noch nie gesagt. Für sie hatte es immer nur die Taylors gegeben. Irma war ihre Mutter.

Nadine fühlte sich, als wäre sie auf einen Schatz gestoßen, der viele Jahre im Verborgenen gelegen hatte. Ihre leibliche Mutter, Lilith, trug die Haare zusammengebunden, sodass ihre Stirn frei war. Das Baby war in eine mit Spitze verzierte Strickdecke gewickelt. Beide schauten Beifall heischend in die Kamera.

Brennend vor Neugier nahm Miranda ihr den Brief aus der Hand und las ihn leise, fast unhörbar vor. Nadine las mit und hinterfragte jedes Wort, jeden Ausdruck, den die Nonne in ihrem lückenhaften Englisch geschrieben hatte. Sie fasste zusammen, was sie von Lilith erfahren hatte, nachdem die Taylors zur Adoption bereit gewesen waren.

Sie las ihren tatsächlichen Namen: *Nadine Bernal Keller*. Ihre leibliche Mutter hieß *Lilith Keller de Bernal*, obwohl in ihrem alten deutschen Pass als Nachname Herzog eingetragen war. Señora Keller de Bernal war dank der Papiere nach Kuba gelangt, die Franz Bouhler, den sie ihren Schutzengel nannte, beschafft hatte, und mit Hilfe von Professor Bruno Bormann und einem jüdischen Ehepaar namens Herzog, das sie als eigenes Kind ausgegeben hatte. Lilith war die Tochter der deutschen Dichterin Ally Keller, die um 1940 im Konzentrationslager Sachsenhausen bei Berlin von den Nationalsozialisten ermordet worden war. Obwohl ihre Tochter Lilith hellhäutig war, galt sie als Mischling, schrieb die Nonne, deshalb habe ihre Mutter Ally – Nadines Großmutter – sie aus Berlin fortschaffen müssen, da sie andernfalls der sogenannten Rassenhygiene der Nazis zum Opfer gefallen wäre. Lilith war die Tochter einer deutschen Katholikin und eines deutschen Schwarzen, der seinerseits Sohn einer Deutschen und eines Afrikaners gewesen war.

Als sie den Brief zu Ende gelesen hatte, waren die beiden Mädchen eine Weile still.

»Und was ist aus deiner Mutter geworden?«

»Meine Mutter … Lilith, sie ist tot.«

»Es muss sehr wehtun, sein Kind wegzugeben. Meine Großmutter sagt, dass manche Leute an ihrem Kummer sterben.«

Nadine senkte den Kopf.

»Also bist du schwarz?« Miranda konnte es nicht fassen.

Als sie den letzten Satz vorlas, stand Nadine auf. Sie hatte draußen ein Auto vorfahren hören und begriff, dass ihre Eltern wieder da waren.

»Wir müssen alles wieder in den Karton legen«, sagte Nadine aufgeregt.

Auch in den folgenden Monaten klärten ihre Eltern sie nicht darüber auf, worum es bei dem Besuch des Journalisten gegangen war. Eines Tages, als Nadine von der Schule nach Hause kam, war Irma nicht mehr da. Jordan sah verstört aus. Er bat sie, sich im Wohnzimmer hinzusetzen, und nachdem er eine Weile mit hängenden Schultern dagestanden hatte, erzählte er ihr, was sie nicht hören wollte: »Deine Mutter wurde nach Deutschland ins Gefängnis gebracht. Angeblich war sie während des Krieges Nationalsozialistin und hat sehr schlimme Dinge getan. Wir werden nach Deutschland gehen, um bei dem Prozess für sie da zu sein.«

Nadine sah, wie sehr es ihn schmerzte, auch nur das wenige zu sagen.

»Irma ist unschuldig«, erklärte er mit absoluter Sicherheit.

Am nächsten Tag holte er Nadine von der Schule ab, um ihr zu sagen, dass es das Beste wäre, wenn sie ihre Freundin Miranda eine Zeit lang nicht mehr besuchte und auch nicht am Unterricht teilnähme, bis sich alles normalisiert habe. Doch Nadine war nicht bereit, ihre beste Freundin aufzugeben.

Am Ende wurde nichts wieder wie normal. Ihr Vater schlief nicht mehr, schloss sich den ganzen Tag in ein Zimmer ein, telefonierte und verkaufte, was sie besaßen, einschließlich seines

Anteils an der kleinen Elektrofirma, den ihm einer seiner Partner für ein Almosen abkaufte. Jordan Taylor bekam tiefe Falten im Gesicht und schütteres Haar.

»Ich lasse Federn«, sagte er eines Abends, wohl, um die Stimmung aufzuhellen, während sie wieder einmal langsam und schweigend ihr Abendessen verzehrten.

Seit Irma nicht mehr da war, war es Jordan, der zur Schlafenszeit in Nadines Zimmer kam und sie fragte, wie es ihr ginge und ob sie ein Glas warme Milch wolle. Manchmal strich er ihr gedankenverloren über den Kopf.

Nadine war klar, dass sie die Vereinigten Staaten verlassen würden und dass das Haus mit den Spitzengardinen, die Irma genäht hatte, das einzige Zuhause, an das sie Erinnerungen hatte, bald anderen Leuten gehören würde. Sie musste Jordan nach Düsseldorf begleiten, um ihrer Mutter zu helfen, die in einer Gefängniszelle saß, weil eines Tages ein Fremder an ihre Tür geklopft und verlangt hatte, mit ihr zu sprechen.

Jordan wusste, dass Nadine sich nicht bewegen ließe, in ein Flugzeug zu steigen. Mit drei Jahren war sie allein von Kuba nach Miami und von dort nach New York geflogen, so weit weg von ihrer Heimat, dass sie die Hoffnung auf Rückkehr aufgeben musste. Im Lauf der Jahre hatte sie ihren Eltern immer wieder gesagt, dass sie nie wieder fliegen würde. Alle Angst und aller Kummer, den sie als kleines Kind durchlitten hatte, war mit dem Fliegen verknüpft, und ihre Flugangst hatte sich mit der Zeit verschlimmert.

Eines Abends verkündete er ihr, sie würden den Atlantik auf einem Schiff überqueren, dann mit dem Zug weiterfahren. Er könne sich noch an das Bier erinnern, das er nach dem Krieg in Berlin getrunken habe, sagte er wehmütig. Seitdem habe er nie wieder solch einen Geschmack erlebt, obwohl die meisten Bars in Queens die Biere anboten. »Das wird ein Abenteuer, Nadine. Wir werden endlich erfahren, was deiner deutschen Großmutter, der Dichterin, passiert ist. Das könnte sogar deiner Mutter helfen. Sie braucht uns jetzt – uns beide – mehr denn je.«

Am meisten machte es Nadine zu schaffen, dass sie ihre beste Freundin verlieren würde. Sie und Miranda waren seit dem Kindergarten unzertrennlich. Jordan hatte zwar nie gesagt, dass sie nicht mehr nach New York zurückkehren würden, doch alles deutete darauf hin. Er hatte das Haus zum Verkauf angeboten und den Schmuck seiner Frau in das Pfandhaus auf der Lee Street gebracht.

An einem Wochenende kurz vor ihrer Abreise bemerkte Nadine, dass der Kleiderschrank ihrer Mutter leer war. Nur die Kleiderbügel hingen noch auf der Stange, und auf dem obersten Brett stand der alte Schuhkarton. Als sie ihn sah, beschloss sie, die Briefe an sich zu nehmen, und steckte sie in ihren Koffer.

Miranda war über die baldige Trennung genauso fassungslos wie Nadine. Dennoch sahen sie sich während der letzten Wochen nur noch in der Schule, denn Miranda war vollauf damit beschäftigt, ihren Körper zu entdecken, zusammen mit einem italienischen Jungen, dem sie gewisse Eigenschaften eines Oktopus zuschrieb.

Nach der Schule traten sie mit ihm zusammen den Heimweg an, und oft landeten sie bei Miranda zu Hause. Nadine mochte die Jungen in der Schule nicht. Sie erklärte Miranda, dass sie erst einen Freund haben wolle, wenn sie aufs College ging.

»Ich werde mal Ärztin und werde einen Arzt heiraten«, verkündete sie außerdem.

»So ein Studium dauert mir zu lange«, entgegnete Miranda. »Ich werde mal Lehrerin wie meine Mutter.«

Nadine verschwieg ihr, dass sie vorhatte, in Deutschland zu studieren.

»Wir werden beide auf dieselbe Uni gehen, verlass dich drauf«, sagte Miranda.

»Und eines Tages werden wir beide in Manhattan leben.«

Nadine dachte an das letzte Familienessen bei Miranda zurück, zu dem sie eingeladen gewesen war. Miranda hatte damals steif und fest behauptet, dass jeder Deutsche, der kein Jude war, ein Nazi sei und dass nur Nazis den Krieg überlebt haben konnten. Das hatte sie ihre Großeltern sagen hören, solange sie zurückdenken konnte. Es gebe keine unschuldigen Deutschen. Wer damals nicht so ausgesehen habe wie sie, sei in den Verbrennungsöfen gelandet, und wer sich gegen sie gestellt habe, habe eine Kugel in den Kopf bekommen. Nadine hatte entgegnet, ihre Mutter Irma sei wohl eigentlich Wienerin und habe die deutsche Staatsbürgerschaft erst nach dem Krieg angenommen, um nicht zu verhungern.

»Na ja, es gibt zu jeder Regel eine Ausnahme, und schließlich bist du nur ihr Adoptivkind«, hatte Miranda schulterzuckend gesagt. »Eins steht jedenfalls fest: Du und ich, wir hätten in Deutschland nicht überlebt. Wir wären vergast worden und dann im Verbrennungsofen gelandet. Du, weil du einen schwarzen Großvater hattest, und ich, weil ich Jüdin bin.«

Die Freundinnen schminkten sich oft zum Spaß und verglichen sich im Spiegel, um zu erfassen, welche Merkmale für sie charakteristisch waren. Sie betrachteten ihr Profil, dann die Ohren und Stirn und fanden kaum Unterschiede. Sie waren gleich groß, hatten beide einen langen Hals, helle Haut, blaue Augen, die in der Sonne grünlich wirkten, und wellige rotbraune Haare. Da sie so viel Zeit vor dem Spiegel verbrachten, waren sie bald sehr geschickt darin, Eyeliner, Lippenstift und Rouge aufzutragen.

Mirandas Mutter beachtete nur wenige jüdische Bräuche, aber einer davon war das Sabbatmahl am Freitagabend. Ab und zu luden sie Nadine dazu ein, setzten sie zu den anderen Frauen des Hauses und zündeten Kerzen an, sobald die Sonne unterging. Nadine war fasziniert von der Familie, in der es so viele

Tanten und Onkel, Cousinen und Cousins und Großeltern gab, die alle gleichzeitig redeten, sich Bemerkungen zuriefen und fluchten. Die Angehörigen der älteren Generation sprachen mit den jungen Leuten, als ob sie mit ihnen schimpften, und überhäuften sie dann mit Umarmungen und Küssen.

Wenn beim Essen am Freitagabend das Telefon klingelte, lief Miranda hin, weil ihr Freund anrief, und ihre Mutter zog sich einen Schuh aus und drohte, ihn ihr den an den Kopf zu werfen und ihr die Hand abzuhacken, wenn sie den Hörer auch nur anfasste. »Du hast selbst gesagt, ich soll vergessen, dass ich Jüdin bin, lässt mich aber freitags nicht ans Telefon gehen«, sagte Miranda dann zu ihrer Mutter, die den Schuh wurfbereit in der Hand hielt.

Als sie schließlich Abschied nehmen mussten und Jordan schon draußen in dem Auto wartete, das sie zum Schiff bringen würde, weinten die Mädchen.

»In ein paar Jahren wirst du aufs College gehen und ich auch. Na ja, falls ich nicht heirate und kleine italienische Oktopus-Babys werfe«, sagte Miranda kichernd, um die Traurigkeit zu vertreiben.

Sie lachten über die Vorstellung und umarmten sich. Sie wussten, sie würden einander nicht wiedersehen, und wollten das nicht wahrhaben.

22

Sechs Monate später
Düsseldorf, November 1975

Nadine blieb während der Überfahrt in ihrer Kabine, weil ihr schlecht war, während ihr Vater die Zeit an der Bar verbrachte und erst spätnachts zu Bett ging. Jeden Tag stand er auf, duschte, zog sich etwas Frisches an und verschwand. So vergingen etwa zwei Wochen, bis sie in Hamburg ankamen, wo sie in einen Zug nach Düsseldorf stiegen. Nadine war fast siebzehn Jahre alt, und ihr Zuhause in New York gehörte bereits einer fernen Vergangenheit an. Laut Jordan mussten sie in Düsseldorf sein, wenn sie Irma vor dem Gefängnis retten wollten.

Als sie aus dem Zug stiegen, wurden sie von Frau Adam in Empfang genommen, einer stämmigen Deutschen, die sie in ihre Pension mitnahm. Sie führte sie zu zwei angrenzenden Zimmern im zweiten Stock mit je einem eigenen Bad. Durch die Wand mit der verschossenen geblümten Tapete konnte Nadine ihren Vater seufzen und schluchzen hören.

Sie schlenderte durch die Straßen nahe der Düssel und fühlte sich verängstigt und beschämt. Die Häuser, der Geruch der Bäume, die Straßenbahnen und die Restaurants, all das kam ihr seltsam vertraut vor. Die Straßen hatten keinerlei Ähnlichkeit mit Maspeth, dem Viertel in Queens, wo sie aufgewachsen war. Dort war die Atmosphäre immer gleich, unabhängig vom Wetter: würzige Essensgerüche, unaufhörlicher Verkehrslärm und die Stimmen und das Gebaren von Leuten, die es eilig hatten.

Es war ruhig in Düsseldorf, aber nicht still. Die Stadt erschien ihr verdichtet, intensiviert. Wie benommen überquerte sie eine schmale Brücke und näherte sich dem Gebäude, wo Jordan den ganzen Tag, sogar die ganze Woche zugebracht hatte, während sie in der abgewohnten Pension geblieben war.

Sie hatte jedes Buch gelesen, das in dem Regal unter der Treppe stand, und war es allmählich leid, in Caesarius von Heisterbachs *Dialogus miraculorum* zu lesen oder über den Kampf der Germanen gegen das dekadente Römische Reich, wie er in den *Gesta Romanorum* geschildert wurde. Als kleines Mädchen hatte sie in Queens Deutsch mit Irma gesprochen und auch in dieser Sprache gelesen, obwohl Spanisch ihre Muttersprache war, wie sie wusste, auch wenn ihr das niemand gesagt hatte, und sie hoffte, sie sich eines Tages wieder anzueignen. Immerhin war sie in Havanna geboren, und sie hatte doch sicher einige Wörter Spanisch gesprochen, bevor sie mit ihren drei Jahren nach New York gekommen war.

Ihre Eltern hatten sich oft über Deutschland unterhalten. Irma hatte ihr von klein auf gesagt, dass sie eines Tages zusammen nach Österreich reisen und sehen würden, wo Irma zur Welt gekommen war. Sie hatten sogar davon gesprochen, dass Nadine sich nach der Highschool in Berlin an der Universität einschreiben könnte. So aber hatten sie sich den Aufenthalt in Deutschland nicht vorgestellt. Es fühlte sich an wie ein Versehen, wie ein schrecklicher Irrtum.

Lange schon saß ihre Adoptivmutter in Haft, und noch immer hatte Nadine die Gründe dafür nicht erfahren. Stattdessen hatte Jordan sie aus ihrer gewohnten Umgebung herausgerissen und in diese Stadt mitgenommen, die ihr seltsam friedlich erschien. Ihr Vater alterte zusehends, wurde immer wortkarger, begann ein Gespräch und brach es mittendrin ab. Sie wünschte, sie hätten New York nicht verlassen.

Nadine hatte seit Monaten Albträume. Ihr Vater dagegen kämpfte mit Schlaflosigkeit. Es war, als wären sie beide zu Geistern geworden, weil Jordan sich an die Hoffnung klammerte, Irma zurückzubekommen. Nadine begriff, dass Irma seine große Liebe war.

Seit vierzehn Tagen waren sie in Düsseldorf, und Nadine streifte in ihrer freien Zeit ohne Stadtplan umher und prägte sich die Straßennamen ein, um zur Pension zurückzufinden. Eines Morgens nach dem Frühstück bat ihr Vater sie, am Nachmittag mit ins Gericht zu kommen, weil sie dort vielleicht gebraucht würde. Dasselbe hatte er schon in der vorigen Woche gesagt. Sie hatte stundenlang vor dem Gerichtssaal gewartet, ohne dass sie aufgerufen wurde, und schließlich hatte man sie nach Hause geschickt.

Ihr Vater hatte ihr eingeschärft, sich von Zeitungsständen fernzuhalten und kein Radio zu hören. Seither senkte sie den Blick, sobald sie sich einem Kiosk näherte oder jemanden Zeitung lesen sah. Frau Adam hatte er wohl um Stillschweigen gebeten, denn sie erwähnte vor Nadine den Prozess ihrer Mutter nicht. Beim Frühstück oder beim Abendessen unterhielten sie sich lediglich über Rezepte und darüber, wie unerschwinglich teuer das Leben in Deutschland geworden sei. Mit der Zeit gab sich Frau Adam, deren Alter schwer zu schätzen war, in Gegenwart des jungen Mädchens unbefangener.

»Sicher vermisst du deine Mutter sehr«, sagte sie einmal, als sie Nadine allein in dem düsteren Wohnzimmer sitzen sah.

In Wirklichkeit fehlte sie Nadine gar nicht. Die Frau, die sie aufgezogen hatte, war eines Tages verschwunden, ohne sich von ihr zu verabschieden. Das war alles.

Bisher hatte Nadine ihre Zeit hauptsächlich damit zugebracht, von der Pension zum Gericht und vom Gericht zur Pension zu laufen. Inzwischen war sie es leid, vor Saal 4C zu warten, ohne dass man sie aufrief. Doch eines Tages änderte sich das.

Eine Polizistin und ein Gerichtsdiener kamen auf sie zu und bedeuteten ihr mitzukommen. Ohne ein Wort führten sie sie durch eine breite Doppeltür, und plötzlich war sie von Stimmengemurmel umgeben. Als sie die Erhabenheit des Gerichtssaals sah, bekam sie Herzrasen und fürchtete, ohnmächtig zu werden. In der Tür hielt sie inne, schloss die Augen und atmete tief durch, um dann erhobenen Hauptes dazustehen.

Als sie die Augen öffnete, sah sie ihren Vater an einem langen Tisch hinter Stapeln von Unterlagen, Schnellheftern und Aktenordnern sitzen. Als er sie bemerkte, winkte er sie zu sich. Nadine eilte zu dem Tisch und fühlte sich, als wäre sie die Angeklagte. Sie setzte sich neben ihn und schaute von dort in die Gesichter derer, die vorn an den anderen Tischen saßen, und zu den Männern in schwarzen Roben ihnen gegenüber. Es wurde laut, und die meisten Leute standen auf. Am Eingang des Saales entdeckte sie eine Frau, die ihr bekannt vorkam. Sie trug einen braunen Mantel und einen weißen Hut, unter dem graublonde Locken hervorlugten. Sie war in Begleitung von zwei Anwälten. Die Frau war Irma.

Bei Irma, die nun Frau Brauns genannt wurde, waren zwei weitere Angeklagte. Die Journalisten fotografierten sie mit Blitzlicht. Nadine fiel auf, dass sich die beiden anderen Frauen im Gegensatz zu ihrer Mutter eine Zeitung vors Gesicht hielten. Nur Irma ließ ihren seltsam würdevollen Gesichtsausdruck, ihre erschrockenen Augen und geschürzten Lippen sehen. Als sie Nadines Blick begegnete, ließ sich keine der beiden anmerken, dass sie einander kannten. Sie wandten sich dem Staatsanwalt zu, der mit einem leidenschaftlichen Vortrag begonnen hatte. Er sprach äußerst eindringlich und formulierte messerscharf. Während seiner verbalen Angriffe, die bewegen und Mitleid erregen sollten, bekam er ein rotes Gesicht, und seine Stirn glänzte von Schweiß.

Nadine verstand die juristischen Ausdrücke nicht, mit denen

er um sich warf, reimte sich aber zusammen, worum es ging. Der Staatsanwalt beschuldigte ihre Mutter, ohne ihren Namen zu nennen, und bat den Richter, die Höchststrafe zu verhängen. Sie wollte ihren Vater, den Verteidiger oder den Gerichtsdiener fragen, der sie in den Saal gebracht hatte und noch hinter ihr stand, worin diese Strafe bestand, doch niemand beachtete sie. Nadine fragte sich, was sie als sechzehnjähriges, in Kuba gebürtiges Mädchen, das von einem New Yorker Ehepaar adoptiert worden war, bei dem Prozess gegen eine Österreicherin zu suchen hatte, die die deutsche und dann die amerikanische Staatsbürgerschaft erlangt hatte. Sie hatte das eine oder andere deutsche Wort aufgeschnappt: *Verbrechen, Misshandlung, Vernachlässigung, Flucht, Flüchtlinge*, die Namen von Lagern, die schwer zu merken waren, und dann wiederholt das Wort *treten*. Ihre Mutter habe Kinder aus dicht mit Menschen gefüllten Güterzügen geschleudert und getreten. Die Tritte wurden immer wieder erwähnt. Der Staatsanwalt hielt inne und blickte Irma, Jordan und dann Nadine an, als wären sie alle drei schuldig.

Schließlich erhielt der Verteidiger das Wort und stand auf. Irma Taylor habe die Tochter einer deutschen Jüdin adoptiert, die nach Kuba geflohen und von den Kommunisten zur Waise gemacht worden sei, führte er aus. Bei dem Wort Tochter zeigte er auf Nadine. Die Zuhörer im Saal drehten den Kopf zu ihr. Nadine schloss die Augen. Er sagte, die Frau auf der Anklagebank könne keiner Fliege etwas antun. Er sagte, dass die Frau, die tapfer ihr Gesicht zeige, unschuldig sei. Irma Taylor, so beharrte er, sei tatsächlich auch ein Opfer des Krieges, der jeden gezeichnet habe. Nach dem Krieg habe eine kleine Minderheit beschlossen, sich zu rächen und jene zu verfolgen, die nur Befehle ausgeführt hätten, wie jeder anständige Deutsche es getan hätte. Wie viele Generationen sollten noch die Schuld tragen? Wie oft sollte eine Frau noch vor Gericht gezerrt werden, weil sie ihre Arbeit getan und die Anweisungen ihres Vorgesetzten befolgt hatte? Der Verteidiger schien selbst von seinen Worten ergriffen zu sein.

Obwohl der Staatsanwalt ihn regelmäßig unterbrach und insistierte, er solle sich nur auf Ereignisse beziehen, die in zwei Konzentrationslagern stattgefunden hätten, betonte der Verteidiger, dass Irma Taylor – er verwendete kein einziges Mal ihren Mädchennamen Brauns – nicht zweimal für dasselbe Verbrechen verurteilt werden könne. Offenbar hatte Mrs Taylor nach dem Krieg vom Konzentrationslager Majdanek fliehen können, bevor die Rote Armee dort ankam, und war in ihre Geburtsstadt Wien zurückgekehrt. Dort war sie von der österreichischen Polizei verhaftet und den britischen Besatzungstruppen übergeben worden, die sie für fast ein Jahr einsperrten, bevor sie sie einem Richter zuführten. Sie wurde der Folterung und Misshandlung von Gefangenen und Verbrechen gegen die Menschlichkeit schuldig gesprochen. Mrs Taylor hatte drei Jahre im Gefängnis gesessen, danach einen amerikanischen Soldaten geheiratet und sich in den Vereinigten Staaten eingelebt, wo sie unter ihrem neuen Namen eine achtbare Familie gegründet hatte.

Nadine verließ verwirrt das Gericht. Plötzlich wusste sie nicht mehr, in welcher Stadt sie sich befand, welches Jahr war oder woher sie gekommen war. Später in der Pension in ihrem Zimmer, das in den nächsten Monaten wohl ihre Zelle werden würde, stand sie vor dem goldgerahmten Spiegel neben dem Fenster. Das graue Licht machte ihr Gesicht unscharf, und sie starrte sich im Spiegel an wie früher mit Miranda. Sie wünschte, sie hätten zusammenbleiben können und dass ihr Vater sie dort gelassen, dass Mirandas Mutter sie bei sich aufgenommen hätte. Noch besser wäre es gewesen, wenn ihre wirkliche Mutter sie nicht weggegeben und ihr erlaubt hätte, bei ihr in Kuba aufzuwachsen. *Die in dem Spiegel bin nicht ich*, sagte sie sich, lächelte und stellte sich vor, sie sei noch in New York.

Sie versuchte zu verstehen, warum man ihre Mutter für ein Verbrechen – einen Mord – verurteilen wollte, während ihr Vater beharrlich behauptete, dass es ohne Leiche kein Verbrechen gebe. Sie fragte sich, ob man ihrer Mutter barmherzig begegnen und ihr verzeihen könne, und rang mit der Frage, welcher Weg zur Wahrheit führte. *Aber wer kennt die Wahrheit?*, dachte sie. Die Geschichte werde von den Siegern geschrieben, hieß es. Was passierte aber dann mit den Besiegten?

Am späten Abend hörte sie von unten Geräusche und verließ ihr Zimmer, weil sie hoffte, ihren Vater anzutreffen. Sie mochte ihn vielleicht nicht trösten können, aber wenigstens könnte sie ihm Gesellschaft anbieten. Statt seiner traf sie auf Frau Adam, die Porzellan aus einem Regal räumte. Sie gesellte sich zu ihr und half, die Stücke in Lappen und alte Zeitungen einzuschlagen, um sie dann in einen Koffer zu packen.

»Das ist das Tafelservice meiner Mutter. Es hat vorher vermutlich schon meiner Großmutter gehört, aber was soll ich noch damit anfangen?«, sagte Frau Adam leise. »Jetzt muss ich mich erkundigen, wie ich es meiner Schwester schicken kann, mit einem Pfund Bohnenkaffee versteckt in der Kanne.«

Ihre Schwester lebte allein in Ostberlin. Frau Adam erklärte Nadine, dass die Sowjets eine Mauer gebaut und Deutschland geteilt hätten. Das sei der Preis, den das Land zahlen müsse, weil es eine Idee vertreten habe, sagte sie.

»Von uns Deutschen ist nichts mehr übrig«, fuhr sie fort. »Wir sind keine Nation mehr. Niemand respektiert uns, und wir werden noch immer für die Taten anderer verantwortlich gemacht. Ist es zu glauben, dass meine Schwester da drüben keinen Bohnenkaffee kaufen kann? Was ist aus uns geworden? Wenigstens gibt es auf unserer Seite …«

Frau Adam zufolge hatte das Haus seit mehreren Generationen der Familie ihres Mannes gehört. Während der Befreiung war das Viertel von Bomben zerstört worden, aber die Villa inmitten von Ruinen stehen geblieben. Sie gestand Nadine, dass sie kein Geld hatte und ihr Mann im Gefängnis saß, sodass ihr nichts anderes übrig blieb, als die Zimmer zu vermieten. Durch die Nähe zum Gericht habe sie oft Angeklagte, Zeugen und Anwälte unter ihrem Dach, die Schuldigen und die Unschuldigen, und sie achtete immer darauf, dass sie nicht zusammentrafen.

»Wir sind alle schuldig, und weißt du, warum? Weil wir überlebt haben. Denen wäre es lieber, wir wären umgekommen.«

Ihr Mann sei Chirurg und wegen seiner Parteizugehörigkeit verurteilt worden, erzählte sie Nadine. Die bemerkte überrascht, dass Frau Adam nie das Wort Nazi gebrauchte.

»Ein Arzt, nur ein Arzt, und jetzt verrottet er im Gefängnis, bis sich jemand seiner erinnert und entscheidet, dass es lange genug war, dass wir nicht mehr die Last der Schuld tragen müssen. Sieh nur deine Mutter an … zwanzig Jahre später. Ist das gerecht? Sie hat nie versucht, sich zu verstecken. Sie wurde schon einmal verurteilt und hat ihre Strafe abgesessen. Warum müssen sie die Vergangenheit wieder ausgraben?«

Da sie Nadines bestürztes Gesicht sah, entschuldigte sie sich.

»Du brauchst dich wegen nichts zu schämen«, sagte sie. Dann stand sie auf und nahm ihre Hand. »Komm mit, ich habe eine Überraschung für dich.«

Sie führte Nadine durch dunkle Räume ans andere Ende des Hauses, wo sie mit ihr in eine kleine Bibliothek ging, die ihrem Mann als Arbeitszimmer gedient hatte. Sie hatte den Raum unverändert gelassen, als hege sie die Hoffnung, durch eine Amnestie würde Herrn Adam zu ihr zurückkehren können, als wäre nichts geschehen. Doch er würde nie wieder in der Klinik arbeiten oder den weißen Kittel anziehen, der in einer Klarsichthülle im Schlafzimmerschrank hing. Dessen war sie sicher.

Frau Adam wirkte mehr wie eine Haushälterin als wie die Eigentümerin der Villa. Sie wollte keine Reinigungskraft beschäftigen und bereitete jeden Tag das Frühstück und Abendessen für die Gäste zu, die es bestellten. Das Einzige, was sie nicht selbst tat, war Geschirr spülen. Das erledigte für sie eine junge Polin, die die Töpfe kräftig schrubbte und dafür das Silberbesteck umso sanfter polierte, als fürchtete sie, das Silber könnte sich abreiben lassen.

Frau Adam litt unter dem Fluch der Überlebenden, wie sie es nannte, unter mangelnder Zugehörigkeit. Was gab ihnen das Recht weiterzuleben, obwohl so viele andere umgekommen waren?

In der Bibliothek zog sie ein schweres Fotoalbum aus dem Regal. Es hatte einen orangefarbenen Einband mit Goldrand, und am Rücken war ein mattes Hakenkreuz eingeprägt, das jemand wegzureiben versucht hatte. Sie und Nadine setzten sich zusammen auf das Sofa, lehnten sich in die Seidenkissen, und Frau Adam klappte das Album auf. Ihre eingesunkenen Augen leuchteten auf und erlangten ein wenig von dem einstigen Blau zurück.

Nadine sah das Foto einer großen jungen Frau mit schmalen Hüften. Die alte Frau neben ihr hatte kräftige Arme, einen großen Busen und dicke Beine, und ihr Kopf saß direkt auf den Schultern, als wäre der Hals verschwunden.

»Es ist schwer zu glauben, dass dreißig Jahre vergangen sind. Ich erkenne mich selbst nicht wieder. Das bin ich mit meiner Mutter.«

Die meisten Bilder zeigten Frau Adam mit ihrem Mann, der stets seine Uniform trug. Es gab keins, auf dem er im Arztkittel zu sehen war. Er strahlte Macht aus, und immer blickte er herausfordernd in die Kamera. Auf anderen Fotos war Frau Adam mit einem Baby im Arm zu sehen oder saß mit ihrem Mann auf einer Bank an einem See. Es gab welche mit einem

Jungen in der Uniform der Hitlerjugend, und weiter hinten sah man denselben Jungen um einige Jahre älter als Soldaten.

»Ich wollte immer eine Tochter, aber das war nicht Gottes Wille. Männer werden in den Krieg geschickt, und nur wenige kommen zurück.«

Auf den letzten Seiten des Albums gab es viele leere Stellen, wo Fotos entfernt worden waren. Eines der verbliebenen stammte von einem Ausflug zum Wannsee, zu einer schönen Villa, wo Herr Adam mit einer Tasse Kaffee an einem kleinen Tisch im Garten saß.

»Dieses Frühstück war der Grund, warum sie ihn verurteilt haben. Sie haben ihn beschuldigt, für Hunderttausende Tote verantwortlich zu sein. Nur wegen eines Frühstücks. Er war als Fachmann an den Wannsee eingeladen worden, mehr nicht. Die Fotos, auf denen er mit anderen an dem Tag zu sehen ist, haben sie mitgenommen, und sie haben mich gezwungen, jeden von denen zu identifizieren, als wäre ich dabei gewesen. Sie haben mich wie Dreck behandelt. Glaubst du, wir wären in Deutschland geblieben, wenn mein armer Mann wirklich schuldig wäre? Wir wären geflohen wie viele andere. Aber mein Mann hat nichts getan, wofür er sich schämen oder schuldig fühlen müsste. Die behaupten, er habe über das Schicksal von Millionen Menschen entschieden, bei dem Frühstück mit Ärzten, Juristen und Journalisten. Sie waren doch keine Henker. Niemand glaubt das.«

Frau Adam stand erbost auf und stellte das Album ins Regal zurück. Ihre Augen wurden feucht.

»Weißt du, wenn du ein Buch möchtest, brauchst du nicht zu fragen. Komm und lies, was du willst. Allerdings glaube ich nicht, dass Liebesromane darunter sind. Mein Mann interessierte sich für Naturwissenschaften und Geschichte.«

Zwischen den dunklen Bücherregalen, zwei rissigen Ledersesseln auf einem dicken rotbraunen Teppich und einem Ölgemälde von einem verlassenen Garten schien die Zeit stillzustehen. *Wann hat Herr Adam zuletzt an dem Glastisch gesessen?*, fragte sich Nadine und schaute mit angehaltenem Atem in allen Ecken nach Anzeichen für seine Gegenwart. Sie bemerkte eine freie Stelle, wo ein Gegenstand entfernt worden war, seit der Niederlage aus Scham auf den Dachboden verbannt. Ein Adler? Mit Hakenkreuz? Ein Bild von Hitler zum Zeichen der Bewunderung? Frau Adam hatte keine Fotos von ihrem Mann oder Sohn an der Wand hängen oder auf dem Tisch oder im Regal stehen. Die Uniformen waren entlarvend. Sie mussten vor Blicken verborgen werden.

Nadine hatte Mirandas Stimme im Ohr oder die Stimme ihrer Großmutter, die mit ihrer Tochter im Arm aus Europa geflohen war: *In jeder deutschen Familie, die den Krieg überlebt hat, gibt es mindestens einen Nazi.*

Nadine befand sich in der Bibliothek eines Mannes, der wegen Verbrechen gegen die Menschlichkeit im Gefängnis saß. Frau Adam selbst behauptete, ihr Mann habe keinen Menschen erschossen oder gefoltert. Nun wollte Nadine genau wissen, welche Verbrechen man ihrer Mutter vorwarf. Vielleicht hatte sie wie Herr Adam auf der falschen Seite gestanden, auf der Seite der Verlierer. Ihr Vater hatte einmal gesagt, dass im Krieg jeder ein Verlierer sei. Sie hatte Mitleid mit Frau Adam, und das beunruhigte sie. Man konnte sich an das Grauen gewöhnen.

Nadine zog wahllos ein Buch aus dem Regal. Sie stand vor Frau Adam und versuchte, sich in den Gesten, den Falten der Frau zu erkennen, die im Schatten der Schuld ihres Mannes lebte. *Ich werde ein genauso ausdrucksloses Gesicht und eingefallene Augen bekommen wie sie und so dick werden, dass mein Hals verschwindet*, dachte Nadine. Mit dem Buch unter dem Arm wünschte sie Frau Adam eine gute Nacht und ließ sie in dem spärlich erleuchteten Raum zurück.

Sie ging den Flur entlang zu ihrem Zimmer und gleich ins Bad, wo sie sich das Gesicht kalt wusch und die Haare bürstete, dann legte sie sich ins Bett. Sie beschloss zu lesen, damit sie nicht grübelte, denn sonst würde sie enden wie Frau Adam und jahrelang hoffen, dass man Irma begnadigte.

Niemand, so böse er auch gewesen ist, sollte für einen Krieg bezahlen, an dem nur einer schuld ist, hatte ihr Vater zu den Strafverteidigern gesagt. Ein einzelner Mann habe die deutsche Nation in den Untergang geführt.

Im Mai 1976, nach sechs Monaten in Deutschland, wo sich der Prozess hinzog, war New York für Nadine nur noch eine blasse Erinnerung und ihre Freundin Miranda eine Fremde. Selbst ihre eigene Stimme kam ihr fremd vor. Als wäre sie als kleines Mädchen hergekommen und über Nacht zur Frau geworden. Sie hieß jetzt sogar anders. Sie war eine Taylor, aber auch eine Keller wie ihre leibliche Mutter oder eine Bernal wie ihr Vater oder sogar eine Brauns wie ihre Adoptivmutter. Sie lebte sich allmählich in Deutschland ein, konnte sich aber noch keine Zukunft für sich vorstellen.

Eines Morgens wachte sie keuchend auf und hatte das Gefühl zu ersticken. Sie rannte zum Fenster, riss es auf und zitterte in der kalten Luft, die hereinwehte. Sie lebte im Haus eines Mörders.

Nicht alle Mörder haben Blut an den Händen, dachte sie. Sie war mitschuldig, wie ihre Adoptiveltern und Frau Adam. Bald würde sie in Deutschland zur Schule gehen, und sie wusste nicht, was sie dort erwartete und wie sie sich verhalten sollte.

Der Richter hatte eine einwöchige Verhandlungspause festgesetzt, und ihr Vater blieb die ganze Zeit über in seinem Zimmer. Frau Adam brachte ihm auf einem Tablett das Frühstück, das er aber kaum anrührte, und das polnische Hausmädchen holte es gegen Mittag wieder ab.

An dem Tag, als der Prozess weiterging, kündigte der Staatsanwalt an, mehrere Zeugen aus verschiedenen Ländern aufzurufen. Es war für Jordan ein schwerer Schlag, denn dadurch war kein Ende in Sicht. Sein Zorn war allumfassend, und Nadine spürte, dass er sie ganz und gar vergessen hatte. Beim Abendessen schaute er durch sie hindurch. Für ihn war nur noch wichtig, wie er seine Frau retten könnte. Er wurde immer dünner und hatte Altersflecken an den Händen bekommen. Das Pochen in seinen Schläfen mache ihn verrückt, sagte er, und er hatte sich angewöhnt, die Augen zuzukneifen, als wollte er in seinen Kopf blicken, und drückte sich dabei mit einem Finger so fest an die Stirn, dass er einen roten Fleck hinterließ.

Nadine sah ihn an und empfand nichts. Jordan hatte sein Essen wieder nicht angerührt und sah aus, als wollte er sterben. In der folgenden Nacht fühlte sich Nadine zum ersten Mal allein auf der Welt. Sie hatte all die Jahre bei Fremden gelebt. Wer waren ihre Eltern eigentlich? Der einzige Mensch, mit dem sie sprach, war Frau Adam, die nach Nadines Auffassung unterm Strich ein Nazi war. Und ihre Eltern? Welche Verbrechen hatten sie begangen?

Als Jordan und Nadine am nächsten Tag das Gericht verließen, beschleunigten sie ihre Schritte. Draußen standen Journalisten mit Kameras und eine lärmende Menschenmenge, die auf ein Spektakel hoffte.

»Beeilen wir uns«, raunte Nadines Vater. »Wer weiß, wann dieser Zirkus aufhört. Ich verlange nichts weiter, als dass wir sie besuchen dürfen.«

Nachdem sie um die Ecke gebogen waren, rannten sie über eine verkehrsreiche Straße und schafften es auf die Verkehrsinsel, wo Autos vor und hinter ihnen vorbeifuhren. Nadine bemerkte, dass ihnen die Presseleute folgten, die sich aus der Menschenmenge vor dem Gericht gelöst hatten, um sie zu fotografieren. Das Blitzlicht erschreckte Nadine, und fast verlor sie das Gleichgewicht. Die Journalisten kamen näher, Autos brausten weiter vor ihnen vorbei. Nadine sah sich plötzlich von ihrem Vater getrennt. Für einen Moment verschwand er außer Sicht, und sie griff sich an die Brust, um ihren Herzschlag zu spüren. Sie stellte sich vor, dass er vorhatte, sich vor ein heranrasendes Fahrzeug zu werfen, als würde es seine Qual beenden, wenn er sich umbrächte. Sie sah ihn immer wieder tot auf dem Asphalt liegen, mit friedlichem Gesicht. Seit sie das Gericht verlassen hatten, kam es ihr vor, als wäre er tot. Von ihrer Abreise aus New York an war er immer weiter in der Trauer über ein Leben ohne seine Frau versunken. Der Schmerz würde nie aufhören.

Auf den Ruf einer Frau hin blickte Nadine für einen Moment über die Schulter. Die Frau zeigte mit dem Finger auf sie, wie um sie zu beschuldigen, fauchte etwas auf Deutsch in einem Dialekt, den sie nicht verstand, und mit einem Ausdruck des Ekels im Gesicht. Nadine hörte die Worte immer wieder wie ein Echo und brannte vor Scham. Noch so ein Ausdruck, klarer diesmal. Wieder an der Seite ihres Vaters lehnte sie sich an seine Schulter. Er schwankte ebenfalls, und sie wollte die Arme um ihn werfen und ihn stützen, aber sie konnte es nicht. Sie standen auf der Grenze zwischen den Lebenden und den Toten. Um sie herum rasten Autos vorbei, hinter ihnen an der Straße standen ihre Verfolger. Nadine wünschte, sie könnte eine imaginäre Tür öffnen, wie sie es einmal in Maspeth geträumt hatte, als sie ihrem Albtraum entkommen wollte. Eine Tür, sie musste eine Tür öffnen. Aber würde sie hindurchgehen?

Wieder hörte sie den Ruf, er wurde schon lauter. Ihr Vater zitterte und hatte schweißnasse Hände. Nadine hatte wieder ein Gefühl, als bekäme sie keine Luft und ihr Herz würde nicht mehr schlagen. Als würde sie ertrinken.

»Da ist die Tochter des Monsters!«, schrie die Frau.

Nadine fühlte, dass es die Wahrheit war. Sie war die Tochter eines Monsters, die weder Liebe noch Mitleid verdiente.

23

Sechs Jahre später
Düsseldorf, August 1981

Nadine hatte die Schule in Düsseldorf immer langweilig gefunden. Die einzigen Fächer, die ihr Spaß machten, waren Biologie, das ein alter Mann unterrichtete, und die Spanischstunden mit einer Deutschen, die als Kind in Sevilla gelebt hatte. Die Spanischlehrerin sagte ihr, sie habe eine natürliche Begabung für Fremdsprachen und Akzente wie viele Juden. Nadine entgegnete, dass sie Katholikin sei und als Kind deutscher Eltern auf Kuba geboren wurde. Die Lehrerin schaute sie staunend an, und von da an hieß sie »das kubanische Mädchen«.

Irmas Prozess hatte sich sechs Jahre lang hingezogen, es hatte immer wieder Berufungen, neue Anklagepunkte, Widerlegungen und juristische Manöver gegeben. Nach und nach hatte die Presse aufgehört, darüber zu berichten, aber ein Journalist schrieb, dass dieses Verfahren das längste und teuerste in der Geschichte des Landes sei. Jordan war in Schweigen versunken, und Nadine sah ihn nur noch am Wochenende beim Frühstück. Sie verbrachte ihre Zeit in der Schule, in der Pension und in der Bibliothek. Mit dem Geld, das Jordan ihr jede Woche in einem Umschlag unter der Tür durchschob, ging sie ins Kino und sah sich schlecht synchronisierte Hollywoodfilme an.

Dank ihres Biologielehrers und ihrer ausgezeichneten Noten war sie schließlich an der Freien Universität Berlin angenommen worden, die von den Studenten nur FU genannt wurde. Damit hatte sie endlich einen klaren Bruch mit ihren Eltern vollziehen können. Sie fühlte sich frei, sowie sie die Zusage für den Studienplatz erhalten hatte. Bei der Einschreibung benutzte sie ihren wirklichen Namen: Nadine Bernal.

Kurz vor Beginn des nächsten Semesters musste Nadine noch einmal nach Düsseldorf. Der Prozess gegen Irma näherte sich dem Ende, und der Verteidiger setzte auf eine letzte Hoffnung. Eine ausschlaggebende Zeugin sollte aussagen, und der Anwalt glaubte, Nadines Anwesenheit könnte Irma ein wenig Mitgefühl einbringen. Nadine ärgerte sich darüber, denn sie wollte gerade ihren neuen Lebensabschnitt beginnen.

Im Gerichtssaal war es eiskalt, und sobald sie ihn betrat, fühlte sie sich wieder schutzlos wie ein kleines Kind. Sie spürte den Impuls, sich hinter ihrem Vater zu verstecken und sich abzuschirmen gegen den lauten Staatsanwalt und die ungepflegte Frau im Zeugenstand, die Irma sofort wiedererkannt hatte. Sosehr Nadine sich auch dagegen wehrte, empfand sie doch Mitgefühl für Irma, die mit ihren zurückhaltenden Gesten und ihrem tief gefurchten Gesicht zerbrechlich aussah.

»Das ist sie«, sagte die Zeugin und zeigte auf Irma.

Man bat sie, den Namen der Angeklagten zu nennen.

»Im Lager kannte sie jeder als das stampfende Pferd«, sagte sie.

Ein Raunen ging durch den Saal.

»Haben Sie gesehen, dass sie jemanden getötet hat?«, fragte der Verteidiger.

»Nein.«

»Haben Sie gesehen, dass sie jemanden in die Gaskammer gebracht hat?«

»Nein.«

»Zum Krematorium?«

»Nein.«

»Haben Sie sie zu irgendeinem Zeitpunkt mit einer Pistole bewaffnet oder mit einer Pistole auf jemanden zielen sehen?«

»Nein.«

Wieder trat ein unbehagliches Schweigen ein.

»Sie …«, fuhr die Zeugin fort. »Sie hat die Kinder misshandelt, als sie im Lager ankamen. Die, die aus dem Zug gestiegen sind und von ihren Familien getrennt wurden.«

»Haben Sie gesehen, dass sie ein Kind getötet hat?«

Schweigen.

»Sie war grausam zu den Kindern, *nur* zu den Kindern.« Die Zeugin sprach sehr leise, als wäre jedes Wort für sie eine Qual.

Nadine kam es vor, als würde die Zeugin vor ihren Augen immer kleiner.

»Die Kinder …«, wiederholte die Frau.

»Sprechen Sie. Was passierte mit den Kindern?«, fragte der Verteidiger.

»Sie …«

»Könnten Sie den Satz endlich beenden?«, drängte er laut.

»Nehmen Sie sich die Zeit, die Sie brauchen«, sagte der Richter ruhig.

»Sie war zuständig für …«

»Wofür?«, fragte der Anwalt.

»Für die Kinder … wenn sie …«

»Sie hat sie abgesondert?«, fragte der Anwalt ungeduldig.

»Ja.«

»Wenigstens das ist nun klar.«

»Wer hat angeordnet, dass die Kinder von den Müttern getrennt werden?«, fragte er.

»Der Kommandant.« Die Stimme der Zeugin klang nun kräftiger.

»Also befolgte sie Befehle?« Als der Anwalt das fragte, drehte er sich zum Publikum um, dann sah er den Richter an und schließlich einen der anderen Zeugen, der die Frau im

Zeugenstand vorwurfsvoll anblickte, als würde sie die Angeklagte verteidigen.

»Aber *sie* hat sie abgesondert«, wiederholte die Frau.

»Gezwungenermaßen, ja. Das war ihre Aufgabe, nicht wahr?«

»Sie hat sie getreten.«

Der Verteidiger wollte etwas sagen, doch die Frau gab plötzlich eine Flut von Worten von sich. »Wenn die Kinder zu ihren Müttern rennen wollten, hat sie sich auf sie gestürzt und sie getreten. Es war, als wollte sie sich die Hände nicht schmutzig machen. Sie hat sie immer wieder getreten, bis sie hinfielen, und die Kinder rappelten sich wieder hoch und rannten weinend von ihr weg. Wenn sie hinfielen, hat sie sie wieder getreten. Deshalb nannten wir sie das Pferd. Wie sie wirklich hieß, habe ich nie erfahren, aber ich erinnere mich genau an ihr Gesicht, an ihre Augen, ihr Profil.«

»Wieso haben Sie sie so genau beobachtet?«

Wieder Schweigen. Die Frau wirkte verloren.

»Brauchen Sie eine Pause?«, fragte der Richter und war offenbar bereit, die Sitzung zu unterbrechen.

»Eine Pause? Warum?«

»Nun, dann fahren Sie fort«, sagte er.

»Erkennen Sie die anderen beiden Angeklagten?«, fragte der Verteidiger weiter.

»An die erinnere ich mich nicht. Ich kann mich nicht an alle Wächter erinnern, die damals dort waren. Nur an das Gesicht des Kommandanten und des Pferds.«

»Wie viele Wächterinnen gab es in dem Lager?«

»Viele.«

»Es könnte also sein, dass Sie sie mit einer anderen verwechseln? Woher wissen Sie, dass sie es war?«

»Sie war es.«

»Wie können Sie da so sicher sein?«

Die Zeugin sah müde aus, erschöpft von den vielen Fragen. »Sie ist auf den Kindern herumgestampft.«

»Es gab noch andere Wächterinnen, die Leute getreten haben, ist es nicht so?«

»Ja.«

»Erinnern Sie sich an eine dieser Frauen?«

»Wie gesagt, nein.«

»Also könnten Sie die Angeklagte mit einer anderen verwechseln. Es ist lange her. Dreißig Jahre!«

»Nein!«, schrie sie.

»Sie scheinen sich dessen sehr sicher zu sein. Könnte es sein, dass Sie Rache wollen und sich deshalb auf sie konzentrieren?«

»Ja, ich habe davon geträumt, mich zu rächen …«

»Für alles, was Sie durchgemacht haben, wir verstehen das, aber …«

»Ich habe überlebt, für diesen Tag.«

Das Gemurmel im Saal schwoll an, aber die Frau redete umso lauter: »Das stampfende Pferd …«

»Das ist nicht der Moment für Beleidigungen.«

»So haben alle Häftlinge sie genannt.«

»Sie verlangen von uns, dass wir uns auf Ihre Erinnerungen verlassen, die drei Jahrzehnte alt sind. Ich sage es noch mal, damit das völlig klar ist: dreißig Jahre! Das hört sich wenig an. Aber ich wette, Sie können sich nicht erinnern, welche Farbe die Tapete in Ihrem Hotelzimmer hat, und dennoch zeigen Sie beharrlich mit dem Finger auf diese Frau, von der Sie nicht einmal den wirklichen Namen wissen. Warum?«

»Weil sie mich von meiner Tochter getrennt hat.«

Stille trat ein. Der Anwalt senkte den Kopf. Nadine hörte ein trocknes Husten, leises Flüstern, das Zischen des Deckenventilators.

»Sie hat meine Tochter umgestoßen. Ich habe mich über sie geworfen, um sie zu schützen, aber das stampfende Pferd hat mich von ihr heruntergetreten. Sie hat auf meine Finger gestampft, mit dem Stiefelabsatz, hat sich mit dem ganzen Gewicht draufgestellt. Mit dem anderen Fuß hat sie meiner Tochter ins Gesicht getreten. Dann noch mal. Ich sah sie aus dem Mund bluten. Meine Tochter konnte nicht laufen, ihr war schwindlig. Ich wollte schreien, konnte es aber nicht, mein Hals war zu trocken. Wir hatten tagelang nichts getrunken. Ich sah mein kleines Mädchen taumeln. Das Pferd drehte sich zu mir um und sah mich an. Sie hatte gemerkt, dass ich sie anstarrte. Ich habe mir ihr Gesicht eingeprägt, damit ich es nie vergesse.«

»Und was wurde aus Ihrer Tochter?«, fragte der Anwalt.

Die Frau gab einen schweren Seufzer von sich und blickte die Angeklagte fest an. »Ich habe sie nicht mehr wiedergesehen. Das war das letzte Mal, dass ich sie bei mir hatte.«

Im Saal wurde es lauter, und Nadine hielt sich die Ohren zu.

»Aber wissen Sie, was mich am meisten schmerzt?«, fuhr die Frau fort. »Weil ich das Gesicht des stampfenden Pferds nicht vergessen wollte und es mir jede Nacht wieder eingeprägt habe, weiß ich nicht mehr, wie meine Tochter aussah. Ich weiß nur noch, dass sie lange Zöpfe hatte, dass ihre Augen blau waren wie ihr Kleid und dass sie eine schmutzige weiße Schürze darüber anhatte. Aber an ihr Gesicht kann ich mich nicht erinnern …«

Ihr versagte die Stimme. Sie schluckte und fing an zu weinen. »Wie kann eine Mutter das Gesicht ihres Kindes vergessen?«

Der Stimmenlärm wurde ohrenbetäubend. Aber plötzlich erstarb er, oder Nadine hörte auf hinzuhören. Sie wollte nach Hause, wusste nur nicht, wo ihr Zuhause war. Sie fühlte sich von Dunkelheit eingeschlossen. Schließlich wurde ihr bewusst, dass sie weinte. Völlig verwirrt sah sie sich um. Der Boden vibrierte. Sie war nicht mehr im Gerichtssaal, sie saß in einem Zug. Sie war auf dem Rückweg nach Berlin. Um ihr Studium aufzunehmen. Um sich ein Leben fern von den Taylors aufzubauen, wo niemand mehr von ihr verlangte, sich an die Verluste ihrer Kindheit zu erinnern oder Mitleid mit einer Mörderin zu haben oder die zu lieben, die sie verlassen hatten. Die Vergangenheit war zu Ende. Sie würde sich nur noch um ihre Zukunft kümmern.

24

Sieben Jahre später
Berlin, August 1988

Als Nadine ihm 1978 an der Uni zum ersten Mal begegnete, trug Anton Paulus seinen Hut tief in die Stirn gezogen, und von da an hieß er bei ihr »der Hutjunge«. Er erzählte ihr, dass er gerade seine Doktorarbeit zu Ende schreiben würde. Darin gehe es um die Wiedergewinnung des Verlorenen, sagte er, ohne das näher zu erläutern. Nadine arbeitete als Praktikantin in einem Laboratorium und hatte die Aufgabe, zur Ruhe zu betten, was einmal lebendig gewesen war. Sie vergnügten sich mit Wortspielen und albernen Geschichten, beendeten jeder die Sätze des anderen und lernten sich nach und nach kennen. Anton suchte zwar keine Freundin und erst recht keine Frau, aber als Nadine in sein Leben trat, wusste er, dass er das Steuer nicht mehr in der Hand hatte, sein Schicksal nicht mehr allein bestimmte. Sie waren jetzt ein Paar und ließen sich treiben, machten sich keine Gedanken darüber, wo es hinging, solange sie nur zusammen waren.

Die Ähnlichkeit zwischen ihnen hatten sie von Anfang an gespürt: Beide waren Einzelgänger, beide ans Alleinsein gewöhnt. Anton hatte zwar seine Eltern noch, sie lebten aber nicht in Berlin. Sie schrieben einander und telefonierten ab und zu, und er besuchte sie zu Weihnachten in Luzern, wohin sie vor Ausbruch des Krieges geflohen waren. Dank einer Cousine mütterlicherseits, die einen in der Schweiz eingebürgerten Schotten geheiratet hatte, hatten sich Joachim und Ernestine

Paulus in der mittelalterlichen Stadt niederlassen können, wo die Vergangenheit nicht von den beiden Weltkriegen dominiert war, sondern von früheren Jahrhunderten. Anton war zufällig in Berlin zur Welt gekommen, weil seine Eltern gerade auf einer Arbeitsreise dort waren.

Er wuchs in Luzern bei seiner Tante auf, die die klassische Literatur nur auf Französisch las, und seine Eltern verbrachten ihre Zeit mit dem Versuch, ihre Schuld, Deutsche zu sein, zu mindern, indem sie ihre Landsleute dazu brachten, das zurückzugeben, zu bezahlen oder zu restaurieren, was sie zerstört hatten. Das Ehepaar Paulus hatte seine ganzen Ersparnisse in eine Stiftung gesteckt, die von den Deutschen im Krieg geraubte Kunstgegenstände aufspürte. Insbesondere suchten sie nach Werken des Malers Max Liebermann, der ein Freund der Familie gewesen war und als alter Mann entschieden hatte, lieber eine Zyanidkapsel zu schlucken, als einen Zug zu besteigen, der in die Vernichtung führte. Sie hatten Jahrzehnte darum gekämpft, Liebermanns Villa am Wannsee wiederherzurichten, die sich nun in Staatsbesitz befand, und jedes Mal, wenn eines seiner Bilder bei einer Auktion versteigert werden sollte, ermittelten sie dessen Herkunft und ob es sich um Raubgut handelte. Wenn das der Fall war, strengten sie einen energischen Rechtsstreit an, damit das Gemälde seinem ursprünglichen Besitzer zurückgegeben wurde.

Inzwischen leitete Anton die Paulus-Stiftung, und eines Tages begleitete Nadine ihn zu dem kalten dunklen Lagerhaus, in dem die Gemälde – geschützt zwischen hölzernen Trennwänden, die es erlaubten, sie zu betrachten – aufbewahrt wurden. Kein Bild mit dubioser Vergangenheit, das die Nationalsozialisten jemandem gestohlen hatten, durfte versteigert oder ausgestellt werden, bis Nachkommen der einstigen Besitzer gefunden worden waren. Nadine fand es schade, dass diese Meisterwerke so lange unter Verschluss blieben.

Kurz nachdem Nadine ihre Stelle in einem Universitätslabor angetreten hatte, hatte Anton sie überredet, die medizinische Laufbahn, die ihre Mutter Irma für sie vorgesehen hatte, aufzugeben. Sie hatte zwar Freude an Biologie, fühlte sich aber nicht in der Lage, jeden Tag einen endlosen Strom von Patienten zu behandeln. Ihr fehle die Gabe, Trost zu spenden, sagte sie immer. Sie hatte überlegt, eines Tages Neurobiologie zu studieren, um das Labyrinth des Gehirns erforschen und die physischen Ursachen für das menschliche Verhalten finden. Sie wollte das Organ studieren, das uns auf biologischer Ebene steuert. Die Arbeit im Hirnforschungszentrum stellte sie jedoch vor eine Unzahl ethisch-moralischer Probleme.

»All die Gehirne, Querschnitte und Objektträger mit Gewebeproben in diesem Labor stammen von Opfern der Nationalsozialisten«, sagte Nadine während eines überfüllten Seminars, in dem die Studenten das Ende der Debatte herbeisehnten, damit sie gehen und sich ein Fußballspiel anschauen konnten, zu ihrem Professor. »Alle bezeugen eine Gräueltat. Wir profitieren von einem Verbrechen.«

»Wäre es Ihnen lieber, wir werfen die jahrzehntelange Forschung in den Müll, obwohl wir so viel daraus gelernt haben?«, fragte der Professor. »Immerhin konnten wir das menschliche Gehirn entschlüsseln und künftigen Generationen dadurch helfen.«

»Nicht wegwerfen, nein.« Nadine hob die Stimme, um von allen gehört zu werden. »Sondern begraben. Ich denke, das Beste, was wir tun können, ist, sie zur Ruhe betten.«

Die Diskussion wurde unterbrochen, weil einige Studenten aufstanden und gingen, einige mit wütenden Gebärden in Nadines Richtung.

»Wie lange soll das noch so weitergehen?«, sagte ein Kommilitone, der sich an ihr vorbeischob. »Wenn dich das so betroffen macht, wechsle doch das Fach oder geh in dein erbärmliches Land zurück.«

Nadine hatte nicht nur Biologie, sondern auch Spanisch und Englisch belegt, da man zwei Fremdsprachen vorweisen musste. Den Spanischunterricht erteilte Gaspar Leiva, ein Chilene, der von Kuba aus in der DDR Zuflucht gesucht hatte und schließlich nach Westberlin geflüchtet war. Als sie ihm von ihrer kubanischen Herkunft erzählte, fühlte er sich ihr sofort verbunden. Er sei zuerst vor dem Militärputsch in Chile und dann vor dem Kommunismus, dem schlimmsten »Ismus«, geflohen, genau wie Nadines Familie.

In Gaspars Spanischunterricht lernte Nadine seine Assistentin Mares kennen, eine kubanische Stipendiatin. Deren Name hatte Nadines Aufmerksamkeit erregt, denn Mares war das spanische Wort für Meere. Wie sie erfuhr, hatte Mares den Namen bei ihrer Ankunft in Moskau angenommen. In Wirklichkeit hieß sie María Ares, aber in ihren sowjetischen Papieren stand »M. Ares«, also zog sie beides zusammen.

Mares schrieb Gedichte auf Spanisch mit eingestreuten deutschen, russischen und englischen Wörtern. »Darin spiegeln sich meine Erfahrungen«, sagte sie. In Kuba war sie von der amerikanischen Kultur und Musik fasziniert gewesen, obwohl sie kein Wort Englisch konnte. Später, als sie das Land, in dem sie eingesperrt war, unbedingt verlassen wollte, nahm sie einen Studienplatz in Moskau an und studierte Filmwissenschaft. Dort verliebte sie sich in einen Kurden mit deutschem Pass, der ihr während ihres Examens ein Kind machte und ein blaues Auge schlug.

Mares hatte zwei Optionen: den Kurden sausen zu lassen und nach Kuba zurückzukehren, um ihr Kind zu bekommen, wo man sie einsperren würde, oder den Kurden zu heiraten, nach Westdeutschland zu gehen und ein kubanisch-kurdisch-deutsches Kind großzuziehen. Die Alternativen gefielen ihr beide nicht, aber sie wählte die zweite, weil ihr Kind dann im Gegensatz zu ihr in Freiheit aufwachsen würde und weil sie meinte, die gelegentlichen Schläge des Kurden überleben zu können.

Wenige Monate vor der Niederkunft war Mares in Westberlin angekommen. »Ich bin mit meinem Mann in eine Wohnung mit nur einem Fenster und in eine Gegend, wo fast niemand Deutsch sprach, gezogen«, erzählte sie Nadine. »Ohne einen Pfennig im Portemonnaie habe ich meine Tage allein zugebracht, bei leerem Kühlschrank und leerer Vorratskammer. Eines Tages bin ich in einem Krankenhaus mit einer genähten Kopfwunde, einer gebrochenen Rippe, die in die Lunge eingedrungen war, und einem leeren Bauch aufgewacht. Ich war mehrere Tage bewusstlos gewesen, aber die Ärzte versicherten mir, dass ich wieder ganz genesen und keinen dauerhaften Schaden davontragen würde. Mein Sohn dagegen hatte nicht so viel Glück gehabt. Er war im Mutterleib gestorben.«

Der Kurde war inzwischen geflohen und laut Polizei im Iran gelandet. In den ersten Wochen hatte Mares unter Albträumen gelitten. Sie träumte, ihr Sohn hätte überlebt und ihr Mann hätte ihn mitgenommen. In Wirklichkeit hatte sie ein Kind geboren, das sie nicht taufen und nicht beerdigen konnte.

Ein Sozialarbeiter des Krankenhauses half ihr, eine Wohnung in Kreuzberg zu finden, und meldete sie für einen Sprachkurs an, damit sie Deutsch lernte. Mit der Sprache war sie schon durch ihre Zeit in Moskau vertraut, doch sie lebte in einer Sozialwohnung umgeben von türkischen Familien, sodass ihr die tägliche Praxis fehlte und sie sich die Feinheiten nur schwer aneignen konnte. Innerhalb eines Jahres wurde sie an der Universität angenommen und bekam eine Assistentenstelle bei Gaspar. Abends unterrichtete sie Dramaturgie und Regie und inszenierte Stücke mit Drogenabhängigen, die als Gegenleistung für die staatliche Sozialhilfe Kurse besuchen mussten.

Nadine sah sich eine ihrer Inszenierungen an. Gaspar hatte eine moderne Fassung der *Medea* geschrieben, und Mares spielte in dem Stück die Hauptrolle. Darin tötete sie ihre Kinder, weil sie selbst das Kind von Terroristen war. »Das Böse muss ausgemerzt werden«, sagte sie am Ende und zog mit blutigen Händen ein langes rotes Seidentuch aus ihrem Bauch. Damit endete das Stück, und der Vorhang fiel auf die Schauspieler wie das Beil einer Guillotine.

Mares und Nadine freundeten sich an. Nadine merkte, wie sehr es ihr gefehlt hatte, eine enge Freundin wie Miranda früher zu haben. Nadine konnte Mares, die Deutsch mit ihrem russischen Akzent sprach, schlecht verstehen, aber sie selbst sprach bald fließend Spanisch und eignete sich sogar Mares' kubanischen Akzent an.

Nachdem sie sich besser kannten, gab Nadine ihre Studentenbude auf und zog mit ihr zusammen. Mares gestand ihr, dass sie seit einiger Zeit mit Gaspar zusammen war, sie sich gut verstanden, und sie verbrachte mehr Zeit in seiner als in ihrer Wohnung. Trotzdem war sie nicht bereit, ihre Unabhängigkeit aufzugeben, und wollte ihre neue Beziehung vorerst geheim halten. Sie fürchtete, der Kurde könnte eines Nachts vor ihrem Haus aufkreuzen und sie umbringen.

Dienstags und freitags gingen die beiden Frauen auf der Bergmannstraße und am Maybachufer spazieren. Sie feilschten gern an den Marktständen, kurz bevor sie zumachten, und kauften Avocados und Mangos zu herabgesetzten Preisen. Nadine hatte keine Erinnerung daran gehabt, wie tropische Früchte schmeckten, und Mares erinnerten sie an Kuba, obwohl sie von einem türkischen Händler stammten.

Sie streiften sorglos durch die Stadt, bis sich eines Tages alles änderte.

Auf der Titelseite der Universitätszeitung entdeckte Nadine ein Foto von sich neben einem kritischen Artikel, der später auch in den großen Tageszeitungen abgedruckt wurde, und war beunruhigt. Unterstützt von der Stiftung, bei der sie halbtags arbeitete, hatte sie eine Kampagne mit dem Ziel begonnen, die präparierten Körperteile von Nazi-Opfern beizusetzen, die seit Jahrzehnten gelagert und noch wissenschaftlich genutzt wurden. Dafür wurde sie in gleichem Maße beleidigt und unterstützt. Manche meinten, ihre Kampagne richte sich gegen die Wissenschaft, solle die Vergangenheit ausradieren. Andere meinten, es ginge darum, bei den Opfern und ihren Familien eine Schuld zu begleichen und mit einem Kapitel der Geschichte abzuschließen.

Die beiden Frauen schützten einander, auch als eine Gruppe Skinheads Nadine erkannte und sie mit obszönen Gesten belästigte. Mares nannte sie Neonazi-Clowns und warf ihnen vor, eine falsche Ideologie zu erfinden, bloß um die Zeit totzuschlagen.

Nadine wurde von aggressiven Leuten angerufen, die sie aufforderten, die Vergangenheit ruhen zu lassen, weil nichts Gutes daraus entstünde, wenn man ständig an die Taten der Nazis erinnere. Dann kamen anonyme Briefe mit Todesdrohungen.

Einmal, als Nadine ihre Wohnung verließ, trat ihr im Flur ein Mann in den Weg und drängte sie in eine Ecke. Damit sie nicht schrie, würgte er sie mit einer Hand, riss mit der anderen die Knöpfe ihrer Jeans auf und griff ihr zwischen die Beine.

»Du glaubst, du kannst machen, was du willst?«, knurrte er.

Sie öffnete die Augen und sah ihn an. Er sollte wissen, dass sie sich an jedes Detail seines Gesichts erinnern und ihn anzeigen würde. Was sie sich tatsächlich einprägte, war der Hefe- und Knoblauchgeruch in seinem Atem, die blutunterlaufenen grünen Augen, die breite Stirn, der tätowierte Hals und der rasierte Kopf. Als er sie gegen die Wand stieß, sah sie an seinem Arm ein Stück von einem tätowierten Drachen. Plötzlich hatte sie Mitgefühl mit der Zeugin bei Irmas Prozess, die sie damals als abstoßend empfunden hatte.

»Hau ab in dein eigenes Land, du Dreckstück.«

Als er den Griff an ihrem Hals einen Moment lang lockerte, schrie Nadine, und sie war laut genug, dass Mares sie hörte. Als sie sah, was los war, stürmte sie barfuß auf den Mann zu. Der ließ Nadine erschrocken los und rannte die Treppe hinunter.

Nadine und Mares setzten sich auf den Boden. Von den anderen Mietern hatte niemand reagiert. Die Türen der zehn Wohnungen waren geschlossen geblieben.

Von da an schlief Nadine in Antons Haus in Dahlem, das näher bei der Uni lag, und Mares entschied sich, bei Gaspar zu wohnen. Sie zeigten den Vorfall bei der Universität an und gaben eine Beschreibung von dem kahl rasierten Mann. Einige Tage später kündigte die Stiftung, bei der Nadine arbeitete, eine Trauerfeier an, auf der die Opfer der nationalsozialistischen Rassengesetze geehrt werden sollten und bekannt gegeben würde, dass alle menschlichen Präparate, die aus der NS-Zeit stammten, beigesetzt würden.

Etwa zehn Jahre nach ihrer ersten Begegnung planten Nadine und Anton ihre Hochzeit. Sie lebten seit Jahren zusammen, und Nadine war schwanger. *Es wird auch Zeit*, dachte sie. Sie war neunundzwanzig und er einunddreißig. Die Hochzeit, für die sie keinen Aufwand treiben und zu der nur eine Handvoll Freunde kommen würden, sollte an einem zufällig ausgesuchten Datum stattfinden, am 8. August 1988.

»Ein verheißungsvolles Datum«, sagte Mares, »und es bedeutet, dass du und Anton einen Bund für die Ewigkeit schließt.«

»Nichts ist ewig«, erwiderte Nadine.

»Ihr habt nicht irgendein Datum gewählt. Es besteht aus lauter Unendlichkeitszeichen«, beharrte Mares und erinnerte Nadine an die Roma-Frau, die ihr an einem Platz in Sevilla aus der Hand gelesen hatte.

»Ihr beide seid Schwestern«, hatte die Frau damals gesagt. »Die innere Ähnlichkeit ist wichtiger als die äußerliche. Ihr seid durch Trauer verbunden.«

»Roma sind klug«, hatte Mares hinterher gesagt, als sie an weiß getünchten Häusern entlang durch die Sonne gingen, und von da an hatten sie gewusst, dass nichts sie trennen würde, auch wenn sie heirateten, Kinder bekamen und weit voneinander weg wohnten.

»Achter achter achtundachtzig …« wiederholte Mares und fügte nach ein paar Augenblicken hinzu: »Meinst du, du solltest deinen Vater anrufen?«

Nadine hatte nicht die Energie, darauf zu antworten. Sie schämte sich, fühlte sich schuldig, sagte sich aber, dass ihre Eltern sie verlassen hatten, nicht umgekehrt. Sie hatte sich während des Prozesses Mühe gegeben, aber ihr Vater hatte zu seiner Frau gehalten, nicht zu dem Mädchen, das sie vor einer Revolution gerettet hatten.

»Du wirst heiraten und ein Kind bekommen …«, sagte Mares.

Seit Nadine mit achtzehn nach Berlin gezogen war, hatte sie zu ihrem Vater keinen Kontakt mehr. Da sie seitdem kein Wort mehr mit Jordan gesprochen hatte, schien es ihr sinnlos, ihm zu schreiben. Anfangs hatte sie noch ab und zu mit ihrer Wirtin Frau Adam telefoniert und gefragt, wie sich der Prozess entwickelte, aber irgendwann hatte sich eine Frau am Telefon gemeldet und gesagt, Frau Adam sei gestorben.

Nadine schüttelte den Kopf. Es wäre leichter gewesen, das Vergangene vergangen sein zu lassen, aber sie wusste, Mares würde nicht lockerlassen. Wie könnte sie sie davon überzeugen, dass es ihr unmöglich war, mit den Taylors Kontakt aufzunehmen, dass die beiden sie schon vergessen hatten, als damals der Journalist vor der Tür stand und den ehemaligen Namen ihrer Mutter aussprach? Sie brauchten das gerettete kleine Mädchen nicht mehr. Sie bei Gericht vorzuzeigen hatte auf den Richter keinen Eindruck gemacht.

Tatsächlich hatte Nadine noch vor Kurzem an die Eltern gedacht, aber das wollte sie Mares nicht verraten und erst recht nicht Anton. Er hielt die Taylors für Nazis – sogar Jordan, den gebürtigen Amerikaner – und fand, dass sie schon viel eher hätten entlarvt werden sollen. Nun, wo sie schwanger war, dachte Nadine oft an ihre wahre Mutter, Lilith, ihren wahren Vater, Martín, und ihre deutsche Großmutter Ally, die Dichterin, der sie geschworen hatte, sie aus der Vergessenheit ans Licht zu holen.

Mares gab nicht auf, stand mit verschränkten Armen da und wartete auf eine Antwort.

»Sie sind nicht meine richtigen Eltern. Die sind in Kuba gestorben.«

Von ihrem Adoptivvater hatte sie zuletzt durch einen Zeitungsartikel gehört, den Anton ihr gezeigt hatte. Jordan Taylor, ehemaliger Elektriker und amerikanischer Kriegsveteran, war ins Ruhrgebiet gezogen, um in der Nähe seiner Frau zu sein, die dort als Kriegsverbrecherin im Gefängnis saß.

Nadine heiratete fast genau sieben Jahre, nachdem die Frau, die sie großgezogen und die sie einst Mami genannt hatte, wegen Verbrechen gegen die Menschlichkeit zu lebenslanger Haft verurteilt wurde.

25

Sieben Jahre später
Berlin, April 1996

Nadine war überzeugt, dass man mit dem Flugzeug in die Zukunft reiste und mit dem Zug in die Vergangenheit. Wenn sie in ihrem Leben gezwungen gewesen war, an die Vergangenheit zu denken, hatte sie dabei die Augen zugemacht, fast gegen ihren Willen. Nun fuhr sie mit ihrer siebenjährigen Tochter Luna und ihrer alten Freundin Mares nach Bochum-Linden, um eine Schuld zu begleichen.

Seit der Geburt ihrer Tochter hatte Nadine sich vorgenommen, die Augen zu öffnen und ihre Geschichte zu rekonstruieren, auch wenn sie dazu nur auf Bruchstücke zurückgreifen konnte. *Am Ende des Tages ist man das Ergebnis seiner begangenen Fehler.* Ihr Germanistikprofessor, Theodor Galland, pflegte das zu sagen und zitierte damit Ally Keller, die in Sachsenhausen ermordete Dichterin, als er zu seinem Erstaunen hörte, dass Nadine ihre Enkelin war.

Nadine hatte sich mit ihm angefreundet, nicht wegen ihrer Liebe zur Literatur, sondern weil er sich mit den wenigen Texten Ally Kellers befasst hatte, die er mit der Beharrlichkeit eines Archäologen aufgespürt hatte. Nadine hatte ihm die Briefe von Schwester Irene geborgt, die ihr die Flucht aus Kuba ermöglicht und Liliths Geschichte aufgezeichnet hatte. Sie hatte ihm auch das einzige Foto, das sie von ihrer Mutter besaß, und eine Abschrift des Gedichts ausgeliehen, das Ally Keller für ihre Tochter geschrieben hatte: *Die Nachtreisende*.

Nach der Wiedervereinigung 1990 waren die ostdeutschen Archive geöffnet worden, und Professor Galland erhielt Zugang zu den Dokumenten, die jahrzehntelang in der Humboldt-Universität verwahrt worden waren, wo Ally Keller in der von Bruno Bormann herausgegebenen Literaturzeitschrift Essays veröffentlicht hatte. Er fand Briefe und kommentierte Gedichte, die jemand zum Gedenken an eine Familie Holm der Universität gestiftet hatte, sogar Fragmente von Ally Kellers Tagebuch. Professor Galland hoffte, bis zu seiner Emeritierung genügend Material beisammenzuhaben, um eine Anthologie von Ally Kellers Texten herauszugeben. Er hatte Kontakt zu mehreren deutschen Hochschulen aufgenommen, um alles aufzuspüren, was mit ihr zu tun hatte.

Nach und nach setzten Professor Galland und Nadine die Puzzleteile ihrer Familiengeschichte zusammen.

Im Jahr 1948, nach der Hinrichtung des Wissenschaftlers, der für die Aktion T4, das Euthanasieprogramm des Dritten Reiches, verantwortlich gewesen war, hatte dessen Familie seinen Nachlass dem Forschungszentrum gestiftet, in dem Nadine jetzt ganztags arbeitete. Sie war damit betraut, die Dokumente auszuwerten, und förderte dabei weitere Objektträger mit Gehirnproben zutage. Mittlerweile war die Erlaubnis, die Überreste zu bestatten, viel leichter zu bekommen. Verblüfft blätterte sie in einem Schnellhefter, in dem Fotos von einem nackten kleinen Mädchen abgeheftet und die Maße ihres Körpers und Kopfes sowie Einzelheiten über Nase, Lippen und Augen vermerkt waren. Sogar eine Strähne ihrer Haare war aufgeklebt. Der Name des Kindes war Lilith Keller. Sie war die Tochter einer Deutschen und eines Schwarzen gewesen und als Mischling klassifiziert worden, und es war vermerkt, dass sie zwar überdurchschnittlich intelligent war und arische Proportionen hatte, dass die Hautfarbe und die Beschaffenheit der Haare jedoch bewiesen, dass sie einen genetischen Defekt vom

Vater geerbt hatte. Es wurde daher empfohlen, das Mädchen durch Bestrahlung zu sterilisieren, um die Ausbreitung rassischer Unreinheit unter Deutschen zu verhindern.

Nadine starrte auf die Akte ihrer Mutter und hatte wieder das Gefühl, keine Luft zu bekommen, wie damals während des Prozesses in Düsseldorf. Diesmal aber wollte sie nicht vergessen. Damals hatte sie diese Tür geschlossen, weil sie nicht bereit gewesen war zu vergeben. Sie fotokopierte die Dokumente und gab die Kopien Professor Galland, um das Zeugnis ihrer Großmutter zu vervollständigen. Sie musste noch die Geschichte ihres Großvaters recherchieren, doch er wurde in keinem der Briefe und Dokumente des geretteten Archivs erwähnt. Sie wusste nur, dass er Anfang der Dreißigerjahre in Düsseldorf gelebt und mehrere Reisen unternommen hatte. Mehr nicht. Während des Aufstiegs der Nationalsozialisten waren mehrere schwarze Musiker ermordet worden, die zum Widerstand gehört hatten, aber bei keinem wurde eine Verbindung zu Ally Keller gefunden. Und was Franz Bouhler betraf, so vermutete Nadine, dass er während des Krieges umgekommen oder aber an Altersschwäche gestorben war. Folglich würde sie nach Kuba reisen müssen, um ihre Familiengeschichte zu rekonstruieren. Das bedeutete wiederum, dass sie fliegen musste, und dazu fühlte sie sich nicht bereit. Sie würde lieber warten, bis ihre Tochter alt genug wäre, um sie zu begleiten. Gemeinsam könnten sie anfangen, diesen Teil der Vergangenheit aufzudecken. Im Augenblick war für sie nur eines machbar: ein Wiedersehen mit ihren Adoptiveltern, um ihnen ihre Enkelin vorzustellen.

Schon vor Monaten hatte Nadine ein Schreiben erhalten, in dem sie darüber informiert wurde, dass Irma Taylor aufgrund ihres Diabetes ein Bein amputiert worden war, dass ihr die restliche Strafe erlassen würde und sie in den kommenden Tagen freikäme. Das Schreiben stammte von einer Organisation zur Unterstützung von Kriegsverbrechern, die ihre Strafe abgesessen hatten. Außer Nadine wurden auch die Zeugen, die im Prozess ausgesagt hatten, über die Entlassung informiert. Jordan, der seine Frau an jedem Wochenende im Gefängnis besucht hatte, lebte inzwischen in einem Pflegeheim für Senioren in Bochum-Linden.

Nadine schrieb an ihren Adoptivvater, dass sie ihn besuchen und ihm ihre Tochter Luna vorstellen wolle. Sie bekam keine Antwort. Während Anton sich wegen einer juristischen Auseinandersetzung mit einem Auktionshaus in New York aufhielt, beschloss Nadine, noch Ende Dezember ins Ruhrgebiet zu fahren.

»Bist du sicher, dass du sie sehen willst? Warum jetzt?«, fragte Mares.

»Man kann nicht sein ganzes Leben damit zubringen zu vergessen«, erwiderte Nadine. »Was könnte Gutes dabei herauskommen?«

»Und wenn sie den Besuch gar nicht wollen?«

»Dann habe ich es wenigstens versucht.«

Nadine war zwar von ihrem Vorhaben überzeugt, aber sie machte sich auch Gedanken, wie ihre Adoptiveltern auf Luna reagieren würden. Das Mädchen hatte wegen seiner Hautfarbe, die ein wenig dunkler war als die seiner Eltern, das Gefühl, anders zu sein.

Einmal, als Luna noch kleiner war, hatte sie unten im Blumenladen im Haus munkeln hören, sie sei adoptiert und von einer fernen karibischen Insel hergebracht worden. Die Nachbarin aus dem ersten Stock hatte der Floristin erzählt, Nadine sei nach Kuba geflogen und habe Luna nur knapp vor den Kommunisten gerettet. Luna marschierte in ihre Wohnung, stemmte die Hände in die Hüften und sprach ihre Eltern darauf an.

»Warum habt ihr mir das nicht erzählt?«, fragte sie aufgebracht.

Nachdem Luna dramatisch geschildert hatte, wie Nadine angeblich von der Insel entkommen war, nämlich in einem Boot auf dem Meer mit dem kleinen Mädchen in den Armen, konnte Nadine nur lachen. In dem Moment entschied sie, dass ihre Tochter alt genug war, um die Vergangenheit zu begreifen, auf eine Weise, die ihr selbst verwehrt geblieben war. »*Ich* bin es, die aus Kuba stammt«, sagte sie. »Ich wurde adoptiert. Und selbst wenn wir dich adoptiert hätten, würde ich dich nicht weniger lieben. Du bist meine Tochter und wirst das immer sein.«

Luna war noch nicht zufrieden. »Also, wurde ich nun adoptiert oder nicht?«

Nadine kramte Fotos aus ihrer Schwangerschaft hervor, von Luna als Neugeborenes, von Spaziergängen im Tiergarten, wo Anton sie auf den Schultern trug, von ihrer ersten Zugfahrt, von Sommern am See. Als Luna die Fotos sah, behauptete sie, sich an jeden Moment erinnern zu können.

»Aber warum sehe ich anders aus?«, fragte sie weiter. »Meine Haut ist dunkler als eure.«

»Dunkler? Wir sind alle verschieden, Luna«, sagte Anton. »Jeder Mensch sieht anders aus. Und keiner ist besser als der andere.«

Nadine erzählte weiter: »Mein Vater Martín Bernal war Kubaner, meine Mutter Lilith Keller war die Tochter einer weißen deutschen Frau – deiner Urgroßmutter Ally – und von Marcus, einem schwarzen deutschen Mann. Obwohl er schwarz war und als Afrikaner bezeichnet wurde, fühlte er sich genauso deutsch wie du und ich, aber damals glaubten die Deutschen an Rassenreinheit.«

»Damals?«, warf Anton skeptisch ein.

»Du siehst aus wie deine Urgroßmutter Ally und hast auch

die Schönheit deiner Großmutter Lilith geerbt«, versicherte Nadine ihrer Tochter, und Lunas Gesicht hellte sich auf.

Von dem Tag an war Luna glücklich, wenn sie sich im Spiegel ansah. Sie hatte Nadines Augen, nur dass in ihrem Grau bei Sonnenschein ein helles Grün sichtbar wurde. Sie hatte Allys blonde Haare geerbt und Liliths dunkle Haut.

Schon seit Luna sprechen konnte, nannten sie sie das kleine Warum-Mädchen. Sie wollte zu allem eine Begründung hören. Sie wurde größer und mit ihr auch ihre Fragen. Sie begann, nach dem Wann und Wo zu fragen, um ihre Überlegungen in Zeit und Raum zu verorten. Nadine pflegte zu sagen, das kleine Mädchen wollte alles ganz genau wissen, handfeste Zusammenhänge hören, um sich alles einzuprägen.

Mit »alles« meinte Nadine auch die kleinsten Details: von einer Geste bis hin zur Anordnung der Möbel im Arbeitszimmer, der Bücher in den Regalen und des Geschirrs in der Anrichte im Esszimmer. Luna bemerkte es sogar, wenn ihre Mutter die Reihenfolge der Kissen auf der Couch geändert hatte. Sie lernte die Namen, Geburtsdaten und Adressen ihrer Klassenkameraden auswendig. Sie war sprachbegabt. Luna imitierte Akzente und lernte lange, schwierige Gedichte ohne Mühe auswendig. Dagegen fiel es ihr schwer, sich mathematische Formeln zu merken. Für Zahlen und Gleichungen war sie nicht geschaffen, aber für Sprache.

Die Zugfahrt nach Bochum-Linden dauerte lange. Nadine war unruhig, weil sie Anton gegenüber kein Wort darüber verloren hatte. Er hielt es für wichtig, mit der Wahrheit aufzuwachsen, und fand, die Vergangenheit dürfe nicht verheimlicht werden. Dennoch wäre es ihm sicher lieber gewesen, wenn Luna Nadines Adoptiveltern nicht besuchte, nicht mal zu Weihnachten. Es war eine Sache, das Mädchen darüber aufzuklären, wer die Leute waren, und eine ganz andere, sie mit ihnen zusammenzubringen.

Als Nadine, Mares und Luna bei Einbruch der Dunkelheit in Bochum ankamen, begaben sie sich in ein kleines Hotel unweit des Weihnachtsmarktes, der bereits geschlossen war. Zwischen den Bäumen hing noch die Festbeleuchtung.

»Nächsten Dezember müssen wir mit Luna wieder hierherfahren«, sagte Mares.

»Vielleicht kommen wir nie wieder her. Wer weiß?«

Am nächsten Morgen frühstückten sie im Hotel und machten sich auf den Weg zu dem Pflegeheim. Es stand gegenüber einem Park mit breiten Alleen, als ob sich der Garten vor dem Eingang des Gebäudes dort fortsetzte.

An der Klingelanlage fanden sie den Namen Taylor und drückten auf den Knopf für Wohnung 1 C. Niemand meldete sich über die Gegensprechanlage. Einen Moment später hörten sie den Summer und konnten die Tür öffnen. Sie betraten das Haus, durchquerten den Rezeptionsbereich, in dem ein Glastisch mit einem großen Gesteck aus Papierblumen stand. An einer Seite sahen sie durch eine offene Tür in ein Wohnzimmer mit vielen Sesseln. Sie nahmen den Gang zur Linken und gingen zur dritten Wohnungstür. Unter der Ziffer stand der Name *J. Taylor*. Sie klopften, aber niemand öffnete ihnen.

»Vielleicht sind sie spazieren«, sagte Nadine, als sie Mares' besorgten Blick sah. »Sie haben ja keine Ahnung, dass wir hier sind. Ich glaube nicht, dass sie uns nicht reinlassen wollen.«

Als sie sich abwandten, um in den Wartebereich zu gehen, sahen sie am Ende des Ganges die Silhouette eines Mannes, der jemanden im Rollstuhl schob.

»Ist die Frau in dem Rollstuhl meine Oma?«, flüsterte Luna. »Guck mal, sie hat nur ein Bein.«

»Nicht mit dem Finger zeigen.« Nadine nahm die Hand ihrer Tochter, als könnten die beiden Fremden, die sich da näherten, sie ihr entreißen.

»Entspann dich«, sagte Mares. »Wird schon nicht so schlimm werden.«

Die drei gingen zur Seite, um dem Paar Platz zu machen. Sie hörten den Mann schnaufen, während er den schweren Rollstuhl schob. »Wir hätten Blumen mitbringen sollen«, sagte er auf Englisch.

»Wozu Blumen kaufen? Die verwelken nur und landen im Müll«, sagte die alte Frau und strich nervös über eine Stoffpuppe. Ihre rechte Hand zitterte.

Nadine erkannte Jordans Stimme. Er war es. Er hatte noch denselben singenden Tonfall, dieselbe weiche Aussprache. Ihre Adoptivmutter erkannte sie dagegen nicht wieder.

Ihr Vater schloss mühsam die Wohnungstür auf. Als er sich umdrehte, um sie zu schließen, bemerkte er die drei Besucher. »Was wollen Sie?«, fragte er in akzentfreiem Deutsch.

»Dürfen wir reinkommen?«, fragte Nadine bestimmt.

Jordan schob Irma im Rollstuhl an den Esstisch, um ihnen Platz zu machen. Luna ließ die Hand ihrer Mutter los und ging als Erste in die Wohnung. Die drei setzten sich auf die geblümte Couch und sanken tief ein. Luna kicherte.

»Die Möbel taugen heutzutage nichts mehr«, sagte Jordan. »Kann ich Ihnen etwas anbieten?«

Irma streichelte ihre Stoffpuppe. Luna sah fasziniert zu.

Jordan nahm ein paar Taschen von den Griffen des Rollstuhls und trug sie zum Tisch.

Nadine schaute durch das Zimmer, das nur vom Tageslicht aus dem Innenhof erhellt wurde. Es gab keine Bilder an den Wänden und auch keine dekorativen Kleinigkeiten. Nur einen Tisch, vier grau gepolsterte Stühle, das geblümte Sofa und zwei dunkelblaue Sessel, deren Armlehnen mit weißen, in der Mitte vergilbten Häkeldeckchen geschützt waren. Auf einem der Sessel lag ein Beutel mit Wolle und Stricknadeln. Gegenüber dem Sofa in der Mitte des Zimmers stand eine Truhe, die als Couchtisch diente. Darauf lagen mehrere Zeitungen.

Jordan ging dorthin und nahm die Zeitungen weg.

»Da stehen heutzutage keine Nachrichten mehr drin, nur Klatsch«, sagte er, als er sie in die Küche trug.

Nadine drehte sich um. In einer Ecke entdeckte sie ein Schwarz-Weiß-Foto von den Taylors, das früher in ihrem Haus in Maspeth gehangen hatte. Darauf trug er seine Militäruniform und Irma ein weißes Kleid. Sie sahen verblüffend jung aus.

Als Jordan zurückkam, beugte er sich zu seiner Frau. »Musst du zur Toilette?«, fragte er laut genug, dass die drei es verstanden.

Irma verneinte mit einer kleinen Geste und nahm dazu die linke Hand, die ohne Tremor. Sie bemerkte, dass Nadine das Foto anstarrte. »Da waren wir noch jung und glücklich«, sagte sie. »Wir haben uns kurz nach dem Krieg kennengelernt. Was für eine Zeit! Als ich sah, wie er in das Krankenhaus kam, in dem ich arbeitete, konnte ich die Augen nicht mehr von ihm lassen. Er war so gentlemanlike, wie ich noch keinen gesehen hatte.«

Den Blick auf den Boden gerichtet, erzählte Irma weiter und hielt die Stoffpuppe an sich gedrückt. Jordan gab ihr einen Kuss auf die Stirn.

»Es war Liebe auf den ersten Blick«, sagte sie, »und wir haben bald geheiratet.«

Jordan setzte sich neben sie und legte den Arm um ihre Schultern, wie um sie zu schützen. »Was können wir für Sie tun? Müssen wir Formulare ausfüllen?«, fragte er demütig.

Nadine und Mares sahen sich betroffen an. Luna lächelte. Die alte Frau ließ die Stoffpuppe auf ihrem Schoß tanzen.

Jordan verlor sich noch immer in seiner Gedankenwelt und erkannte nicht, wer da vor ihm saß.

Mami, wollte Nadine zu der Frau sagen, fürchtete aber, dass ihre Stimme schwanken würde oder sie keinen Ton herausbekäme.

Es war zu warm und stickig in dem Zimmer, und ihr lief der Schweiß den Rücken hinunter. Sie war unsicher, ob sie ihre Adoptiveltern konfrontieren, ihnen vorwerfen sollte, dass sie sie im Stich gelassen hatten. Am Ende konnte sie nicht entscheiden, wer wen im Stich gelassen hatte, da sie schließlich zum Studium nach Berlin gegangen und nicht zurückgekehrt war. Sie war ihnen dankbar, weil sie sie aus Kuba herausgeholt, sie auf eine Schule geschickt und ihr Deutsch beigebracht hatten.

»Erkennt ihr mich nicht?«, fragte Nadine auf Englisch.

Sie schloss die Augen und sah ihre Mutter in einem Schlafzimmer. Sie sah die gelben Blätter auf der Tapete und die Tagesdecke und roch die Mottenkugeln in den Wollmänteln. War es das Schlafzimmer in der Pension in Düsseldorf oder das in Maspeth? Sie hörte ihre Mutter ein deutsches Schlaflied singen und bemerkte jetzt erst ihren sonderbaren Akzent. Was sie gehofft hatte, zurückzugewinnen, gab es nicht mehr.

»Ich bin Nadine«, sagte sie schließlich.

Jordan reagierte nicht.

Luna ging zu Irma und unterhielt sich flüsternd mit der Stoffpuppe, die aussah, als würde sie in den schwieligen Händen auseinanderfallen. Mares hob das Mädchen hoch, trug es zurück zum Sofa und setzte es auf ihren Schoß, als wolle sie Luna schützen.

»Erinnern Sie sich nicht an Ihre Tochter?«, fragte Mares verwundert und griff nach Nadines Hand.

Das alte Ehepaar saß mit leerem Blick da. Die beiden wollten nichts hören. Sie waren noch genauso entrückt wie während des Prozesses, und die Gefängnisjahre und die Schande lasteten auf ihnen.

»Irma, du solltest zu Bett gehen und schlafen«, sagte Jordan in demselben ruhigen, freundlichen Ton, an den Nadine sich aus ihrer Kindheit erinnerte.

Als sie ihn den Namen sagen hörte, erinnerte sie sich an den Geruch des Hauses in Maspeth. Ihre Adoptiveltern wollten sich nicht an sie erinnern. *Warum sollten sie auch?*, dachte sie. Sie hatte nur gut zehn Jahre lang zu ihrem Leben gehört. Das war alles. Jeder wollte immerzu nach Hause zurückkehren, aber vielleicht war es das Beste, zu gehen, aufzugeben. *Hier werde ich nichts mehr herausfinden*, dachte Nadine.

Jordan blieb teilnahmslos. Er zog sich einen Stuhl unter dem Tisch hervor und ließ sich darauf fallen, als ob die Knie ihm den Dienst versagten.

»Vielleicht sollten wir gehen«, sagte Nadine und stand auf.

Als die drei zur Tür gingen, rief Irma ihnen hinterher: »Wartet! Ich habe etwas für das kleine Mädchen. Wie heißt du?«

Luna nannte ihren Namen und schaute ihre Mutter an, um sich zu vergewissern, ob sie das Richtige tat oder ob sie besser still sein sollte.

»Luna«, wiederholte das Kind und zeigte zum Himmel, für den Fall, dass die Frau nicht wusste, was der Name bedeutete.

Unter großer Anstrengung lenkte Irma ihren Rollstuhl zu der Truhe in der Mitte des Raumes und öffnete sie. Darin lagen viele Stoffpuppen derselben Größe, als wären sie alle im selben Alter, übereinandergeworfen wie Leichen. Sie nahm eine heraus und hielt sie Luna hin.

»Die ist für dich. Sie hat lange Zeit darauf gewartet, dass jemand sie in den Arm nimmt.«

Das Mädchen rannte zu der alten Frau und umarmte sie. Nadines Vater saß mit dem Rücken zu ihnen. Nadine fragte sich, wie viele Stoffpuppen ihre Mutter wohl im Gefängnis genäht hatte.

»Danke«, sagte die Kleine. »Wie heißt sie?«

»Du kannst sie nennen, wie du möchtest«, antwortete

die alte Frau, fuhr von ihr weg und lenkte ihren Rollstuhl ins Schlafzimmer.

Jordan stand nicht auf, um die drei zu verabschieden. Sein Blick blieb auf das Fenster und die Lamellenjalousie gerichtet. Aber als die Besucher die Tür erreichten, rief er plötzlich: »Nadine!«

Langsam kam er zitternd und mit gesenktem Kopf auf sie zu.

Er konnte sich nicht überwinden, ihr in die Augen zu sehen. Sie hörte ihn etwas murmeln. Ihr Herzklopfen übertönte seine Worte.

»Es tut mir furchtbar leid«, sagte er müde.

Nadines Augen füllten sich mit Tränen, und sie kniff sie zusammen. Einen Moment später fühlte sie seine Arme um sich. Sie konnte ihn nicht ansehen. Der alte Mann fühlte sich ungeheuer zerbrechlich an.

Ihr Vater ließ die Arme sinken, trat zurück und wandte sich ab.

Als sie die Augen öffnete, sah sie ihn zum Schlafzimmer gehen. Still verließ sie die Wohnung.

Im Flur warteten Mares und Luna besorgt auf sie.

Nadine nahm ihre Tochter an die Hand. In der anderen hielt Luna das Geschenk der alten Frau. Sie zeigte ihrer Mutter die Puppe.

Nadine nahm sie und betrachtete sie. Der Körper bestand aus weißer Seide, die Augen waren aus zwei blauen Knöpfen, die Zöpfe aus gelber Wolle. Die Lippen aus rosa Rosshaar lächelten. Das Kleid bestand aus blauem Gabardine, darüber trug sie eine weiße Leinenschürze, auf deren Saum in roter Schreibschrift der Name der Puppe aufgestickt war: *Nadine.*

26

Vier Jahre später
Berlin, Januar 2000

Eines Morgens nach dem Aufstehen erklärte Luna Paulus, sie wäre lieber im neuen Jahrtausend geboren worden.

»Ich habe zehn Jahre im vorigen Jahrhundert verloren«, sagte die Zehnjährige mit einem Buch unter dem Arm. Sie nahm sich eine Scheibe Toast und biss davon ab. Kauend stand sie hinter ihrer Mutter.

»Meinst du, du könntest dich still zu uns setzen?«, fragte Nadine, die sich auf ihre Zeitung konzentrieren wollte. »Zehn Jahre sind nichts. Du wirst noch das ganze Jahrhundert erleben!« Sie drehte sich zu ihrer Tochter um. »Wo kommt das überhaupt her? Was geht dir durch den Kopf?«

»Du und Papa, ihr behandelt mich noch immer wie ein kleines Mädchen.«

»Aber du *bist* ein kleines Mädchen«, widersprach ihre Mutter.

»Ich bin schon zehn!«, schnaubte Luna. Sie verließ den Tisch und ging in ihr Zimmer. Es war Sonnabend, und es schneite, sodass sie den Tag zu Hause verbringen würden.

»Sie hat angefangen, Tagebuch zu schreiben, weißt du«, erzählte Nadine, ohne von der Zeitung aufzublicken.

»Sie sagt immer wieder, dass sie wie ihre Urgroßmutter aussieht«, sagte Anton. »Sie möchte verstehen, woher sie stammt, woher du stammst. Und … Nadine?«

»Ja?«

»Ich finde, du solltest ihr Tagebuch nicht lesen.«

»Ich habe nur kurz reingeschaut.«

Anton sah sie an. »Wenn Luna das herausfindet …«

»Ich weiß …« Sie seufzte.

»Das hat nach eurem Besuch bei ihrer Großmutter Irma angefangen. Sie hat jetzt mehr Fragen als vorher – sie scheint verwirrt zu sein.«

Luna füllte Notizbücher mit Geschichten, die mit dem Ende anfingen. »Damit ich es nicht aus den Augen verliere«, erklärte sie. Manche waren nur Schilderungen oder Gespräche ihrer Schulfreunde, die sie belauscht hatte. Sie durchkämmte Zeitschriften, schnitt Wörter und Bilder aus, die mit Kuba zu tun hatten, oder politische Begriffe wie »Kommunismus« oder »Nationalsozialismus«, und klebte sie auf dem Fußboden überlappend zu endlosen Kollagen zusammen.

»Eines Tages wird es so schwer, dass man es nicht mehr aufheben kann«, sagte ihre Mutter zu ihr, aber Luna baute weiter an jener Welt unter ihren Füßen.

Abends, wenn Nadine und Anton ihr Gute Nacht sagten, schaute das Mädchen sie mehrere Sekunden lang an und hielt ihre Hände fest, damit sie nicht hinausgehen konnten.

Nadine glaubte, Luna hätte Angst, alleingelassen zu werden, oder wünschte sich, sie würden ihr stundenlang vorlesen oder etwas vorsingen. Doch eines Tages begriff sie, dass Luna sie sich einprägte.

»Anton.« Sie seufzte. »Manchmal denke ich, Luna will sicherstellen, dass sie nicht so endet wie ich.«

»Ihr seid euch beide so ähnlich, du weißt das, und sie weiß das auch. So ist es nun mal: Unsere Kinder kommen auf die Welt, um eine bessere Version von uns zu werden, meinst du nicht?«

»Sie hat erkannt, dass ich mein ganzes Leben versucht habe zu vergessen, praktisch von Geburt an, und nun will sie sich an alles erinnern.«

Luna sprach mit Mares Spanisch, mit Nadine und Anton Englisch und Deutsch durcheinander und dachte sich dabei Wortspiele aus, die manchmal nur sie verstand. Dann wartete sie auf eine Reaktion und war enttäuscht, wenn sie nur betretenes Schweigen erntete. An manchen Abenden gingen Nadine und Luna auf eine Rettungsmission, wie Nadine es nannte, bei der sie Luna nach und nach mit den verlorenen Familienmitgliedern und deren Freunden bekannt machte. Nachdem sie die Schleuse einmal geöffnet hatte, ließ Nadine Menschen ans Licht, die sie manchmal als bloße Fantasiefiguren empfunden hatte. Sie war selbst überrascht, dass sie aus der Erinnerung hervorkamen, und war nie ganz sicher, ob es sie wirklich gegeben hatte. Doch es gab Aufzeichnungen, die ihre Existenz bewiesen, zum Beispiel über Albert und Beatrice Herzog. Und über Franz' Cousin Philipp Bouhler und die Ärzte, die Liliths Intelligenz getestet hatten. Und über Martíns Vater, Señor Bernal, der dem Kabinett des kubanischen Präsidenten Batista angehört hatte, und Martíns besten Freund Oscar, der bei einem Flugzeugunglück ums Leben gekommen war. Die Wohnung in der Katharinenstraße in Berlin füllte sich mit Gesichtern, die ihnen mit der Zeit vertraut wurden. Für Anton waren sie wie ein Tableau – die endlose Darstellung überraschte und faszinierte ihn.

Ally Keller kam in den Geschichten immer wieder vor, besonders wenn sie ihr Gedicht *Die Nachtreisende* rezitierten. Luna lernte es auswendig, und sie und Nadine hatten Freude daran, es zu zitieren, und sie verkehrten die Bedeutung der Zeilen, indem sie sie abwandelten. Manchmal lasen sie sie mit einem musikalischen Rhythmus oder in einer sommerlichen Feststimmung. Ein andermal machten sie es winterlich, legten Sprechpausen ein, die ihm Tragik verliehen. Wenn sie über den Professor sprachen, zitierte Nadine berühmte Zeilen alter Dichter, redeten sie über Franz, nannte sie ihn den Engel.

Mit acht Jahren war Luna einmal vor dem Morgengrauen aufgewacht und ins Schlafzimmer ihrer Eltern gegangen. Sie stellte sich vor das Bett und beschloss zu warten, bis sie aufwachten. Hätte Anton nicht die Augen geöffnet und sie dort im Dunkeln gesehen, hätte Luna noch Stunden auf dem Fleck gestanden.

»Komm zu uns ins Bett, Liebes.«

Sie kuschelte sich zwischen ihre Eltern und machte die Augen zu.

»Hattest du einen Albtraum?«

Luna schüttelte den Kopf.

»Was dann? Zu viele Gespenster? Wir werden Mami sagen müssen, sie soll keine Bücher und Zeitungen mehr aus der Bibliothek mitbringen.«

Luna setzte sich im Bett auf, und Nadine schreckte aus dem Schlaf hoch. Luna nahm die Hände der Eltern und bat sie feierlich um Aufmerksamkeit. »Ich habe beschlossen, eine Dichterin zu werden wie meine Urgroßmutter Ally.«

»Na, das ist schön, aber jetzt wird weitergeschlafen«, murmelte Nadine. »Morgen ist Schule.«

»Ich bin überzeugt«, sagte Anton, als Luna am Morgen in ihr Zimmer gegangen war, »dass sie ihr Leben schon durchgeplant hat. Ich habe gesehen, wie sie Notizbücher und Schreibpapier füllt und alles ordentlich in der Kommodenschublade unter ihrer Unterwäsche verwahrt. Das ist wohl in ihren Augen für ihre Texte das ideale Versteck.«

Zum nächsten Weihnachtsfest schenkten Nadine und Anton ihr einen Computer, um ihre Schreibversuche zu unterstützen, aber Luna war es gewohnt, mit der Hand zu schreiben, und benutzte den Laptop nur für die Schularbeiten, die sie gewissenhaft erledigte, obwohl sie sie langweilig fand.

Nadine glaubte allmählich, dass Lunas Leidenschaft einem einzigen Zweck diente: nicht zu vergessen. Der einzige

Mensch, mit dem sie über das Schreiben sprach, war Mares, weil ihr das half, ihre Ideen zu entschlüsseln. Sie hatte so viel Papier beschrieben, dass sie sich unmöglich alles davon merken konnte.

Als der Jahrtausendwechsel anstand, erinnerte Luna ihre Mutter und Mares daran, was sie ihr versprochen hatten: die Reise nach Kuba. Nadine wich dem Thema aus, und Mares versuchte, Luna von der Idee abzubringen. In Wahrheit konnten weder Mares noch Nadine sich mit der Reise anfreunden. Wenn Mares dazu bereit gewesen wäre, hätte sich Nadine ihrer Flugangst vielleicht gestellt. Doch Mares sagte, sie wäre in Kuba nicht willkommen. Seit sie nach ihrem Studium in Moskau entschieden hatte, nicht auf die Insel zurückzukehren, hatte ihre Mutter jeden ihrer Briefe zurückgeschickt und nahm auch ihre Anrufe nicht an. Was ihre Familie anging, war sie tot. Allerdings würden sie sich gern an die Toten erinnern, bemerkte sie ironisch. Zuerst hatte sie sie gehasst, weil sie ihr den Rücken gekehrt hatten, obwohl ihr klar war, dass es sich in den Augen ihrer Mutter umgekehrt verhielt. Mit der Zeit aber hatte sich Mares' Hass in Gleichgültigkeit verwandelt, so erklärte sie Luna.

Zum ersten Mal in ihrem Leben konnte Luna sie nicht verstehen. Sie fand, dass ihre Mutter und Mares sich gegen sie verschworen hatten und so taten, als hätten sie die gleiche Vergangenheit hinter sich. Beide waren von ihren Müttern verlassen worden, beide ließen ihre Mütter links liegen.

»In Kuba nennt man mich ein *gusano*, einen Wurm«, erklärte Mares.

Luna verstand nicht. Was bedeutete es, ein Wurm zu sein?

»Wenn jemand ins Ausland geht oder flieht, dann lassen sie einen nicht zurückkehren«, sagte Mares, ohne das weiter auszuführen, als ob das Thema sie ermüdete. »Für die bin ich eine Verräterin. Ich habe die Nase voll von Kuba.«

Luna stand gern nachts auf und schlich in den Flur, um die Erwachsenen reden zu hören. *Erwachsene dürfen tun, was sie wollen: spät schlafen gehen, essen, worauf sie Lust haben, sich hinsetzen, wie sie wollen*, dachte sie. Sie dagegen sollte sich immer benehmen, durfte keine vorlauten Fragen stellen, nicht laut werden und keine schlimmen Wörter sagen – oder *falsche* Wörter, wie ihr Vater es nannte. Nein, nein, nein.

Luna wünschte sich, man möge ihr erlauben, an den abendlichen Gesprächen teilzunehmen, mit einer Tasse heißem Kakao in den Händen, während die anderen große Mengen Rotwein und Kaffee tranken. Ihr Vater wurde ungeduldig, hob die Stimme, um sich Gehör zu verschaffen, während ihre Mutter bei ihm saß, als suchte sie Schutz, obwohl Luna wusste, dass sie das nur tat, um ihn zu beruhigen. So eng beisammen erschienen Nadine und Anton ihr fast wie eine Person. Luna war neidisch, nicht auf ihre Mutter oder ihren Vater, sondern sie wollte zu den beiden gehören, zwischen ihnen sitzen, mit ihnen zusammen zu einer Person verschmelzen. Ihre Mutter schaute ihren Vater an, als hätte sie ihn gerade erst kennengelernt, war gefesselt von seinen Ausführungen. Dann hielt er kurz inne, räusperte sich und streichelte ihren Arm. Und Luna? Wie passte sie dazu?

In solch einem Moment erkannte sie, dass es ihr bestimmt war, nachts zu leben. Sie und ihre Großmutter Lilith waren Töchter des Mondes. Der Tag war für Aktivitäten bestimmt: Schule, Musikunterricht, essen, baden, anziehen. Nachts konnte sie schreiben, lesen, fernsehen, ihren Eltern Geheimnisse ablauschen und in Schränken, verborgenen Schubladen und Schachteln mit Modeschmuck kramen. Nachts war sie sie selbst. Morgens wurde sie eine andere, das Mädchen, das sie für andere sein musste. Ihre Urgroßmutter Ally hatte das gewusst und ein schönes Gedicht darüber geschrieben, mit dem sie Luna über die Zeit hinweg anzusprechen schien.

Eines Tages hatte Luna, ohne ihren Eltern ein Wort zu sagen, das ganze Haus auf den Kopf gestellt. So beschrieb es Mares, als sie es sah, und sie hatte schallend gelacht. Luna hatte alle Bücher mit dem Rücken voran in die Regale geschoben. Sie zog nur verschiedene Strümpfe an, und wenn sie sich Zöpfe flocht, war einer dicker als der andere. »Das hast du von Oma Ernestine«, sagte ihre Mutter.

Als Lunas Großvater Joachim Paulus im Schlaf an einem Herzinfarkt starb, beschloss ihre Oma Ernestine, die Wohnung in Luzern zu verkaufen und nach Berlin zu ziehen, um in Lunas Nähe zu sein. Das kam nicht überraschend, da Lunas Oma ihr Leben lang getan hatte, was andere am wenigsten von ihr erwarteten. Sie trug einen geblümten Hosenanzug zur Beerdigung ihres Mannes, bei der sie ihn als Helden rühmte. Er habe die deutsche Würde wiederhergestellt, indem er sich unermüdlich für die Rückgabe jüdischen Eigentums eingesetzt habe. Zu seinem Gedenken war auf einem Hügel in Jerusalem ein Baum gepflanzt, und er war als »Gerechter unter den Völkern« geehrt worden. Luna stand bei der Beerdigung in einer blauen Bluse und einem neuen grünen Rock neben ihr. Sie waren die Einzigen, die nicht Schwarz trugen.

Nach der Beisetzung fanden sich Freunde im Haus ein, von denen Luna noch nie gehört hatte, Männer und Frauen, die sich in verschiedenen Sprachen unterhielten und die sich an alles erinnerten, was Joachim Paulus für sie getan hatte. Überall standen Kerzen und Blumen, Platten mit Speisen und viele Flaschen Wein. Es gab Umarmungen und Küsse und Tränen.

Luna war überrascht, ihren Großvater auf Fotos neben Staatsmännern zu entdecken, die sie sonst auf der Titelseite der Zeitung sah. Der alte Mann, mit dem sie mitten im Winter heimlich Eis gegessen hatte, mit dem sie Schokoriegel verschlungen, der sie auf den Knien geschaukelt hatte, während er ihr Geschichten von schneebedeckten Bergen erzählte, hatte ihr verschwiegen, dass er ein bewunderter Held war. Für Luna war er nur Opa Joachim, den sie zu Weihnachten besucht hatten.

Eines Tages lasen sie in der Zeitung, dass Irma Brauns gestorben war, und Jordan Taylor ebenfalls, nur wenige Wochen nach ihr. Niemand brachte ihnen Blumen ans Grab oder zündete Kerzen für sie an. Auch in der Familie Paulus gab es Trauer, aber von anderer Art. Die Paulus' waren zumindest stolz auf ihre Toten. Die Nachricht von Irmas Tod erschien nicht auf der Titelseite, aber zu dem ausführlichen Artikel über sie gehörte ein Foto von der jungen Irma in einer Nazi-Uniform.

Sie ist erstickt, hörte Luna die Erwachsenen sagen. *Pulmonare Obstruktion.* Sie spürte den Schmerz ihrer Mutter. *Hat sie Zeit gehabt, auf ihr Leben zurückzublicken?*, fragte sie sich. Nach Irmas Tod hatte ihr Mann einen ganzen Tag bei ihr im Bett gesessen, als hoffte er, sie würde jeden Moment aufwachen, bis die Pflegerin hereinkam, die Irma beim Aufstehen und Waschen half.

Die Pflegerin hatte Irma Brauns, die in den Zeitungen noch immer hämisch »das stampfende Pferd« genannt wurde, kalt und starr vorgefunden. Vielleicht hatte Irma um Vergebung gebeten wie viele, die wissen, dass sie bald sterben werden. Eine Vergebung, die nur ihnen selbst etwas bringt, nicht den überlebenden Opfern oder denen, die vor ihr gestorben sind.

Nach Irmas Tod hatte Jordan seinen Alltag ohne die Frau fortgesetzt, der er sein Leben gewidmet hatte. Nach dem Frühstück waren die Taylors immer durch den Park gegenüber dem Pflegeheim spaziert, an dem Platz entlang, auf dem der Weihnachtsmarkt stattfand, und hatten bei dem Blumenstand gehalten. Dort hatte er sie gefragt, ob sie einen Strauß haben wolle. Irma hatte jedes Mal den Kopf geschüttelt und die Stoffpuppe auf ihrem Schoß gestreichelt. »Wozu?«, fragte sie immer. »Blumen verwelken nur.« Danach kehrten sie ins Heim zurück. Ihr Mann behielt das tägliche Ritual bei und schob den leeren Rollstuhl vor sich her. Für ihn war sie noch da. Die Erinnerung war eine schwere Bürde.

Eines Nachmittags hatte Mr Taylor Wohnung 1C allein und ohne den Rollstuhl verlassen und denselben gleichen Weg genommen wie immer. Als er an der Ampel stand und auf Grün wartete, um die Straße zu überqueren und über den Platz zu gehen, stürzte er auf die Fahrbahn – oder vielleicht warf er sich auf die Fahrbahn. Die Autos konnten nicht mehr rechtzeitig anhalten.

Als Nadine das in der Zeitung las, fiel ihr wieder ein, wie sie damals auf der Verkehrsinsel gestanden hatte, hinter sich die Schmährufe der Leute, und ihren Vater tot mit offenen Augen auf der Straße hatte liegen sehen. Ihr war, als hätte sie den Moment seines Todes bereits erlebt.

Sie war ein paar Tage lang traurig. »Du bist viel trauriger als beim Tod von Opa Joachim«, sagte Luna. Aber Nadine trauerte nicht um ihre Adoptiveltern – sie hatte längst aufgehört, an sie zu denken. Sie war traurig, weil sie sich einmal gewünscht hatte, sie wären tot, damals in Frau Adams Bibliothek, als die Frau eines anderen Nazi-Komplizen beklagte, dass Nadines Adoptivmutter als Sündenbock für die von schlechtem Gewissen geplagten Deutschen herhalten müsse. An diesem Tag hatte sie Irma, Jordan und Frau Adam den Tod gewünscht, den schlimmstmöglichen Tod.

»Mit welchem Recht?«, sagte sie weinend zu Anton, der nicht wusste, wie er sie trösten sollte.

Obwohl jeder im Haus trauerte, jeder aus seinen eigenen Gründen, war Luna glücklich, weil Oma Ernestine für eine Weile bei ihnen wohnen würde, während sie die Wohnung in Luzern verkaufte und ein Haus am Stadtrand von Berlin suchte, wo es einem immer vorkam wie im Winter. Für Luna waren die kalten Nächte eine Freude. Sie war nach einem Himmelskörper benannt, der die Erde umkreiste und das Sonnenlicht reflektierte, worauf sie immer hinwies, wenn sie früh ins Bett geschickt wurde.

Ernestine Paulus kaufte schließlich ein Haus am Wannsee, in der Nähe der Villa von Max Liebermann, die ihr Mann renoviert und die man in ein Museum verwandelt hatte.

»So werden wir Opa nie vergessen«, sagte die alte Frau zu Luna, als sie sie mitnahm, um das Haus zu besichtigen.

In jenem Sommer verbrachte Luna mehrere Wochen mit ihrer Großmutter in dem klassischen deutschen Sommerhaus am See – weiß, mit einem symmetrischen Garten –, das Ernestine für eine alleinstehende Frau zu groß fand. »Aber Erinnerungen brauchen viel Platz«, sagte sie oft, und sie wolle nicht vergessen. Luna und Ernestine pflanzten Birken entlang des Weges, der zum Wasser führte, um aus Chaos Ordnung zu schaffen, wie Luna ihren Eltern erzählte, als die sie abholten. Die Bäume standen nicht in Reih und Glied, sondern auf beiden Seiten des Gartens verteilt. Sie machten aus der Tür zum Garten den Haupteingang, stellten das Sofa ins Esszimmer und verwandelten die Bibliothek in ein Empfangszimmer.

Als Ernestine Antons überraschtes Gesicht sah, umarmte sie ihn. »Es gibt keine bessere Art, einen Gast zu begrüßen, als umgeben von Büchern.«

27

Vierzehn Jahre später
Berlin, März 2014

Nadine öffnete die Tür zu Theodor Gallands Büro und sah Luna auf dem Sofa sitzen, umgeben von vergilbten Briefen. Luna stand auf und half ihrer Mutter aus der Jacke. Ein Student kniete gegenüber dem Sofa auf dem Boden und sortierte die Umschläge, auf denen Briefmarken mit Hitlers Profil klebten. Professor Galland, ihr alter Germanistikprofessor, saß an seinem Schreibtisch, umgeben von Bücherstapeln. Nadine fragte sich mit einem mulmigen Gefühl, warum er sie in die Uni gerufen hatte. Sie hatte ihre halb fertige Arbeit liegen lassen und früher aufbrechen müssen, weil die Sache angeblich nicht warten konnte. Auf dem Schreibtisch stand ein großer Karton. Darin lagen unter einem roten Gabardinemantel zahlreiche Briefe und andere Dokumente. Nadine schaute in freudig erregte Gesichter.

»Sie sollten sich hinsetzen«, sagte Professor Galland ungewohnt förmlich. »Ich bin dabei, die Briefe chronologisch zu ordnen.«

Da Nadine glaubte, es würde ein kurzes Treffen, hatte sie sich nur an die Tischkante gelehnt. Nun stellte sie seufzend ihre Tasche auf den Boden und setzte sich Galland gegenüber auf einen Stuhl. Offenbar würde es doch länger dauern. Sie mochte Überraschungen nicht, wie sie alle genau wussten.

»Wir haben uns geirrt«, sagte der Professor. »Das hätte ich nie gedacht!«

Luna hob die Briefe nacheinander vom Boden auf und legte sie in den Karton. Sie wirkte angespannt und wich dem Blick ihrer Mutter aus.

»Würden Sie mir bitte sagen, worum es hier geht?«

»Es wird Ihnen sicher unangenehm sein«, fuhr der Professor fort. »Aber wir haben einen bisher unbekannten Brief Ihrer Großmutter gefunden.«

»Ich dachte, Sie hätten bereits alles veröffentlicht, was es von ihr gibt«, erwiderte Nadine ungeduldig. »Ich sehe da mehr als einen Brief ...«

»Das ist der letzte, den Ally Keller geschrieben hat. Sie wollte ihn verbrennen, aber Franz hat ihn vor dem Feuer gerettet.«

»Der gute Franz ...«, sagte Nadine leise.

Professor Galland und Luna sahen sich an, als müssten sie entscheiden, wer von ihnen ihr die Neuigkeit eröffnen sollte.

Nadine lehnte sich auf ihrem Stuhl zurück. Sie schob sich die grau melierten Haare hinter die Ohren und schaute an ihm vorbei auf die Wand. Dort bemerkte sie eine Uhr über dem Fenster, durch das man auf eine Backsteinwand blickte. Der Sekundenzeiger zitterte, bevor er auf den nächsten Minutenstrich sprang, als wäre er aufgeschreckt worden, als käme er trotz der Massenträgheit in der Zukunft an. *Warum hängt man eine Uhr hinter sich auf?* Nadine kam zu dem Schluss, dass die Uhr nicht für den Professor dort hing, sondern für die Studenten und Besucher wie sie, die ihn bei der Arbeit unterbrachen. Sie starrte auf den Sekundenzeiger und beschwor ihn stillzustehen. Sie wollte sich nicht wieder mit der Vergangenheit befassen müssen. Wie lange sollte das noch weitergehen?

Sie hatten ihre Großmutter schon vor der Vergessenheit gerettet. Eine Literaturzeitschrift hatte das Gedicht abgedruckt, das ihre Familie um die halbe Welt begleitet hatte. Dieses Gedicht zu retten – das ihre Mutter nach Kuba und sie selbst in die Vereinigten Staaten und von dort nach Deutschland mitgenommen hatte, wo ihre Tochter sich wissenschaftlich damit befasste, mit jedem Wort, jeder Metapher, dem Rhythmus jeder Zeile –, das war der größte Tribut, den sie Ally Keller zollen konnten. Luna hatte nicht zufällig Germanistik studiert.

In Nadines Augen hatten sich ihre Tochter und Professor Galland unweigerlich begegnen müssen. Sie selbst hatte Luna auf diesen Weg geführt, als sie sich zu einem Seminar über verfolgte deutsche Dichter der NS-Zeit anmeldete, in dem es auch um Ally Keller ging.

Bei seinen Recherchen zu Leben und Werk von Ally Keller war der Professor auch auf Marcus gestoßen, den schwarzen Musiker, der verschwunden und wahrscheinlich noch vor dem Krieg von den Nationalsozialisten ermordet worden war. Er hatte den Nachlass von Bruno Bormann gefunden, den Ally Keller nur den Professor nannte, aber auch die Schriften eines jungen Deutschen namens Franz Bouhler, der Lilith gerettet hatte. Auf Basis dieses Materials hatte er eine recht detaillierte Monografie über Ally Kellers bewegtes Leben und eine Sammlung ihrer Gedichte in vier schmalen Bänden veröffentlicht. Der erste war Marcus und seiner Musik gewidmet, der zweite Bruno Bormann und der Literatur, der dritte Franz und der Liebe, der vierte Lilith und dem Licht. Nadine hatte mit diesem schmerzvollen Kapitel ihrer Familiengeschichte abgeschlossen. *Was muss nun wieder vor dem Vergessen bewahrt werden?*, schoss es ihr durch den Kopf.

Momentan schrieb Luna nachts zurückgezogen in der Wohnung, die ihre Eltern nach dem Tod von Oma Ernestine in Berlin-Mitte gekauft hatten. Es gefiel Nadine, dass ihre Tochter nach dem Studium in derselben Straße lebte, wo Ally Keller *Die Nachtreisende* geschrieben hatte. Während der Befreiung der Stadt durch die Rote Armee waren die meisten Gebäude beschädigt oder zerstört worden. Sie wusste, es war nicht dieselbe Wohnung, aber Luna sagte, sie spüre die Gegenwart ihrer Urgroßmutter und fühle sich von ihr beschützt.

Luna hielt ihr Schlafzimmer im Dunkeln. Sie saß am Fenster, das auf die Anklamer Straße hinausging, und schrieb, als wäre ihre Urgroßmutter in ihr wiedergeboren worden. Sie hatte bereits ihren ersten Gedichtband veröffentlicht. Er war Franz dem Engel gewidmet und von Professor Galland herausgegeben. Anton fand, das sei ein Erfolg, der Ally Keller in ihrem Leben verwehrt geblieben war.

Ich hätte auf Mares hören sollen, dachte Nadine jetzt. Ihre Freundin war überzeugt, dass gewisse Wunden heilten, wenn man sich mit der Vergangenheit ernsthaft auseinandersetzte, aber dass einige Türen geschlossen bleiben sollten. Nadine hatte das nie verstanden. *Du kannst lesen, was du willst, es interpretieren, wie du willst*, hatte sie gedacht. Sie war es leid, von Gespenstern umgeben zu sein. Aber nun wurde ihr klar, dass ihre Freundin recht gehabt hatte.

Als am 9. November 1989 die Grenzen geöffnet wurden und die Leute anfingen, die Mauer zwischen Ost- und Westberlin niederzureißen, war Nadine mit Mares hinüber in den Ostteil der Stadt gegangen. Für Mares war das, als kehre sie nach Kuba zurück, wo sie nicht willkommen war, wo ihre Mutter sie als Verräterin betrachtete. *Die andere Seite der Stadt war so nah und doch so weit entfernt*, dachte Nadine. An diesem Tag brauchten sie nur eine Straße zu überqueren. Menschenmassen strömten zwischen Ost und West hin und her, den einzigen Himmelsrichtungen, die für Berliner existierten. Auf der östlichen Seite hatte die Zeit angehalten. Es gab Angst, Zweifel. Aber viele junge Leute sangen Lieder, einige zogen sich als Akt der Befreiung nackt aus.

Als Nadine und Maris in den Westteil zurückkehrten, wartete Anton in der Einfahrt ihres Häuserblocks auf sie. »Was habt ihr euch bloß dabei gedacht?«, fragte er schockiert.

»Ich wollte mir das nicht entgehen lassen«, antwortete Nadine.

»Vier Jahrzehnte«, sagte Mares ernst. »Sie haben unsere DNA geschädigt. Der Schaden ist physisch. Sie haben mehr als eine Generation zerstört.«

An einem Nachmittag nach dem Fall der Mauer beschloss Nadine, allein in den Ostteil zu gehen. Sie lief stundenlang durch unbekannte Straßen. Der Unterschied zwischen den Menschen beider Stadtteile war verblüffend. Die einen waren euphorisch durch den Sieg, die anderen von Ängsten bedrückt und unsicher. Sie trugen die Last der Niederlage, obwohl sie ihnen die Freiheit brachte. *Das ist, als wäre man aus einer Sekte befreit worden*, dachte Nadine. *Man fühlt sich für den Rest seines Lebens gequält und gedemütigt.*

Sie schlenderte durch die Seitenstraßen in Mitte, die vor Kurzem noch jenseits der Mauer gelegen hatten, und verlor sich in den Hinterhöfen. Sie sah einen verlassenen Friedhof, einen Garten hinter Zaungittern, eine ehemalige Schule. Schon bald wusste sie nicht mehr, wo sie war. Sie fühlte sich um Jahre und Jahrzehnte zurückversetzt. Schließlich stand sie vor einem Gebäude mit abblätterndem Putz und verwitterter Tür. Sie ging darauf zu und strich mit dem Finger über die Bronzeziffern. Sie hätte gern gewusst, wo sie war, in welcher Straße sie stand und ob die Hausnummer noch dieselbe war wie vor fünfzig Jahren. Sie schloss die Augen und sah ihre Mutter mit sieben Jahren in Todesangst rennen, flüchten, gejagt von Schatten.

Jetzt in Professor Gallands Büro und vor den neu entdeckten Schriftstücken ihrer Großmutter wünschte sie, sie hätte Mares bei sich. Aber ihre Freundin lebte nicht mehr in Berlin. Sie und Gaspar waren nach Chile gezogen, nach Valparaíso, wo sie für ein oder zwei Jahre bleiben wollten, solange er an der katholischen Universität unterrichtete, an derselben, von der er als Student verwiesen worden war. Nadine wusste jedoch, sie würden für immer bleiben. »Es ist unmöglich, in einem Land Wurzeln zu schlagen, wenn man dort eine Diktatur überlebt hat«, sagte Mares immer. Sie hatte dem Norden den Rücken gekehrt und sich im Süden niedergelassen. Sie hatte die Nase voll von den grammatikalischen Feinheiten einer Sprache, die sie doch nie beherrschen würde. An Valparaíso, dieser Stadt, deren Name nach Paradies klang, bezauberte sie am meisten, dass sie vom Meer umgeben war. Sie sei auf einer Insel zur Welt gekommen und wolle der Bedeutung ihres Namens treu bleiben, hatte sie in einem Brief an Nadine geschrieben. Gaspar und sie lebten in einer kleinen Wohnung in dem hügeligen Stadtteil Concepción, von dem viele Treppen hinunter zum Meer führten. *Wenn du mich eines Tages hier besuchst, machen wir einen Ausflug zum Isla-Negra-Haus von Pablo Neruda*, schrieb sie.

Nadine stellte sich Mares an einem Strand des Pazifiks vor. Sie selbst war gerade fünfundfünfzig geworden, und in dem Alter, fand sie, sollten sich keine Überraschungen aus der Vergangenheit mehr auftun.

Nachdem ihre Tochter ihren Gedichtband veröffentlicht und Franz gewidmet hatte, war eine Debatte entstanden, die sowohl Nadine als auch die akademische Welt überraschte. Anton hatte sein Leben lang dafür gearbeitet, dass die Schuldigen nicht davonkamen, dass sie alles zurückgeben mussten, was sie gestohlen hatten, aber seine Tochter malte ein freundlicheres Bild von Deutschland. In ihren Gedichten deutete Luna an, dass nicht alle Deutschen Nazis, nicht alle gleich gewesen waren und viele junge Leute damals nur erfüllt hätten, was für sie vorgezeichnet war: ihrem Land zu dienen. Den Charakter dieses Landes infrage zu stellen mochte jetzt berechtigt sein, aber zu jener Zeit wäre es um Leben und Tod gegangen. Sie hätten keine Wahl gehabt.

Franz Bouhler war einer dieser jungen Leute gewesen. Sein Nachname war mit dem Grauen jener Zeit verbunden, denn sein Cousin Philipp war mitverantwortlich für das Euthanasieprogramm gewesen. Das deutsche Volk hatte damals als rassisch verunreinigt gegolten, und ein Bouhler sollte das beheben. Franz aber hatte einen sogenannten Mischling geschützt: Lilith Keller. Er hatte Nadines Mutter einen neuen Namen, eine neue Familie und einen neuen Pass verschafft sowie die Erlaubnis, nach Kuba auszureisen. Dank ihm hatte Ally Keller ihre Tochter retten können. Sie selbst überlebte nicht, vielleicht auch, weil sie darunter litt, Lilith weggegeben zu haben.

All das war nichts Neues, doch Luna Paulus' Buch hatte die Debatte neu entfacht.

»Franz' Tochter hat uns den Nachlass ihres Vaters gestiftet«, erklärte der Professor.

Hat er Tochter gesagt?

Lunas Blick war auf ihre Mutter geheftet. Nadine stand auf und strich zaghaft über den roten Mantel. »Aus russischer Wolle«, sagte sie.

»Anscheinend hat er Ally gehört.«

Behutsam, als wäre er etwas Lebendiges, hob Nadine den Gabardinemantel aus dem Karton.

»Zu Franz Bouhlers Nachlass gehören mehrere Gedichte, vermutlich die letzten, die Ally Keller geschrieben hat, nachdem sie sich von Lilith im Hamburger Hafen verabschiedet hatte«, sagte Professor Galland leise. »Aber es gibt auch einen Brief von ihr an Franz, den sie in Sachsenhausen geschrieben hat.«

»Also hatte Franz eine Tochter.« Nadine war kaum zu hören, doch über ihr Gesicht huschte ein Lächeln. »Unser lieber Franz, er –«

»Sie heißt Elisabeth Holm«, unterbrach sie der Professor. »Als sie die Wohnung ihres Vaters ausräumte, stieß sie auf den Karton und darin auf einen meiner Aufsätze über *Die Nachtreisende.* So hat sie mit mir Kontakt aufgenommen. Der Brief …«

»Wir sollten seiner Tochter danken«, sagte Nadine bestimmt. »Dass die ganzen alten Papiere und ein Mantel all die Jahre aufbewahrt wurden … Wann ist Franz gestorben?«

»Franz hat den Krieg überlebt«, erklärte der Professor. »Seine Tochter hat ihn in ein Pflegeheim am Stadtrand von Berlin gebracht, weil er inzwischen dement ist.«

Luna ging zu ihrer Mutter, nahm sanft ihre Hand und sagte: »Franz lebt noch.«

28

Fünfundsiebzig Jahre zuvor
Berlin, Juni 1939

In den letzten Wochen in ihrer Wohnung lebte Ally Keller mit halb geschlossenen Augen. Sie stolperte durch die Zimmer und versuchte, die selbst geschaffene Dunkelheit zu besiegen. Nachts füllte sie Seite um Seite mit unzusammenhängenden Texten. Nur so konnte sie die Zeit, ihren wahren Feind, bezwingen.

Seit sie Lilith die Gangway zu dem schwarz-rot-weißen Überseedampfer hatten hinaufsteigen sehen, lag der Professor mit einer Grippe im Bett, und sie hörte ihn durch die Wand husten. Morgens und abends kochte sie ihm Tee aus zerstoßenen Kardamomkapseln und getrockneten Lavendelblüten und gab ein paar Tropfen Baldrian hinein. Der Geruch zog durch das ganze Haus. Was seinen Husten wirklich linderte, war jedoch ein kleines Glas Jägermeister, den Franz eines Abends mitgebracht hatte, als er ihnen seine neusten hochtrabenden Gedichte vorlesen wollte. Ally hatte angenommen, der Schnaps sollte sie schläfrig machen, damit sie es besser ertragen konnten. Die Flasche war fast leer, und der Professor lag noch immer im Bett, und seine gewohnten Ausführungen oder Literaturzitate gab es nicht mehr. Es war, als hätte er der Welt Lebewohl gesagt und warte nun nur noch auf das Ende.

Es war über einen Monat her, seit sie etwas von Franz gehört hatten. Sie wussten nicht, wo er war und wo sie ihn anrufen konnten, und weder der Professor noch Ally trauten sich, irgendwo nach ihm zu fragen. Sie lebten in der ständigen Angst, er sei verhaftet worden, weil er für Liliths Ausreise gesorgt hatte. Dank seiner Hilfe hatte das kleine Mädchen eine neue Identität bekommen und war mit dem Ehepaar Herzog auf einem Schiff mit ausschließlich jüdischen Flüchtlingen nach Kuba aufgebrochen. Allys Gedanken drehten sich im Kreis. Manchmal meinte sie, sie kollidierten mit denen des Professors, weil sie beide sich die Schuld an Franz' Verschwinden gaben. Sie hatten gleichzeitig ihn und Lilith verloren.

Ally gewöhnte sich daran, Tag und Nacht wach zu sein. Sie schrieb und schrieb immerfort, damit sie nicht vergaß. Da sie nicht schlief, träumte sie auch nicht, und sie hatte nur in Träumen – oder vielmehr Albträumen – ihre Tochter sehen können. Ohne die Erinnerung an Lilith wurde es in der Wohnung jeden Tag einsamer. Alles um Ally herum verlor sein wahres Maß.

An dem Morgen, als der Professor in dem nun viel zu großen weinroten Morgenmantel in Allys Wohnung kam, stand sie am Fenster vor den zugezogenen Vorhängen und ruhte ihre Augen aus.

Im Zwielicht sah er das viele Papier auf dem Schreibtisch, auf den Sesseln, in den Zimmerecken. Mit den Blättern hatte Ally sich einen Weg gelegt, um in ihrem Labyrinth zum Ausgangspunkt zurückzufinden.

»Wir werden all das loswerden müssen.« So mager der Professor geworden war, seine Stimme klang kräftig und energisch. Er zeigte auf Allys handgeschriebene Texte und die Zeitschriften, in denen ihre Gedichte erschienen waren. Er nahm eins von ihren Notizbüchern in die Hand und ging zu dem kalten Kamin. »Wir müssen Feuer machen und alles verbrennen, bevor es zu regnen anfängt«, sagte er. Es waren Spuren, die Ally ins Verderben stürzen würden.

»Es gibt keinen Verlust mehr, vor dem ich mich noch fürchte.«

»Ich spreche von deinen Schriften.«

»Was kann uns denn noch passieren?«

»Es geht nicht um uns, sondern um Lilith, Franz … Es ist das Beste, alles zu verbrennen, alles loszuwerden, das den beiden schaden könnte.«

Ally nickte zustimmend. Als sie den Blick senkte, sah sie, dass er barfuß war. »Du darfst nicht einfach so herumlaufen. Du bist noch krank, das ist gefährlich …«

»Man kann nur einmal sterben«, erwiderte er beim Hinausgehen.

Ally kauerte sich in ihrem Sessel am Kamin zusammen. Von dort aus erschien das Wohnzimmer riesig. Es war Juni, aber noch kühl. Mehrere Räume waren für sie tabu geworden, darunter Liliths Zimmer und ihr eigenes. Ihr Leben fand nun im Wohnzimmer statt – einer Kulisse für Abschiede. Sie wusste, auch sie würde bald gehen, nur der Bestimmungsort war noch unbekannt. Sie stand oft vor dem einzigen Spiegel ihrer Wohnung und suchte in ihren Augen nach dem einstigen lebenssprühenden Blau. Sie hatte es verloren. In der Vergangenheit hatte sie über den Tod der Farben geschrieben, die zum Verblassen neigten, ihre Strahlkraft verloren. Ihre Haare, Haut, Lippen, Augenhöhlen hatten eine bräunliche Färbung angenommen.

Ally fühlte sich krank. Ihre Glieder waren schwer, das Atmen mühsam. In ihre Lunge gelangte kaum Luft.

Geistesabwesend zündete sie das Feuer an. Sie warf ein Holzscheit hinein, dann noch eins obendrauf, damit sie ein Kreuz bildeten und das Feuer wieder aufflammte. Das war ihr letztes Holz. Alles, was sie noch besaß, eine Last, die sie in Energie umwandeln konnte. Als die Flammen emporschossen und das Holz prasselnd knackte, überlief sie ein Schauder. Sie ließ sich in ihren Sessel fallen, ihre geliebte Leseecke, in der sie früher friedlich hatte atmen können, und vergaß, was der

Professor gesagt hatte, konnte sich nicht erinnern, was sie tun musste. Ein paar Minuten später fiel ihr Blick auf die verstreuten Blätter, und ihr fiel ein, dass sie sie ins Feuer werfen sollte. Das erleichterte sie – das Ende rückte näher.

Sie nahm ein Blatt in die Hand, als wäre das Gedicht darauf lebendig, und schaute auf ein paar Zeilen, die sie kaum als ihre eigenen erkannte. Sie las sie laut, ohne Eile, mit der Ruhe eines Menschen, der nicht mehr wirklich da ist. Sie las sie, als könnte Lilith sie hören. Sie verband die Wörter nicht, sondern las sie verstreut. Wie oft würde sie noch Lebewohl sagen müssen? Wie viele Tode sterben? Las sie die Wörter oder dachte sie sie? Waren sie niedergeschrieben oder in ihr?

Sie hörte Schritte auf der Treppe. Der Boden erzitterte. Die Zeit war gekommen. Sie spürte die schussbereiten Jäger. Zu wem wollten sie? Sie waren in Eile. Einige rannten. Es mochten zwei, drei, vier sein. Das Geräusch der harten Schritte wurde lauter, Stiefel trampelten den Flur entlang, hin und her. Ally hörte sie näher kommen, fast waren sie da. Nur das Lebendige konnte gejagt werden. Sie war längst tot.

Es klopfte an der Tür. Ein scharfes, schnelles Klopfen, das durchs Wohnzimmer hallte und sie aufrüttelte. Die Gedichte, die Texte, die losen Blätter, sie musste sie verbrennen! Hatte sie den Professor nicht gehört? Sie würde es nicht für sich selbst tun – für sie gab es keine Rettung –, sondern für die anderen. Sie ließ das erste Blatt ins Feuer fallen, sah zu, wie es in Sekunden verzehrt wurde. Dann noch eins und noch eins und noch eins. Der Feuer erleuchtete den Raum. Sie musste weitermachen. Sie sollte sie alle auf einmal hineinwerfen. Sie schaute nach ihrem roten Mantel, der auf einem Sessel lag. Breitete ihn auf dem Boden aus, warf die Blätter darauf. Was einmal leicht gewesen, war nun furchtbar schwer.

Plötzlich wurde die Tür aufgetreten. Gerade als sie den Mantel an den Zipfeln gegriffen hatte, hielt eine Hand sie auf.

Sie fuhr herum und blickte in das Gesicht eines Soldaten, der sie freundlich ansah.

»Fräulein Keller, lassen Sie mich helfen«, sagte er mit dem Hauch eines Lächelns und hielt den Mantel fest, der ihre Worte barg.

Bei ihm waren drei weitere Soldaten. Ally war, als würden sie das Gewicht des gesamten deutschen Militärs, die Unduldsamkeit der ganzen Stadt in ihre Wohnung bringen. Der freundliche Soldat ließ sie nicht aus den Augen, so als könnte sie davonlaufen oder sich in Luft auflösen, und mit ihr das Zimmer. Sein Blick huschte in die Ecken, zu den zugezogenen Vorhängen, den ausgeschalteten Lampen. Ally lebte im Dunkeln.

»Ich bedaure, Fräulein Keller, aber Sie müssen uns begleiten.« Seine Stimme war wie eine Liebkosung.

Die anderen Soldaten nahmen die Blätter aus dem Mantel und legten sie mit den anderen, die noch im Zimmer lagen, in einen Karton, den einer hinhielt. Allys Mantel wurde wieder auf den Sessel gelegt. Er war vor dem Feuer bewahrt worden. Sie ging hin und strich ein letztes Mal über den Wollstoff. Nun durften sie sie mitnehmen. Der Gabardinemantel gehörte ihr nicht mehr. Sie würde die Treppe hinuntergehen, dann über Straßen voller Soldaten. Sie wusste, sie verfolgten sie und ihre Schriften. In Gedanken ging sie jede ihrer Zeilen durch. Nein, sie hatte den Namen ihrer Tochter nirgends erwähnt. Auch nicht den von Albert und Beatrice Herzog. Wie würden sie dann je erfahren, dass Lilith das Licht war? Sie hatte Franz erwähnt, aber nicht namentlich. Nur von dem Engel gesprochen, wie Lilith ihn genannt hatte. Sie hatte ihn schützen müssen.

Das Feuer im Kamin brannte herunter, und im Raum wurde es dunkel. Sie hätte ihnen entkommen können, hätte das Fenster aufreißen und sich ins Vergessen stürzen können. Der Wind hätte sie irgendwohin getragen. Doch der freundliche Soldat hielt sie fest.

Auf dem Flur hörte sie etwas poltern, und jemand stöhnte. Dann wurde gelacht. Jemand freute sich. Ein anderer stöhnte. Etwas Schweres schlug auf dem Boden auf. Die Soldaten bei ihr schauten sich an, als erwarteten sie einen Befehl. In dem Moment begriff sie, dass der Verantwortliche, der das angeordnet hatte, noch draußen stand. Ein Soldat ging hinaus, um nachzusehen, was vor sich ging. Augenblicke später kam er zurück und sagte, sie müssten jetzt gehen. Sie alle, auch Ally. Ihre schweren Beine zogen sie zu Boden, als sie zwischen den Soldaten hinausging.

Draußen auf dem Flur blendete sie die Glühbirne. Ein Soldat mühte sich damit ab, einen erschlafften Körper am Rand der Treppe anzuheben. Ally sah den Kopf über die Stufe hängen, als wäre er vom Rumpf abgetrennt. Der Kopf traf auf der Stufe auf, der Körper stürzte hinterher und krümmte sich zusammen. Sie sah es verzerrt und bruchstückhaft zwischen den polierten Stiefeln der Soldaten. Als die sie bemerkten, richteten sie sich auf, und das Licht fiel an ihnen vorbei. Ally senkte den Blick auf etwas, was sie nicht sehen wollte. Der Körper steckte in einem weinroten Morgenmantel mit dunklen Flecken an einer Schulter. Auf der roten Seide war das Blut schwarz geworden. Ally stieß einen Schrei aus und erschrak, weil sie sich selbst nicht hörte. Sie wusste nicht mal, ob sie noch einen Laut erzeugen konnte. Sie sank auf die Knie.

»Bruno, kannst du mich hören? Wach auf …«, flüsterte sie an seinem Ohr, sodass kein anderer es verstand. »Es ist egal, was sie mitnehmen. Sie werden Liliths Namen auf keinem der Blätter finden, auch nicht die von Albert und Beatrice. Nichts.«

Der Professor reagierte nicht. Wenn er einatmen wollte, zuckte er vor Schmerzen.

»Bruno.« Ihre Stimme schwankte. »Lass mich nicht allein …«

Ally fühlte die Tränen auf ihren Wangen. Sie hielt seinen Kopf und strich ihm die weißen Haare aus der Stirn. Behutsam wischte sie das Rinnsal Blut an seinem Mundwinkel weg, das zu einem Fluss zu werden drohte. Der Professor öffnete die Augen, und sie half ihm, zu sich zu kommen.

»Wir müssen hinuntergehen«, sagte der freundliche Soldat.

Ally sah ihn nicht. Sie wollte jedes Gesicht vergessen. Vergessen. Sie war bereit hinabzusteigen, den Weg zur Opferung zu gehen.

Sie küsste den Professor auf die Stirn, und ein flüchtiges Lächeln bewegte seine Lippen. Sie drehte sich zu dem nächstbesten Soldaten um. »Warum verhaften Sie ihn? Er ist ein alter Mann!«, schrie sie ihn an.

»Brauchen die einen Grund?«, murmelte der Professor und kam weiter zu sich.

Ally half ihm, sich aufzusetzen, und mit schmerzverzerrtem Gesicht packte er das Geländer. Sein linker Arm hing schlaff herab. Ally fasste ihn um die Taille, und sie stemmten sich gemeinsam hoch, als wären sie ein Leib. Mühsam stiegen sie die Treppe hinab. Ally zählte jede Stufe. Sie betrachtete jede Ader in dem Marmor, um sie sich einzuprägen. Ein Soldat öffnete die Haustür. Die Sonne schien. Ally hatte geglaubt, es sei mitten in der Nacht – sie hatte ihr Zeitgefühl verloren. Konnte es denn Mittag sein? Mit Lilith war sie immer nachts gereist.

Der Wind wehte ihnen entgegen. Draußen wartete ein Wagen. Als sie aus der Haustür traten, bemerkte Ally rechts davon einen Offizier. Jedes Mal, wenn einer der Soldaten an ihm vorbeiging, grüßten sie triumphierend. Sie hatten über eine Frau und einen alten Mann triumphiert. *So beginnen Kriege. Zuerst zermalmen sie die Schwächsten, Unwichtigsten.* Was war an ihnen beiden so beängstigend? Ideen.

»Wir haben die Dokumente, die Sie haben wollten«, meldete der freundliche Soldat dem Offizier.

Sieh an. Meine Gedichte sind schon zu Dokumenten geworden.

Der Professor stieg zuerst in den Wagen. Sie nach ihm. Er

senkte den Kopf zwischen die Knie. Ally wusste nicht, ob vor Schmerzen oder vor Scham. Die Soldaten grüßten den Offizier mit ihrer heroischen Geste. Sie hatten die Blätter vor dem Feuer gerettet, wie er befohlen hatte. *Vielleicht ist der Professor nur gefallen*, dachte Ally. *Sie werden uns jetzt zum Verhör zum Revier bringen und von da nach Oranienburg.*

Mit tränenverschleierten Augen drehte sie den Kopf zum Hauseingang, um ihr Zuhause ein letztes Mal zu sehen. Sie sah den großen Türklopfer, die bronzene Nummer 32, die mit der Zeit grün geworden war. Sie sah das Holz der Tür, nun so weit weg, und die runden Pflastersteine des Gehwegs. Ihr Blick verweilte auf den schweren glänzenden Stiefeln des Offiziers, auf der untadeligen Uniform mit den Runen und dem silbernen Totenkopf, auf der schwarzen Pistolentasche am Koppel, den glänzenden Jackenknöpfen, dem schwarzen Hakenkreuz in einem weißen Kreis auf der blutroten Armbinde.

Die Schönheit der Macht, dachte sie. *Vollkommene Symmetrie*, schoss es ihr durch den Kopf. Ihr Blick glitt zu dem breiten, geraden Hals des Offiziers. Er hatte am Hauseingang gewartet, hatte es nicht gewagt, ihre Wohnung zu betreten. Ally kannte diese geschürzten Lippen. Sie sah, wie sich seine Nasenflügel blähten, und gelangte zu seinen Augen. Jene blauen Augen, die sie früher in eine träge Stimmung versetzt hatten. *Warum muss ich seine Augen sehen?*, fragte sie sich.

Ally senkte den Blick. Es gab nichts mehr, an das sie sich erinnern müsste. War es nicht einfacher zu vergessen? Sie war überwältigt, ihr war schwindlig. Ein scharfer Schmerz im Bauch ließ sie zusammenzucken. In der Dunkelheit tastete sie nach der Hand des Professors. Sie raffte ihre letzte Kraft zusammen, und als der Wagen vom Bordstein wegfuhr, schaute sie den Offizier noch einmal an. Eine Wolke zog langsam über ihn hinweg.

Es war Franz.

29

Sieben Monate später
Oranienburg, Januar 1940

Ally Keller lag nackt auf dem weiß gekachelten Seziertisch in der Mitte des rechtwinkligen Raumes, in dem auch der Boden, die Wände und die Decke weiß gekachelt war. Zu beiden Seiten der Tür sah sie zwei hellgrüne Stahlschränke mit verglasten Türen. Am anderen Ende gab es eine weitere Tür zwischen zwei ähnlichen Schränken mit nach Größe geordneten medizinischen Instrumenten und beschrifteten Glasbehältern. Ein langer schmaler Tisch stand unter den drei Fenstern, die zueinander den gleichen Abstand hatten. Es gab einen zweiten Seziertisch neben dem, auf dem Ally lag. In der Mitte hatte er einen runden, goldfarbenen Abfluss mit vielen kleinen Löchern. Über jedem Tisch hing eine Lampe von einer dunklen Röhre herab. Das Licht war grell und ließ keine Möglichkeit für Schatten. Die weiß gekachelten Tische verließ niemand lebend.

Ein Arzt und eine Krankenschwester kamen herein. Ally ahnte, wer sie waren, sie brauchte die Augen kaum zu öffnen. Im Dämmerlicht war ihre Wahrnehmung geschärft. Der Arzt, dessen Uniform unter dem weißen Kittel hervorlugte, kam zu dem Tisch, auf dem Ally lag, und achtete nicht auf den alten Mann auf dem anderen. Allys Körper war so kalt wie die Fensterscheiben im Winter, so kalt wie das lange Stahlinstrument, das der Arzt zwischen ihren Beinen einführte. Als es am tiefsten Punkt angekommen war, riss Ally die Augen auf. Der

Arzt sah sich nach der Krankenschwester um, die sich an das Kopfende stellte, bereit, die Patientin nötigenfalls festzuhalten. Doch Ally blieb reglos liegen, wie erstarrt. Perfektion war scharf, schneidend. Nie zuvor war Weiß so schmerzhaft gewesen.

Nachdem der Arzt das Instrument aus ihr herausgezogen hatte, ließ er einen blutigen Klumpen auf den Tisch fallen, ein Stück Fleisch, das noch durch eine Schnur mit ihrem Körper verbunden war. Die dunkle Masse breitete sich auf der weißen Kachel aus. Die Krankenschwester und der Arzt beobachteten es, um zu sehen, ob es eine Reaktion gab, ob das Kind einen Puls hatte. Wie lange konnte es außerhalb des Körpers, der es ernährt hatte, überleben? *Sie wollen noch den schwächsten Herzschlag, die leiseste Bewegung, irgendein Lebenszeichen wahrnehmen*, dachte Ally in dem Wissen, dass sie blutleer war. Seit vierundzwanzig Stunden lag sie auf dem Tisch. Sie hatten sie gewaschen und ihren Körper entleert, es konnte kein Tropfen Blut mehr in ihr sein, und dennoch war sie am Leben. Warum sie?

Sie wollte nichts weiter, als dass das Licht ausgeschaltet würde. Es kümmerte sie nicht mehr, dass sie ihr das Letzte genommen hatten, aber sie konnte die Helligkeit nicht mehr ertragen. Es war, als brenne sie auf einem Scheiterhaufen. Sie war schon so viele Male dem Ende nahe gewesen, dass sie zu erschöpft war, um ihr Leben noch einmal passieren zu lassen. Kurz vor dem Tod, so hatte sie gehört, ginge man zurück zum Anfang, sah, wer man war oder hätte sein können, bezahlte seine Schulden und verabschiedete sich von der Welt. Sie verabschiedete sich schon seit Monaten. Am Ende war es vernünftig, loszulassen, allein.

Als sie damals im Juni auf dem Polizeirevier Grolmannstraße angekommen war, wusste Ally, dass Franz sie verraten hatte. Sie hatte ihn am Eingang zu ihrem Wohnhaus stehen sehen und dennoch für einen Moment daran gedacht, ihn zu schützen. In dem Moment hatte sich ihre Brust zusammengezogen, ihre Hände wurden feucht, und Zweifel überkamen sie. Sie wollte Entschuldigungen für ihn finden. Er war ein deutscher Soldat und musste an seine eigene Zukunft denken. Sie war überzeugt, dass Angst zu erbärmlichen Taten verleitete. Ihr Bewusstsein trübte sich ein, machte sie atemlos.

Als das Verhör begann, versuchte eine Frau mit glatt zurückgekämmten Haaren und roten Lippen, ihr Vertrauen zu gewinnen. Man hatte sie in einen fensterlosen, kargen Raum gebracht, in dem es nur einen Tisch und zwei Stühle gab. Zum Glück war es düster. Die Frau wollte wissen, wie es ihr gelungen war, ihre Tochter nach Kuba zu schicken, und wieso sie dort an Land hatte gehen dürfen. Eigentlich hätten alle Passagiere zurückkommen sollen.

Es wäre besser gewesen, sie hätte den Professor bei sich gehabt. Er wusste immer auf alles eine Antwort. Er konnte die verstörtesten Gemüter beruhigen, sogar ihre Gedanken beeinflussen. Doch man hatte sie von ihm getrennt, und Ally wusste nicht, was die Frau wollte. Sie war bereit, ihr zu geben, was sie suchte. Sie hatte nichts mehr zu verlieren.

Als sie sie aus dem Polizeirevier hinausbrachten und hinten in einen Lastwagen stießen, wusste sie, dass sie Franz nicht wiedersehen würde. Weit hinten auf der Ladefläche saß der Professor, noch in seinem Morgenmantel. Sie drängte sich zwischen den anderen Leuten zu ihm durch. Die Familien waren auseinandergerissen worden. Zum Glück hatte man ihr Lilith nicht mehr nehmen können. Dafür waren sie zu spät gekommen. Der Lastwagen verließ die Stadt, und jemand sagte, sie würden nach Sachsenhausen gebracht. Ally atmete erleichtert auf. *Von dort kommt niemand zurück.* Sie dachte an Paul, den Sohn der Herzogs. Sie war am Ende angelangt. Noch ein weiteres Ende.

Im Konzentrationslager hatten die Soldaten sie in Männer

und Frauen aufgeteilt. Sie nahmen ihr die Kleidung weg und gaben ihr eine Bluse und einen Rock aus einem groben, unangenehmen Stoff. Die Inhaftierten mussten draußen in der Sonne stehen. Auf Allys Bluse war ein rotes Dreieck genäht, und sie wurde von den Frauen mit rosa Dreieck und denen mit dem gelben Stern getrennt. Sie konnte die Männer auf der anderen Seite des Lagers ausmachen. Der Professor trug ein rosa Dreieck.

Ally wusste, dass sie einer privilegierten Gruppe zugeteilt worden war. Obwohl sie alle dasselbe Schicksal teilten, würden manche einen besseren Tod sterben. Sie sei bei deutschen Häftlingen, die als rassisch rein galten, hörte sie jemanden sagen. Sie bekamen Schreibzeug und durften einmal im Monat einen Brief versenden. Sie wurden besser ernährt, an einem Ort, wo Suppe, eine rohe Kartoffel, schimmliges Brot, eine Zwiebel und dünner Kaffee Luxus waren. Einmal in der Woche durften sie sich waschen, und zwar bevor sie zum sogenannten Revier gingen, das von anderen als Metzgerei bezeichnet wurde. Tatsächlich war es die Krankenabteilung. Deutsche Häftlinge, die rassisch rein und geistig gesund waren, mussten Blut spenden. Die Soldaten an der Front brauchten es, so erklärte die Krankenschwester, und die Frauen waren einverstanden. Warum auch nicht, wenn sie dafür eine kalte Dusche und Schreibzeug bekamen?

Sollen sie all mein Blut nehmen, sie tun mir damit einen Gefallen, dachte Ally. Immer wenn sie die Krankenstation blass und kurzatmig verließ, schaute sie zur Baracke 38 und dachte an jene Frauen mit dem gelben Stern, die nicht das Glück hatten, für Blut duschen zu dürfen oder eine rohe Kartoffel zu bekommen. Keine Beachtung erfuhr die Baracke für die Häftlinge mit dem rosa Dreieck, die Homosexuellen. Deren Habe wurde nie auf eingeschmuggelte Messer untersucht, die rostig waren und kaum dazu taugten, sich die Pulsadern aufzuschneiden. Dann aber mussten die anderen mit dem rosa Dreieck das Blut aufwischen. *Das Leben kämpft, sogar außerhalb des Körpers. Jede Zelle strebt danach fortzubestehen, nicht abzusterben, bis sie einen Atemhauch findet. So verzweifelt stark ist der Drang zu überleben.*

Ally bezahlte mit Zwiebeln und Brotstücken dafür, zu erfahren, was in den Baracken geschah, in denen die Männer mit dem rosa Dreieck untergebracht waren. Sie hoffte herauszufinden, ob es dem Professor gut ging, ob er noch am Leben war, ob er sich von dem Schlag an den Kopf erholt hatte. Aber sie bekam nur vage Auskünfte. Jeden Tag wurden dort zwei oder drei Tote herausgetragen.

Im August, nach zwei Monaten im Lager, begann Ally ihren Abschiedsbrief zu schreiben. Es sollte ein langer Brief werden, und er war an Franz gerichtet. Sie fragte sich, ob sie das Datum oder den Namen des Lagers hinschreiben sollte. *Aber den kennt er*, sagte sie sich. Sie wollte ihm Vorwürfe machen. Doch was hätte sie davon? Es kam ihr nicht darauf an, gerettet zu werden. Mehrmals überlegte sie, ob sie es ihm mitteilen sollte, und entschied sich schließlich dafür.

In der Baracke waren alle eingeschlafen. Die Stille war eine Wohltat. Wenn das Licht ausgeschaltet war, begann das Weinen. Es gab immer jemanden, der schluchzte oder leise stöhnte, und das begleitete die Litanei des Hungers, die Symphonie der Angst, das Magenknurren. Ally brauchte kein Licht. Sie nahm den Bleistift und zog den ersten Strich, dann einen zweiten und schrieb weiter, ohne etwas sehen zu können. Als Erstes schrieb sie, was sie nicht laut zu sagen wagte. Es gab doch noch jemanden zu retten, auch wenn das noch fünf Monate hin war, für sie eine Ewigkeit: Sie war schwanger.

Der erste Brief war sehr kurz. Das mitgeteilte Geheimnis schmeckte nach Rache. Es gab viele Arten, eine Rechnung zu begleichen. Sie machte Franz Schuldgefühle für alles, was er ihnen angetan hatte, dem Professor, Albert und Beatrice Herzog und Lilith, die ihn für einen Engel hielt. Er hatte Ally wegen ihrer Schriften denunziert. Er hatte sie nach Sachsenhausen geschickt. Für ein reines Deutschland hatte er sich ihrer Tochter und des Ehepaars Herzog entledigt. Sie wünschte ihm jede Minute, jede Stunde den Tod. Doch es war ein Kind unterwegs. Nun hatte Franz zu entscheiden, ob er sein Kind retten wollte. Das war das Letzte und Einzige, was sie sich erhoffe.

Für den zweiten Brief würde sie länger brauchen. Der letzte Akt der Rache ist schwieriger zu entwerfen. Die Worte wuchsen wie die sich teilenden Zellen in ihrem Bauch; ihr Geheimnis spürte sie als fortwährende Furcht. Sie hatte gehört, dass man schwangere Frauen beseitigte. Wenn die in der Krankenstation es herausfänden, würden sie ihr dann kein Blut mehr abnehmen? Jede Frau im Lager kannte die Assistentin des Arztes. Sie nannten sie die Metzgerin und hassten sie noch mehr als den Arzt, weil sie es war, die ihnen kalte Spatel zwischen den Beinen einführte, um zu prüfen, ob sie schwanger waren, und sie war es, die ihnen dicke Kanülen in die Arme stach und nach einer kräftigen Vene suchte.

Die Metzgerin war die größte Bedrohung, dessen war Ally sicher. Sie schlief in Baracke 38 und trug einen gelben Judenstern, aber sie durfte nach Belieben durch das Lager laufen, auch dort, wo andere Häftlinge nicht hindurften. Sie verbrachte den Tag in der Krankenstation, spielte mit Föten, die in einer zähen gelben Flüssigkeit in Gläsern lagerten, auf denen die Schwangerschaftswoche notiert war.

Manche sagten, sie sei eine blutrünstige Hebamme gewesen, andere glaubten zu wissen, dass sie früher eine angesehene Ärztin gewesen sei, die sich der Geburtshilfe gewidmet hatte. Seit ihrer Ankunft im Lager war sie nur noch am Leben, weil sie sich an den Experimenten der Krankenstation beteiligte. Sie war zuständig für die Schwangeren, die sie schon von Weitem ausmachen konnte. Sie ging von einer Baracke zur anderen, betastete Bäuche, um die zu finden, die trotz Unterernährung wuchsen. Angeblich sagte sie den Frauen, dass sie nur überleben würden, wenn sie sich das ungeborene Kind herausnehmen ließen. Der Lagerkommandant wollte keine Kinder, keine schwangere Frauen und keine alten oder kranken Menschen im Lager. Und wer würde ein Kind in solch eine Welt hineingebären wollen? Wer war grausamer – die Metzgerin oder die Mutter, die dem Feind ein Kind schenkte?

Also nahm die Metzgerin die Schwangeren mitten in der Nacht mit nach draußen, ließ sie sich an eine Ziegelmauer setzen, auf den nackten Boden und die Steine, spreizte ihnen die Beine, griff ohne Mitleid oder Zögern in ihren Leib und holte heraus, was sich in ihrem Bauch befand. Wenn eine Frau ihre Schwangerschaft erfolgreich verbarg, war die Metzgerin bei der Niederkunft da, zwang die Mutter, sich von ihrem Neugeborenen zu verabschieden, und ertränkte es vor ihren Augen, um allen eine Lehre zu erteilen.

»Willst du das?«, schrie sie die Schwangere an, sodass es in den anderen Baracken zu hören war. »Wäre es nicht besser gewesen, es mir rechtzeitig zu sagen, damit du nicht mit der Schuld leben musst?«

Zum Glück kam sie nicht in Allys Baracke, und da Ally mit der Zeit immer weniger Blut in sich hatte und das Kind an ihr zehrte, verlor sie Gewicht, sodass ihr die Häftlingskleidung zu weit wurde. Ihr Bauch wuchs, aber das fiel unter der weiten Kleidung nicht auf.

Sie schrieb Franz von ihrer Tortur und hoffte, dass er bald kommen und das Kind retten würde.

Ein paar Tage vor Weihnachten, als sie während der letzten Blutabnahme des Jahres mit dem Arzt allein war, sprach er sie an.

»Ich weiß von der Schwangerschaft«, sagte er leise. »Das Kind wird leben.«

Ally brachte gerade die Kraft für ein Lächeln auf. Sie würde ihr Kind zur Welt bringen. Noch ein Kind, das sie weggeben musste. Sie war überzeugt, dass Franz ihren Brief, oder vielmehr ihr Gesuch, bekommen hatte. Diesmal brauchte er den Namen des Kindes nicht zu ändern, die Hautfarbe nicht zu verbergen, keine Kommission prüfen zu lassen, ob es die richtigen Maße und eine überlegene Intelligenz hatte. Das Kind würde den neuen Gesetzen entsprechen und deshalb leben dürfen.

»Wann wird das Baby zur Welt kommen?«, fragte der Arzt.

Franz hat beschlossen, das Kind zu retten, und sich deshalb mit dem Arzt in Verbindung gesetzt, dachte Ally. Sie fasste an ihren Bauch, tastete nach dem Ungeborenen, das ihr sehr groß vorkam. Damit gab sie dem Arzt zu verstehen, dass es nur noch kurze Zeit dauern könne. Sie würden die Metzgerin von ihr fernhalten müssen. Ally würde es ihm sagen, wenn sie das Fruchtwasser verloren hatte oder wenn starke Wehen einsetzten. Als sie die Krankenstation nach der Blutabnahme verließ, fühlte sie Tritte im Bauch. Das Kind war am Leben.

Als das neue Jahr begann, schrieb Ally den langen Brief zu Ende, mit dem sie Abschied nahm. Sie hatte vor Monaten aufgehört zu existieren. Ein neues Jahrzehnt begann, was für sie bedeutungslos war, aber nicht für das Baby, das bald zur Welt käme. Mit der Erlaubnis des Arztes blieb sie tagsüber in ihrem Bett in der Baracke, und nachts zählte sie die Herzschläge des Ungeborenen, das sich in ihr bewegte. So lag sie zwei Tage, ohne etwas zu essen, in ihren Ausscheidungen. Niemand kümmerte sich um sie.

Ally hatte die Augen geschlossen und die Entscheidung ihrem Kind überlassen. In jenem letzten Augenblick erkannte sie, dass sie sich fügen musste. Sie würde die Wehen nicht erzwingen können. Das Baby hatte die Macht, und sie betete so inständig wie noch nie, flehte Gott an, es zu retten, es leben zu lassen, sodass sich eines Tages, wenn die Welt sich erneuert hatte, wenn niemand mehr bei Nacht reisen oder im Dunkeln leben oder seine Intelligenz oder Makellosigkeit beweisen musste, Lilith und dieses Kind finden würden. War das zu viel verlangt?

Als sie zu sich kam, lag sie auf dem weiß gekachelten Tisch und wurde mit kaltem Wasser begossen. Es rann unter ihr in den Abfluss. Ihr Bauch war entzündet, aber das Kind bewegte sich nicht. *Nichts ist so tröstlich wie das Gewicht von etwas Lebendigem.* Sie wollte ihm zurufen, es solle sich bewegen, wollte es anstupsen, damit es aufwachte und allen zeigte, dass es lebte. Sie sah den Arzt, die Krankenschwester und einen Offizier. Eine Frau wischte Blut vom Boden auf. Wessen Blut war es? Man hatte einen Toten auf den anderen Seziertisch geworfen. Ally wurde erneut mit Wasser übergossen. Sie nannten ihn den alten Mann, aber sie konnte ihn nicht sehen. Ein Herzinfarkt. Er kam aus der Baracke mit den rosa Dreiecken. Sie würden ihn aufschneiden und begutachten, nach dem Fehler suchen. Vielleicht hofften sie zu entdecken, dass seine Organe so rosa waren wie das Dreieck. Es könnte der Professor sein. Nichts passierte zufällig, aber vielleicht halluzinierte sie und würde ihn gar nicht sehen, wenn sie die Augen öffnete. Vielleicht hatte er ihre Anwesenheit gespürt, bevor sie ihn aufschnitten, und sich dem Tod überlassen.

Sie sah eine Bewegung im Gegenlicht. Der Arzt hatte ihr den Rücken zugewandt. In einer Ecke stand eine Frau, die keinen weißen Kittel trug. Es war die Metzgerin. War sie gekommen, um sie zu holen?

»Ganz ruhig, entspannen Sie sich«, sagte der Arzt mit der beruhigendsten Stimme, die Ally je gehört hatte.

Er wischte ihr mit einem warmen, feuchten Tuch über die Stirn. Das war das Einzige, was sie spürte. Danach fühlte sie sich abgetrennt von ihrem Körper, von dem Neugeborenen, von den kalten Kacheln. Als wäre sie aus dem Raum entkommen, schaute sie auf das Lager und die siebzehn Wachtürme mit den Wächtern. Sie sah den Stadtteil jenseits des Lagers, die verschneiten Straßen und Reihenhäuser, wo die Leute feierten, was das neue Jahr an Gutem bringen würde. Nur ein paar Meter entfernt lebten Familien ein friedliches Leben. Vielleicht die Wächter auf den Wachtürmen, die Frauen, die in den Lagerküchen arbeiteten. Wohnten der Arzt und die Krankenschwester um die Ecke? Erzählten sie ihren Nachbarn, womit sie ihr Geld verdienten?

Als ihre Gedanken zu dem eiskalten Tisch zurückkehrten, hatte man den Toten von dem anderen Tisch bereits weggeschafft. Abgesehen vom Arzt und der Krankenschwester war nur sie noch hier. Die Metzgerin war gegangen. War ihr Kind in Sicherheit? Es gab kein blutbeflecktes Laken, keine Schüssel mit heißem Wasser, und ihr Kind lag nicht an ihrer Brust. Ihre Brüste waren leer wie ihr Bauch. Sie würden ihr nichts mehr nehmen können. Die Krankenschwester legte die Nachgeburt in ein Glas mit Formaldehyd und klebte ein Etikett darauf.

Der Arzt trat neben sie und versuchte festzustellen, ob sie noch atmete. Ally fühlte zwei kalte Finger an ihrem Hals.

»Es ist ein Mädchen«, flüsterte er und wartete auf eine Reaktion.

Ally spürte seinen warmen Atem und wollte dankbar lächeln, aber ihre Lippen waren erstarrt.

»Lebt sie noch?«, fragte die Krankenschwester.

»Ich glaube nicht …«, antwortete der Arzt.

Noch einmal legte er zwei Finger an Allys Hals, um nach dem Puls zu tasten. Dann wandte er sich ab und verließ den Raum. Ally hörte die Tür knallen. Die Krankenschwester schaltete das Licht aus, bevor sie ging.

Es war dunkel. Und einmal mehr war Ally bereit, bei Nacht zu reisen.

30

Vierundsiebzig Jahre später
Berlin, April 2014

Als Nadine Professor Gallands Büro verließ, war ihr, als stünde sie am Rand eines Abgrunds, niedergedrückt durch den Inhalt von Briefen, die nicht mehr hätten ans Licht kommen sollen. Sie war nicht bereit zu verzeihen und ging stundenlang ziellos umher. Anton rief sie immer wieder auf dem Handy an, ohne dass sie reagierte.

Während Nadine ziellos durch die Straßen lief, versuchte sie zu begreifen, warum sie sich schuldig fühlte. Sie hätte nach Menschen suchen sollen, die sie nicht persönlich gekannt hatte: nach Franz, ihrer Großmutter, dem Professor, und sei es auch nur, um ihre Gräber zu finden. Aber sie hatte sich geweigert, nach Sachsenhausen zu fahren, das Museum zu besuchen, wo die Asche ihrer Großmutter und des Professors vielleicht über den Boden verstreut worden war. Sie hatte Ally vor dem Vergessen gerettet und darauf vertraut, dass ihre Tochter Luna die anderen davor bewahren würde. Nun würde sie es doch selbst tun müssen.

Nadine setzte sich auf eine Bank im Tiergarten, den Brief ihrer Großmutter auf dem Schoß. Nach vierundsiebzig Jahren war er endlich bei ihr angekommen. Ihr war, als streifte sie durch die Stadt wie eine Touristin, immer im Schatten einer Vergangenheit, die längst vorbei sein sollte, aber noch andauerte. Ein Hakenkreuz an einer vergessenen Mauer in der Bismarckstraße, der Adler mit dem Hakenkreuz in den Krallen, der rote Marmor im Bahnhof Mohrenstraße, der von der neuen Reichskanzlei des Führers stammte, Albert Speers Leuchten an der Straße des 17. Juni, die offenbar niemand auswechseln wollte, die unauslöschlichen Spuren der Traumstadt des Führers.

Sie legte ihr Handy beiseite und faltete die beiden vergilbten Blätter auseinander. *Einer der Schlüssel zum Verständnis meiner Vergangenheit*, dachte sie. Zum Verständnis ihrer Großmutter Ally. Sie versuchte festzustellen, welcher der ältere Brief war. Einer war hastig hingeworfen mit unklaren Sätzen und voller Fragen, der andere sehr klein und eng geschrieben, als hätte Ally jeden Millimeter des Papiers ausnutzen wollen. In beiden Briefen gab es mehrere verblasste Stellen, als hätten die Blätter einen Schiffbruch überstanden.

Einer war undatiert, der Ort nicht genannt.

> *Du hast mir meine Lilith genommen. Welche Sünde hat sie begangen? War ich ohne sie in Deinen Augen rein?*
> *Ja, wir waren für Dich eine Schande, aber es war zu spät. Ich bin es noch immer. Da waren meine publizierten Gedichte. Du kannst sie nicht loswerden. Die Vergangenheit, Franz, verurteilt uns immer.*
> *Am Ende reiste meine Tochter bei Nacht: Sie ist außer Gefahr. Weit weg von dieser Hölle, von Dir, von allen.*
> *Nun sollst Du wissen, dass Du mich niemals loswerden kannst. Du bist ebenfalls befleckt. Ich bin schwanger. Dein Kind wird in einer Zelle zur Welt kommen.*

Der andere Brief war datiert.

Oranienburg-Sachsenhausen, 1. Januar 1940

Franz!

Uns bleibt nur wenig Zeit.
Dein Sohn wird bald geboren werden.
Immer wenn er sich bewegt, wenn er mich so tritt, dass ich mich vor Schmerzen krümme, macht er mich glücklich. Er ist am Leben und will auf die Welt kommen.
Die Tage sind lang, die Nächte zu kurz.
Abends spreche ich mit unserem Sohn, erzähle ihm von Lilith, seiner Schwester. Ich weiß, dass er sie eines Tages finden wird, wenn der Krieg vorbei ist, wenn wir unserer Brutalität überdrüssig geworden sind.
Franz, ich will Dir nichts vorwerfen, das wäre zwecklos. Ich bitte Dich aber im Namen der Liebe, die wir füreinander empfunden haben, denk jetzt an unseren Sohn. Du hast die Möglichkeit, ihn zu retten.
Wenn Du ihn rettest, rettest Du auch Dich. Es ist unmöglich, so lange im Dunkeln zu leben. Ich weiß, dass irgendwann ein neuer Tag anbricht.

Nadine las einige Sätze laut, als sie einen Anruf erhielt. Er kam nicht von Anton oder Luna, und sie beschloss, ihn anzunehmen. Inzwischen war es dunkel geworden.

»Luna hat mich angerufen. Wenn ich jetzt nur bei dir sein könnte!«, sagte Mares. »Du solltest nach Valparaíso kommen.«

Nadine schwieg für einen Moment, dann sagte sie: »Weißt du noch, als wir uns den Pergamonaltar angesehen haben?«

»Nadine, Liebes, hör mir zu. Anton und Luna machen sich Sorgen. Ich denke, es ist Zeit, dass du nach Hause gehst.«

Nadine wollte, dass Mares sich an den Besuch im Pergamonmuseum erinnerte, wo sie einen alten Mann vor dem Relief hatten weinen sehen. Sie hatte damals gedacht, dass er zu den Verlierern gehörte und sich nach einem Deutschland zurücksehnte, das es nie gegeben hatte, einem Tausendjährigen Reich, das innerhalb eines Jahrzehnts untergegangen war. Mares dagegen hatte ihn für ein Opfer der Nazis gehalten, und angenommen, die Symbolik des Altars riefe schmerzvolle Erinnerungen wach, die den Tränenstrom ausgelöst hatten. Sie waren gerade durch eine U-Bahn-Station gegangen und hatten ein Modell Berlins gesehen, wie es hätte aussehen sollen. Es war jetzt möglich, das Vermächtnis Albert Speers auszustellen, des großen Architekten, Hitlers bestem Freund, des Mannes, der jeden bezaubert hatte mit der imponierenden Größe und schlichten Symmetrie der Bauten, die er entwarf, damit sie im Gedächtnis blieben, und die seinen eigenen Untergang überdauern sollten.

Für Nadine waren Franz und Albert Speer der gleiche Typ Mensch: beide exzellent darin, anderen etwas vorzugaukeln. Wenn er gewollt hätte, hätte er wissen können, was in Deutschland vor sich ging, räumte Speer bei seinem Prozess nach dem Krieg ein. »Am Ende sieht man nur, was man sehen will«, sagte Nadine immer. Speer gab sich reumütig und überzeugte damit. Der Architekt, der Reichsminister für Bewaffnung und Munition gewesen war, hatte den Zeugen freundlich und mitfühlend zugehört. Das hob ihn von jenen Nazis ab, die die Gräuel leugneten. Eine besondere Geste Speers blendete seine Ankläger. Er hatte einmal eine unterirdische Waffenfabrik besichtigt und Mitleid mit den Arbeitern bekommen. Daraufhin ordnete er den Bau einer Baracke an, in der sie wohnen sollten, und erreichte, dass sie gut ernährt wurden. In Wirklichkeit rettete er seine Kanonen.

Was Franz betraf, so hatte er sich große Mühe gegeben, Ally Kellers letzte Gedichte zu retten. Am Ende kann eine freundliche Geste obsiegen. Das hatte Ally ihm in ihrem letzten Brief geschrieben. Indem er ihren Sohn rette, werde er auch sich selbst retten.

Am Tag des Zusammenbruchs, nach dem Abschied von jemandem, den er für einen Freund gehalten hatte, führte Albert Speer den Befehl des Führers, Berlin niederzubrennen wie Nero einst Rom, nicht aus. Es gelang ihm, Hitler umzustimmen, und während des Prozesses bewies er erneut sein Talent und nahm die Richter für sich ein: Er war der Einzige, der vor Gericht Reue zeigte. Am Ende war irrelevant, was er getan und nicht getan hatte. Er wurde in Spandau in der ehemaligen preußischen Festungshaftanstalt inhaftiert, wo er im Gefängnisgarten spazieren gehen durfte. In seiner Zelle brachte er sein Deutschland zum Leben, indem er heimlich seine Memoiren auf Toilettenpapier schrieb und von einem mitfühlenden Wärter hinausschmuggeln ließ.

Der große Architekt wurde zu zwanzig Jahren Langeweile verurteilt, einer Strafe, die er bis zu seinem letzten Gefängnistag akzeptierte. Der Mann, der für die Rüstungsfabriken des Dritten und letzten Reiches zuständig gewesen war, starb als Millionär in einem herrlichen Art-déco-Hotel in London nach einem Fernsehinterview an einem Schlaganfall.

Einmal zu Weihnachten in Luzern bei der französischen Freundin ihrer Schwiegereltern hatte Nadine einen anderen Gast sagen hören, Verstehen heiße verzeihen.

»Ich finde das sehr schwer zu verstehen«, hatte Nadine erwidert.

Mares' Stimme am Telefon holte sie in die Gegenwart zurück. »Ihr solltet mich besuchen kommen, du und Anton. Bringt Luna mit. Es täte euch gut, Berlin für eine Weile zu verlassen.«

Bevor sie sich verabschiedete, nahm Mares ihr das Versprechen ab, sie am anderen Ende der Welt, wie sie Valparaíso nannte, besuchen zu kommen.

Als Nadine vor ihrem Haus ankam – zuvor hatte sie den langen Brief ein zweites Mal gelesen –, sah sie Anton am Fenster stehen. Oben an der Treppe schloss er sie in die Arme.

Am nächsten Morgen rief Nadine als Erstes Elisabeth Holm an.

Seit Elisabeth der Universität Ally Kellers Texte übergeben hatte, wartete sie auf den Anruf eines Verwandten, auch wenn sie nicht damit rechnete, akzeptiert zu werden. Nur so aber konnte sie den letzten Wunsch ihrer Mutter erfüllen. Der Brief war auch für sie eine Enthüllung gewesen, denn ihr Vater hatte ihr nie etwas über ihre Mutter erzählt, erst recht nichts von einer Halbschwester, die sie nach Kuba geschickt hatten. Sie war als Kriegskind allein aufgewachsen, ohne Vergangenheit und ohne Nachfahren.

Nadine spürte sofort, dass Elisabeth praktisch seit Tagen neben dem Telefon saß. Sie sprach leise und mit gleichbleibender Satzmelodie. Sie verschluckte keine Silben und fügte keine hinzu. Sie trafen sich am Nachmittag in Elisabeths Wohnung.

»Mein Vater war oder ist ein guter Mensch«, sagte Elisabeth Holm, den Blick zum Fenster gerichtet. Sie hielt eine Tasse mit dampfendem Kaffee in der Hand, ohne davon zu trinken.

Während Luna Elisabeth anstarrte, ließ Nadine den Blick durch das Zimmer schweifen und versuchte, etwas zu entdecken, was sie miteinander verband. Die Frau, die vor ihr saß, war die nächste Verwandte ihrer Mutter, deren Halbschwester. Nadine hoffte, in ihr ein Stück von Lilith zu finden. Lilith lebte irgendwo in dieser Fremden, in ihren Gesten, im Klang ihrer Stimme, in ihren hängenden Schultern, ihren Händen, die die Tasse hielten wie einen Schild. Lilith und Elisabeth hatten dieselbe Mutter – Ally –, sie mussten etwas gemeinsam haben. Aber nur eine war das Kind des Verräters.

Nadine versuchte, ihre Großmutter im Profil, in dem verlorenen Blau der Augen, den schweren Lidern zu erkennen. Sie konnte keine Ähnlichkeit finden.

Elisabeth so am Fenster zu sehen erweckte in ihr den Eindruck, dass sie selbst auch Abschied nahm. *Es ist unmöglich, solch eine schwere Last zu tragen, wenn sich die Reise dem Ende nähert*, dachte sie. Elisabeth hob die Tasse Kaffee hin und wieder zum Mund, trank aber keinen Schluck. Sie führte sie an die Lippen und hielt nervös inne.

»Ich bin nie nach Sachsenhausen gefahren«, sagte sie. »Ich konnte das nicht. Auf meiner später ausgestellten Geburtsurkunde war als Geburtsort Oranienburg eingetragen, nicht das Konzentrationslager, in dem meine Mutter mich tatsächlich zur Welt gebracht hat. Ja, Ally Keller war als meine Mutter eingetragen, aber mein Vater hat mir erzählt, dass sie bei der Geburt gestorben sei. Eine Jugendliebe, die der Krieg vorzeitig beendete, so hat er gesagt und mehr nicht. Er war erst einundzwanzig, als er an die Front geschickt wurde, wie jeder zu der Zeit. Niemand konnte sich verweigern. Ich bin bei meiner Großmutter väterlicherseits aufgewachsen, in derselben Wohnung, in der ich jetzt lebe. Mein Großvater ist im Ersten Weltkrieg gefallen, als meine Großmutter mit Franz schwanger war.«

Elisabeth fuhr fort, sie habe von ihrer Kindheit vor allem eins in Erinnerung behalten: die Nacht, in der ihre Großmutter mit ihr in den Fluss ging, sie beide mit einem Seil an der Taille aneinandergefesselt und mit Steinen in den Manteltaschen. Um der Bombardierung Berlins zu entkommen, waren sie nach Demmin geflohen, um bei einer Schwester ihrer Großmutter unterzukommen. »›Was hat ein fünfjähriges Mädchen nachts im eiskalten Wasser der Tollense verloren?‹ Das habe ich mich jahrelang gefragt.«

Eines Tages hatte ihre Großmutter ihr geholfen, den Albtraum zu begreifen, der sie immer wieder quälte. Ihre Großtante hatte den Sprung in den Fluss nicht überlebt. Die Strömung trug sie davon wie Hunderte anderer Einwohner, die sich das Leben nahmen, um nicht als Besiegte leben zu müssen. Elisabeth und ihre Großmutter waren von Soldaten der Roten Armee gerettet worden, so hatte man es ihr zumindest erzählt.

Die Wehrmacht hatte die Kleinstadt Demmin damals verlassen und die Brücken gesprengt. Wohin konnten sie fliehen? Die Rote Armee rückte näher, entschlossen, alles zu vernichten, was sie vorfand. Fast alle Demminer Familien waren im Wasser der drei Flüsse ertrunken, die dort zusammenflossen. Ja, Elisabeth und ihre Großmutter waren aus dem Wasser gezogen worden, aber der Schrecken lebte in ihr fort. Sie irrten tagelang umher, suchten Schutz zwischen Trümmern, aßen, was sie fanden, und gelangten in ein Berlin zurück, das sie nicht wiedererkannten. Das hatte ihre Großmutter ihr erzählt, aber Elisabeth erinnerte sich nur an den Moment im Wasser, an den Nachthimmel über ihr und an das Seil um ihre Taille, durch das sie hilflos war. Und an die Steine, die sie unter Wasser zogen. Ihre Großmutter hatte mit ihr zusammen sterben wollen, aber durch Zufall waren sie am Leben geblieben.

Ihre Tage in Berlin waren von ständigem Sirenengeheul geprägt gewesen. Elisabeth hatte nicht verstehen können, warum immer noch Bomben fielen und Straßen und Verstecke zerstörten, wenn doch die Roten die Stadt schon eingenommen hatten. An einem Tag hatte man noch Nachbarn, am nächsten nicht mehr. Heute standen die Reihenhäuser noch, und wenn die Sonne aufging, waren da nur noch Trümmer.

»Ich habe immer noch den Klang der Sirenen im Ohr«, sagte Elisabeth. »Der Krieg ist nach der Befreiung weitergegangen, zumindest für mich. Als Mädchen habe ich beschlossen, nie zu heiraten und keine Kinder zu bekommen. Die Männer müssten an die Front, und die Mütter würden ihre Kinder verlieren. Ich erinnere mich, wie meine Großmutter im befreiten Berlin durch die Straßen streifte und nach Essbarem suchte.

Danach kam sie schmutzig, blutend und mit einem Stück Brot oder ein paar Kartoffeln nach Hause. Wenn wir Glück hatten, brachte sie einen Schokoladenriegel mit, den ihr ein amerikanischer Soldat geschenkt hatte.«

Nadine war klar, dass Elisabeth auch nur ein Opfer der Nazis war. Manchmal überließen sich Menschen dem Tod. Ihre Mutter Lilith hatte wählen können. Ihre Großmutter Ally vielleicht auch? Sie stellte sich Elisabeth als kleines Mädchen zwischen den Trümmern vor. Wie hatte die Stadt vor siebzig Jahren von diesem Fenster aus ausgesehen?

Drei Jahre nach der Befreiung vom Faschismus war Franz zurückgekehrt. Elisabeth lächelte, als sie den Namen ihres Vaters aussprach. »Seht ihr? Deshalb sollte man nicht gehen«, fügte sie hinzu. »Wären meine Großmutter und ich im Fluss ertrunken, zu wem hätte mein Vater dann heimkehren können? Ich hatte damals nur ein einziges Andenken an ihn, ein Foto von ihm in Uniform. Er war ein schöner Mann, doch der Mann, der zurückkehrte, ging gebeugt, zog ein Bein nach, und in seinem Gesicht war kein Leben mehr. Seine Augen lagen tief in den Höhlen, seine Haut war dunkler geworden und hatte einen Stich ins Grüne. Ich erinnere mich noch, wie er roch: wie ein verendetes Tier.«

Nach Franz' Heimkehr bekam Elisabeth einen Namen, eine Geburtsurkunde und einen Pass. Ihr Vater entschied, den Mädchennamen seiner Mutter anzunehmen, und so hießen beide Holm. Er wollte den Namen Bouhler auslöschen, als könnte er damit die Vergangenheit wiedergutmachen.

Elisabeth war zum Studium nach Moskau gegangen. Dort war sie eine unter vielen Ausländern gewesen, und man sah auf sie herab. Sie wurde Lehrerin, und als sie Anfang der Sechzigerjahre nach Berlin heimkehrte, erfuhr sie, dass ihre Großmutter gestorben war. Sie war ohne Grabstein beerdigt worden, und Berlin war inzwischen durch eine Mauer geteilt. Ihr Vater arbeitete in einer Bibliothek und sortierte Bücher ein. Einmal erzählte er ihr, er habe sich immer gewünscht, Schriftsteller zu werden, doch der Krieg habe den Menschen ihre Entscheidungen abgenommen, ihnen den freien Willen genommen, sie zu einem Schatten ihrer selbst gemacht.

Elisabeth bekam ihre erste Stelle an einer Schule, wo ihr Misstrauen entgegenschlug. Sie unterrichtete Russisch, aber die Kinder wollten die Sprache nicht lernen und behandelten sie, als wäre sie eine Spionin oder Denunziantin. Jeder hatte vor jedem Angst. Der Nachbar wurde zum Feind, der jeden missliebigen Gedanken belauschte.

Eines Tages hatte die Stasi ihren Vater mitgenommen, und sie sah ihn über ein Jahr lang nicht wieder. Als er die Bibliothek bei Feierabend verließ, drängten sie ihn in einen Transporter, fragten nicht mal nach seinem Namen. Eine Kollegin rief Elisabeth an dem Abend an, sagte, er werde nicht nach Hause kommen. Elisabeth stellte keine Fragen. Sie wussten beide, dass das Telefon vielleicht abgehört wurde.

»Er wurde in einem Transporter weggebracht«, hatte die Frau gesagt.

Jeder wusste, was das hieß. Wenn einen ein unauffällig gekleideter Mann aufforderte, in einen Transporter mit fensterloser Ladefläche zu steigen, wusste man, was einen erwartete. Es würde weder Anklage noch Prozess geben. Man verschwand einfach, und das war's. Eines Tages durfte man gehen und musste von vorn anfangen. Was konnte sie tun? Nichts. Wer hätte sich gegen die Geheimpolizei wehren können? »Ich konnte von Glück reden, dass ich meine Stelle an der Schule behielt, ich durfte weiter unterrichten«, erzählte Elisabeth.

An dem Nachmittag, an dem ihr Vater nach Hause kam – wie oft darf man heimkehren? –, wagten sie nicht, darüber zu sprechen, warum man ihn verhaftet hatte oder was ihm in der Zeit widerfahren war. Die Vergangenheit war nie vorbei, egal wie gern man vergessen wollte. Elizabeth reimte sich schließlich zusammen, dass ihr Vater von einem missgünstigen Bibliotheksverwalter, der einen Neffen auf Franz' Stelle setzen wollte, denunziert worden war. Er denunzierte Franz als NS-Offizier, der ungestraft davongekommen sei. *Und was ist mit den Jahren, die er in sowjetischer Kriegsgefangenschaft verbracht hat?*, fragte sich Elizabeth, ohne eine Antwort zu erwarten. Gerade weil er Offizier gewesen war und sich ergeben und mit den Alliierten kollaboriert hatte, war er nach seiner Aussage dort besser behandelt worden als von seinen ostdeutschen Mitbürgern, die ihn in dem Keller eines Gebäudes folterten, das im Stadtplan nicht verzeichnet war und in dem die politisch Unzufriedenen weggesperrt wurden.

Die Stasi hatte sich weniger daran gestört, dass Franz Nazi gewesen war, als vielmehr daran, dass er gewisse Telefonanrufe erhalten hatte. Ein ehemaliger Kriegskamerad hatte ihn von Westberlin aus angerufen, weil er seine Lebenserinnerungen aufschrieb. Ihr Vater sagte aus, dass er sich an den Mann nicht erinnere, dass die Zeit und der Hunger seine Erinnerungen ausgelöscht hätten. Trotzdem setzte ihn die Geheimpolizei extremer Kälte und Hitze aus, sperrte ihn wochenlang allein in eine fensterlose Zelle, in der permanent Licht brannte. Irgendwann wünschte er sich, er wäre nicht zur Welt gekommen. Er war in eine Zeit hineingeboren worden, die kein Mensch durchmachen sollte.

Franz durfte nicht in die Bibliothek zurückkehren, und schließlich gab er es auf, nach Arbeit zu suchen. Ein alter Mann wie er konnte nicht mehr viel tun. Daher blieb er zu Hause und las oder schlenderte durch die Stadt. Irgendwann gab er auch die Spaziergänge auf, weil er manchmal vergaß, wo er war, und den Rückweg nicht mehr ohne Weiteres fand.

Eines Abends, ihr Vater lag seit Tagen mit einer fiebrigen Erkältung im Bett, hörte Elisabeth zum ersten Mal den Namen Lilith. Sie nahm zuerst an, es handele sich um eine alte Flamme. Als sie ihn fragte, von wem er da träume, wurde er rot und blieb bei dem gewohnten Schweigen. Doch dann fing er an, Vergangenheit und Gegenwart durcheinanderzubringen. Manchmal wachte er auf und glaubte sich in dem sowjetischen Gefangenenlager, dann wieder im Gefängnis der Stasi. Er fiel auf die Knie und betete – er, der nie an Gott geglaubt hatte.

Bald sprach er Elisabeth mit »Mutter« an. Sie sehe ihrer Großmutter auffallend ähnlich, sagte Franz, wenn er einen seiner klareren Momente hatte. Wie alles, was ihr widerfahren war, nahm Elisabeth auch seinen geistigen Verfall hin, bis er eines Nachts zum Schrecken der Nachbarn nackt auf die Straße rannte und nach ihrer Mutter rief: »Ally!«

Er unterzog sich vielen ärztlichen Untersuchungen, und Elisabeth hoffte, irgendeine Wunderpille könnte ihr den Vater zurückbringen, den stillen, freundlichen Mann retten, der er für sie gewesen war. Sie gingen zu vielen Ärzten und in Kliniken, wo sein Gehirn gescannt wurde. Er wurde zur Gruppentherapie geschickt, wurde dabei aber immer unleidlicher. Schließlich wurde bei ihm Altersdemenz diagnostiziert.

Der Verfall schritt schnell voran. Zwei Monate später lag er nur noch im Bett, wollte nicht mehr duschen und nicht mehr essen. Es brach Elisabeth das Herz, wenn sie ihn in einem fort flüstern hörte, und am Ende rang sie sich dazu durch, ihn in ein Pflegeheim für Senioren zu geben. Sie hoffte immer noch, er würde sich wieder erholen und dass es sich nur um eine vorübergehende Krankheit handelte, doch er sprach kein Wort mehr und blieb im Bett. Er hatte aufgegeben.

»Daraufhin habe ich beschlossen, sein Schlafzimmer auszuräumen«, sagte Elisabeth. »Ich habe seine Kleidung und Schuhe gespendet und alles weggeworfen, was er im Lauf der Jahre gesammelt hatte: Zeitungsausschnitte, Zeitschriften, Theaterprogramme, Bedienungsanleitungen, Kassenzettel. Ganz oben im

Schrank in einer Ecke bin ich auf einen schweren, alten Karton gestoßen. Mir war sofort klar, dass ich darin etwas Besonderes finden würde. Ich habe ihn heruntergehoben und auf den Esstisch gestellt, wo er mehrere Tage ungeöffnet stand. Beim Frühstück, Mittagessen und Abendbrot habe ich ihn betrachtet, als wäre er ein Gast an meinem Tisch. Schließlich habe ich hineingeschaut. Zuoberst lag eine Literaturzeitschrift neueren Datums. Auf dem Deckblatt stand *Ally Keller*, der Name meiner Mutter, und so habe ich *Die Nachtreisende* gelesen. Ich habe erraten, dass der rote Gabardinemantel ihr gehört hatte, ebenso die beschriebenen Blätter darunter. Zum ersten Mal fühlte ich mich der Frau nahe, die mich zur Welt gebracht hat. Zuunterst fand ich den Brief und las darin, dass ich eine Halbschwester namens Lilith habe. Ich hätte die vergilbten Blätter wegwerfen können, den Mantel ebenfalls. Ich hätte mich entscheiden können zu vergessen. Aber dann bin ich auf den Namen von Professor Galland gestoßen, der zu den Texten meiner Mutter geforscht hatte, und habe ihn angerufen. Vielleicht war meine Halbschwester ja noch am Leben. Vielleicht hatte mein Vater einmal nach ihr gesucht, um Allys Wunsch zu erfüllen, und hatte nichts in Erfahrung bringen können oder gar von ihrem Tod erfahren. Doch so oder so, was hatte ich zu verlieren? Habe ich das Richtige getan? Ich konnte nicht sicher sein. Ich wollte es gern glauben«, schloss Elisabeth und schien auf eine Bestätigung durch ihre Besucherinnen zu warten.

Nadine schwieg. Luna schaute sich weiter in dem Zimmer um, in dem die Zeit stehen geblieben war, als ob die Mauer zwischen Ost und West noch stünde.

»Und was ist mit Lilith?«, fragte sie mit schwankender Stimme.

»Meine Mutter ist in Kuba gestorben«, antwortete Nadine nach kurzem Zögern. Sie wollte nicht sagen, dass sie sich wahrscheinlich das Leben genommen hatte. »Für sie hat der Krieg nie geendet. Aber sie konnte mich retten … Sie hat mich allein in ein Flugzeug gesetzt, als ich noch sehr klein war. Ich wurde von einer New Yorker Familie adoptiert.«

Nadine hörte sich selbst reden und erkannte, dass auch für sie der Krieg nicht zu Ende war. Sie hatte ihn immer wieder durchgemacht. Als sie in dem Flugzeug saß, als sie im Gericht wartete, als sie eine Stoffpuppe mit ihrem Namen bekam.

Elizabeth war sichtlich enttäuscht. Sie hatte den Karton zur Universität gebracht und Nadine und Luna in ihre Wohnung eingeladen, weil sie gehofft hatte, den letzten Wunsch ihrer Mutter erfüllen zu können: dass ihre beiden Töchter sich eines Tages begegneten.

»Wir würden Franz gern besuchen«, sagte Luna.

Wenn er sich ins Vergessen geflüchtet hat und nur noch im Bett liegt, welchen Sinn hat es dann, ihn mit seinem Verrat zu konfrontieren?, dachte Nadine. Sie verstand nicht, was ihre Tochter noch von ihm wissen wollte, warum sie Elisabeth immer weiter Fragen stellte, als hoffe sie auf ein Wunder. Franz war nicht ansprechbar und würde aus diesem Zustand nicht erwachen, und nur er hatte ihre Mutter Lilith und Großmutter Ally gekannt.

»Euch muss bewusst sein, dass ihr von ihm nichts mehr erfahren werdet«, sagte Elisabeth und stellte endlich ihre Tasse auf den Tisch, auf dem eine ausgefranste Spitzendecke lag. »Mein Vater kann sein Bett nicht verlassen, er bewegt sich nicht mehr. Er kann kaum ein Wort sagen. Er ist fünfundneunzig Jahre alt.«

Nadine wusste, dass Luna sich jedes Wort merkte, jede Geste. Sie würde später zu Hause alles aufschreiben, Seiten mit ihren Eindrücken füllen, um jeden Augenblick zu bewahren. Sie war es, die Franz unbedingt kennenlernen wollte.

»Ich habe über ihn geschrieben oder vielmehr über die Erinnerung, die meine Urgroßmutter Ally an ihn hatte«, sagte Luna. »Jetzt, da wir den Brief haben …«

Elisabeth schaute Nadine an. Sie wollte wissen, was sie davon hielt. Nadine willigte nickend ein.

»Du hast das Recht, ihn zu sehen«, sagte Elisabeth. »Es wäre am besten, ihn nachmittags zu besuchen … Vielleicht am Freitag?«

Nadine stand auf. Luna war schon an der Zimmertür und schaute auf den ungetrunkenen Kaffee. Elisabeth blieb in ihrem Ohrensessel am Fenster sitzen, sah aber, dass der Besuch zu Ende war, und erhob sich ebenfalls.

»Ich kann um diese Uhrzeit keinen Kaffee mehr trinken«, sagte sie zu Luna. »Sonst kann ich nicht einschlafen.«

Nadine und Luna warteten darauf, dass Elisabeth ihnen die Wohnungstür öffnete. Luna ging als Erste hinaus. Draußen im Flur machte Nadine noch einmal kehrt und umarmte ihre Tante. Die alte Frau stand still da, hob schließlich die Arme und strich Nadine über den Rücken, während Luna die beiden aus ein paar Schritten Entfernung beobachtete.

Ihre Mutter und sie überquerten die Gustav-Adolf-Straße, ohne zu wissen, welche Richtung sie einschlugen. Sie gingen eine Weile spazieren und gelangten schließlich zum Jüdischen Friedhof mit seinen mehr als hunderttausend Gräbern. Luna sah, dass sich in diesem Viertel durch die Wiedervereinigung kaum etwas geändert hatte. Die Frauen kleideten sich noch wie in der Sowjetära. Die Straßen waren schmutzig, in jedem Torweg waren die Wände mit Graffiti besprüht. Es roch anders als in Westberlin, nach abgestandener Luft.

»Wenn du willst, komme ich mit zu dir und bleibe über Nacht«, sagte Luna.

»Das ist nicht nötig. Du wirst heute Abend eine Menge aufzuschreiben haben …«

Sie umarmten einander, und Nadine sah Luna nach, bis sie um eine Ecke gebogen war.

31

Vier Tage später
Berlin-Pankow, Mai 2014

Am Freitag nahm Nadine an der Eberswalder Straße die gelbe Straßenbahn Richtung Warschauer Straße. Die Fahrt mit der Bahn war für sie immer eine Fahrt in die Vergangenheit. Sie war nur eine von vielen. Sie fühlte sich desorientiert und beschäftigte sich damit, die Namen der Haltestellen zu lesen. Luna würde aus einer anderen Richtung kommen, und sie würden sich an der siebzehnten Haltestelle treffen, an der Ecke Landsberger Allee und Danziger Straße. Nadine traf früh dort ein, sie hatte geglaubt, die Fahrt würde länger dauern. Sie überlegte kurz, irgendwo einen Kaffee zu trinken. Doch als sie aus der Straßenbahn stieg, gab es nirgends ein Café oder Bistro zwischen den nüchternen, gleich aussehenden Gebäuden, deren Fenster so klein waren, als wollten sie das Sonnenlicht draußen halten – oder die Menschen drinnen.

Also würde sie im Freien auf ihre Tochter warten. Sie hatte ihr eine Nachricht geschickt, und Luna hatte geantwortet, dass sie unterwegs sei. Nadine hatte es eilig. Sie wollte die Begegnung mit Franz hinter sich bringen, damit sie der Vergangenheit angehörte, um sie wegzupacken und zur Ruhe zu kommen. *Jetzt ist es wahrscheinlich zu spät, um umzukehren*, dachte sie. Sie hätte sich gern in ihrem Zimmer verkrochen und wäre danach gern mit Anton weit weggefahren. Erneut fragte sie sich, warum sie sich ein Treffen antat, das sie in den letzten Nächten wach gehalten hatte.

Sie schloss die Augen und wartete auf ein Zeichen. Sie fing an zu zählen, um sich zu entspannen, und hörte Antons Stimme. Er hatte gesagt, es sei ein Fehler. »Aber Luna muss Franz kennenlernen«, hatte sie erwidert. Es war Luna, die Franz konfrontieren wollte. Es war Luna, die die Geschichte ihrer Familie geerbt hatte und entschlossen war, sie nicht in Vergessenheit geraten zu lassen. Luna wollte ihm unbedingt ins Gesicht sehen, herausfinden, wie Franz von Allys Engel zu einem Verräter und dann zum Bewahrer ihrer Erinnerung geworden war. So hatte sie es ihren Eltern erklärt. Hätte Anton sie gebeten, nicht hinzugehen, und hätte er auch ihre Tochter davon überzeugt, müsste sie jetzt nicht mitten im Nirgendwo zitternd auf einer Bank an der Straßenbahnhaltestelle sitzen. Doch Luna einen Wunsch abzuschlagen hieß, sich den Gezeiten entgegenzustemmen. Ihre Tochter musste ihren Gespenstern ein Gesicht geben.

Beim Anziehen hatte Nadine unbewusst zu einem dunkelgrauen Kleid gegriffen, als trauere sie um jemanden, den sie früher einmal gekannt hatte. Jahrelang hatte sie sich schuldig gefühlt, weil sie geschwiegen hatte, weil sie immer den Weg des geringsten Widerstands gegangen war. Sie hatte immer nach der Devise gelebt: *Wenn man sich nicht erinnert, ist es nicht passiert.* Während ihrer ganzen Jugend hatte sie der Vergangenheit den Rücken gekehrt – bis sie eine Tochter bekommen hatte.

Nadines Schultern wurden schwer. Warum musste ihre Tochter eine Figur in einer Geschichte werden, in die sie nicht hineingehörte? Sie hätte Luna von dem alten Gedicht und der Besessenheit ihrer Mutter und Großmutter, was die Dunkelheit betraf, fernhalten können.

Während sie wartete, wurden die Geräusche intensiver, die Farben flossen ineinander, Konturen verschwammen. Aus der M 10 stiegen Leute aus, aber nicht ihre Tochter. Alle gingen zielstrebig weiter. Jeder wusste, wohin er wollte. Autos achteten die Vorfahrt, Radfahrer kamen aus der Gegenrichtung. Nadine hörte einen Verkehrspolizisten pfeifen. Kinder rannten, wichen Motorrädern aus. Sie sah sich selbst umgeben von Scherben. *Was tue ich hier*?, fragte sie sich immer wieder, bis sie ihre Tochter aus dem letzten Waggon der Straßenbahn steigen sah.

Nadine schluckte mühsam, sie bekam keinen Tropfen Speichel zusammen. Unter den dunkel gekleideten Fahrgästen wirkte Luna wie ein Geist. Sie trug den roten Gabardinemantel ihrer Urgroßmutter. Nadine floss das Herz über, als Luna ungewohnt ruhig auf sie zukam. Sie ging bedächtig, ohne Eile.

Luna umarmte sie, und Nadine dachte nicht zum ersten Mal, dass ihre Tochter alles darstellte, was sie selbst immer hatte sein und tun wollen, aber aus Angst nicht getan hatte. Oder nur mit der Lethargie eines Opfers. Sie war besiegt worden. Luna nicht.

Ein Windstoß bescherte ihr ein Gefühl überraschender Ruhe. Sie nahm den öligen Geruch der Straßenbahn wahr, hörte die Oberleitung kreischen. Sie reichte Luna die Hand, und zusammen verließen sie die Haltestelle. Schließlich wagte sie, das Offensichtliche zu sehen: Ihre Tochter hatte sich die Haare auf Kinnlänge abgeschnitten und blondiert, und die Wellen waren weniger ausgeprägt.

»Jedes Mal, wenn wir uns sehen, spüre ich mehr von Ally in dir«, sagte sie.

Luna lächelte, lehnte ein paar Sekunden lang den Kopf an ihre Schulter, eine Geste der Akzeptanz: *Hab keine Angst, alles wird gut.*

»Gestern Abend habe ich stundenlang geschrieben, Gesichter rekonstruiert, die im Gesamtbild fehlten«, sagte Luna.

Ohne sich dessen bewusst zu sein, hatte Nadine seit dem Tag, als sie in Deutschland angekommen war, eine direkte Linie zu Franz gezogen, eine Linie, die Ally Keller begonnen und die Lilith weitergeführt hatte. Jetzt würde sie sie gemeinsam mit ihrer Tochter zu Ende bringen.

Als sie den Weg zum Pflegeheim einschlugen, kam Nadine die Gegend irgendwie bekannt vor, genauso hatte sie bei dem Besuch in Elisabeth Holms Wohnung empfunden. Nadines Tante hatte immer dort gelebt, war aber für sie unsichtbar gewesen, bis sie sich entschlossen hatten, sich zu treffen. *Ich war schon einmal in diesem Wohnheim, in diesem oder in einem anderen Leben*, wollte sie zu ihrer Tochter sagen. Sie fühlte sich, als wären sie Ally Keller und Lilith Hand in Hand – sie war sich nur nicht sicher, wer von ihnen wer war. Luna führte sie nun, und ließ sie Wege gehen, denen schon andere gefolgt waren.

Nadine blickte auf und sah, dass schwarze Wolken vor die Sonne zogen. Sie schaute Luna an und wollte ihr sagen, dass sie nun sicher seien, da die Dämmerung hereingebrochen war. Sie bogen um eine Ecke und sahen einen schönen, völlig symmetrisch angelegten Park – mitten unter den öden Gebäuden der Sowjetära. Das Altenheim war ein lang gestreckter sechsstöckiger Bau mit Reihen kleiner Fenster und einer Tür in der Mitte. Nadine fand, es sah aus wie ein verirrter Ozeandampfer, in dem gequälte Seelen dem Ende ihrer Tage entgegengingen. Franz war eine davon. Das verblasste Gelb der Hauswand hob sich gegen den grünen Rasen ab.

Der Park war verlassen. Nadine wünschte, es käme noch eine Windbö oder besser ein Wirbelsturm. Die knotigen Äste und vertrockneten Blätter verliehen dem Frühling etwas Herbstliches, als hätte das Durcheinander in den Köpfen der alten Leute auf die Jahreszeiten abgefärbt.

Elisabeth erwartete sie nervös lächelnd am Fuß der sechs halbkreisförmigen Stufen vor dem Eingang. Im düsteren Nachmittagslicht und von Weitem wirkte sie jünger. Ihre Falten waren verschwunden, ihre Haare nach hinten frisiert und die Strähnen an den Seiten nach innen gedreht, sodass das Haar fülliger erschien und ihr Gesicht weicher. Sie trug einen cremefarbenen Rock und eine grünliche Seidenbluse mit einer großen Schleife. Ihre Schuhe waren schwarz und klobig.

Als Nadine und Luna näher kamen, blickte Elisabeth neugierig auf den alten roten Mantel ihrer Mutter und streckte ihnen die Hände entgegen, vielleicht um nicht wieder umarmt zu werden. »Der steht dir gut, Luna«, sagte sie.

Als sie das Gebäude betraten, sagte sie: »Die meisten hier sind über neunzig wie mein Vater und einige sogar über hundert.«

Nadine fröstelte. Die alten Leute in den Rollstühlen bewegten sich kaum. Sie waren wie Steinsäulen im Wechsel der Gezeiten. Selbst die Rezeptionistin blickte starr in ein Buch. Hin und wieder nahm man eine kleine Bewegung wahr – eine Geste, einen Seufzer, jemand drehte den Kopf zu ihnen, um gleich wieder in die vorige Haltung zurückzukehren – gerade genug, um zu zeigen, dass sie noch am Leben waren. Alle Bewohner des Heims hatten den Krieg überlebt, waren am Krieg beteiligt gewesen. Sie alle wussten, wie es war, besiegt zu werden.

»Mein Vater ist im sechsten Stock«, sagte Elisabeth.

Als sie durch den Flur zu den Aufzügen gingen, kamen sie an einem hellen, offenen Raum vorbei. »Viele Bewohner finden hier ihr Gedächtnis wieder, aber mein Vater nicht. Dinge von früher regen seine Erinnerungen nicht an. Ganz im Gegenteil. Seit er hier ist, hat er kein Wort mehr gesprochen.«

Elisabeth war stehen geblieben, damit Nadine und Luna sehen konnten, womit der Raum dekoriert war.

»Das haben sie erst kürzlich so eingerichtet«, erklärte sie. »Die Ärzte glauben, dass die Patienten verlernte Fähigkeiten zurückgewinnen, wenn sie von Gegenständen aus ihrem früheren Alltag umgeben sind.«

In den Regalen lagen ein vernickelter Föhn, dessen rissiges Kabel mit Klebeband umwickelt war, Zeitschriften aus den Sechzigern, Siebzigern und Achtzigern, Konservendosen mit Sauerkraut und gefüllten Paprikaschoten, wie sie vor drei Jahrzehnten verkauft worden waren, alte Spee- und FEWA-Waschpulverkartons. Bücher in russischer Sprache, ein alter Plattenspieler, mehrere Radios verschiedener Größe, Zenit-Fotoapparate und eine Soldatenmütze mit dem roten Symbol von Hammer und Sichel. Vergilbte Fotos von den Aufmärschen zum 1. Mai, bei dem jeder ein rotes Halstuch trug, und ORWO-400-ASA-Filmrollen. An der Hauptwand hingen ein kleines Gemälde von Honecker und Breschnew beim Bruderkuss und ringsherum Bilder vom Roten Platz und der Ostsee. Es gab sogar ein Aquarell mit der Berliner Mauer ohne Stacheldraht, aber mit Blumen in den Ritzen. Auf dem Tisch in der Mitte stand ein orangefarbenes Telefon, und im Raum verteilt lagen rote Papierfähnchen.

»Gestern war 1. Mai«, sagte Elisabeth. »Da gab es hier zum Tag der Arbeit eine kleine Feier.«

Sie erzählte, dass die alten Leute zunehmend entspannt schauten, wenn sie auf dem Weg in ihre Zimmer diesen Raum durchquerten. Vorher seien sie häufig aufgeregt gewesen, atmeten gehetzt, als hätten sie sich im Wald verlaufen. Doch hier erinnerten sie sich ein paar Minuten lang an ihre Kinder und Enkel und konnten sogar ein paar sinnvolle Sätze von sich geben, auch wenn sie sich dabei wiederholten. Die Erinnerung war da, sie musste nur reaktiviert werden.

»Die, die sich wieder erinnern, können wenigstens ruhig schlafen und fühlen sich nicht verloren wie mein Vater.«

Luna kam der Gedanke, dass einige vielleicht noch weiter zurückgehen mussten, um ihr Gedächtnis wiederzuerlangen, ein oder zwei Jahrzehnte weiter zurück, dass es aber manche Vergangenheit gab, die keiner wiederentdecken wollte. *Es ist am besten, wenn diese Art von Vergangenheit weiterhin verdrängt wird*, dachte sie.

Als sie nebeneinander im Aufzug standen, wollte sie Elisabeth fragen, ob sie Franz einmal versuchsweise ein Foto von ihm in NS-Uniform gezeigt hätte. Innen war der Aufzug mit dunkel gestreiftem Resopal verkleidet, und neben den Aufzugknöpfen hing ein großes braunes Telefon mit handgeschriebenen Ziffern.

»Wir sind wieder in Ostdeutschland«, sagte Nadine.

»Das ist Absicht«, erwiderte Elisabeth und erzählte, dass das Personal den sechsten Stock den »letzten Halt« nannte, weil dort die Bewohner mit der am weitesten fortgeschrittenen Demenz wohnten. Der Aufzug hielt an, und die Tür öffnete sich stockend. Elisabeth musste sie mit der Hand zur Seite schieben.

Im Flur war es so düster, dass die Wände grau erschienen. Am Ende des Flurs brannte eine lange nackte Neonröhre. Alle Fenster und Türen waren geschlossen. Die schimmlig riechende Feuchtigkeit war überwältigend. Sie hörten ein unterdrücktes Stöhnen aus einem der Zimmer, das sich wiederholte wie ein qualvolles Echo.

Luna versuchte, sich die Begegnung mit Franz vorzustellen. Würde er schlafen oder nur die Augen geschlossen halten, oder würde er zum Fenster starren und sie kein einziges Mal ansehen? Luna war überzeugt, dass sie ihn erkennen würde. Sie wollte das Gesicht wiedererkennen, das ihre Großmutter in Gedichtfragmenten beschrieben hatte. Sie würde die Jahrzehnte wegwischen, und der wahre Franz würde ans Licht kommen. Sie hätte ihm gern eines der Gedichte vorgelesen, doch das wäre sinnlos. Elisabeth hatte ihnen erklärt, dass Franz seine Umgebung nicht mehr wahrnahm. Es war, als ob sein Gehirn gegen einen Wirbelsturm kämpfte, der in ihm tobte.

Am Ende des Flurs blieb Elisabeth stehen und bat sie zu warten. Sie werde hineingehen und es Franz bequem machen, das Zimmer ein wenig lüften. Nadine und Luna standen vor der Tür, die einen Spalt breit offen stand, und der Geruch von Urin und muffigem Bettzeug schlug ihnen entgegen. Sie konnten von dem Zimmer nur ein Fenster und die zugezogenen Gardinen sehen. Das Bett stand wohl links an der Wand.

Elisabeth wollte das Fenster öffnen, aber es klemmte. Sie blickte über die Schulter zu Luna, gab ihr mit gequälter Miene zu verstehen, dass sie ihr Bestes tat, dass sie sich wünschte, der Anblick ihres Vaters möge sie nicht abstoßen. »Ich gehe eine Pflegerin holen, damit sie ein sauberes Bettlaken bringt und seinen Katheter wechselt«, sagte sie und eilte mit gesenktem Kopf an ihnen vorbei.

Nadine und Luna schauten ihr nach. Elisabeth brauchte die Schwesternstation vermutlich nicht zu suchen, sie kannte den sechsten Stock in- und auswendig. Im hinteren Teil des Flurs verschwamm sie mit der Dunkelheit.

Nadine und Luna hielten sich an der Hand. Luna spürte den Herzschlag ihrer Mutter, aber sie wollte ihrem eigenen Rhythmus folgen. Nadine ließ sie los. Luna betrat das Zimmer, den Blick auf das Fenster geheftet. In der Mitte blieb sie stehen, und anstatt zum Bett zu schauen, drehte sie sich zu ihrer Mutter um. Nadine rückte langsam näher an die Tür, ging schließlich hindurch und trat hinter sie. Luna schloss kurz die Augen, und beim Öffnen drehte sie sich zum Bett und schaute Franz an.

Zuerst sah sie das Gesicht des alten Mannes, der tief in seinem Kissen lag, als wäre nur der Kopf von ihm übrig und der Rest von Bettzeug und Matratze verschluckt. Er hatte keine Haare mehr, keine Brauen und Wimpern. Die Kopfhaut glänzte und war mit braunen Flecken übersät. Seine Nase war lang, die Lippen waren dünn, die Augenhöhlen dunkel. In seinem vergilbten Bettzeug war Franz nur ein trüber Fleck.

Luna wollte den Geliebten ihrer Urgroßmutter sehen, den hochtrabenden Dichter. Sie wollte die Befehlsstimme des Offiziers hören, der im Eingang von Haus 32 gestanden hatte. Sie wollte ihn Arm in Arm mit Ally Keller Unter den Linden entlangschlendern sehen.

Plötzlich kam ihr das Zimmer winzig vor und die Luft stickig. Franz öffnete langsam die Augen. Als er die runzligen Lider hob, atmete er lebhafter. Die kleinste Bewegung zehrte an der Energie, die intravenös in seinen Arm tropfte. Die Kanüle schien im Knochen zu stecken, als könnte sie ihn sonst nicht mit der lebenspendenden Flüssigkeit versorgen. Im Zimmer war es dämmrig, und das Licht vom Flur fiel auf Luna und brachte das Rot ihres Mantels und ihre blonden Haare zum Leuchten.

Für einen Moment fühlte sich Luna von Franz' leerem Blick entmutigt. Vielleicht hätte sie auf ihre Eltern hören und auf das Treffen verzichten sollen. Der Franz, den sie vor sich hatte, war nicht der Franz aus den Gedichten. Der Franz hier lag in seinem Urin und hatte aufgehört zu existieren. Luna wollte wegschauen und konnte sich doch nicht losreißen. Sie spürte eine Verbindung zu ihm, und er sah sie unverwandt an.

Franz atmete immer unruhiger. Bei jedem Atemzug schien sein Körper zu zittern. Luna versuchte, seinen Blick zu deuten. Seine Augen waren von geplatzten Äderchen trübe. Er öffnete die Augen weit, und Luna schloss ihre. Sie fühlte sich erschöpft, kraftlos, stand kurz davor, hinauszugehen und den altersschwachen Mann in Frieden zu lassen.

»Ally.« Luna hörte den Namen ihrer Urgroßmutter.

Die Stimme war schwach, aber nicht die eines alten Mannes. Sie öffnete die Augen und sah endlich Franz' Gesicht unter all den Schatten und Runzeln.

»Ally.« Die Stimme kam aus dem Bettzeug. »Vergib mir.«

Luna sah Franz an, dann ihre Mutter, dann wieder Franz. Seine Augen ließen sie nicht los. Nadine schlug sich die Hände vors Gesicht und fing an zu weinen.

»Vergib mir!«, wiederholte der alte Mann, jetzt lauter.

Luna wusste nicht, ob sie zu ihm gehen, ob sie eine Pflegerin oder Elisabeth rufen oder in die Arme ihrer Mutter laufen und flüchten wollte. Träumte sie? Vor ihr lag der Mann, der ihre Familie verraten hatte. Plötzlich wurde ihr übel. Wer war sie, dass sie ihm Vergebung schenken könnte? Wer war sie, dass sie sie verweigern könnte? Sie stand wie angewurzelt da, bis Franz aufheulte. Es war ein lauter, nicht enden wollender Schmerzensschrei.

Ihre Mutter nahm Luna an die Hand, und sie hasteten hinaus in den leeren Flur. Sie hielten auf die Treppe zu, weil sie nicht auf den alten Aufzug warten wollten. Bevor sie einen Fuß auf die Stufen setzten, sahen sie Elisabeth mit einer Pflegerin herbeilaufen. Franz' Schreie waren wie eine Sirene, die sich nicht abstellen ließ.

Draußen in dem stillen Park hallte sein Geheul in ihnen nach.

32

Ein Jahr später
Berlin, Mai 2015

Seit sie bei Franz im Seniorenheim gewesen waren, hatte Luna kein Wort geschrieben. In schlaflosen Nächten hatte sie die Briefe und Gedichte ihrer Urgroßmutter geordnet. Es gab nichts mehr zu enträtseln. Allem Anschein nach hatte Franz fünfundneunzig Jahre gelebt, um Ally Keller noch einmal zu sehen und sie um Vergebung zu bitten. Am Morgen nach dem Besuch war er tot aufgefunden worden, gestorben an einem Herzinfarkt.

Elisabeth erzählte Nadine danach, er sei friedlich und mit einem Lächeln gestorben und habe nicht gelitten. Das war immer ein Trost im Angesicht des Todes. Doch als sie ihn fanden, hatte er seinen letzten Atemzug schon getan. Da konnte man unmöglich wissen, ob er gelitten hatte oder nicht. Es gab keine Totenwache, keine Todesanzeige, keine Prozession von Freunden hinter dem Sarg. Er wurde auf dem Friedhof Friedrichsfelde begraben, neben seinen Eltern. Auf dem Grabstein hatte Elisabeth seinen wirklichen Namen einmeißeln lassen, *Franz Bouhler*, und das Geburts- und Sterbedatum. Luna dachte, sie hätten der Tradition folgen und schreiben sollen, was der Verstorbene in seinem Leben gewesen war: Soldat, Nazi, Häftling, Dichter, Student, Bibliothekar, Überlebender. Elisabeth hatte stattdessen einen kurzen Satz gewählt: *Hier ruht ein guter Vater.* Es gab keinen Engel und kein Kreuz auf dem Grab. Niemand legte Blumen oder einen Stein darauf.

Nadine rief Mares an und erzählte ihr die Neuigkeiten.

»Jetzt kann er sie alle persönlich um Verzeihung bitten, Ally Keller und Bruno Bormann und Gott weiß wie viele da oben im Himmel«, sagte Mares.

Doch Nadine wusste, dass Mares nicht an einen Himmel und ein Paradies glaubte und erst recht nicht an eine Hölle. Gott war eine schwer zu begreifende Präsenz, besonders nach dem, was sie und ihr Mann durch die Kommunisten erlitten hatten. Sosehr sie sich bemühte, sie konnte nicht glauben. Für sie war das ein zu abstraktes Konzept. Glaube sei etwas, mit dem man geboren wurde.

Elisabeth ging, wie sie gekommen war: ohne Vorrede und Abschiedswort. Nadine hatte sich noch ein paar Mal mit ihr getroffen. Einmal hatten sie zusammen in einem tristen Restaurant in Weißensee gegessen, und während des verlegenen Schweigens fühlte Nadine sich schuldig, weil sie Elisabeth nicht zum Abendessen zu sich nach Hause eingeladen hatte. Deshalb platzte sie plötzlich damit heraus, sie müsse zu Lunas Hochzeit kommen, wenn es so weit sei. Sie wusste, dass Anton keine gute Meinung von Elisabeth hatte. Er war der Ansicht, dass tief in ihr etwas von den Nazis stecke, von ihrem Vater und ihrer Großmutter. Jedenfalls war Nadines Einladung nur eine höfliche Geste gewesen, da sie überzeugt war, dass Luna nicht heiraten würde. Luna hatte von klein auf verkündet, dass sie niemals in einem weißen Kleid vor einen Traualtar treten und erst recht nicht geloben würde, sich für den Rest ihres Lebens an nur einen Menschen zu binden.

Nach jenem Essen hatte Elisabeth sich wohl in die Familie aufgenommen gefühlt, denn sie erzählte Nadine beim nächsten Mal, dass sie seit Jahren mit einer Krankheit ringe und nun die Zeit gekommen sei, den Kampf aufzugeben. Sie hatte mithilfe von Chemotherapie und Bestrahlung nur deshalb so lange durchgehalten, weil sie es unerträglich fand, ihren Vater allein im Pflegeheim zurückzulassen. Doch jetzt, da er tot war und neben seinen Eltern ruhte, nach so vielem Leid, würde sie das Handtuch werfen. Nadine bot ihr an, sie zu besuchen, aber Elisabeth lehnte das ab. In diesem Stadium könne sie kein Mitleid ertragen. Sie werde sich ins Krankenhaus einweisen lassen, und nach ihrem Tod werde jemand bei Nadine anrufen. Das zumindest versprach sie.

Der Anruf kam schließlich von Elisabeths Anwalt. Ihre Tante, die sie nie so genannt hatte, war gestorben und hinterließ ihren Besitz – eine bescheidene Barschaft und eine düstere Wohnung – ihrer Großnichte Luna Paulus.

Jetzt, acht Monate nach ihrem ersten Besuch bei Elisabeth, betraten Luna und Nadine die Wohnung der Verstorbenen. Damals war sie ihnen klein und dunkel erschienen, jetzt dagegen riesig. Sie öffneten die Fenster, um frische Luft hereinzulassen.

»Ich bin noch nicht so weit, irgendwelche Schubladen zu öffnen«, sagte Luna. »Ich halte es für das Beste, alles eine Weile so zu lassen.«

Nadine fiel auf, wie verloren ihre Tochter aussah, die anders als sonst im Schreiben keinen Trost fand. Darum raffte sie ihren Mut zusammen und erzählte Anton, dass sie endlich das alte Versprechen einlösen und mit Luna in ein Flugzeug nach Havanna steigen werde.

»Wir sind nur ein langes Wochenende weg. Länger kann ich mir bei der Arbeit nicht freinehmen.« Drei Tage würden genügen.

»Wir werden das Grab meiner Eltern besuchen, Blumen niederlegen und zu dem Haus gehen, in dem ich zur Welt gekommen bin«, sagte sie zu Luna. Sie wollte die Luft der Insel atmen, die tropische Sonne im Gesicht spüren. Sie würde auch zum Hafen gehen und den Kai sehen, an dem der Überseedampfer, mit dem ihre Mutter nach Kuba gekommen war, eine Woche lang gelegen hatte.

»Sonst habe ich in Havanna nichts weiter zu tun«, sagte sie zu Anton. »Das wird keine Urlaubsreise, eher ein …«

Sie ließ den Satz offen. Sie flog nicht wegen ihrer Tochter dorthin. In Wahrheit wollte sie sich ihrer Angst stellen oder sie vielmehr hinter sich lassen.

Luna fragte, ob sie wirklich zu dem langen Flug bereit sei, und Nadine erinnerte sie daran, dass Entfernung eine Illusion war und sie schon über die Zeit triumphiert hätten. Es gebe nichts mehr aus der Vergangenheit hervorzuholen, versicherte Nadine ihr. Sie wolle nur das Andenken ihrer Mutter ehren.

Die Begegnung mit Franz hatte Nadine Frieden verschafft. Sie war es leid, allen möglichen Leuten die Schuld zu geben. Letzten Endes war jeder schuldig, wenn man nur gründlich genug nachforschte.

Am Tag der Abreise begleitete Anton sie zum Flughafen. Nadine war guter Dinge. Nachdem sie ihr Geburtsland als kleines Mädchen allein in einem riesigen Flugzeug verlassen hatte, um bei wildfremden Leuten ein anderes Leben zu beginnen, würde sie nun zurückkehren – Hand in Hand mit ihrer Tochter.

»Du bist mein Glücksbringer«, sagte sie zu Luna, als sie auf ihren Plätzen saßen. »Als kleines Mädchen mochte ich die Erwachsenen nicht. Die waren in meinen Augen traurige, einsame Gestalten. Ich hatte nicht vor, je wieder zu fliegen. Danke, dass du mitkommst.«

Der Flug war kürzer als manche Zugreise, die sie unternommen hatte. Sie merkte, dass die Zeit unterschiedlich verstrich, abhängig davon, wie alt man war. Mit drei Jahren hatte sie den Flug als eine Ewigkeit empfunden, als käme sie nie irgendwo an. Diesmal war der Atlantik im Nu überquert. Kurz nach dem Start hatte sie die Augen geschlossen, und als sie sie öffnete, lag

Havanna als kleiner Fleck auf einer langgestreckten Insel unter ihnen.

Sie waren die Ersten, die von der Fluggasttreppe stiegen.

»Wenn es hier im Mai schon so heiß ist, wie muss es dann im Hochsommer sein?«, fragte Luna.

Nadine konnte nicht antworten. Sie war überwältigt von dem Abgasgeruch, der sie einhüllte, als sie in den Terminalbus stiegen.

Sie stellten sich in die lange Schlange vor der Einwanderungskontrolle. Ein dunkelhaariger Mann mit großen Augen befragte sie. »Sie sind Kubanerin?«

»Eigentlich nicht«, antwortete Nadine und ärgerte sich sofort über sich selbst. Entweder man war es oder nicht. Sie war keine Kubanerin. »Ich bin hier geboren, aber in den Vereinigten Staaten aufgewachsen. Inzwischen leben wir in Berlin.«

»*Rada? Rafa?*«, fragte der Mann. Das waren die spanischen Bezeichnungen für die früheren Hälften Deutschlands. Er schaute sie verwundert an.

Nadine verstand die Frage nicht. *Vielleicht weil mein Spanisch zu europäisch geworden ist*, dachte sie. Sie würde sich an die kubanische Aussprache erst gewöhnen müssen.

Der Beamte schaute in ihren Pass, dann sah er sie an und noch einige Male hin und her, als stelle er ihre Angaben infrage. Eine weiße Frau mit blauen Augen, blonden Haaren und einer dunkelhäutigen Tochter, beide mit demselben Nachnamen. Und es war die Mutter, die laut Pass aus Havanna stammte.

»Mama, er fragt, ob West- oder Ostdeutschland.«

»Oh, es gibt seit fünfundzwanzig Jahren nur noch ein Deutschland.«

»Aber Sie haben meine Frage nicht beantwortet.«

»Meine Tochter wurde in Westdeutschland geboren. Meine Mutter … Tja, meine Mutter wurde geboren, als es nur ein Deutschland gab, vor dem Krieg.«

»Wenn Sie in Havanna geboren wurden, sind Sie für uns Kubanerin und werden es auch immer sein. In welchem Jahr haben Sie Kuba verlassen?«

»Das ist lange her. Da waren Sie sicher noch nicht auf der Welt.«

»Beantworten Sie die Frage.« Der Mann wirkte verärgert.

»1962. Ich war drei Jahre alt.«

»Sie sind nach Deutschland gegangen?«

»Nach Miami.«

»Ah, mit den Regimegegnern, den *gusanos.*«

»Wir sind damals von Miami nach New York geflogen, und später sind wir nach Deutschland übergesiedelt. Ja, nach Westdeutschland, in Ihr *Rafá.*«

Das »Wir« kam Nadine fremd vor. Der Mann blätterte in dem Pass jede Seite um, als wollte er ihn in Stücke reißen, um den Fehler zu finden. Durch das Zwielicht im Terminal, die Feuchtigkeit und ihren starken Durst fühlte Nadine sich allmählich unwohl. Die Fragen des Mannes schüchterten sie nicht ein. *Ich habe keinen Grund, nervös zu werden*, sagte sie sich.

»Wir können bald etwas trinken«, sagte sie zu Luna, damit der Beamte es hörte.

»Ich brauche nichts, Mama.«

Nadine wusste das. Sie war diejenige, der die Knie zitterten. Doch was könnte schlimmstenfalls passieren? Selbst wenn man sie in eine Zelle sperrte und stundenlang befragte, am Ende würde man sie nach Berlin zurückfliegen lassen, wenn auch vielleicht mit demselben Flugzeug, in dem sie hergekommen waren. Wieder neun Stunden in den Wolken.

Wortlos verließ der Beamte mit ihrem Pass seine Kabine. Sie warteten eine Minute, dann zwei und drei. Nadine kam es vor, als bliebe er stundenlang weg.

Der Mann kam zurück, aber diesmal auf ihrer Seite. »Kommen Sie mit.«

Sie gingen einen Korridor entlang, der besser klimatisiert war, und am Ende wartete ein großer schlanker Mann mit wettergegerbter Haut. Er bedeutete ihnen, Platz zu nehmen, und gab beiden eine Flasche Wasser. Sie tranken. Der dünne Mann lächelte liebenswürdig.

»Wie war Ihr Flug?«, fragte er auf Englisch.

»Kurz«, antwortete Nadine trotzig.

»Das freut mich zu hören. Hier sind Ihre Pässe. Willkommen in Havanna.«

Nadine und Luna waren unsicher, ob sie den Raum verlassen sollten oder ob sie jemand über die Grenze zwischen hier und dort, zwischen Vergangenheit und Gegenwart begleiten wollte. Nadine hätte gern gewusst, wann sie anfangen durfte, zuversichtlich zu sein.

Der Mann stand auf, bat sie mitzukommen, und in der Gepäckhalle verwies er sie an eine Frau in einer Militäruniform mit einem sehr kurzen Rock und Netzstrümpfen, die mit ihren Koffern auf sie wartete.

Auf dem Weg zum Ausgang und zum Tageslicht sahen sie eine Menschenmenge hinter einer Glastür. Als sie endlich ins Freie kamen, entdeckte Nadine ihre Namen handgeschrieben auf einem Pappschild, das jemand hochhielt: *Señora y Señorita Paulus*. Darunter stand gedruckt *Hotel Nacional*.

Der Mann mit dem Schild führte sie zu einem Minivan, und sie stiegen zu den anderen Touristen hinein. Die meisten waren Deutsche, und sie wirkten unruhig, vielleicht weil sie warten mussten. In ihr Geburtsland zurückgekehrt, wusste Nadine nicht, was sie bei den deutschen Touristen zu suchen hatte.

Sie schloss die Lider und wünschte sich zurück nach Berlin. Mit zugekniffenen Augen versuchte sie sich einzureden, sie hätte Deutschland nie verlassen und dies wäre nur einer ihrer vielen Albträume, in denen sie in ihr Geburtshaus in Vedado versetzt wurde oder in die Straßen von Maspeth, in den Gerichtssaal in Düsseldorf oder auf den Weihnachtsmarkt in Bochum-Linden. Sie wusste, Luna nahm jedes Detail ihrer Umgebung in sich auf, vom Licht bis zu den Gerüchen. Sie sah ihre lebhaften Blicke, sah, dass sie von jeder Geste und jedem Satz der Kubaner fasziniert war.

Havanna war wie eine Metropole in Klein, eine von der Zeit vergessene Stadt. Das Hotel Nacional lag auf einem Hügel an der Küste. Ihr Zimmer hatte Meerblick.

Der Friedhof war eine weiß leuchtende Totenstadt. Die Gruft der Bernals war so gut erhalten, als ob sich jemand darum kümmerte. Andererseits hielt Marmor ewig, und sicher war seit Jahrzehnten keiner hier gewesen, um niederzuknien und eine Kerze anzuzünden. Sie legten weiße Lilien auf die Grabplatte. Lilien wurden im Frühjahr gepflanzt. Sie gaben einen starken Duft ab, was hieß, sie waren beinahe verblüht. Sie besuchten auch den Guanabacoa-Friedhof, das Grab von Albert und Beatrice Herzog, des jüdischen Ehepaars, das Lilith auf Kuba ein neues Zuhause gegeben hatte. Sie hinterließen glänzende schwarze Steine auf dem Grabstein.

Sie gingen zum Hafen hinunter und spazierten an der Bucht entlang. Von der Morro-Festung aus am Fuß der hohen Mauer, an der das Salzwasser und die Zeit genagt hatten, blickten sie über Havanna. *So müssen die Passagiere der St. Louis, die mit meiner deutschen Mutter gereist sind, die Stadt gesehen haben, als sie nicht an Land gehen durften*, dachte Nadine. Plötzlich erschien ihr Havanna weit weg, unerreichbar. Sie kam sich vor wie einer jener neunhundertsiebenunddreißig Flüchtlinge, als stammte sie nicht aus Havanna. Warum war sie hier? *Es ist unmöglich, an einen Ort zurückzukehren, an den man keine Erinnerung hat.*

Es wurde Zeit, nach Vedado zu fahren und sich ihr Geburtshaus anzusehen, in dem sich ihre Mutter vermutlich das Leben genommen hatte. Dort angekommen, stiegen sie aus dem Auto und fotografierten es. Es war viel kleiner, als Nadine es sich vorgestellt hatte, praktisch ein Puppenhaus. Eine alte Frau kam aus dem Nachbargebäude und beobachtete, wie Nadine und Luna das Eisentor zum Garten öffneten und sich der Eingangstür näherten. Sie klopften mehrmals, und als niemand öffnete, gingen sie zum Auto zurück. Daraufhin lief die Nachbarin erstaunlich flink über den Bürgersteig und fing sie ab.

Unter Tränen griff sie nach Lunas Hand. »Du bist sicher Nadine«, sagte sie auf Spanisch.

Ehe Luna sie korrigieren konnte, fragte Nadine: »Haben Sie meine Mutter gekannt?«

»Wie dumm von mir. Natürlich, Liebes, du bist viel zu jung, um Nadine zu sein, aber ich muss sagen, die junge Dame erinnert mich sehr an Señora Bernal.«

Die alte Frau umarmte Nadine. Nach ein paar Sekunden, als die Umarmung nicht aufhörte, signalisierte Nadine ihrer Tochter, dass sie nicht wisse, wie sie sich verhalten sollte. Luna zuckte mit den Schultern. Sie war genauso verblüfft.

»Kommt zu mir herein«, sagte die alte Frau. »Ich heiße María. Ich habe viele Jahre Tür an Tür mit Lilith gelebt.«

Die beiden folgten ihr, ohne etwas zu fragen. María führte sie ins Haus, bot ihnen einen Platz an und entschuldigte sich. Die Wände waren mehrmals mit verschiedenen Farben überstrichen worden. Je nach Lichteinfall sah man Gelb oder Rosa. Die Möbel waren dunkel und aus Holz oder Korb. An der Wand gegenüber der Straße hing ein Familienfoto: eine junge Frau neben einem Mann im Anzug mit einem Kind auf dem Arm. Nadine erkannte in ihr die alte Nachbarin, die sie zu sich hereingebeten hatte. In einer Zimmerecke gab es einen kleinen Altar mit einer Marienfigur und einem Kerzenleuchter.

María kam mit einem silbernen Tablett mit zwei Gläsern

Wasser herein. Sie stellte es auf den Sofatisch, gab jeder ein Glas und zog eine weiße Kerze und eine Schachtel Streichhölzer aus der Tasche.

Sie zündete die Kerze vor der Jungfrau an und bekreuzigte sich. Sie schien zu ihr zu beten. Nadine und Luna konnten nicht hören, was María zu der Jungfrau sagte.

»Früher habe ich jeden Nachmittag einen Rosenkranz für deine Mutter gebetet«, sagte sie, als sie sich neben Nadine setzte. »Du ahnst nicht, wie oft ich meine Caridad del Cobre Virgin gebeten habe, ein Wunder zu vollbringen, damit Lilith ihre Tochter wiedersieht. Als wir sie in das Pflegeheim gebracht haben, habe ich ihr versprochen, dass du eines Tages zu ihr kommst. Niemand vergisst seine wirkliche Mutter.«

Nadine konnte nicht glauben, was sie da hörte. »Als ich noch ein Kind war, hieß es, dass meine Mutter sich kurz nach unserer Trennung umgebracht hat«, sagte sie mit einem Kloß im Hals. »Wenn ich gewusst hätte, dass sie da noch gelebt hat, wäre ich viel eher gekommen. Nie hätte ich gedacht, dass …«

»Wie um alles in der Welt konntest du das denken?«, fragte María entsetzt. »Gott hat uns gesegnet. Gott erhört unsere Gebete … Nadine, deine Mutter lebt!«

Nadine ließ den Kopf in die Hände sinken und brach in Tränen aus.

»Ist das wirklich wahr?«, fragte Luna. »Sprechen wir von derselben Person?«

»Señora Lilith Bernal. Von wem sonst? Ihr wisst nicht, wie sehr sie gelitten hat. Zuerst hat sie ihren Mann verloren, dann ihre Tochter. Das ist es, was eine Revolution anrichtet: Sie löscht Familien aus. Seht mich an, eine Witwe mit einem Sohn, der im Gefängnis sitzt. Ich habe dieses verdammte Land nicht verlassen, weil ich ihn nicht verlassen kann. Und wisst ihr, warum er im Gefängnis sitzt? Weil er anderer Meinung ist.«

»Können wir sie besuchen?«, fragte Luna. »Würden Sie uns zu ihr bringen? Unser Mietwagen steht draußen.«

»Hör zu, *mija*, Schatz, ich möchte keine falschen Hoffnungen wecken. Deine Großmutter ist alt und manchmal durcheinander. Sie ist nicht verrückt, aber sie lebt in ihrer eigenen Wirklichkeit. Sie kann nicht laufen, aber Gott sei Dank kümmern sich die Nonnen in Santovenia gut um sie.«

»Ist sie krank?«, fragte Nadine.

»Nicht krank, aber alt. Und daran kann man nichts ändern. Sie hat in sehr jungen Jahren viel erleiden müssen. Früher habe ich sie jeden Sonntag nach der Messe besucht, jetzt nur noch einmal im Monat. Die Busfahrt dahin ist ungeheuer anstrengend. Aber morgen ist Samstag. Wir können früh hinfahren.«

»Wer wohnt jetzt im Haus meiner Großmutter?«, fragte Luna.

»Kommunisten. Ihr wisst schon, bei der ersten Gelegenheit nehmen sie uns die Häuser weg und behalten sie. Die Leute sind zurzeit verreist, ich weiß nicht, wohin. Er ist Soldat oder Diplomat, was weiß ich.«

María stand von der Couch auf und verließ ohne Erklärung das Zimmer.

Sie kam mit einer zerknitterten Plastiktüte zurück. Darin lag ein Brief. »An dem Tag, als deine Mutter beinahe ihr Haus abgebrannt hätte, hatte sie diesen Brief in der Hand.« Sie reichte ihn Nadine. »Das war kurz vor deinem achten Geburtstag.«

Nadine nahm die Tüte. Sie wagte nicht, sie zu öffnen. Ihr Herz schlug so laut, dass sie Marías Worte kaum hörte.

»Wir werden Lilith morgen besuchen«, sagte Luna. »Jetzt sollten wir zum Hotel zurückfahren, damit du dich ausruhen kannst.«

»Lilith wird überglücklich sein«, sagte María. »Und ich danke Gott, dass ihr beide Spanisch sprecht.«

Sie verabschiedeten sich mit einer weiteren langen Umarmung. Auf der Rückfahrt zum Hotel traute sich Nadine noch nicht, den Brief zu lesen. Auf ihrem Zimmer duschte sie und wartete, bis Luna eingeschlafen war.

Dann setzte sie sich unter das Fenster mit Blick aufs Meer und begann zu lesen.

33

Siebenundzwanzig Jahre zuvor
Havanna, Januar 1988

Seit dem ersten Januar 1967, als ihre Tochter acht Jahre alt wurde, feierte Lilith Nadines Geburtstage allein. Ohne Kuchen und ohne für jedes Lebensjahr eine Kerze anzuzünden. Jedes Jahr saß Lilith in der Mitte des dämmrigen Zimmers mit einer Kerze in der Hand. *Wie kann ich ihren Geburtstag mit nur einer Kerze feiern?*, fragte sie sich.

Auf dem Tisch lag ein rosa Briefumschlag ohne Adresse, darin ein Brief, den sie vor einundzwanzig Jahren geschrieben hatte. Wenn sie darauf blickte, lächelte sie und wurde doch im nächsten Moment vom Kummer niedergedrückt. Sie hatte die indigoblaue Schachtel nicht mehr.

Den ganzen Abend fragte sie sich schon, wie sie sich an ein Leben ohne Nadine hatte gewöhnen können. Seit dem Tag vor fast drei Jahrzehnten lebte sie im Dunkeln. Nachts ging sie durch die Stadt, wo das Pflaster der Bürgersteige durch die kraftvollen Wurzeln der Kapok- und Flammenbäume geborsten war. Am Tag schrieb sie Briefe ohne Adressaten.

Sie hatte unter neuem Namen mit einer neuen Familie auf einer Insel gelebt. Sie hatte eine neue Sprache erlernt. Sie hatte die Vergangenheit weggewischt wie das Kondenswasser von einem Spiegel. Seit sie ihre Tochter weggegeben hatte, bedeutete ihr all das nichts mehr.

Die Nonnen des Klosters der Heiligen Katharina von Siena waren, bald nachdem sie Nadine nach New York geschickt hatten, aus dem Land vertrieben worden. Lilith ging zum Standesamt des Klosters, erkundigte sich und erfuhr, dass es keine Unterlagen zur Ausreise eines dreijährigen Mädchens namens Nadine gebe, auch keine über eine Operation Peter Pan. Man hatte sie angeschaut, als ob sie halluzinierte.

Sie war nun für die Pflege der Familiengruft der Bernals auf dem Colón-Friedhof zuständig, den sie jeden Freitag besuchte. Sie kaufte Blumen und stritt mit dem Verkäufer auf Deutsch, weil sie welkten und weil sie lieber Blumen mit Wurzeln haben wollte.

Lilith war in Kuba zur Ausländerin geworden. Sie führte Selbstgespräche auf Deutsch, und die Nachbarn hielten sie für verrückt. María, die nebenan wohnte, fing an, sie nachmittags zu besuchen und für sie einzukaufen. Wenn Lilith etwas aß, dann dank María, die ihr hingebungsvoll jeden Abend warmes Essen brachte und mit ihr den Rosenkranz betete, aber leise, damit die Nachbarn es nicht hörten. Danach verbarg sie den Rosenkranz in ihrer Bluse. Wenn sie sich nach Liliths Befinden erkundigte, antwortete Lilith auf Deutsch.

Lilith schrieb Briefe und brachte sie aufs Postamt. Anfangs erklärte ihr der Angestellte, dass er ihren Brief nicht annehmen könne, weil keine Adresse daraufstünde. Sie ließ den Brief trotzdem jede Woche am Kundenschalter liegen, bis der Mann ihn schließlich annahm und vor ihren Augen stempelte, um sie lächeln zu sehen und damit sie rasch wieder ging.

Eines Tages war sie zum Postamt gegangen und hatte festgestellt, dass es geschlossen worden war.

»Auf dieser Insel kümmert sich niemand um Briefe«, sagte eine alte Frau zu ihr. »Seit die Kommunisten an der Macht sind, wollen sie verhindern, dass wir etwas über die Welt erfahren. Es ist Jahre her, seit ich einen Brief von meiner Tochter in Miami bekommen habe.«

Lilith schloss sich in ihrem Haus in Vedado ein und schrieb weiter Briefe. In den Zimmern häuften sich die tintenfleckigen Briefbögen, die mit unleserlichen Sätzen gefüllt waren. Die Türen lockerten sich in den Angeln, und Staub und Spinnweben eroberten die Ecken, als ob seit Jahren niemand unter diesem Dach lebte.

María hatte Mitleid mit ihrer Nachbarin. Sie selbst hatte einen Sohn, den die Kommunisten ins Gefängnis geworfen hatten und den sie nicht einmal besuchen durfte. Als Lilith fünfzig Jahre alt war, ging María zur Calzada del Cerro und kümmerte sich darum, sie in dem Santovenia-Pflegeheim unterzubringen.

»Wenn sie geisteskrank ist, sollte sie in einer entsprechenden Einrichtung untergebracht werden«, sagte die Heimleiterin.

»Sie ist nicht verrückt«, erwiderte María. »Sie hat ihre Eltern, ihren Mann und ihre Tochter verloren. Sie ist traurig und kann sich nicht um sich selbst kümmern.«

Ein Jahr später während der Weihnachtsfeiertage, die die Regierung zehn Jahre lang abgeschafft hatte, informierte das Heim sie, dass ein Bett frei geworden sei und sie ihre Nachbarin anmelden könne.

María füllte die Formulare aus, beschloss aber, bis zum neuen Jahr zu warten und Lilith erst Anfang Januar hinzubringen.

Gegen Mittag des 1. Januar 1988 sah María Rauch aus Liliths Haus dringen. Bis sie drüben ankam, hatten andere Nachbarn bereits die Tür aufgebrochen und löschten das Feuer mit Eimern voll Wasser.

»Wie kann man in diesem Haus eine Kerze brennen lassen?«, sagte ein Mann, der triefend nass mit einem leeren Eimer und versengtem Papier unter den Schuhsohlen herauskam.

Lilith stand mit einem Brief in der Hand im Flur. María führte sie ins Wohnzimmer und setzte sich mit ihr hin. »Warte hier auf mich. Ich habe ein Heim für dich gefunden, wo man sich um dich kümmern wird. Da kannst du so viele Briefe an deine Tochter schreiben, wie du willst, und niemand wird dich belästigen. Sie werden dich dort nur keine Kerze anzünden lassen.«

Lilith lächelte. Als die Nachbarin ging, schloss sie die Augen und tat, als freute sie sich über den Kuchen, den sie nicht mehr backen konnte, und über die acht Kerzen, die sie nicht hatte und nicht ausblasen konnte. Was sollte sie sich diesmal wünschen? Wozu sollte sie sich etwas wünschen, wenn die Wünsche sich nie erfüllten? Es gab den Moment, an dem man aufgeben musste.

Als María zurückkam, saßen sie eine Weile schweigend zusammen im Wohnzimmer.

»Sie kommen dich bald abholen«, sagte María dann. »Es ist zwar ein bisschen weit für mich, aber ich verspreche, ich werde dich jedes Wochenende besuchen.«

Zwei Stunden später bog ein Auto in die Einfahrt und hupte.

»Da sind sie«, sagte María und stand auf. »Du wirst sehen, wie gut es dir dort gehen wird.«

Sie ging nach draußen, und Lilith folgte ihr.

Als Lilith an diesem Abend mit dem alten unadressierten rosa Brief in der Hand auf der Schwelle ihres Hauses stand, sprach sie auswendig das Gedicht, das ihre Mutter ihr zum achten Geburtstag geschenkt hatte. Bevor sie mit den zwei Männern in den Wagen stieg – der eine in Olivgrün, der andere in Weiß gekleidet –, drehte sich Lilith nach María um, die auf sie zurannte. Die Nachbarin nahm den Brief, den Lilith ihr hinhielt, und umarmte sie.

»Wir müssen fahren«, sagte der Mann in Weiß zu María.

»Sie können sie sonntags besuchen. Lassen Sie ihr nur ein wenig Zeit, um sich einzugewöhnen.«

Der Wagen fuhr los, und da die Fenster heruntergekurbelt waren, fühlte Lilith sich durch den Fahrtwind wie befreit. Doch als wäre der Geruch unauslöschlich in ihrer Erinnerung verankert, roch die Luft nach Schießpulver, Asche, Leder und Metall. Für sie hatte sich nichts geändert. Die Bürgersteige waren mit Glasscherben übersät. *Man träumt von der Freiheit, wie man von Gott träumt*, sagte sie zu sich auf Deutsch. Wessen Stimme war das? Sie erkannte nicht mal ihre eigene Stimme.

Wieder einmal waren Träume und Gott für sie sinnlos geworden. Unterwegs wünschte sie sich, eine Spur zu hinterlassen, die zu ihrem Bestimmungsort führte. Damit ihre Tochter sie fände, wenn sie eines Tages nach Kuba zurückkehrte – denn das tat sie ganz bestimmt. Hoffnungsvoll lächelnd weinte sie eine Träne, ihre letzte.

Sie sprach sich den Text des Briefes vor, den sie María gegeben hatte, und ließ den Fahrtwind die Worte davontragen wie das Meer eine Flaschenpost:

Havanna, 1. Januar 1967

Liebe Nadine!

Dein Vater und ich haben von Dir geträumt, bevor wir Dich bekamen. Am Abend unserer Hochzeit streichelte Martín meinen Bauch und sagte voraus, dass Du ein Mädchen wirst.
Bevor Du in mir heranwuchst, nannte ich Dich schon Nadine, meine Nadine. Ich habe mir vorgestellt, dass Du große neugierige Augen hast und dass Du alles, was Du in die Hände bekommst, begreifen möchtest.
Als ich zum ersten Mal Deinen Herzschlag spürte,

Du mich zum ersten Mal getreten hast, wenn Du Dich in mir bewegt hast, als wolltest Du heraus und in meine Arme, bin ich zu Deinem Vater gelaufen und habe es ihm erzählt. Du hast uns großes Glück beschert.

Am Neujahrstag, als Du zur Welt kamst, brauchten wir keinen Champagner und keine Musik. Du warst unser Fest. Obwohl die Stadt in Aufruhr war und die Welt kopfstand, brachtest Du uns Frieden, liebe Nadine. Sobald ich Dich in den Armen hielt, habe ich Dich festgehalten. An dem Tag liebte ich Deinen Vater noch mehr, wenn ich ihn mit Dir zusammen sah. Es war, als hättet ihr euch schon ein Leben lang gekannt. Du und er, ihr wart eins, und Du hast dich an seinen Finger geklammert. In diesem Augenblick versprach er Dir, eines Tages mit Dir zu fliegen, ihr zwei allein in einem Flugzeug.

Ich betete, die Nacht möge nie vorbeigehen, und wir sahen Dir beim Schlafen zu, wir zählten Deine Seufzer, und wenn ich Dich stillte, war ich die glücklichste Frau der Welt.

Ich möchte, dass Du nur die glückliche Erinnerung an uns behältst, denn, ja, Nadine, Dein Vater und ich waren mit Dir glücklich.

Und nun muss ich Dich um Verzeihung bitten. Heute, an Deinem achten Geburtstag. In demselben Alter habe ich in Berlin meine acht Kerzen ausgeblasen und mir etwas gewünscht, das sich nicht erfüllte: nie von meiner Mutter getrennt zu werden, mit ihr zusammen aus der Hölle fliehen zu können. In diesem Alter schickte mich meine Mutter mit zwei fremden Leuten auf eine Insel auf der anderen Seite des Ozeans, und ich habe nie verstanden, wie sie das ihrer Tochter an-

tun konnte. Ich habe sie verflucht, ich wollte sie vergessen, ich habe gelobt, nie wieder Deutsch zu sprechen. Ich wollte meine acht Jahre mit ihr auslöschen. Du musstest erst geboren werden, damit ich meine Mutter verstehen konnte. An dem Abend, als meine Wehen einsetzten, noch bevor ich Deinen ersten Schrei hörte, verzieh ich meiner Mutter, denn dass ich noch am Leben war und Mutter wurde, verdankte ich nur ihr. Ich musste erkennen, dass man den Menschen, den man am meisten liebt, mitunter nur retten kann, indem man ihn verlässt.

Meine liebe Nadine, Du ahnst nicht, wie schuldig ich mich fühlte, weil ich die Entscheidung meiner Mutter lange nicht verstanden habe. Aber wenn der Tag kommt, da ich mich von diesem Leben verabschieden muss, werde ich in ihre Arme zurückkehren. Und ich bete zu Gott, damit er mich nach meinem letzten Atemzug zu meiner Mutter lässt und ich ihr sagen kann, wie sehr ich sie geliebt habe.

Meine liebe Nadine, ich musste Dich verlassen, und ich weiß, das ist in Deinem Alter schwer zu verstehen. Wenn ich tagtäglich den Schmerz ertrage, von Dir getrennt zu sein, dann nur, weil ich weiß, dass Du am Leben und glücklich bist, selbst wenn nicht ich es bin, die Dich morgens mit einem Kuss weckt.

Eines Tages wirst Du erwachsen sein, vielleicht wirst Du mich verfluchen, aber ich hoffe, dass Du mich, wenn Du selbst Mutter bist, verstehen wirst. Eine Mutter vergisst ihre Tochter nie, selbst wenn sie sie nie wieder in den Arm nehmen kann.

Hier auf dieser Insel, die Dir weit weg erscheinen muss, werde ich auf Dich warten. Ich will mei-

nen letzten Atemzug hinauszögern, bis Du wiederkommst. Heute ist das mein einziger Wunsch.
Verzeih mir, liebe Nadine.
Ich liebe Dich von ganzem Herzen.

Deine Mutter,
Lilith

34

Siebenundzwanzig Jahre später
Havanna, Mai 2015

Am Samstagmorgen fuhren Nadine, Luna und María mit dem Bus durch Havanna zum Santovenia-Pflegeheim. Die Calzada del Cerro glich einem Hexenkessel. Die Sonne heizte das Pflaster so auf, dass es rauchte. Autofahrer ignorierten die Verkehrsschilder und fuhren ihnen vor die Stoßstange, Fußgänger rannten vor ihnen über die Straße, sodass sie beinahe überfahren wurden. Der Fahrer brüllte jeden an, der ihm in die Quere kam. Auf Nadine wirkte dieser Teil der Stadt, als herrschte Krieg. An jeder Ecke standen bewaffnete Polizisten, und vor den Geschäften hatten sich lange Warteschlangen gebildet. Das ohrenbetäubende Dröhnen der Lkw und der voll besetzten Busse entsetzte sie. Der Fahrer trat ständig vor großen Schlaglöchern auf die Bremse, und da es keine Sicherheitsgurte gab, mussten sie sich an den Griffen am Autodach und an der Tür festhalten.

Dann endlich bogen sie um eine Ecke und gelangten in eine stille Allee. Der Bus hielt vor einem schlossartigen, stark vernachlässigten Bauwerk, das einen ganzen Häuserblock einnahm.

»Die Villa gehörte früher den Grafen von Santovenia«, sagte María. »Havanna war einmal eine sehr elegante Stadt.«

Luna und María stiegen als Erste aus. Nadine schloss die Augen, atmete tief ein und hielt die Luft an. Sie war die ganze Nacht wach geblieben, hatte immer wieder den Brief ihrer Mutter gelesen, den sie jetzt in der Handtasche bei sich trug.

María hatte im Pflegeheim angerufen und Bescheid gesagt,

dass sie am Samstagmorgen mit Señora Bernals Tochter und Enkelin kommen werde. Die Pflegerinnen würden Lilith vor dem Ankleiden baden und sie erwarten.

Sie gingen durch das große Gittertor und wurden von einer Nonne im rosa Habit empfangen. »Ein Wunder Gottes«, rief sie. »Ein Wunder der Heiligen Jungfrau!«

Auf den grauweißen Marmorplatten des Flurs standen viele freie Ohrensessel entlang der Wand. Im Innenhof gab es einen Springbrunnen, der leise vor sich hin plätscherte.

»Sie spricht kaum, aber sie wird verstehen, was Sie sagen«, erklärte die Nonne. »Sie bleibt gern im Schatten.«

Nadine entdeckte ihre Mutter auf der anderen Seite des begrünten Hofes. Zu dieser frühen Stunde hielt sich dort niemand außer ihr auf. Von Weitem erschien Lilith ihr klein, so klein wie ein achtjähriges Mädchen. Nadine hatte geglaubt, sie würde nervös sein, ihr würden die Knie zittern, doch in diesem Moment war sie von Energie erfüllt. Sie eilte voraus und war als Erste bei ihr.

An dem schattigen Platz duftete es stark nach Veilchen. Liliths Haare waren kurz und weiß, ihre Haut faltenlos glatt, aber ihre Arme voll dunkler Flecke. Sie hielt die Hände im Schoß gefaltet, den Blick ins Leere gerichtet. Als Nadine näher kam, drehte sie den Kopf zu ihr. Ihr Blick glitt über Nadines Gesicht. Sie lächelte, als Nadine ihre Hände nahm, und ihre Hände fingen an zu zittern.

Nadine glaubte, ihre Mutter hatte sie erkannt. »Ihre Hände zittern«, sagte sie zu Luna.

Luna fing an zu weinen.

»Wir haben keinen Grund zu weinen«, sagte Nadine, obwohl auch ihre Augen feucht wurden.

Luna beugte sich zu ihrer Großmutter und gab ihr einen Kuss. Nadine umarmte sie behutsam. Lilith fühlte sich klein und zerbrechlich an. Veilchenduft umhüllte sie.

Mit zitternden Händen streichelte Lilith das Gesicht ihrer Tochter von der Stirn über die Wangen bis zum Kinn. Sie wiederholte die Bewegung immer wieder, wie ein blinder Mensch, dem die Fingerspitzen sagten, wie Nadine aussah.

Ihre Hände sind weich und warm wie bei einem Neugeborenen, dachte Nadine.

Die anderen hörten Nadine leise mit ihr auf Deutsch reden. Sie erzählte von ihrem Leben in New York, von ihrem Studium in Berlin, von dem Tag, als sie Anton begegnete und sich unsterblich in ihn verliebte. Und von Luna, die das Talent ihrer Urgroßmutter Ally geerbt habe. Sie erzählte ihr nur die glücklichen Geschichten.

»Wir haben wieder eine Dichterin in der Familie«, sagte sie.

»Wie meine Mutter«, flüsterte Lilith auf Deutsch. »Ich wusste, wir würden uns wiedersehen, und sei es auch erst, wenn ich schon sehr alt bin.«

»Hätte ich es nur eher erfahren!«, sagte Nadine.

»Meine liebe Tochter, ich habe immer gehofft. Es gibt so viel zu fragen. Du weißt nicht, wie schwer es für mich war, meine Mutter zu verstehen, die mich allein nach Kuba geschickt hat. Kannst du dir das vorstellen?«

»Das war der Krieg, Mama. Wir sind alle Opfer des Krieges.«

»Der Krieg … Wir haben alles verloren, aber ich habe dich und meine Enkelin. Jetzt kann ich in Frieden sterben. Ich habe getan, was ich konnte, meine kleine Nadine. Ich wollte dich niemals im Stich lassen.«

In den nächsten Stunden plauderten sie immer ein paar Minuten und saßen dann schweigend da und genossen es, einfach beieinander zu sein.

»Komm mit uns nach Berlin«, sagte Nadine.

»Nein, meine Kleine. Ich kann mich kaum noch bewegen. Außerdem liegt dein Vater hier begraben. Ich muss an seiner Seite bleiben.«

Lilith hielt die Hand ihrer Tochter und drückte sie, als wolle sie sich vergewissern, dass sie nicht träumte.

Plötzlich schlief sie ein.

»Es ist Zeit für sie, sich auszuruhen«, sagte die Nonne, die die ganze Zeit dabeigestanden hatte. »Das war viel für einen Tag.«

Der Besuch hatte nur vier Stunden gedauert, aber Nadine kam es vor, als hätte sie ein glückseliges Jahr verbracht.

Sie hätte ihre Mutter gern noch einmal gesehen, doch am nächsten Tag würden sie schon den Rückflug antreten. Sie nahm sich vor, so bald wie möglich wieder nach Havanna zu reisen. Sie wünschte, sie könnte ihre Mutter nach Berlin mitnehmen, fürchtete aber, dass sie in ihrem gebrechlichen Zustand die Atlantiküberquerung nicht überleben würde.

Als sie wieder im Hotel waren, umarmte Luna ihre Mutter. »Lässt du mich den Brief lesen?«

Nadine nickte. »Wie schon Allys Gedicht«, sagte sie und gab ihr den rosa Umschlag. »Er gehört dir.« Sie überlegte kurz. »Flieg du zurück nach Berlin. Ich bleibe noch eine Weile bei meiner Mutter.«

35

Sechs Monate später
Berlin, November 2015

An dem Abend, als Lilith starb, verabschiedete sich Luna von ihren Eltern, zog den roten Gabardinemantel über, verließ die Wohnung und lief durch die Straßen von Berlin, bis der Morgen dämmerte. Die Stadt sah jetzt anders aus, wie eine Erweiterung Havannas. In Havanna und Berlin spürte sie unter ihren Füßen die Vergangenheit.

An dem Abend, als Lilith starb, kam Luna zu dem Schluss, dass sie ihrer Großmutter, Franz und Elisabeth durch ihre Nachforschungen ermöglicht hatte, den Menschen Lebewohl zu sagen, die sie am meisten geliebt hatten. Vielleicht hatten sie die Welt in dem Wissen verlassen, dass ihr Leben nicht so trostlos war, wie sie geglaubt hatten. *Man kann das Leben nicht mit solch einer Last auf dem Herzen verlassen*, hatte sie ihre Großmutter Ernestine Paulus ab und zu sagen hören. *Zur anderen Seite muss man mit möglichst leichtem Gepäck reisen.*

Sie hatten es durch einen kurzen Anruf von María erfahren. Luna und ihre Eltern hatten für Dezember eine Reise nach Kuba geplant gehabt. Sie hatten Weihnachten mit Lilith verbringen wollen.

Während des Monats, den Nadine bei ihr in Havanna geblieben war, hatten Anton und Luna in ständiger Angst gelebt. Anton musste zur kubanischen Botschaft fahren, um Nadines Aufenthaltserlaubnis verlängern zu lassen. Man behandelte ihn, als hätte er ein Verbrechen begangen, und Nadine musste sich in Havanna jeden Abend an der Hotelrezeption melden, wo man ihren Aufenthalt jeweils um einen Tag verlängerte, bis sie eines Abends ein amtliches Schreiben erhielt, das eine weitere Verlängerung ausschloss.

Nadine hatte den Eindruck gehabt, dass Lilith dahinschwand. Sie verbrachten die Nachmittage im Innenhof des Pflegeheims, als wären sie nie getrennt gewesen. Lilith erzählte von ihrem Vater Marcus, dem Musiker, als hätte sie ihn gekannt. Sie sagte, dass sie und ihre Mutter Ally mit ihm in Berlin zusammengelebt hätten. Anfangs wirkte Lilith erstaunlich klar, aber mit der Zeit merkte Nadine, dass ihre Gedanken abschweiften und sie ihre Geschichte abänderte.

»Das war immer unser Zuhause«, sagte Lilith. »Ich war dort mit meinen Eltern sehr glücklich.«

Als sie nach Berlin zurückfliegen musste, riet María ihr, sich von Lilith so zu verabschieden, als ob sie am nächsten Tag wiederkäme. »Señora Bernal weiß nicht mehr, dass die Zeit vergeht«, sagte María. »Für sie gehört jeder Tag zur Vergangenheit.«

Seit ihrer Rückkehr von Kuba hatte Nadine jeden Sonntag bei María angerufen, um sich zu erkundigen, wie es Lilith ging. Sie bezahlte ihr jetzt die Fahrten zum Pflegeheim und schickte Medikamente für sie und Lilith, auch wenn es schwierig war, ein Päckchen nach Kuba zu versenden. Mal ging es via Madrid, mal via Miami. Sie spendete über eine katholische Organisation in Galizien an das Pflegeheim. Einmal im Monat rief sie in dem Heim an, und eine der Schwestern hielt Lilith das Telefon ans Ohr. Nadine sprach dann mit ihr Deutsch und erzählte, dass es in Berlin bald schneien werde und dass ihre Enkelin eine Dichterin wie Ally geworden war. Sie erzählte ihr nicht von Elisabeth, die kürzlich gestorben war. Wozu sollte sie sie mit einer Geschichte belasten, die nicht einmal sie ganz verstehen konnte.

Luna hatte bereits vermutet, dass dieses Weihnachtsfest Liliths letztes sein würde, und als das Telefon klingelte, ahnte sie die schlechte Nachricht, sowie sie Marías Stimme hörte. Ihre Mutter riss ihr nervös den Hörer aus der Hand, als sie ihren Namen erwähnte.

Nadine lauschte María aufmerksam, und Luna sah, wie sie den Mund verzog und ihre Augen sich mit Tränen füllten. Anton ging zu seiner Tochter und nahm sie in die Arme, dann trat er zu Nadine. Als sie aufgelegt hatte, fiel sie ihm in die Arme und weinte. Luna war erschrocken über ihr lautes Schluchzen. Ihr wurde klar, dass sie Nadine zum ersten Mal um ihre Mutter trauern sah. Als Nadine als Teenager von Liliths vermeintlichem Tod erfahren hatte, war das für sie abstrakt geblieben. Erst jetzt war Lilith für sie eine wirkliche Person geworden.

Nadine berichtete ihr flüsternd, was María gesagt hatte. Lilith sei während der Nacht gestorben und am Morgen gefunden worden. María versicherte ihr, seit dem Wiedersehen seien Liliths Augen von Licht erfüllt gewesen.

»Lilith hat nur so lange gelebt, weil sie immer noch auf ein Wiedersehen hoffte«, sagte sie zu Nadine.

Im Pflegeheim wusste man bereits über die Familiengruft der Bernals Bescheid. Es würde eine schlichte Beisetzung werden, mit Blumen und Gebeten. Nadine versprach, möglichst bald nach Kuba zu kommen. Sie wolle sie umarmen, sagte sie zu María. Das sei, als würde sie ihre Mutter ein letztes Mal in die Arme schließen. Nun war sie die Hüterin der Gräber der Bernals.

Nachdem sich Luna von ihren Eltern verabschiedet hatte, lief sie ziellos durch Berlin und gelangte schließlich auf eine der Straßen, die zum Tiergarten führten. Sie setzte sich auf eine Bank, schloss die Augen und ließ ihren Gedanken freien Lauf.

Als die Sonne aufging, war der Tiergarten eine Bank, eine Straßenlaterne, ein Baum und ein rennendes kleines Mädchen, das seiner Mutter immer wieder in die Arme flog. Sie sah Ally und Lilith im Sonnenschein. Sie brauchten sich nicht mehr zu verstecken.

In Gedanken ging Luna an der Tiergartenstraße 4 vorbei, an offenen Fenstern und Türen und an Antiquitätengeschäften. Südlich des Brandenburger Tors standen Häuserreihen gegenüber dem Park. Sie ging in das Lampengeschäft der Herzogs. Inzwischen gab es solche an jeder Ecke der Stadt, einer Stadt voller Licht. Die Türglocke klingelte. Sie war geblendet von Hunderten bunter Glühbirnen. Beatrice und Albert begrüßten sie mit »Schalom«. Hinter dem Ladentisch stand ihr Sohn Paul und bediente einen Kunden.

Luna verließ das Geschäft und ging weiter, während Regenwolken aufzogen. Unter den Linden fing es an zu nieseln. Sie schlug den Kragen ihres roten Gabardinemantels hoch und schaute an den blühenden Linden entlang.

Sie musste sich beeilen, denn sie warteten auf sie. Sie kniff die Augen zu und war im Nu in der Anklamer Straße vor Hausnummer 32, mit den grünspanüberzogenen Bronzeziffern. Die schwere Holztür war frisch gestrichen, der Bürgersteig gepflegt. Luna drückte die Tür auf und ging hinein. An Wohnung 1 B berührte sie die Mesusa, die am Türrahmen hing, und stieg die Treppe hinauf.

Sie folgte ihr in den dritten Stock. Dort ging sie zum Ende des Flurs, in dem sich vor ihr das Licht einschaltete. Sie öffnete die Tür einer Wohnung, in der es nach Leder und Papier roch. Der Professor saß laut lesend in einem samtbezogenen Sessel. Sie trat näher, damit sie ihn verstehen konnte. *Wovon, was jetzt geschah, ein Vorspiel ist*, sagte er gerade. Zurückgelehnt auf dem Sofa, mit nackter Brust und weiß wie eine griechische Statue, saß Franz, eingelullt von der Stimme seines Lehrmeisters.

Luna ging hinaus und öffnete die Tür der Nachbarwohnung. Sie sah Ally Keller und Marcus, Liliths Vater, am Fenster stehen. Sie hörte Lilith nach den beiden rufen. Sie reagierten nicht. Das Mädchen rief *Mami* und diesmal lauter. Dann *Papa.* Marcus lief zu ihr und schwenkte sie durch die Luft. Ally drehte sich um. Sie lächelte. Auf dem Tisch im Esszimmer waren Kerzen angezündet. An einem Ende saßen Lilith und Martín mit einem Kleinkind auf dem Arm. Neben ihnen standen Nadine und Anton und plauderten.

Luna versuchte zu verstehen, was sie sagten, aber um sie drehte sich alles. Die Wände verblassten.

Luna blickte auf. Die Zimmerdecke war verschwunden. Sie brach in Tränen aus. Sie weinte um ihre Großmutter und ihre Urgroßmutter, wie man nur um die Toten weint, mit Verzweiflung. Sie sah sich nach einem Spiegel um und lenkte ihre Schritte nach Hause. Sie musste herausfinden, wer sie war.

Sie bemerkte, dass wieder Nacht war. Vielleicht war die Nacht auch gar nicht zu Ende gegangen. Aus dem Fenster ihrer Wohnung sah sie ein Pärchen die Anklamer Straße überqueren. Als die beiden die Ecke erreichten, drehten sie sich um und schauten zu ihr herauf. Luna sah sich selbst auf dem Fensterbrett ihrer Wohnung sitzen.

Während der nächsten Nachtstunden ordnete sie die vergessenen Briefe und Gedichte ihrer Urgroßmutter. Es gab nichts mehr zu enträtseln. Die vergilbten Briefe aus Sachsenhausen und der rosa Brief ohne Adresse lagen nun auf dem Parkett. Auf dem Tisch unbeschriebene Blätter. Leere hatte sie immer gefesselt. Sie musste beginnen, wusste aber nicht, wo.

Luna kamen die Tränen, aber es waren nicht ihre eigenen. Eines ihrer vielen Leben hatte begonnen. Sie beschrieb das erste freie Blatt. Ein anderer formte die Buchstaben, sie bewegte lediglich die Hand. Sie versuchte zu lesen, was sie geschrieben hatte, die wahllosen Wörter, und konnte es nicht. Sie las es laut. Was sie hörte, war Stille. Aus der Stille bildeten sich Wörter, flogen ihr zu. Sie verlor das Zeitgefühl. Sie wusste nicht, welcher Tag, welche Woche war. Nicht einmal, welches Jahr.

Sie las, was sie geschrieben hatte. Ruhig, im Schutz der Schatten, konnte sie die Stimme ausmachen, die sie leitete. Plötzlich hörte sie es: *Nachts haben wir alle dieselbe Farbe …*

Der Tag brach an, hell und klar.

Anmerkungen des Autors

Eugenik

Die deutschen Gesetze zur »Rassenhygiene« traten 1933 in Kraft, und die nationalsozialistische Regierung unter Adolf Hitler führte daraufhin eine Politik der Zwangssterilisation ein. Die NS-Machthaber gingen davon aus, dass ungefähr zwanzig Prozent der deutschen Bevölkerung genetische oder »rassische« Defekte aufwies. Als Erste wurden geistig behinderte Menschen sterilisiert. Die Nächsten waren »Mischlinge« mit einem »arischen« Elternteil und einem von einer anderen »Rasse«, zumeist Schwarze oder Juden. 1935 beschloss die NS-Regierung einstimmig das »Gesetz zum Schutze des deutschen Blutes und der deutschen Ehre«, das Staatsbürger aufgrund ihres »rassischen« Erbes klassifizierte.

Eugenik ist das Streben nach einer überlegenen »Rasse« durch die Anreicherung vererbbarer Eigenschaften. Die »Rassenpolitik« während der NS-Zeit wurde durch Forschungsarbeiten angeregt, die seit Ende des 19. Jahrhunderts in den USA und auf der ganzen Welt durchgeführt wurden. Im Zuge der Aktion T 4 wurden mehr als 275.000 Menschen getötet oder sterilisiert. Frauen sterilisierte man durch Röntgenstrahlung, Männer durch Vasektomie, oft ohne Narkose. Viele afrikanisch-deutsche Kinder, »Rheinlandbastarde« genannt, wurden aus der Schule abgeführt oder auf der Straße aufgegriffen und in medizinische Einrichtungen gebracht, um dort sterilisiert zu werden. Die »Vermischung der Rasse«, besonders mit Menschen aus den afrikanischen Kolonien, wurde als »Rassenschande« bezeichnet.

Die deutschen »Rassengesetze« stützen sich insbesondere auf Forschungsergebnisse von Ärzten aus dem kalifornischen Pasadena. In der ersten Hälfte des 20. Jahrhunderts führten die von diesen Medizinern entwickelten Methoden dazu, dass in den Vereinigten Staaten etwa 70.000 Menschen gegen ihren Willen sterilisiert wurden. Einige Bundesstaaten, darunter Virginia und Kalifornien, praktizierten die Sterilisation bis 1979.

Die *St. Louis*

Am Abend des 13. Mai 1939 lief das Transatlantik-Passagierschiff *St. Louis* der Hamburg-Amerika-Linie (HAPAG) von Hamburg nach Havanna auf Kuba aus. An Bord waren etwa neunhundert Passagiere, die Mehrzahl deutsche Juden auf der Flucht. Bei einigen handelte es sich um Kinder, die ohne ihre Eltern reisten.

Sämtliche Flüchtlinge hatten Einreisegenehmigungen, die es ihnen gestatteten, in Havanna an Land zu gehen, erteilt von Manuel Benítez, dem Generaldirektor der kubanischen Einwanderungsbehörde, unterstützt vom Oberbefehlshaber des Heeres, Fulgencio Batista. Die Genehmigungen hatte die HAPAG vermittelt. Eine Woche bevor das Schiff von Hamburg auslief, erließ der kubanische Präsident Federico Laredo Brú jedoch sein Dekret 937 (benannt nach der Anzahl der Passagiere an Bord der *St. Louis*), das die von Benítez erteilten Einreisegenehmigungen für ungültig erklärte.

Am Samstag, dem 27. Mai, kam das Schiff im Hafen von Havanna an. Die kubanischen Behörden erlaubten jedoch nicht, dass es in dem Bereich anlegte, welcher der HAPAG zugewiesen war, und zwangen es, stattdessen mitten in der Bucht von Havanna zu ankern. Nur vier Kubanern und zwei nichtjüdischen Spaniern wurde gestattet, sich auszuschiffen, dazu zweiundzwanzig Flüchtlingen mit Einreisegenehmigungen des kubanischen Außenministeriums, die älter waren als die Visa, die Benítez erteilt hatte.

Am 2. Juni lief die *St. Louis* nach Miami aus. Als sie sich der US-amerikanischen Küste näherte, verwehrte die Regierung Franklin D. Roosevelts ihr die Einfahrt in US-amerikanische Hoheitsgewässer. Die Regierung Mackenzie King in Kanada verweigerte dem Schiff ebenfalls die Erlaubnis anzulegen.

Die *St. Louis* sah sich daher gezwungen, nach Hamburg zurückzukehren. Einige Tage vor ihrer Ankunft handelte das Joint Distribution Committee (JDC) eine Übereinkunft aus, in der mehrere seiner Mitgliedsstaaten sich bereiterklärten, die Flüchtlinge aufzunehmen. Großbritannien akzeptierte 287, Frankreich 224, Belgien 214, die Niederlande 181. Im September 1939 erklärte Deutschland den Krieg, und die Länder auf dem europäischen Kontinent, von denen die Passagiere der *St. Louis* aufgenommen worden waren, wurden bald von Hitlers Wehrmacht besetzt.

Nur die 287 Passagiere, die von Großbritannien aufgenommen wurden, blieben in Sicherheit. Die meisten anderen Passagiere der *St. Louis* mussten die Schrecken der deutschen Besatzung erdulden oder wurden in Konzentrationslagern ermordet.

Operation Peter Pan

Zwischen Dezember 1960 und Oktober 1962 verließen 14.048 Kinder ohne Begleitung ihrer Eltern an Bord von zivilen Flugzeugen Kuba. Möglich wurde dies aufgrund einer Unternehmung, die von der katholischen Kirche koordiniert und von der US-Regierung unterstützt wurde. Das amerikanische Außenministerium ermächtigte Brian O. Walsh, einen jungen katholischen Priester aus Miami, die kubanischen Kinder ohne Visum ins Land zu holen. Viele der Eltern, die ihre Kinder in die USA schickten, wurden von Fidel Castros Regime verfolgt, das am 1. Januar 1959 die Macht ergriffen hatte. Andere waren in verdeckte Aktivitäten verwickelt und fürchteten, sie könnten ihre Elternrechte verlieren oder ihre Kinder würden der politischen Indoktrination in der Schule zum Opfer fallen. Die kommunistische Regierung schloss katholische Schulen, beschlagnahmte das Eigentum der Kirche und übernahm die Kontrolle über bis dahin nicht staatliche Unternehmen.

Die Operation Peter Pan ist nach dem gleichnamigen Roman von J. M. Barrie benannt, der von einem Jungen erzählt, der niemals erwachsen wird und auf der mythischen Insel Nimmerland lebt. Das Programm ermöglichte den größten politisch motivierten Massenexodus von Kindern in der westlichen Hemisphäre der Neuzeit.

Im Oktober 1962 wurde infolge der Kubakrise zwischen den USA, Kuba und der Sowjetunion jeglicher Flugverkehr zwischen Havanna und Miami eingestellt, wodurch zahlreiche geflüchtete Kinder auf ihre Eltern warten mussten, ohne zu wissen, wann sie eintreffen würden. Viele dieser Kinder wurden auf verschiedene Städte in den gesamten USA verteilt. Einige blieben in der Obhut der katholischen Kirche, andere wurden von Familien aufgenommen, in Besserungsanstalten für jugendliche Straftäter gesteckt oder in Waisenhäusern untergebracht. Ein großer Teil von ihnen verlernte die spanische Sprache, einige sahen ihre Eltern nie wieder.

Dank

Ich habe vier Jahre gebraucht, um *Die Reisenden der Nacht* niederzuschreiben, doch was mit *Das Erbe der Rosenthals* und *Die verlorene Tochter der Sternbergs* begann – drei voneinander unabhängige Romane mit der *St. Louis* als verbindendem Element –, beruht auf mehreren Jahrzehnten Recherche. Einige Kapitel von *Das Erbe der Rosenthals* stammen aus dem Jahr 1997.

Über die *St. Louis* hörte ich zum ersten Mal durch Tomasita, meine Großmutter mütterlicherseits. Sie war die Tochter von Galiziern, die zu Beginn des 20. Jahrhunderts nach Kuba kamen. Meine Großmutter war schwanger mit meiner Mutter, als das Schiff im Hafen von Havanna vor Anker ging. Schon als Kind hörte ich, dass Kuba hundert Jahre lang für das büßen müsste, was es den jüdischen Flüchtlingen aus Deutschland angetan hatte.

Meiner Großmutter gilt meine tiefste Dankbarkeit.

Bei einem unserer vielen Brunchs in Manhattan fragte mich Johanna Castillo, damals Lektorin bei Atria Books, einem Imprint von Simon & Schuster, warum ich noch nie einen Roman geschrieben habe. Sie hatte mein erstes Buch gelesen, das in den USA veröffentlicht wurde, *In Search of Emma*, eine Art Memoir, und erzählte mir, ich hätte das Potenzial, Belletristik zu schreiben. Meine Antwort lautete, dass jeder Autor in irgendeiner Schublade einen Roman versteckt halte. An diesem Tag begann *Das Erbe der Rosenthals* Gestalt anzunehmen. Bei einem weiteren Brunch zeigte ich ihr, was ich über die *St. Louis* zusammengetragen hatte, auch Dokumente und Originalfotografien. Innerhalb weniger Tage unterschrieb ich einen Vertrag zur Veröffentlichung des Romans.

Mein Dank gilt auch Johanna, meiner Freundin, Lektorin und jetzt Literaturagentin, für ihren Glauben an mich. Ihr habe ich zu verdanken, dass meine drei Romane existieren.

Wenn ich im zweiten Akt von *Die Reisenden der Nacht* Batistas Kuba zum Leben erwecke, mich mit seinen Büchern, seinen Errungenschaften und seinen Fehlern befasse, so verdanke ich dies meinem Großvater mütterlicherseits, Hilario Peña y Moya. Er war ein leidenschaftlicher Batista-Anhänger, auch während der Revolution von 1959. Er hat nie versucht, seine Ansichten vor der Familie oder vor Freunden zu verbergen, nicht einmal vor Fremden: Ansichten, die ihn damals ins Gefängnis hätten bringen können. Als ich ein Kind war, starb Batista im Exil, und die Freunde meines Großvaters suchten ihn auf, um ihm ihr Beileid zu bekunden.

Mein Dank gilt auch dem gesamten Team von Atria Books und Simon & Schuster, meinem Verlag, für alles, was man dort tut, damit meine Bücher täglich neue Leser erreichen.

Danke an Daniella Wexler, meine treue Redakteurin, und ihre Assistentin Jade Hui bei Atria Books. Danke, dass ihr mich auf Englisch besser klingen lasst.

An Peter Borland, meinen wunderbaren neuen Redakteur. Danke für Ihre Weitsicht. Ich weiß, dass meine Bücher durch Sie nur besser werden. Auf eine lange gemeinsame Reise!

An Libby McGuire für ihren Glauben an und ihre Leidenschaft für meine Bücher.

An Wendy Sheanin für ihre Leidenschaft für Bücher und dafür, dass sie dazu beigetragen hat, dass meine Romane mehr Leser finden.

Gena Lanzi, Katelyn Phillips, Tamara Arellano, Sean de-

Lone und dem gesamten Team von Simon & Schuster herzlichen Dank.

Dank an Annie Philbrick für ihre Leidenschaft für Bücher, dafür, dass sie mich gelesen hat, und für ihre Freundschaft. Eine Freundschaft, die auf einer ereignisreichen Reise nach Kuba entstand, wo wir uns am Tag unserer Ankunft in Havanna zufällig in einem Restaurant am Fluss gegenübersaßen. Seitdem ist Annie die *Madrina*, die Patin meiner Romane, geworden.

An die Redaktion von Simon & Schuster Canada, insbesondere die Publicity-Managerin Rita Silva, für ihre Unterstützung.

An die Redaktion von Simon & Schuster Australia und besonders an Dan Rufino, Anna O'Grady und Anthea Bariamis. Vielen Dank für Ihren redaktionellen Input und für die Möglichkeit, zu Ihnen zu reisen und meine Leser in Ihrem schönen Land kennenzulernen.

An den australischen Autor Thomas Keneally für die Unterstützung von *Das Erbe der Rosenthals* und die freundliche Aufnahme in seinem Haus in Sydney.

An Berta Noy, meine spanische Lektorin, die immer an mich geglaubt und die Rechte an *Das Erbe der Rosenthals* für Spanien und Lateinamerika erworben hat.

Vielen Dank an das gesamte Team von Ediciones B, Penguin Random House, besonders meinen Lektor Aranzasu Sumalla in Barcelona; an Gabriel Iriarte, Margarita Restrepo und Estefanía Trujillo in Kolumbien; und David García Escamillo in Mexiko.

An Louise Bäckelin, meine Lektorin bei Förleg in Schweden; an meine Redaktion in Boekerij, Niederlande; Gyldendal Norsk, Norwegen; Simon & Schuster, Vereinigtes Königreich; Czarna Owca, Polen; Dioptra, Griechenland; 2020 Editora, Portugal; Politikens Forlag, Dänemark; Matar, Israel; Alexandra, Ungarn; Topseller, Portugal; Bastei Lübbe, Deutschland; Presses de la Cité, Frankreich; Chi Min Publishing Company, Taiwan; Casa Editrice Nord, Italien; Jangada, Brasilien; Epsilon, Türkei.

An Nick Caistor, meinen englischen Übersetzer. Nick ist nicht nur ein brillanter Übersetzer, sondern auch ein ausgezeichneter Lektor.

An Alexandra Machinist, die als meine Literaturagentin die Veröffentlichung von *Die verlorene Tochter der Sternbergs* und *Die Reisenden der Nacht* mit Atria Books ausgehandelt hat.

An Esther María Hernández, die alles verfeinert, was ich auf Spanisch schreibe. Dank ihr klinge ich in meiner Muttersprache, die manchmal darunter leidet, dass ich Jahrzehnte in den Vereinigten Staaten verbracht habe, besser.

An María Antonia Cabrera Arús für ihr präzises Lektorat im Spanischen und ihren kritischen Blick.

An Cecilia Molinari, eine ausgezeichnete Lektorin, Korrektorin und Übersetzerin, und eine liebe Freundin. Vielen Dank auch für deinen Beitrag mit Faye Williams zur englischen Übersetzung von *Die Reisenden der Nacht*.

An Néstor Díaz de Villegas, Schriftsteller, Essayist, Maler, Dichter, der mich näher an Batista gebracht hat, und für seine aufschlussreichen Kommentare. Für unsere Gespräche über Bücher und Autoren.

An Zoé Valdés, Autorin und leidenschaftliche Batista-Anhängerin. Vielen Dank für Ihre ständige Unterstützung.

An den Schriftsteller Joaquín Badajoz, der mein Manuskript auf Spanisch gelesen hat, bevor es an meinen Verlag in Barcelona ging. Seine Empfehlungen waren ein Gewinn.

An die Schriftstellerin Wendy Guerra, scharfsinnige und leidenschaftliche Leserin meines Manuskripts, für ihre schönen Worte.

An Andrés Reynaldo, sachkundiger Autor und Leser. Ich

werde seine Kommentare zu allem, was ich geschrieben habe, nie vergessen.

An Mirta Ojito, die geduldig meine Entwürfe gelesen, meine Ideen angehört und mir ihren Rat erteilt hat, für ihre Freundschaft und ihre Leidenschaft für das Lesen.

An María Morales, die meinen Figuren und ihren Geschichten immer etwas hinzuzufügen hat.

An Carole Joseph, die sich meine literarischen Vorhaben immer geduldig anhört, auch wenn sie noch nicht mehr als eine Idee sind.

An Laura Bryant, die unermüdlich für alles wirbt, was ich schreibe. Dank dir haben wir das erste Angebot erhalten, *Das Erbe der Rosenthals* auf die Kinoleinwand zu bringen.

An Clemente Lequio, weil er an meine Bücher glaubt.

An das Team von Hollywood Gang Productions: Gianni Nunnari, Andre Lemmers und Jacqueline Aphimova.

An Katrina Escudero, meine Film- und Fernsehagentin.

An Verónica Cervera, eine ausgezeichnete Leserin und Freundin, die immer bereit ist, meine Manuskripte zu lesen.

An Herman Vega für seine Freundschaft und für die Cover-Entwürfe, die mir beim Schreiben helfen.

An Yvonne Conde, Schriftstellerin, die als Mädchen im Zuge der Operation Peter Pan in die USA kam, für die Beantwortung meiner Fragen über den Exodus kubanischer Kinder und für ihre Anmerkungen zu meinem Manuskript.

An Ania Puig Chan, die mir geholfen hat, bestimmte Berliner Straßen und das Altenpflegeheim neu erstehen zu lassen.

An María del Carmen Ares Marrero, Inspiration für die Figur der Mares.

An Ana María Gordon, Eva Wiener, Judith Steel und Sonja Mier, die echten Mädchen der MS *St. Louis*, weil sie eine Inspiration für alles sind, was ich schreibe. Danke, dass Sie die Erinnerung lebendig gehalten haben.

An meine Familie, die mich bei jedem meiner Bücher als Erste unterstützt hat.

An meine Mutter, weil sie die erste Leserin war und ihre Liebe für das Lesen und das Kino an mich weitergab.

An Emma, Anna und Lucas, die mir immer helfen, Namen für meine Figuren zu finden. Vielen Dank für eure Geduld, wenn ich mich zum Schreiben von allem abkoppele.

An Gonzalo, der mich mehr als drei Jahrzehnte lang unterstützt hat.

Bibliografie

Agote-Freyre, Frank: *Fulgencio Batista. From Revolutionary to Strongman.* Rutgers University Press, 2006.

Aitken, Robbie, und Rosenhaft, Eve: *Black Germany: The Making and Unmaking of a Diaspora Community, 1884–1960.* Cambridge University Press, 2013.

Alighieri, Dante: *La divina comedia.* FV Éditions, 2015.

Baker, Jean H. *Margaret Sanger: A Life of Passion.* Hill and Wang, 2011.

Barberan, Rafael: *El vampiro de Düsseldorf.* Sonolibro Editorial, 2019.

Barrie, J. M.: *Peter Pan.* Signet Classics, Penguin Group (USA), 1987.

Batista, Fulgencio: *Piedras y leyes.* Ediciones Botas-México, 1961.

Ders.: *Respuesta …* México, D.F., 1960.

Ders.: *The Growth and Decline of the Cuban Republic.* The Devin-Adair Company, 1964.

Beck, Gad: *An Underground Life: Memoirs of a Gay Jew in Nazi Berlin.* University of Wisconsin Press, 1999.

Bejarano, Margalit: *La comunidad hebrea de Cuba.* Instituto Abraham Harman de Judaísmo Contemporáneo, Universidad Hebrea de Jerusalem, 1996.

Bejarano, Margalit: *La historia del buque San Luis: La perspectiva cubana.* Instituto Abraham Harman de Judaísmo Contemporáneo, Universidad Hebrea de Jerusalem, 1999.

Bilé, Serge: *Negros en los campos nazis*. Ediciones Wanáfrica S.L., 2005.

Black, Edwin: *War Against the Weak: Eugenics and America's Campaign to Create a Master Race*. Dialog Press, 2012.

Blakemore, Erin: »German Scientists Will Study Brain Samples of Nazi Victims.« *Smithonian Magazine*, May 5, 2017.

Brozan, Nadine: »Out of Death, a Zest for Life.« *The New York Times*, November 15, 1982.

Campt, Tina M.: *Other Germans: Black Germans and the Politics of Race, Gender, and Memory in the Third Reich*. The University of Michigan Press, 2005.

Carr, Firpo W.: *Germany's Black Holocaust: 1890–1945. The Untold Truth: Details Never Revealed Before*. 2012.

Castro, Fidel: »*Discurso pronunciado por el comandante en jefe Fidel Castro Ruz en la reunión celebrada por los directores de las escuelas de instrucción revolucionaria, efectuada en el local de las ORI, el 20 de diciembre de 1961.*« *Fidel, soldado de las ideas*. www.fidelcastro.cu

Ders.: *La historia me absolverá*. Ediciones Luxemburg, 2005.

Chao, Raúl Eduardo: *Raíces cubanas: Eventos, aciertos y desaciertos históricos que por 450 años forjaron el carácter de lo que llegó a ser la república de Cuba*. Dupont Circle Editions, 2015.

Chester, Edmund A.: *A Sergeant Named Batista*. Grapevine Publications LLC, 2018.

Cohen, Adam: *Imbeciles: The Supreme Court, American Eugenics, and the Sterilization of Carrie Buck*. Penguin Books, 2016.

Conde, Yvonne M.: *Operation Pedro Pan: The Untold Exodus of 14,048 Cuban Children*, Routledge, New York, 1999.

De la Cova, Antonio Rafael: *La guerra aérea en Cuba en 1959: Memorias del teniente Carlos Lazo Cuba. El juicio por genocidio a los aviadores militares*. Ediciones Universal, 2017.

Díaz de Villegas, Néstor: *Cubano, demasiado cubano*. Bokeh, 2015.

Díaz González, Christina: *The Red Umbrella*, Alfred A. Knopf, 2010.

Domínguez, Nuño: »*Alemania reabre el caso de los asesinados por la ciencia nazi.*« *El País*, 22 de mayo de 2017.

Dubois, Jules, *Fidel Castro: Rebel–Liberator or Dictator?* The New Bobbs-Merrill Company, 1959.

Evans, Suzanne E.: *Hitler's Forgotten Victims: The Holocaust and the Disabled.* The History Press, 2010.

Fernández, Arnaldo M.: »*Historia y estilo: doble juicio revolucionario.*« *Cubaencuentro*, February 13, 2019.

Fornés-Bonavía Dolz, Leopoldo: *Cuba cronología: Cinco siglos de historia, política y cultura.* Editorial Verbum, 2003.

Gay, Peter: *Weimar Culture: The Outsider as Insider.* W. W. Norton & Company, 2001.

Gbadamosi, Nosmot: »Human Exhibits and Sterilization: The Fate of Afro Germans Under Nazis.« CNN, July 26, 2017.

Goeschel, Christian: *Suicide in Nazi Germany.* Oxford University Press, 2009.

Gómez Cortés, Olga Rosa: *Operación Peter Pan: cerrando el círculo en Cuba. Basado en el documental de Estela Bravo.* Casa de las Américas, 2013.

Gosney, E. S., and Paul Popenoe: *Sterilization for Human Betterment: A Summary of Results of 6,000 Operations in California, 1909–1929.* The Macmillan Company,
1929.

Grant, Madison: *The Passing of the Great Race.* Ostara Publications, 2016.

Hitler, Adolf: *Mein Kampf.* Mariner Books, 1998.

Koehn, Ilse: *Mischling, Second Degree: My Childhood in Nazi Germany.* Puffin Books, Penguin Books, 1977.

Kühl, Stefan: *The Nazi Connection: Eugenics, American Racism, and German National Socialism.* Oxford University Press, 1994.

Lang-Stanton, Peter, and Steven Jackson: »*Eugenesia en Estados Unidos: ›Hitler aprendió de lo que los estadounidenses habían hecho.‹* BBC News Mundo, April 16, 2017.

Lelyveld, Joseph: *Omaha Blues*. Picador, 2006.

León, Gustavo: *De regreso a las armas: La violencia política en Cuba: 1944–1952. Trilogía de la República. Tomo II.* 2018.

Lowinger, Rosa, und Fox, Ofelia: *Tropicana Nights. The Life and Times of the Legendary Cuban Nightclub*. In Situ Press, 2005.

Luckert, Steven, und Bachrach, Susan: *State of Deception. The Power of Nazi Propaganda.* United States Holocaust Memorial Museum, 2009.

Ludwig, Emil: *Biografía de una isla (Cuba)*. Editorial Centauro, 1948.

Lusane, Clarence: *Hitler's Black Victims: The Historical Experiences of Afro-Germans, European Blacks, Africans, and African Americans in the Nazi Era*. Routledge, 2003.

Machover, Jacobo: *Los últimos días de Batista. Contra-historia de la revolución castrista.* Editorial Verbum, 2018.

Martin, Douglas: »A Nazi Past, a Queens Home Life, an Overlooked Death.« *The New York Times*, December 2, 2005.

Massaquoi, Hans J.: *Destined to Witness: Growing Up Black in Nazi Germany*. William Morrow and Company, 1999.

Meyer, Beate; Simon, Herman, und Schütz, Chana (Hrsg.): *Jews in Nazi Berlin: From Kristallnacht to Liberation.* The University of Chicago Press, 2009.

Noack, Rick: »A German Nursing Home Tries a Novel Form of Dementia Therapy: Re-creating a Vanished Era for Its Patients.« *The Washington Post*, December 26, 2017.

Ogilvie, Sarah A., und Miller, Scott: *Refugee Denied. The* St. Louis *Passengers and the Holocaust.* United States Holocaust Memorial Museum, 2006.

Ojito, Mirta: »Cubans Face Past as Stranded Youths in U.S.« *The New York Times*, June 12, 1998.

Ortega, Antonio: »A La Habana ha llegado un barco.« *Bohemia.* Number 24. June 11, 1939.

Osterath, Brigitte: »German Research Organization to Identify Nazi Victims that Ended Up as Brain Slides.« DW, May 2, 2017.

Peña Lara, Hilario (ex-captain of the Rebel Army): Private Archive.

Plant, Richard: *The Pink Triangle: The Nazi War Against Homosexuals.* Henry Holt and Company, 1986.

Prieto Blanco »Pogolotty,« Alejandro: *Batista: »El ídolo del Pueblo.«* Punto Rojo Libros, 2017.

Procter, Robert N.: *Racial Hygiene: Medicine Under the Nazis.* Harvard University press, 1988.

Riefenstahl, Leni: *A Memoir.* Saint Martin's Press, 1993.

Riefenstahl, Leni: *Behind the Scenes of the National Party Convention Film.* International Historics Films, Inc., 2014.

Ross, Alex: »How American Racism Influenced Hitler.« *The New Yorker*, April 23, 2018.

Sarhaddi Nelson, Soraya: »Nursing Home Recreates Communist East Germany for Dementia Patients.« *NPR*, January 22, 2018.

Sartre, Jean-Paul: *Sartre on Cuba: A First-Hand Account of the Revolution in Cuba and the Young Men Who Are Leading it – Who They Are and Where They Are Going.*

Ballantine Books, 1961.

Schoonover, Thomas D.: *Hitler's Man in Havana: Heinz Lüning and Nazi Espionage in Latin America.* The University Press of Kentucky, 2008.

Seaton Wagner, Margaret: »A Mass Murderer; The Monster of Dusseldorf. The Life and Trial of Peter Kurten.« *The New York Times*, July 9, 1933.

Speer, Albert: *Inside the Third Reich: Memoirs.* The Macmillan Company, 1970.

Spotts, Frederic: *Hitler and the Power of Aesthetics*. Harry N. Abrams, 2018.

Taborda, Gabriel E: *Palabras esperadas: Memorias de Francisco H. Tabernilla Palmero*. Ediciones Universal, 2009.

Taveras, Juan M.: *El negro y el judío: El odio racial*. 2017.

Thomas, Gordon, und Morgan-Witts, Max: *Voyage of the Damned. A Shocking True Story of Hope, Betrayal, and Nazi Terror*. Amereon House, 1974.

Torres, María de los Angeles: *The Lost Apple. Operation Pedro Pan, Cuban Children in the U.S., and the Promise of a Better Future*. Beacon Press, 2003.

Triay, Victor Andres: *Fleeing Castro: Operation Pedro Pan and the Cuban Children's Program*. University Press of Florida, 1998.

Truitt, Dr. W. J., und Shannon, T. W.: *Eugenics: Nature's Secrets Revealed. Scientific Knowledge of The Laws of Sex Life And Heredity, or Eugenics: Vital Information for The Married and Marriageable of All Ages; a Word at The Right Time to the Boy, Girl, Young Man, Young Woman, Husband, Wife, Father and Mother; also, Timely Help, Counsel and Instruction for Every Member of Every Home, Together with Important Hints on Social Purity, Heredity, Physical Manhood and Womanhood by Noted Specialists*. The S. A. Mullikin Company, 1915.

United States Government Printing Office Washington: Committee on the Judiciary. *Hearings Before the Subcommittee to Investigate the Administration of the Internal Security Act and Other Internal Security Laws of the Committee on the Judiciary United States Senate Eighty-Sixth Congress. Second Session Part 9*. August 27, 30, 1960.

United States Holocaust Memorial Museum: *Deadly Medicine: Creating the Master Race*. United States Holocaust Memorial Museum, 2008.

United States Holocaust Memorial Museum: *Voyage of the Saint Louis* (Katalog).

Valdés, Zoé: *Pájaro lindo de la madrugá*. Algaida, 2020.

Whitman, James Q.: *Hitler's American Model: The United States and the Making of Nazi Race Law*. Princeton University Press, 2017.

Wipplinger, Jonathan O.: *The Jazz Republic: Music, Race, and American Culture in Weimar Germany*. University of Michigan Press, 2017.